Technischer Umweltschutz

Marott Bronder

Technischer Umweltschutz

Ein Leitfaden für Naturwissenschaftler
und Ingenieure

Spektrum Akademischer Verlag Heidelberg · Berlin · Oxford

Autor:
Prof. Dr. Marott Bronder
Fachhochschule Umwelt-Campus Birkenfeld
Postfach 301380
55761 Birkenfeld

Die Deutsche Bibliothek – CIP-Einheitsaufnahme

Bronder, Marott:
Technischer Umweltschutz : ein Leitfaden für Naturwissenschaftler und Ingenieure / Marott Bronder. – Heidelberg ; Berlin ; Oxford : Spektrum, Akad. Verl., 1996
ISBN 3-8274-0019-8

Lektorat: Björn Gondesen
Redaktion: Ute Hartweg, Erbach
Einbandgestaltung: Eta Friedrich, Berlin
Druck und Verarbeitung: Franz Spiegel Buch GmbH, Ulm

Inhalt

Vorwort

Sowohl zur Sanierung eines Umweltmediums als auch zur Minimierung eines Schadstoffeintrages in verschiedene Umweltmedien bedient man sich technischer Maßnahmen. Ihre Entwicklung und Anwendung sind Bestandteile der Umwelttechnik. Technischer Umweltschutz hingegen beinhaltet die Formulierung der notwendigen technischen Randbedingungen zur Entwicklung einer umwelttechnischen Maßnahme sowie die Beurteilung ihrer Effektivität. Darüber hinaus stellt er ein notwendiges Bindeglied dar zwischen der Verfahrenstechnik und den Einflüssen von Schadstoffen sowohl in medizinischer Sicht auf den Menschen als auch in ökologischer Sicht auf die Umweltmedien. Neben der Konzeptionierung und Beurteilung umwelttechnischer Maßnahmen kommt neuerdings dem technischen Umweltschutz bei der Beurteilung der Umweltrelevanz von industriellen Produktionen im Bereich des industriellen Managements eine ständig steigende Bedeutung zu.

Technischer Umweltschutz erfordert deshalb neben den notwendigen Kenntnissen im Bereich umwelttechnischer Maßnahmen auch Grundkenntnisse über ökologische Zusammenhänge und humanmedizinische Gesetzmäßigkeiten. Darüber hinaus erfordert er auch die Fähigkeit, technische Anforderungen ökonomisch zu beurteilen und die Konzeptionierung einer technischen Maßnahme in den jeweiligen geltenden rechtlichen Rahmen einzubinden bzw. Anforderungen an die Gesetzgebung zu formulieren. Der technische Umweltschutz ist deshalb ein ausgezeichnetes Beispiel für die interdisziplinäre Verknüpfung verschiedener Fachrichtungen. Die wichtigste Anforderung an den technischen Umweltschutz gegenüber der Umwelttechnik, die eine technische Problemlösung nach jeweils formilierten Vorgaben erarbeiten muß, ist die interdisziplinäre Problemlösung. Über die notwendigen Fachkenntnisse hinaus ist hier die zusätzliche Fähigkeit des „vernetzten Denkens“ eine unabdingbare Voraussetzung.

Das vorliegende Buch weicht deshalb im Aufbau von vielen Lehrbüchern ab. Es wird nicht der Anspruch auf eine lückenlose Aufzählung derzeit verfügbarer technischer Maßnahmen erhoben, sondern vielmehr versucht, mittels ausgewählter Beispiele die notwendigen interdisziplinären Verknüpfungen zwischen technischen Maßnahmen, ökologischen Randbedingungen, umwelthygienischen Auswirkungen und rechtlichen Rahmenbedingungen aufzuzeigen. Hierbei wird weniger auf die detaillierte Beschreibung einer umwelttechnischen Maßnahme Wert gelegt als auf das Aufzeigen umweltrelevanter Details und daraus resultierender Fakten, die einen Vergleich verschiedener Verfahren ermöglichen. Das Ziel ist nicht die nach festen Vorgaben angestrebte technische Realisierung, sondern der Weg der Problemlösung.

In diesem Buch wird großer Wert auf die interdisziplinäre Verknüpfung verschiedener naturwissenschaftlicher Fachrichtungen anhand vorgegebener Probleme gelegt. Das *Problem* erfordert die jeweilige Lösungsmöglichkeit, nicht die *Disziplin* erzwingt einen Lösungsweg. Zum Erlernen dieses interdisziplinären Gedankens hilft dem Leser ein Sachverzeichnis, anhand dessen er mittels kursiv gedruckter Stichworte im Text leichter den Weg zu einem ähnlichen Problem findet.

Zunächst werden die Entstehung von Umweltschadstoffen und ihre Wirkungen auf Menschen, Umweltmedien und Materialien besprochen, wobei auch humanmedizinische Aspekte aufgezeigt werden. Dies mag dem einen Leser vielleicht zu weit gehen, dem anderen möglicherweise nicht ausreichend sein. Letzterem soll es auch nur ein Ansporn sein, schon vorhandenes Wissen durch entsprechende Spezialliteratur noch zu vertiefen. Es sollen hiermit einerseits die komplexen Zusammenhänge von Ursachen und Wirkungen aufgezeigt und damit vor Pauschallösungen gewarnt werden. Andererseits soll aber auch die Entwicklung von Lösungsmöglichkeiten hinsichtlich der Abwendung von alten und der Hinwendung zu neuen industriellen Technologien erleichtert werden.

Im zweiten Kapitel werden Stoffkreisläufe und ihre Einbindung in Ökosysteme sowie die Einflüsse von Schadstoffeinträgen besprochen. Es wird gezeigt, inwieweit mathematische Modelle die Möglichkeit bieten, Voraussagen über zeitliche Abläufe zu treffen. Das dritte Kapitel bietet einen Überblick über die wichtigsten technischen Emissionsminderungsmaßnahmen, wobei Vor- und Nachteile der Verfahren her vorgehoben werden. Im vierten Kapitel wird der Emissionsminderung die Schaffung von Produktkreisläufen gegenübergestellt. Sie hat zum Ziel, Stoffe erst gar nicht in die Umwelt gelangen zu lassen. Hierbei wird hinsichtlich einer Ressourcenschonung besonderer Wert auf mögliche Recycling-Verfahren gelegt. Während Emissionsminderung und Kreislaufwirtschaft sich mit dem Schadstoffeintrag in die Umweltmedien beschäftigen, dient die Sanierung der Entfernung schon vorhandener Schadstoffe. Im fünften Kapitel wird dies am Beispiel von Altlastensanierungen besprochen. Das sechste Kapitel rundet die bisher besprochenen Themengebiete mit der Behandlung der Grenzwertproblematik ab. Hierbei werden einerseits die Möglichkeiten zur Festlegung von Grenzwerten aufgezeigt. Es werden andererseits aber auch die Schwierigkeiten bei der Auswahl des richtigen Grenzwertes unter dem besonderen Aspekt der rechtlichen Relevanz besprochen.

Vom siebten Kapitel an widmet sich das Buch den Möglichkeiten, zukünftig im Rahmen des Umweltschutzes neue Wege zu beschreiten. Während im siebten Kapitel mit ökologiebezogenen Planungsinstrumenten der Weg aufgezeigt wird, industrielle Produktionen hinsichtlich ihrer Umweltrelevanz zu bewerten und zu modifizieren, werden im achten Kapitel Simulationen und Szenarien besprochen, die Voraussagen ermöglichen. Das neunte Kapitel rundet den Ausblick auf die Zukunft mit der Vorstellung beispielhafter innovativer Technologien ab.

Das Buch erwartet vom Leser, daß er ein gewisses Maß an Grundlagenwissen mitbringt. In seinem angestammten Fachgebiet wird er davon vielleicht für ihn viel überflüssiges vorfinden. An anderer Stelle ist vielleicht das Aufbessern seines Grundlagenwissens erforderlich. Das Buch wendet sich deshalb an Leser, die entweder einen entsprechenden Schulabschluß oder eine technische Berufsausbildung besitzen. Aber auch dem interessierten Schüler und Berufsanfänger soll es dazu dienen, seine Ausbildung an seinen Neigungen zu orientieren, sollte er Interesse am Umweltschutz finden oder schon gefunden haben. Ein weiteres Ziel des Buches ist es, die Notwendigkeit aufzuzeigen, die interdisziplinäre Kommunikation zwischen verschiedenen Fachrichtungen im Bereich des Umweltschutzes zu intensivieren. Wenn darüber hinaus der Leser nach der Lektüre ebenfalls Umweltschutz als die interessanteste technische Herausforderung der Zukunft ansieht, dann hat dieses Buch seinen Zweck erfüllt.

Birkenfeld, im Februar 1996

Marott Bronder

Für

Ineke und Solveig

1 Umweltschadstoffe

Der Begriff des Schadstoffs taucht lange vor der Prägung des Begriffes „Umweltschutz“ erstmals innerhalb der *Hygiene* auf, einer medizinischen Fachrichtung, die sich mit der Auswirkung von Umwelteinflüssen auf die menschliche Gesundheit beschäftigt. Einen Bereich der Hygiene stellt neben der Arbeitsplatzhygiene und der Wohnraumhygiene die *Umwelthygiene* dar. Sie beinhaltet die präventive Abwehr umweltbedingter Erkrankungen. Umweltbedingte Erkrankungen beim Menschen können durch

- Erreger (z.B Viren, Bakterien oder Pilze),
- körperfremde Stoffe (z.B. humanfremde Proteine),
- *Toxine* (= von Organismen erzeugte toxische Stoffwechselprodukte)
- Umweltbedingungen (z.B. regionales Klima oder Raumklima) oder
- Schadstoffe

ausgelöst werden.

Ein *Schadstoff* im hygienischen Sinne orientiert sich am Schadstoffbegriff von Paracelsus, der die Wirkung eines Giftes nicht von den chemischen oder physikalischen Eigenschaften eines Stoffes sondern allein von seiner *Dosierung* abhängig macht. Demnach kann jeder sich schon in der Umwelt befindliche Stoff je nach seiner Konzentration auf den Menschen als Gift, d.h. als Schadstoff wirken. Um nun zu unterscheiden, welcher Stoff natürlicher Herkunft ist und welcher erst durch einen technischen Prozeß erhalten wurde, bezeichnet man in der Natur vorkommende Stoffe als *biotisch*, naturfremde Stoffe als *xenobiotisch*. Vom Menschen erzeugte Stoffe nennt man *anthropogen*.

Der Stoffbegriff orientiert sich hierbei, um von in der Natur vorkommenden organischen Stoffen (z.B. Proteinen) zu unterscheiden, an dem chemischen Stoffbegriff. Ein *Stoff* ist demnach einer Chemikalie gleichgesetzt (vgl. Chemikaliengesetz, Kap. 6). Bei der Erweiterung des Schadstoffbegriffes im Sinne des Umweltschutzes auf die Umweltmedien Wasser, Boden und Luft wurde diese Definition beibehalten. Ein *Umweltschadstoff* ist eine Chemikalie, die auf die *Umweltmedien* Wasser, Boden und Luft und damit auf Menschen, Tiere, Pflanzen und Sachgüter nachteilige Wirkungen ausüben kann. Der *Gefahrstoff* [1] hingegen ist die Chemikalie [2], welcher der Mensch an seinem Arbeitsplatz ausgesetzt ist, während man als *Gefahrgut* die Chemikalie bezeichnet, die transportiert wird (Straße, Schiene, Schiffahrt). Hierbei kann es sich um den gleichen Stoff handeln (vgl. hierzu Gefahrstoffverordnung, Chemikaliengesetz, Kap. 6).

1.1 Die Wirkung von Umweltschadstoffen

Ein Umweltschadstoff kann durch

- natürliche Prozesse und
- technische Prozesse

entstehen,wobei die Deklarierung eines Stoffes als Umweltschadstoff von seiner nachteiligen Wirkung abhängig ist, gleichgültig, ob diese nun wirklich vorliegt oder auch nur in Erwägung gezogen werden muß. Die wichtigste Voraussetzung für die Wirkung eines Stoffes als Umweltschadstoff ist seine Einbringung in die Umweltmedien, d.h. seine *Emission*.

Die Emission eines Umweltschadstoffes kann in die Umweltmedien

- Wasser,
- Boden und
- Luft

erfolgen, wobei die Emission in die Medien Wasser und Luft durch die direkte Einwirkung technischer Prozesse, die Einbringung in das Umweltmedium Boden jedoch meist indirekt über die Medien Luft oder Wasser erfolgt und der direkte Weg der Abfalldeponierung vorbehalten bleibt. Bei der Besprechung der Umweltschadstoffe soll deshalb eine Beschränkung auf die direkte Emission in die Umweltmedien Wasser und Luft erfolgen.

1.1.1 Schadstoffpfade

Jeder Schadstoff durchläuft nach seiner Abgabe an ein Umweltmedium (= Emission) verschiedene Pfade durch mitunter mehrere Umweltmedien, bis er an dem Ort angelangt ist, an dem seine Wirkung beurteilt werden soll (Abbildung 1.1). Hierbei kann es zu Anreicherungen kommen. Diese stellen eine besondere Gefahr dar, wenn der Schadstoff wieder mobilisiert wird und in konzentrierter Form auf einen Zielorganismus einwirkt.

Kennt man die Pfade eines Schadstoffs durch verschiedene Umweltmedien, sein Speicherverhalten sowie sein Transferverhalten, so kann man dessen Wirkungen als funktionalen Zusammenhang zwischen Emission und Exposition des Zielorganismus abschätzen. Unter dem Transfer versteht man den Übergang zwischen zwei Umweltmedien oder einem Medium und einem Zielorganismus. Aus den *Transferparametern* (Tabelle 1.1) werden dann die *Transferfaktoren* als mathematische Größen ermittelt.

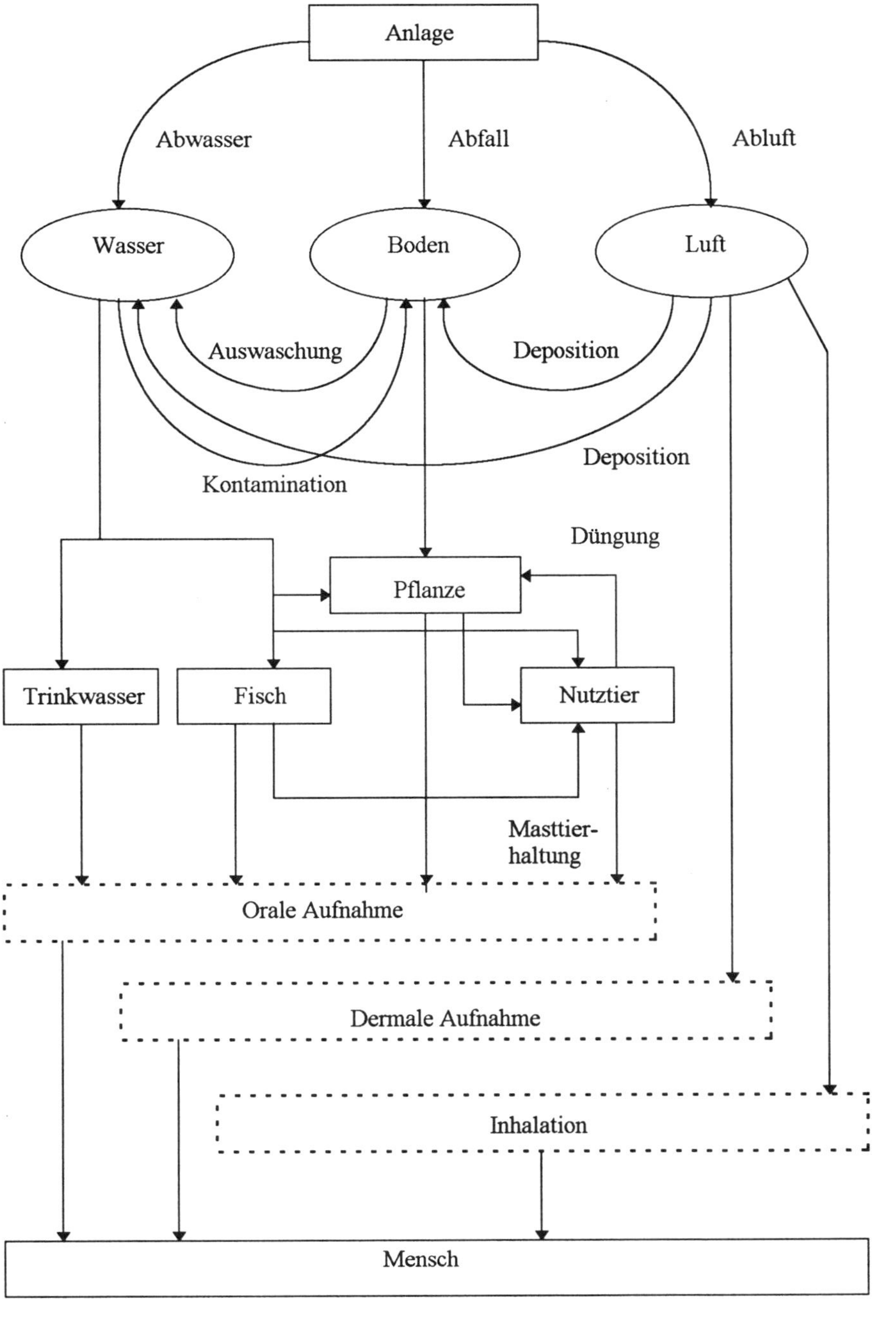

1.1 Schadstoffpfade für den Zielorganismus Mensch

Man unterscheidet bei den Transferparametern zwischen variablen und nicht variablen Parametern. *Variable Transferparameter* ergeben sich beispielsweise aus den Emissionsdaten der Anlage, aber auch aus dem Verhalten der Bevölkerung (z.B. Ernährungsgewohnheiten). *Nicht variable Transferparameter* ergeben sich aus chemischen und physikalischen Gesetzmäßigkeiten.

Tabelle 1.1 Transferparameter

Transfer	Variable Transferparameter	Nicht variable Transferparameter
Luft - Pflanze	Anlagenemissionen	Meteorologische Einflüsse auf die Schadstoffausbreitung
Luft - Boden	Anlagenemissionen	Niederschlagshäufigkeit
Boden - Wasser		Pufferverhalten des Bodens Ionenaustauschkapazität des Bodens Niederschlagsacidität Hydrophilie des Schadstoffs
Wasser - Pflanze	Anbaumethoden	Aufnahmeraten der Wurzeln
Boden - Pflanze	Regionaler Anbau Standortgerechter Anbau (Bodenbeschaffenheit)	Hydrophilie des Schadstoffs Lipophilie des Schadstoffs
Pflanze - Mensch	Verzehrgewohnheiten Nahrungszubereitung	
Pflanze - Tier	Futteranbau Fütterungsmethode	
Tier - Mensch	Ernährungsgewohnheiten Verzehrhäufigkeit	

Die *Transferfaktoren* gestatten es, beispielsweise aus den *ADI-Werten* (ADI = Acceptable Daily Intake) Grenzwerte zu ermitteln (vgl. Kapitel 6, Grenzwerte). So enthält beispielsweise die TA Luft (= Technische Anleitung zur Reinhaltung der Luft) [3] Grenzwerte für die *Immission* von Cadmium (= Einwirkung von Cadmium über die Luft), die in der Erkenntnis festgelegt wurden, daß der Mensch die Hauptmenge an Cadmium nicht direkt über die Luft, sondern hauptsächlich über den Nahrungspfad aufnimmt. Im Exkurs 1.1 wird dies näher erläutert.

Exkurs 1.1 Der Schadstoffpfad des Cadmiums

Aufgrund verschiedener Emissionsquellen existieren beim Cadmium unterschiedliche Schadstoffpfade, z.B. Luft-Boden bei der großtechnischen Herstellung von Metallegierungen oder beim thermischen Recycling von Metallen und Wasser-Boden bei der Galvanik, die sich letztendlich alle im Wasser vereinen. Dort wird aufgrund einer Verwechslung (vgl Abschnitt 1.33) des Cadmiums mit Magnesium (Chlorophyll) das Cadmium in Grünalgen gespeichert. Aus dieser ersten Anreicherungsstufe heraus wird Cadmium über verschiedene Mikroorganismen in die Nahrungskette des Fisches gebracht und erreicht im Fisch seine zweite Anreicherungsstufe. Der Fischverzehr des Menschen ermöglicht jedoch – zumindest bei den lokal sehr unterschiedlichen Ernährungsgewohnheiten – nicht die vom Menschen aufgenommen Cadmiummengen. In Europa werden Schweine in der Masttierhaltung mit Proteinnahrung gefüttert, die größtenteils aus Fischmehl gewonnen wird – sehr leicht *organoleptisch* (= mit den Sinnen, d.h. mit der Nase) über der Bratpfanne beim Schweineschnitzel nachzuvollziehen. Der Grund für die Anreicherung von Cadmium in den Innereien von Schweinen (v.a. den Nieren) ist in diesem Fall die nicht artgerechte Ernährung in der Masttierhaltung.

1.1.2 Die Wirkung von Schadstoffen im menschlichen Körper am Beispiel der Proteine

Die Wirkung von Schadstoffen im menschlichen Organismus soll anhand ihrer Wirkung auf Proteine und das Immunsystem erläutert werden.

Proteine haben vielfältige Funktionen im menschlichen Körper und besitzen daher auch bei der Einwirkung von Schadstoffen eine zentrale Rolle. Aufgrund dieser Tatsache soll hier zuerst der Aufbau und die Funktion von Proteinen beschrieben werden, da dies zum Verständis der Wirkung von Schadstoffen unabdingbar ist.

Aminosäuren, d.h. α-Aminocarbonsäuren, weisen ein chemisches Zwitterverhalten auf. Sie können sowohl als Amin als auch als Carbonsäure reagieren. Demnach kann eine Aminosäure mit ihrer Carboxylgruppe eine chemische Reaktion mit der Aminogruppe einer anderen Aminosäure eingehen und unter Wasserabspaltung ein Carbonsäureamid bilden, das in diesem speziellen Fall *Peptid* heißt. An dieser CO-NH-Gruppe, der *Peptidgruppe*, erfolgt auch die chemische Spaltung eines Proteins, das mit Wasser unter katalytischer Wirkung von Säuren oder Basen wieder in die einzelnen Aminosäuren zerfällt (= Hydrolyse, Gleichung 1.1). Eine große Zahl makromolekular über Peptidgruppen verknüpfter Aminosäuren bezeichnet man als ein *Protein*. Um zu verstehen, wie viele Aminosäuren notwendig sind, um ein Protein zu bilden, ohne daß sich die Reihenfolge ihrer Verknüpfung wiederholt, wendet man die Grundregel der Kombinatorik an. Schon 5 Aminosäuren reichen aus, um 5! = 120 Kombinationsmöglichkeiten zu erhalten. Man bezeichnet die Reihenfolge der Aminosäuren in einem Protein als die *Sequenz*. Diese entscheidet indirekt über die biologische Funktion eines Proteins. Maßgebend hierfür ist nicht direkt die Sequenz an sich, sondern die aus der Bildung der Wasserstoffbrücken zwischen einzelnen Abschnitten des Proteinstrangs resultierende räumliche Struktur des Makromoleküls (= *Molekülgeometrie*), wie sie in Gleichung 1.1 dargestellt ist:

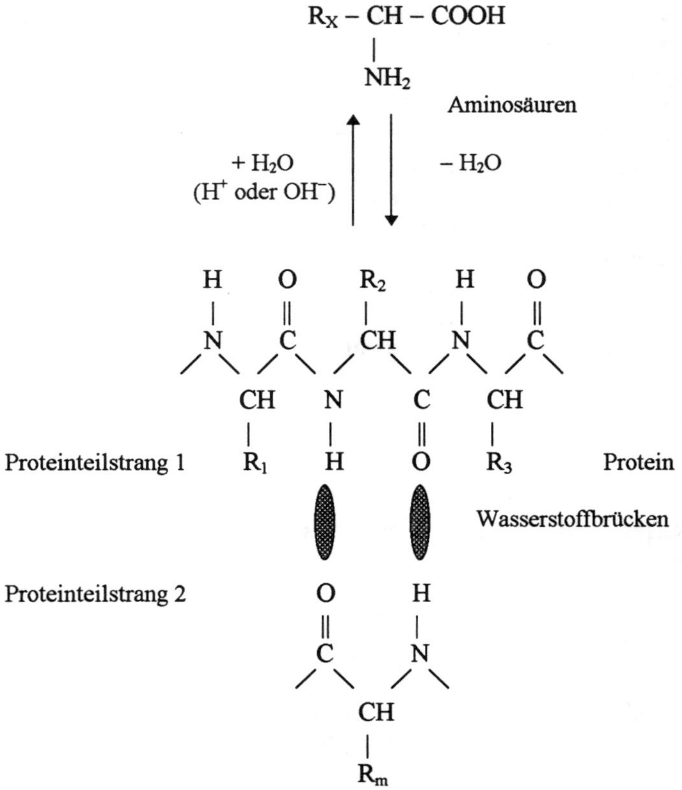

(1.1)

Während die Spaltung des Proteins in die einzelnen Aminosäuren (= Hydrolyse) durch eine chemische Reaktion (Gleichung 1.1) erfolgt, genügt für eine biologische Inaktivierung eine Deformation des Moleküls, die schon durch Lösung der Wasserstoffbrücken erreicht wird. Hierfür ist eine wesentlich geringere Aktivierungsenergie erforderlich, als für eine chemische Reaktion. Man bezeichnet dies auch als die *Denaturierung* des Proteins. Das Protein bleibt hierbei chemisch intakt, wird jedoch biologisch inaktiv. Eine Denaturierung kann beispielsweise durch die Einwirkung höherer Temperatur (beim Menschen oberhalb 41 °C) bewirkt werden (physikalische Denaturierung).

Die einzige chemische Verknüpfung zwischen zwei Proteinsträngen erfolgt über eine Disulfidbrücke an der Aminosäure Cystin. Cystin und Cystein stellen dabei ein Redoxpaar dar:

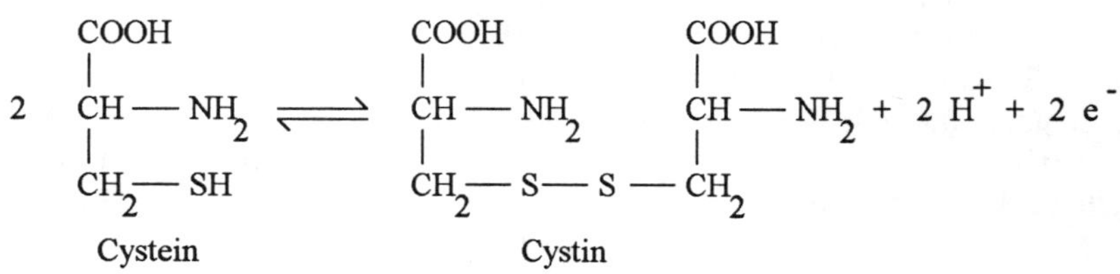

(1.2)

Diese Disulfidbrücken sowie die Thiolgruppen der Aminosäure Cystein sind die empfindlichsten Stellen eines Proteins. Sie können mit Schwermetallionen (Hg, Cd, Pb) schwerlösliche Verbindungen bilden und dadurch eine biologische Desaktivierung des Proteins bewirken (chemische Denaturierung).

Proteine sind im menschlichen Organismus unter anderem Bestandteile dreier wichtiger Stoffgruppen:

- Hormone,
- Enzyme und
- Immunglobuline.

Hormone sind von endokrinen Drüsen des menschlichen Körpers in die Blutbahn abgegebene Stoffe, die auf bestimmte Organe oder Gewebe regulierend wirken. Nach ihrem chemischen Aufbau teilt man die Hormone in drei Gruppen ein:

- Steroidhormone,
- von Aminosäuren abgeleitete Hormone und
- Peptidhormone.

Die *Steroidhormone* sind Cholesterinabkömmlinge. Zu den wichtigsten niedermolekularen *Aminosäurederivaten* zählen Adrenalin und Thyroxin. Das bekannteste *Peptidhormon* ist das Insulin, das die Blutzuckersenkung bewirkt und in der Bauchspeicheldrüse gebildet wird.

Enzyme sind Biokatalysatoren, die Reaktionen zwischen zwei Partnern, dem *Coenzym* und dem *Substrat*, erst ermöglichen. Hierbei stellt das Enzym zwischen dem Coenzym und dem Substrat eine räumliche Verbindung (z.B. über Wasserstoff- oder Disulfidbrücken) her, ohne selbst in die Reaktion einzugreifen. Dies soll am Beispiel der Oxidation von Dihydroorotsäure zu Orotsäure gezeigt werden, die einen Reaktionsschritt in der Pyrimidinbasensynthese darstellt:

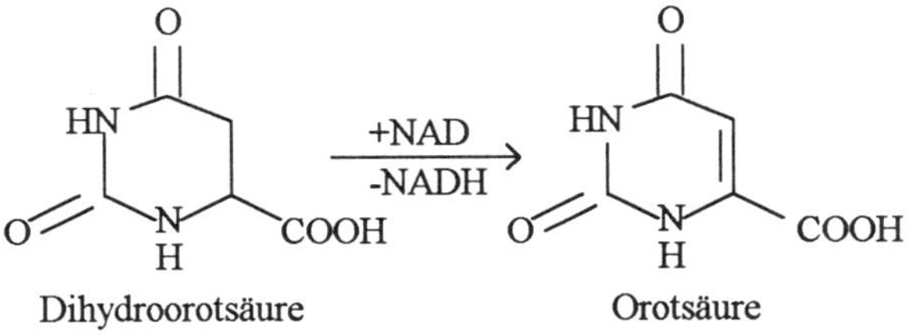

(1.3)

Das Enzym stellt die Verbindung zwischen dem Substrat, der Dihydroorotsäure, und dem Oxidationsmittel NAD, dem Coenzym, her. Das Nicotinamid-Adenin-Dinucleotid = NAD ist das Coenzym unterschiedlicher wasserstoffübertragender Enzyme (Gleichung 1.4). Das Enzym Dihydroorotsäuredehydrogenase besitzt eine solche Molekülform, daß es nur in der Lage ist, zwischen Dihydroorotsäure und NAD eine Verbindung herzustellen (Abbildung 1.2).

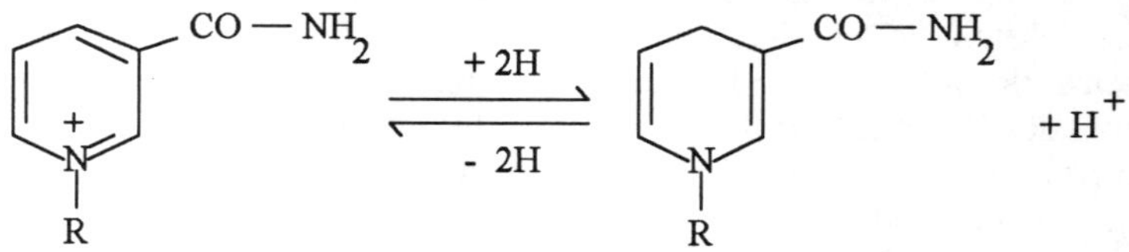

NAD NADH (1.4)

Die zuvor beschriebenen Verknüpfungen zwischen Enzym, Coenzym und Substrat sind bei einer Blockade der Disulfidbrücken bzw. Thiolgruppen durch Schwermetalle nicht möglich. Man bezeichnet Schwermetalle deshalb als „*Enzymgifte*".

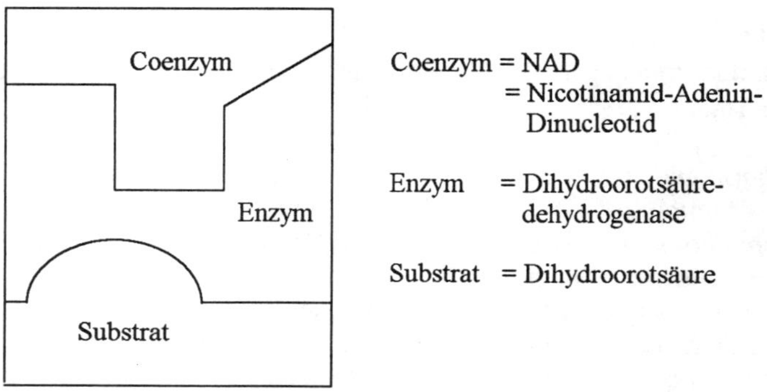

1.2 Kopplung von Coenzym und Substrat durch das Enzym

Viele Enzyme benötigen bestimmte Ionen für den Aufbau ihrer räumlichen Struktur, d.h für ihre Aktivität. Amylasen benötigen Chloridionen und Fermente, die ATP (= Adenosintriphosphat) umsetzen, benötigen fast immer Magnesiumionen. Zahlreiche Peptidasen werden von Mangan-, Zink- und Cobaltionen aktiviert.

Außer den schon beschriebenen Schwermetallblockaden kennt man folgende *Enzymvergiftungen*:

- Blockierung des Aktivators (Komplexierung),
- Austausch des Aktivators und
- Deformation des Enzyms durch Anlagerung polarer lipophiler Moleküle.

Immunglobuline sind die Träger der *humoralen Immunabwehr* des Menschen (vgl. Abschnitt 1.1.2.3). Sie bestehen aus vier Proteinketten, zwei „schweren Ketten" und zwei „leichten Ketten", die untereinander durch Disulfidbrücken miteinander verbunden sind (Abbildung 1.3). Die Immunglobuline sind im menschlichen Blut die Antikörper. Ihre Wirkung beruht auf der Kopplung des N-Terminus (= Ende mit den Aminogruppen) an das in den Körper eingedrungene *Antigen* (z.B. ein Erreger), womit eine Desaktivierung des Antigens bewirkt wird. Für jedes Antigen gibt es nur einen speziellen *Antikörper*. Statt diesen bei Bedarf zu „konstruieren", zieht die Natur die „Lösung der Vielfalt" der „technischen Lösung" vor, d.h sie produziert lieber eine Million verschiedener Antikörper, im Vertrauen darauf, daß ein Molekül „paßt". Die Wirkung eines Antikörpers beruht darin, genau die räumliche Struktur, d.h. die Form zu besitzen, daß er an das Antigen ankoppeln kann, ähnlich der Enzymwirkung. Die Variation des Molekülaufbaus geschieht durch Änderung der Aminosäurensequenzen in den variablen Abschnitten. Hieraus resultiert bei der „Faltung" des Proteinstrangs und der Ausbildung der Wasserstoffbrücken die spezifische Molekülform und damit auch die für die Antigen-Antikörper-Reaktion spezifische Wirkung. Immunglobuline werden von den B-Zellen im Blut gebildet, wobei diese durch Botenstoffe der T-Zellen, den Lymphokinen, zur Produktion angeregt werden (vgl. Abschnitt Immunsystem).

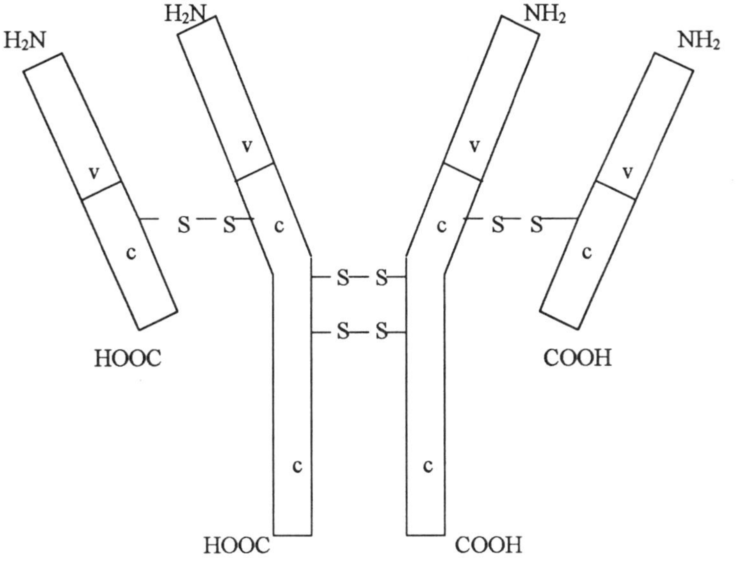

1.3 Schematische Darstellung des linearen Aufbaus eines Immunglobulins, v = variabler Abschnitt, c = konstanter Abschnitt

Man unterscheidet 5 verschiedene Klassen von Immunglobulinen (IgG, IgA, IgM, IgE und IgD), die alle aus den gleichen „Bausteinen" (Abbildung 1.3) bestehen und sich untereinander nur durch die Zahl und Art der Anordnung unterscheiden.

Hat der menschliche Organismus einmal „erfolgreich" einen Antikörper gebildet, so behält er diese Information und kann bei einem erneuten Angriff dieses Antigens sofort reagieren.

1.1.3 Wege und Wirkungen von Schadstoffen im menschlichen Körper

Unter der Wirkung eines Stoffes versteht man im pharmakologischen Sinne die von dem Stoff ausgelösten Veränderungen biologischer Funktionen. Diese Veränderungen können sowohl reversibel als auch irreversibel sein. Um die Wirkung eines Stoffes (Stoff = Gift oder Pharmakon) im menschlichen Körper zu erklären, bedient man sich seit Anfang dieses Jahrhunderts der von Paul Ehrlich und John N. Langley [4] entwickelten Rezeptortheorie. Danach wird ein Gift oder Pharmakon an ein als Pharmakon-Rezeptor bezeichnetes Makromolekül gebunden und in Folge dieser Bindung die spezifische Wirkung ausgelöst. Während man bei der Einführung der Rezeptortheorie noch keine Vorstellung vom molekularen Aufbau solcher Rezeptoren hatte, weiß man heute, daß es sich hierbei um Nucleinsäuren, Enzyme oder Hormone handeln kann.

Man unterscheidet nach ihrem Verhalten am *Rezeptor* zwischen

- Konzentrationsgiften und
- Summationsgiften.

Bei den *Konzentrationsgiften* hängt die Wirkung des Giftes von der jeweiligen aktuellen Konzentration am Rezeptor ab. Bei einer Verringerung der Konzentration stellt sich der Ausgangszustand wieder ein – die Wirkung ist reversibler Natur. Bei den *Summationsgiften* dagegen bewirkt das Gift am Rezeptor eine irreversible Veränderung, die auch nach dem Verschwinden des Giftes bestehen bleibt. Bei einer späteren Dosis trifft diese dann schon auf eine bestehende Wirkung, wobei sich die Einzelwirkungen über Zeiträume summieren können. Der Schaden zeigt sich meist erst nach mehrfacher Einwirkung. Geht man von einer gleichmäßig fortgesetzten Einwirkung aus, so läßt sich die Abhängigkeit als Dosis-Zeit-Beziehung charakterisieren, weshalb man die Summationsgifte auch als *„ct-Gifte“* bezeichnet. Im Gegensatz zu den Konzentrationsgiften, bei denen die *Dosis* durch eine pro Zeiteinheit einwirkende Konzentration gegeben ist, stellt bei den Summationsgiften die Dosis das Produkt aus Konzentration und Zeit (Dosis = $c \cdot t$) dar.

Summationsgifte sind

- Mutagene,
- Kanzerogene und
- ionisierende Strahlen sowie UV-Strahlen.

Da eine kanzerogene Wirkung an einem Gewebe erst bei einer entsprechend großen Zahl geschädigter Strukturen manifest wird, gewinnt man den Eindruck, es sei eine Mindestdosis notwendig. Dies beruht darauf, daß das gleiche Produkte aus c und t („Wirkungsprodukt“) die gleiche Wirkung hervorrufen, d.h. daß ein Tumor dann manifest wird, wenn eine hohe Konzentration eine kurze Zeit oder eine niedrige Konzentration eine lange Zeit eingewirkt hat.

Zur Beschreibung der Abhängigkeit der Wirkung eines Giftes von seiner Konzentration bedient man sich der Dosis-Wirkungs-Beziehung (Abbildung 1.4).

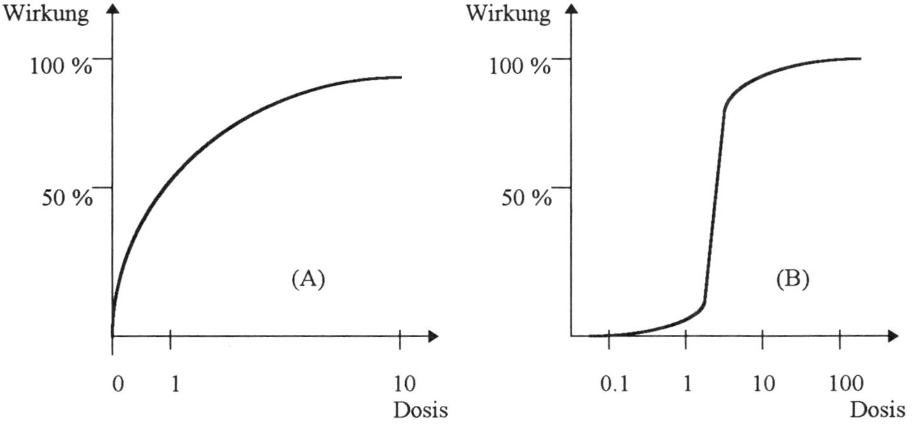

1.4 Graphische Darstellung einer Dosis-Wirkungs-Beziehung bei einem Konzentrationsgift mit linearer (A) und logarithmischer (B) Auftragung der Dosiswerte

Die Aufnahme und Wirkung eines Schadstoffs im menschlichen Körper läuft in mehreren Stufen ab:

- Resorption,
- Funktionalisierung,
- Konjugation,
- Bindung an einen Rezeptor und
- Evasion (= Ausscheidung).

Die Aufnahme von Stoffen in den menschlichen Organismus bezeichnet man als *Resorption*. Hierbei gibt es drei Möglichkeiten (vgl. Abbildung 1.1),

- die inhalative Aufnahme (über die Lunge),
- die dermale Aufnahme (über die Haut) und
- die orale Aufnahme (über den Magen-Darm-Trakt).

Der entscheidende Schritt bei der Resorption ist die Überwindung der Blutschranke. Gelingt dies einem Stoff nicht, so wird er im Fall der oralen Aufnahme sofort auf direktem Wege (Magen-Darm-Kanal) wieder ausgeschieden (Abbildung 1.5).

Die Resorption über die Lunge geschieht an der Alveolarmembran. Ihre Fläche wird beim erwachsenen Menschen auf etwa 90 m^2 geschätzt. Sie ist gut durchblutet, weshalb auch eine rasche Resorption erfolgt. Entscheidend für die Resorption über die Lunge ist die Löslichkeit des Stoffes in Wasser. Die Diffusion durch die Alveolarmembran hängt von dem Konzentrationsgefälle zwischen Alveolarluft und Blut ab [4].

Die Resorption eines Stoffes über den Verdauungskanal wird im wesentlichen von seinen *lipophilen* Eigenschaften (= fettlöslich = wasserabstoßend) bestimmt, da der gesamte Verdauungstrakt mit Lipidmembranen versehen ist. Die Aufnahme *hydrophiler* (= wasserlöslich) Substanzen durch „Poren“ ist dagegen sehr gering [4]. Hauptresorptionsort ist der Dünndarm, an dessen Mukosa-Zellen mit ihren Lipidmembranen die Resorption abläuft. Ähnliche Resorptionseigenschaften besitzt der Dickdarm.

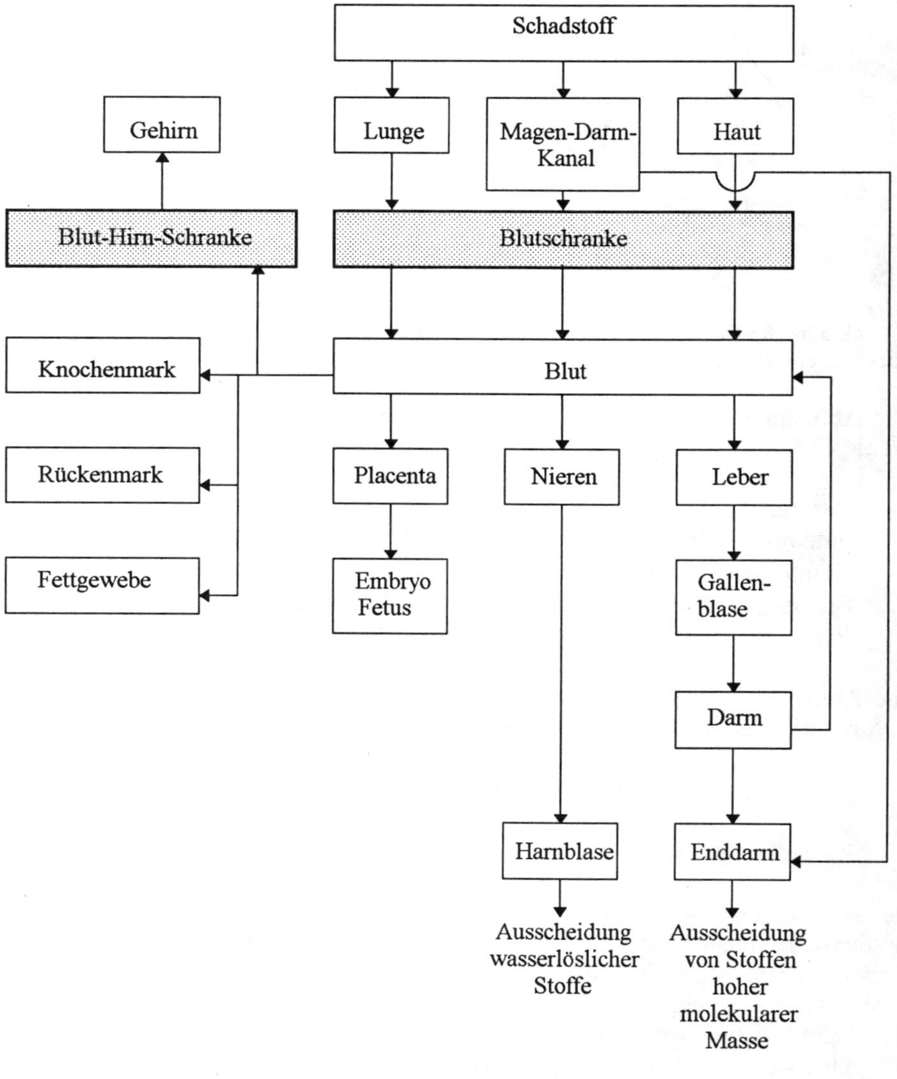

1.5 Resorption, Wirkorte und Evasion (= Ausscheidung) von Schadstoffen im menschlichen Organismus

Die Resorption wasserlöslicher und damit auch ionischer Verbindungen über den Magen-Darm-Trakt ist unterschiedlich gut. Während Thallium(I)verbindungen wegen der Ähnlichkeit des Thalliumions zum Kaliumion sehr gut resorbiert werden, ist dies bei Quecksilber(I)verbindungen wiederum schlecht. Quecksilber(II)-verbindungen werden dagegen gut resorbiert. Blei- und Cadmiumionen zeigen über den Magen-Darm-Trakt eine schlechte Resorption, die nur bei 5 – 8% liegt. Lungengängige Aerosole von Bleisalzen hingegen werden zu 50 – 80% und Cadmiumverbindungen ebenfalls zu mehr als 40% über die Lunge resorbiert [4], da über die Lunge eine wesentlich unspezifischere Resorption ionischer Verbindungen als über den Magen-Darm-Trakt stattfindet. Organoquecksilber- und Organobleiverbindungen weisen eine gute Resorption über der Magen-Darm-Trakt und ebenfalls über die Haut auf.

Während die *Permeation* eines lipophilen Stoffes durch eine biologische Membran, die selbst lipophil sein muß, einmal durch reine Diffusion und zum anderen durch *Transferproteine* (z.B. bei Dioxinen) abläuft, erfolgt die Permeation von Elektrolyten durch biologische Membrane mittels spezifischer *Ionenkanäle*. Jedes Ion benutzt dabei einen Ionenkanal, der genau seinem Ionenradius entspricht. Den Transport des Ions durch den Kanal besorgt ein elektrisches Potential. Schwermetalle können dabei den Ionenkanal eines ähnlichen Ions benutzen, wobei primär der Ionenradius und die Ladung entscheidend sind. Solche „Verwechslungen“ treten beispielsweise bei Blei/Calcium, Thallium/Kalium, Strontium/Calcium und Cäsium/Kalium auf. Die durch den Ionenkanal transportierte Zahl an Ionen wird durch „Angebot und Nachfrage“, d.h. durch Konzentrationsunterschiede geregelt. So ist bei einem erhöhten Calciumbedarf, z.B. bei Kindern, die Bleiaufnahme höher als bei Erwachsenen [5]. Umgekehrt kann es bei einem extrem hohen Angebot zu einem „Durchbruch“ und damit zu toxischen Konzentrationen im Blut kommen. Die Bleibelastung des menschlichen Körpers kann leicht festgestellt werden, da immer ein Gleichgewicht zwischen deponiertem Blei (Knochen) und Blutblei (= an Erythrozyten gebundenes Blei) besteht. Von sekundärer Bedeutung für die Permeation eines Ions durch einen Ionenkanal ist die Ladungsdichte. Sie kann trotz identischem Ionenradius mit einem vergleichbaren Ion zu einer „Verstopfung“ des Kanals führen, so beispielsweise bei Cadmium in den Nieren. Die eigentliche Nierenschädigung beruht auf einer Inaktivierung von Stoffwechselenzymen, wobei Cadmium hauptsächlich Thiol- und Disulfidgruppen desaktiviert.

Unter der *Funktionalisierung* versteht man die enzymatische Umwandlung eines Stoffes in eine chemische Verbindung, welche die eigentliche Wirkung am Rezeptor hervorruft. Im Organismus kann deshalb nach der Funktionalisierung nicht mehr der Schadstoff, sondern nur noch das Umwandlungsprodukt, der Metabolit, nachgewiesen werden.

Einige wichtige Funktionalisierungsreaktionen sind im folgenden dargestellt. Die Hydroxylierung von Aromaten unter Bildung von Phenolen verläuft über intermediär gebildete Epoxide, hier dargestellt am Beispiel des Benzens:

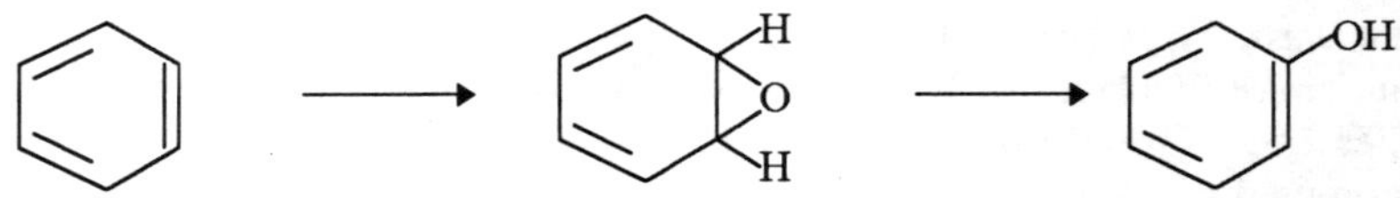

Benzen Benzenepoxid Phenol (1.5)

In ähnlicher Weise werden auch aus Alkenen Epoxide gebildet:

$$\underset{\text{Alkene}}{R-CH=CH-R} \longrightarrow \underset{\text{Epoxide}}{R-\overset{O}{\overbrace{CH-CH}}-R} \qquad (1.6)$$

Die Funktionalisierung von Alkanen verläuft über die Bildung primärer Alkohole. Dies wird als aliphatische Hydroxylierung bezeichnet:

$$\underset{\text{Alkane}}{R-CH_3} \longrightarrow \underset{\text{primäre Alkohole}}{R-CH_2-OH} \qquad (1.7)$$

Aus Methylaminen entsteht bei der Funktionalisierung neben primären Aminen Formaldehyd. Dies bezeichnet man als N-Desalkylierung:

$$\underset{\text{Methylamine}}{R-NH-CH_3} \longrightarrow R-NH-CH_2OH \longrightarrow \underset{\text{primäre Amine}}{R-NH_2} + \underset{\text{Formaldehyd}}{HCHO} \qquad (1.8)$$

Formaldehyd wird auch bei der Funktionalisierung von Methylethern gebildet. Man bezeichnet dies als die O-Desalkylierung:

$$\underset{\text{Methylether}}{R-O-CH_3} \longrightarrow R-O-CH_2-OH \longrightarrow R-OH + HCHO \qquad (1.9)$$

Aus 2-Aminoalkanen wird in einer Desaminierung Ammoniak abgespalten, wobei Methylketone entstehen:

$$R-\underset{NH_2}{\underset{|}{CH}}-CH_3 \longrightarrow R-\underset{NH_2}{\underset{|}{\overset{OH}{\overset{|}{CH}}}}-CH \longrightarrow R-\underset{O}{\underset{\|}{C}}-CH_3 + NH_3 \quad \text{Methylketone} \qquad (1.10)$$

Während aus primären Aminen Hydroxylamine entstehen,

$$R-NH_2 \longrightarrow \underset{\text{Hydroxylamine}}{R-NH-OH} \qquad (1.11)$$

sind die Funktionalisierungsprodukte von tertiären Aminen N-Oxide:

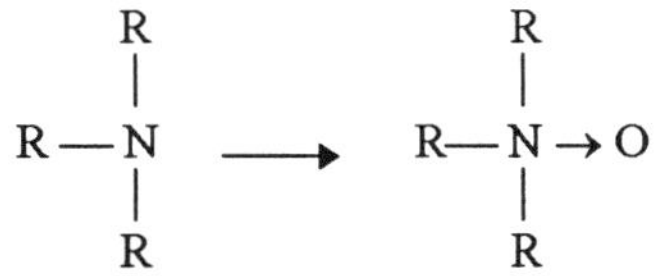

tertiäre Amine → N-Oxide (1.12)

Beide Reaktionen (1.11 und 1.12) werden als N-Oxidationen bezeichnet.

Thioether werden zu Sulfonen oxidiert, was man analog als S-Oxidation bezeichnet:

$$\underset{\text{Thioether}}{R-S-R'} \longrightarrow R-\underset{\underset{O}{\|}}{S}-R' \longrightarrow \underset{\text{Sulfone}}{R-SO_2-R'} \qquad (1.13)$$

Kohlenstoffdisulfid hingegen spaltet Schwefel ab (= Entschwefelung):

$$\underset{\text{Kohlenstoffdisulfid}}{S=C=S} \longrightarrow O=C=S + S \qquad (1.14)$$

Nach der Funktionalisierung erfolgt die für den Transport zum Wirkort notwendige *Konjugation* mit

- Glucuronsäure,
- Schwefelsäure,
- Aminosäuren oder
- Glutathion.

Diese Konjugation (= Bindung an ein „Transportmolekül") ist notwendig, da die Moleküle selbst über eine zu geringe Wasserlöslichkeit verfügen.

Die anschließende Bindung an einen Rezeptor stellt die eigentliche Schadstoffwirkung dar. Neben der Bindung an eine DNA wirkt ein Schadstoff in vielen Fällen, indem er ein Enzym blockiert.

Die *Evasion* (= Ausscheidung) von lipophilen Substanzen ist im menschlichen Organismus unmöglich, weshalb sich Halogenverbindungen im Fettgewebe anreichern (Dioxine im Fettgewebe der Nerven, Neurotoxizität). Eine einzige Ausnahme bildet die Muttermilch, die, weil sie die einzige Fettabgabe des Menschen ermöglicht, mit diesen lipohilen Stoffen oft stark belastet ist und damit für ein Kleinkind eine nicht zu unterschätzende Gefahrenquelle darstellt. Als Nahrungsmittel dürfte manche Muttermilch nach dem Nahrungsmittelgesetz „nicht zum Verzehr freigegeben werden".

Eine weitere Möglichkeit der Wirkung eines Schadstoffs bzw. seiner Metaboliten ist die *Enzyminduktion*. Man versteht darunter eine Steigerung der Enzymaktivität, die in der Regel durch das Substrat hervorgerufen wird, aber auch durch ein Hormon bewirkt werden kann. Schadstoffe sind ebenfalls in der Lage, Enzyminduktionen zu verursachen. Dies soll am Beispiel der schrittweisen Funktionalisierung von Benzo(a)anthracen beschrieben werden. Während Benzo(a)pyren selbst das P-448-System induziert, wird das P-450-System durch Dioxine induziert und beide durch polychlorierte Biphenyle [6, 7]. Die Funktionalisierung erfolgt hierbei durch die Enzyme Cytochrom P-448, Cytochrom P-450 und Arylepoxidhydrase:

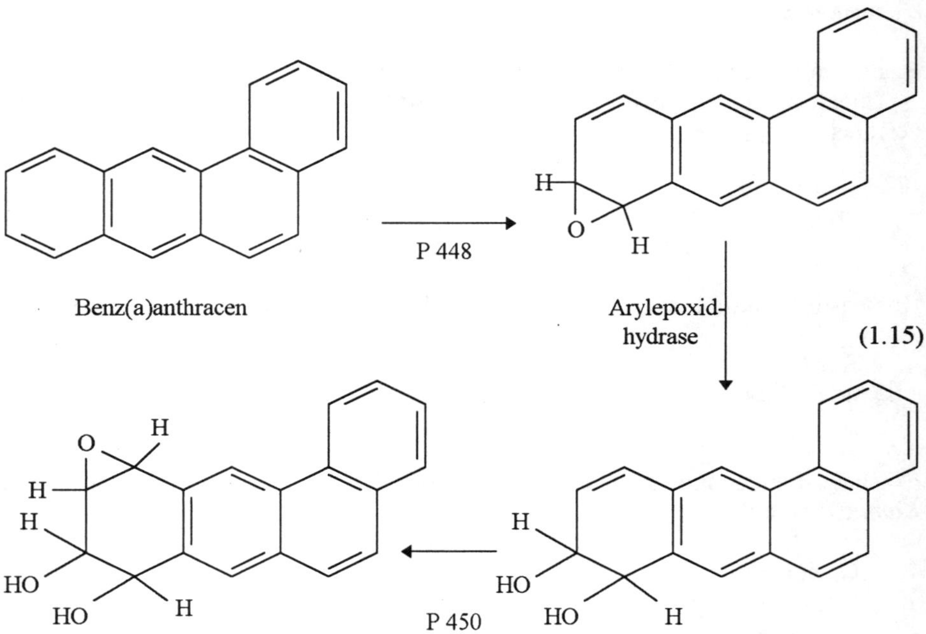

(1.15)

Die Kopplung an Proteine geschieht, am Beispiel des Benzo(a)pyrens nachgewiesen [6], nach der Epoxidierung in der K-Region des Moleküls. Hierbei kann als Abbauprodukt Chrysen nachgewiesen werden (Gleichung 1.17).

Während die Kopplung eines polycyclischen aromatischen Kohlenwasserstoffs (engl.: PAH = Polycyclic Aromatic Hydrocarbon) an Proteine in der K-Region erfolgt, läuft die Kopplung an die DNA in der Bay-Region ab (Formel 1.16). Entscheidend für die Wirksamkeit eines Moleküls ist demnach nicht seine chemische Zusammensetzung, sondern die aus der Reihenfolge der Atomverknüpfungen resultierende *Molekülgeometrie*.

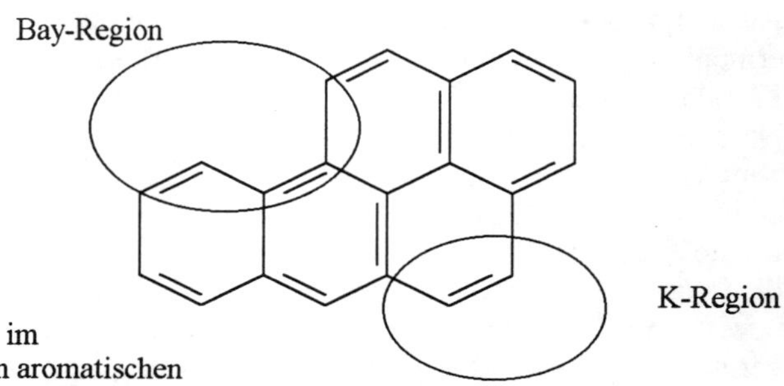

1.6 Bay-Region und K-Region im Molekül des polycyclischen aromatischen Kohlenwasserstoffs Benzo(a)pyren

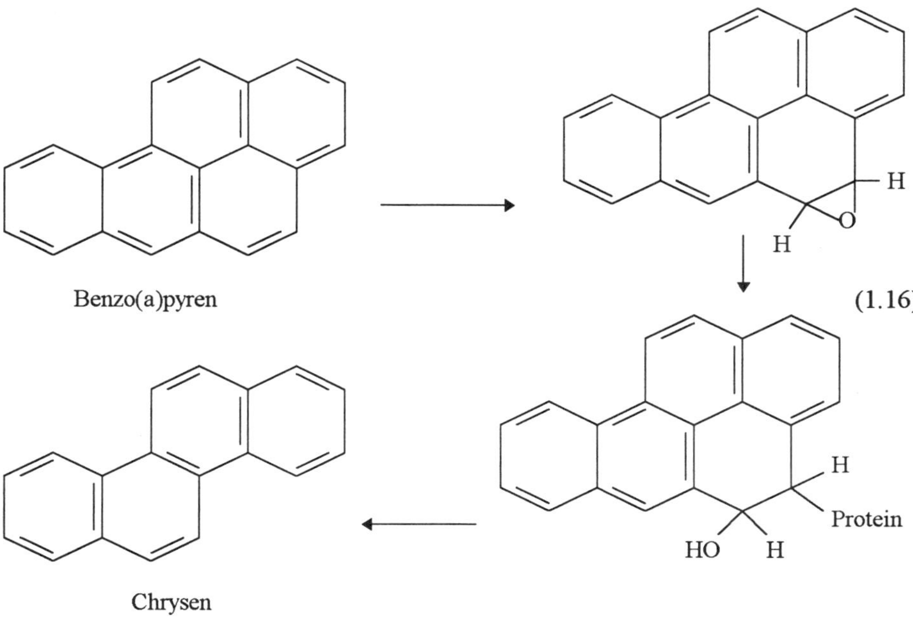

(1.16)

So führt beispielsweise die Benzo(a)pyren-DNA-Verbindung (1.18) zunächst durch eine Transkription zu einer *malignen* (= krankhaft) transformierten Zelle und diese erst durch *Proliferation* (= Wucherung) zum Tumor:

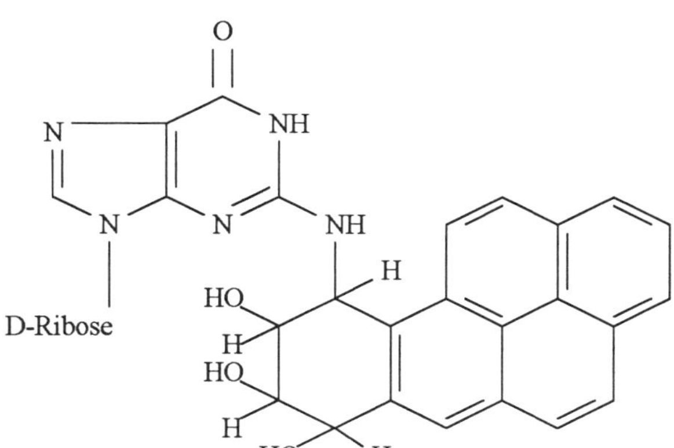

1.7 Kopplung von Benzo(a)-(a)pyren an eine DNA

Bei der *Tumorbildung* unterscheidet man folgende Schritte:

- Initiation,
- Promotion,
- Progression und
- klonale Evolution.

Bei der *Initiation* wird durch Bindung des Schadstoffs an die DNA einer Zelle deren Erbinformation verändert (= *Mutation*). Man bezeichnet den einwirkenden Stoff als den Initiator und die Zelle, deren Erbgut verändert wurde, als initiierte Zelle. Diese Zelle ist von den normalen Zellen äußerlich nicht zu unterscheiden.

Bei der *Promotion* regen Stoffe, die selbst nicht kanzerogen wirken – beispielsweise Dioxine – und die man auch als „*Tumorpromotoren*" bezeichnet, die initiierten Zellen zu erhöhter Teilungsaktivität an und bewirken ihre Umwandlung in „präneoplastische Zellen". Diese können nunmehr aufgrund biochemischer Merkmale sowie ihres Aussehens von normalen Zellen unterschieden werden.

Aus präneoplastischen Zellen können sich sowohl gutartige als auch bösartige Tumore entwickeln. Man bezeichnet die Umwandlung präneoplastischer Zellen in Tumorzellen als *Progression*. Bei der Umwandlung der präneoplastischen Zelle in eine Zelle, aus der sich ein bösartiger Tumor entwickelt, ist wahrscheinlich eine Änderung im Erbmaterial der präneoplastischen Zelle der Grund.

Aus einer einzigen Tumorzelle entwickeln sich zahlreiche gleichartige Zellen. Man bezeichnet einen solchen Zellverband, der aus einer einzigen Zelle entsteht und dessen Zellen alle die gleiche Information besitzen, als einen Klon. Diese Entwicklung von Zellen nennt man deshalb auch die *klonale Evolution*. Etwa 1 mg Tumorgewebe entspricht einer Million Tumorzellen.

1.1.4 Das menschliche Immunsystem

Das menschliche Immunsystem wird hinsichtlich seiner Wirkung unterteilt in

- unspezifisches Immunsystem und
- spezifisches Immunsystem

und hinsichtlich seiner Funktionen in

- Zellen und
- lösliche Faktoren.

In Abbildung 1.6 werden die danach unterteilten Bestandteile des menschlichen Immunsystems zusammengefaßt.

Die *unspezifische Immunabwehr* dient dazu, in den Körper eingedrungene Infektionserreger zu bekämpfen. Zu diesem Abwehrsystem zählen die Phagocyten wie die Granulocyten, die Monocyten und die Gewebemakrophagen. Sie bilden die erste „Front" der Immunabwehr und phagocytieren körperfremdes Material, indem sie es aufnehmen und durch Abbau unschädlich machen. Man bezeichnet diesen Vorgang als *Phagocytose*.

Natürliche Killerzellen sind in der Lage, mittels cytotoxischer Mechanismen Tumorzellen und virusinfizierte Zellen zu vernichten. Man bezeichnet dies als die *Cytotoxizität*.

Phagocytose und Cytotoxizität werden unterstützt durch humorale, d.h. lösliche Faktoren wie Lysozym, Akute-Phase-Proteine (z.B. Fibrinogen), Cytokine und Proteine des Komplementsystems [8]. Die Zellen und löslichen Faktoren der unspezifischen Immunabwehr sind nicht in der Lage, einen Krankheitserreger bei wiederholtem Befall wiederzuerkennen.

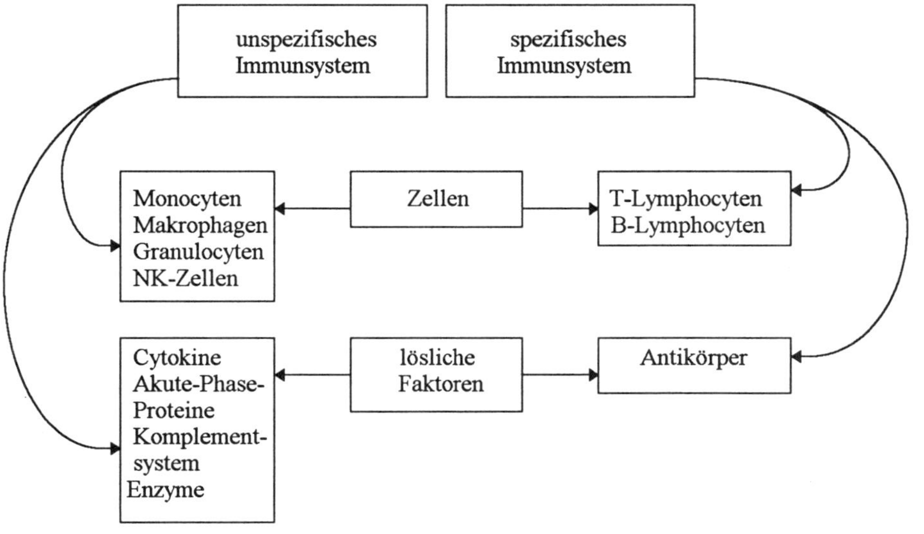

1.8 Die Bestandteile der menschlichen Immunabwehr

Hierbei spielen die *Cytokine* eine interessante Rolle, da sie zusätzlich noch die Funktion der Botenstoffe zwischen T-Zellen und B-Zellen wahrnehmen und die B-Zellen zur Bildung von Antikörpern anregen. Zu den wichtigsten Cytokinen zählen

- der Tumor-Nekrose-Faktor,
- die Interferone und
- die Interleukine.

Die *spezifische Immunabwehr* des Menschen ist in der Lage, Krankheitserreger wiederzuerkennen und sie zu bekämpfen. Man unterteilt sie in

- zelluläre Immunabwehr und
- humorale Immunabwehr.

Unter der *zellulären Immunabwehr* des Menschen versteht man die Produktion von T-Zellen (T-Lymphocyten) und B-Zellen (B-Lymphocyten). Während die B-Zellen im Knochenmark gebildet werden, reifen die T-Zellen im Thymus heran. Die T-Zellen bilden den wichtigsten Teil des menschlichen Immunsystems. Sie sind in der Lage, Antigene spezifisch zu erkennen. Man unterteilt die *T-Zellen* in

- Cytotoxische T-Zellen,
- T-Helferzellen und
- T-Suppressorzellen.

Die *cytotoxischen T-Zellen* erkennen und zerstören virusinfizierte Zellen. Die *T-Helferzellen* produzieren Cytokine und steueren damit die Aktivierung anderer Immunzellen. Die *T-Suppressorzellen* beenden eine Immunantwort.

Die *humorale Immunabwehr* wird von den Antikörpern (Immunglobuline) wahrgenommen. Diese werden von den B-Zellen gebildet. Während ein Teil der B-Zellen Antikörper produziert, wird ein anderer Teil zu Gedächtniszellen. Diese sind in der Lage, bei einem erneuten Eindringen des Antigens spontan zu reagieren.

Allergien stellen eine Fehlreaktion des Immunsystems dar. Man unterscheidet zwischen

- Spättypreaktionen und
- Soforttypreaktionen.

Bei den *Spättypreaktionen* schätzen T-Zellen einen sonst harmlosen Stoff falsch ein und lösen eine allergische Reaktion aus, die sich erst nach 48 Stunden bemerkbar macht. Bei den *Soforttypreaktionen* wird die allergische Reaktion durch B-Zellen ausgelöst. Neben der Fehlerkennung erfolgt außerdem ein Versagen des regulatorischen Systems der T-Helferzellen und T-Suppressorzellen. Die an ein an sich unschädliches Antigen gebundenen B-Lymphozyten werden dabei stimuliert, sich zu Plasmazellen zu vermehren und Antikörper vom Typ IgE zu produzieren [9]. Die IgE-Moleküle wandern zu den Mastzellen des Bindegewebes der Haut und verankern sich dort. Diese Mastzellen sind mit Körnchen, den Granula, gefüllt. Bei einem erneuten Angriff des Allergens bindet sich dieses sofort an die an den Mastzellen verankerten IgE-Moleküle. Die IgE-Moleküle veranlassen die Mastzelle nun, die Granula an das umgebende Gewebe abzugeben, was die eigentliche allergische Reaktion darstellt. Normalerweise ist IgE im Blut des Menschen nur im Falle von Wurmerkrankungen in höheren Konzentrationen zu finden [8].

Exkurs 1.2 Das Immunsystem und Tumorwachstum

Ebenso, wie Allergien auf eine unkontrollierte Überreaktion des Immunsystems zurückzuführen sind, gibt es interessante Verknüpfungen zwischen dem Versagen des Immunsystems und dem Auftreten von Tumorwachstum. Rosenberg [10] isolierte T4-Lymphozyten des Menschen und brachte sie mittels gentechnischer Behandlung (*somatische Gentherapie*) wieder dazu, Interleukin-2 zu produzieren. Interleukin-2 ist verantwortlich für die Freisetzung von Cytokinen aus T-Zellen sowie der Aktivierung von cytotoxischen T-Zellen und NK-Zellen [8]. Diese gentechnisch veränderten T-Zellen wurden anschließend wieder dem Menschen eingepflanzt. Rosenberg hatte mit dieser Therapie erstmals eine Behandlungsmethode für das maligne *Melanom* vorgestellt, eine besonders bösartige Form von Hautkrebs, die bis zu diesem Zeitpunkt immer tödlich verlief.

1.1.5 Die Wirkung von Schadstoffen auf die Vegetation

Vegetationsschäden werden dem Menschen seltsamerweise immer erst dann bewußt, wenn sie großflächig auftreten und etwas zerstört wird, dem er besonders zugeneigt ist. Die Amerikaner beschäftigten sich erstmals mit dem Auftreten von Oxidantien, als großflächige Vernichtungen der Maisernte in der Region von Los Angeles (Los Angeles-Smog) auftraten. Die Deutschen beschäftigten sich erstmals mit dem Waldsterben, als Gedanken geäußert wurden, die deutschen Mittelgebirge hätten in fünfzig Jahren das Aussehen der Höhenzüge des Appenin. Dagegen suchten die Franzosen, denen man ein weniger mystisches Verhältnis zum Wald nachsagt, überhaupt nicht nach einer Übersetzung, sondern nannten diese Vegetationsschäden etwas spöttisch „le waldsterben". Wenn in dem folgenden Abschnitt von Vegetationsschäden gesprochen wird, so liegt der Schwerpunkt auf den Schäden, die im Rahmen des Waldsterbens auftreten.

Vegetationsschäden können durch folgende Einflüsse auf die Vegetation bewirkt werden:

- mechanische Einflüsse (Windbruch),
- klimatische Einflüsse (Trockenheit),
- Standorteinflüsse (Bodenbeschaffenheit, Grundwasserspiegel),
- Bewirtschaftung (Monokulturen),
- Parasitenbefall und
- Schadstoffeinwirkungen.

Die Einwirkung von Schadstoffen ist demnach nur ein Faktor bei der Entstehung von Vegetationsschäden. Da jedoch selten ein Faktor alleine verantwortlich ist, sondern meist mehrere zusammen wirken, ist die Zuordnung von Vegetationsschäden zu einem Schadstoffeinfluß meist schwierig. Wirkschwellen resultieren deshalb in vielen Fällen nur aus Treibhausversuchen und Freilandversuche gestalten sich, gerade um alle Parameter getrennt zu erfassen, meßtechnisch als sehr aufwendig. Oft berücksichtigen deshalb Wirkschwellen keine kombinatorischen Wirkungen. Schütt [11] versuchte einmal das Zusammenwirken der Faktoren des Waldsterbens derart zu beschreiben: „Der Wald stirbt an Streß".

Schadstoffe können entweder gasförmig oder in Form von wäßrigen Lösungen auf eine Pflanze einwirken. Die Organe, über die eine Pflanze von einem Schadstoff angegriffen wird, sind

- Blätter oder
- Wurzeln.

Gasförmige Schadstoffe werden vom Blatt durch die Spaltöffnungen (Stomata) aufgenommen und lösen sich im Zellwandwasser, von wo sie zu den Wirkorten der Zelle diffundieren. Die Pflanze ist oft in der Lage, geringe Schadstoffkonzentrationen durch Entgiftungsmechanismen unschädlich zu machen. So können z.B. Nitrit und Nitrat durch Reduktasen in Ammoniak umgewandelt werden [12]. Ozon wird durch Enzyme wie Superoxiddismutase, Katalase und Peroxidase entgiftet [13]. Erst höhere Schadstoffkonzentrationen wirken phytotoxisch. Durch Angriffe der Schadstoffe an den Zellmembranen kommt es zu Störungen im Elektrolyt- und Wasserhaushalt der Zelle. Werden die Chloroplastenmembrane geschädigt, so kommt es zu Störungen in der Photosynthese und damit zu Störungen im Nährstoffhaushalt und zu einer Unterversorgung der Wurzeln (Abbildung 1.9). Im fortgeschrittenen Stadium der Schädigung treten an den Blättern Nekrosen auf [14, 15].

Die Wurzeln wiederum sind vor allem der Säurewirkung von Schadstoffen ausgesetzt. Die Wirkung des „*Sauren Regens*" ist hauptsächlich eine reine Säurewirkung. Diese führt zu einer Störung des Wurzelwachstums und damit ebenfalls zu einer Beeinflussung des Nährstoffhaushalts. Bäume versuchen oft, einer pH-Wert-Absenkung im Boden derart auszuweichen, daß sie ihre Wurzeln flach in die obere Bodenschicht treiben. Hierdurch werden sie jedoch anfällig für mechanische (Windbruch) und klimatische Einflüsse (Trockenheit). Zu der direkten Säurewirkung muß als indirekte Wirkung die Freisetzung von Aluminium aus Tonmineralien hinzugezählt werden (vgl. Abschnitt 5.3). Bei Nadelbäumen tritt eine weitere Kombinationswirkung des sauren Regens auf: Ozon schädigt die Cuticula-Wachsschicht der Nadeln und ermöglicht so erst die Einwirkung der Säuren.

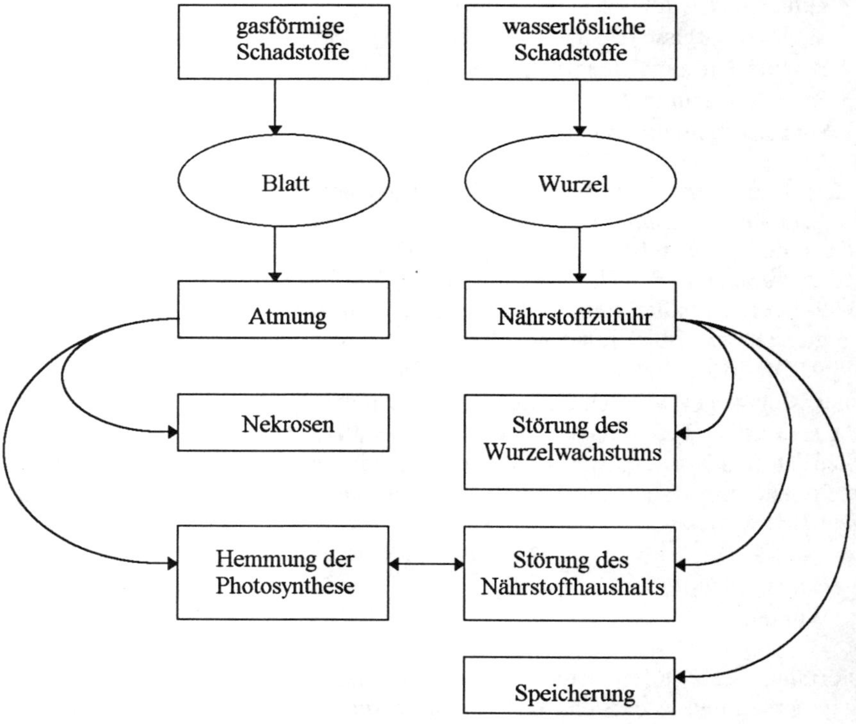

1.9 Wirkungen von Schadstoffen auf die Vegetation

Die *Speicherung von Schadstoffen* erfolgt bei Pflanzen in der Regel nur im Falle ionischer, d.h. in Wasser gelöster und damit hydrophiler Stoffe. Die Aufnahme erfolgt damit über die Wurzel. Lipophile Stoffe können die Wurzelhaut nicht durchdringen. Eine Ausnahme bildet die Möhre, die eine lipophile Wurzelhaut (Carotin) besitzt und deshalb lipophile Stoffe wie Dioxine anreichern kann. Hydrophile Stoffe werden von Pflanzen ebenfalls wie beim Menschen über Membrane (Wurzelhaut) aufgenommen. Auch hier entscheiden „Angebot und Nachfrage" über die Menge an gespeichertem Stoff. Deshalb kommt es bei Wurzelgemüsen zwar zu unterschiedlichen Aufnahmeraten für Schwermetalle, die jedoch wegen der resultierenden Gehalte bei normaler Schadstoffaufnahme für die menschliche Ernährung zunächst kein Problem darstellen. Die Pflanze weicht von ihrer Aufnahmerate erst dann gravierend ab, wenn das Schwermetall in hohen Konzentrationen angeboten wird (Düngung mit Klärschlamm), d.h. wenn an der Membran ein hohes Konzentrationsgefälle entsteht. Eine Ausnahme bildet Cadmium, das von Pilzen mit Zink verwechselt und angereichert wird. Schwermetalle stellen hinsichtlich der menschlichen Ernährung ein wesentlich größeres Problem bei der oberflächlichen Anreicherung an Pflanzen (Partikel) dar. Hierbei entscheiden sowohl die Expositionszeit als auch die Beschaffenheit und Größe der Oberfläche über die Masse an adsorbierten Partikeln. Deshalb muß von dem Verzehr von Grünkohl bei hohen Bleiimmissionen abgeraten werden, da Grünkohl als Wintergemüse lange exponiert ist und zusätzlich eine große Blattoberfläche aufweist, von der Partikel durch Waschen schwer zu entfernen sind.

1.1.6 Die Wirkungen von Schadstoffen auf Materialien

Luftschadstoffe können sowohl in Gasform als auch als Inhaltsstoff einer trockenen oder nassen Deposition mit einem Material in Kontakt kommen. Man unterscheidet hierbei folgende Wirkungen

- Oberflächenwirkung,
- Säurewirkung,
- Oxidationswirkung und
- chemische Umsetzungen.

Oberflächenwirkungen treten oft bei Partikeln auf. Sie vergrößern beim Anhaften die Oberfläche und damit auch die Angriffsfläche für einen Schadstoff. Lösemittel können bei Polymeren zu einer Aufrauhung der Oberfläche führen, die dann wiederum Partikeln gute Haftmöglichkeiten bieten.

Unter der klassischen *Säurewirkung* versteht man die Korrosion von Metallen. Diese Säurewirkung muß jedoch in ihrer Wirkung streng von der elektrochemischen Korrosion (Bildung eines Lokalelementes durch zwei Metalle unterschiedlichen elektrochemischen Potentials) getrennt werden. Bei Zelluloseprodukten führt die Einwirkung von Säuren zur Zersetzung (Hydrolyse der Polysaccharide). Eine Besonderheit unter den Mineralsäuren stellt Fluorwasserstoff (Flußsäure) dar, da er in der Lage ist, Silikate (Glas) zu lösen. Ebenso ist die Zersetzung von Carbonaten eine typische Säurewirkung.

Die *Oxidationswirkung* gasförmiger Luftschadstoffe, beispielsweise von Ozon, führt bei Farbstoffen zum Ausbleichen. Bei Polymeren führt sie zu Strukturveränderungen und damit zu entscheidenden Veränderungen der Materialeigenschaften.

Zu den wichtigsten chemischen Umsetzungen, die durch Luftschadstoffe bewirkt werden, zählt vor allem die Zersetzung mineralischer Carbonate (Kalkstein), welche durch Schwefeldioxid hervorgerufen wird und aus Calciumcarbonat Calciumsulfat (Gips) entstehen läßt. Dies kann sowohl durch Schwefeldioxid als auch durch Schwefeltrioxid bewirkt werden. Für das zur chemischen Umsetzung notwendige Wasser genügt die Luftfeuchte. Die Emission von Schwefelwasserstoff (Schwelbrände von Kohleheizungen) führt bei Kupferlegierungen (Bronze, Messing) sowie bei Kupfer selbst zur Bildung sulfidischer Patina.

1.1.7 Die Wirkungen von Schadstoffen auf Gewässer

Die Wirkung von Schadstoffen in Gewässern läßt sich wie folgt unterscheiden:

- Anreicherung eines Schadstoffs in Mikroorganismen und Organismen über die Nahrungskette,
- toxische Wirkung eines Schadstoffs auf Mikroorganimen und Organismen und
- nachteilige Veränderungen der Lebensbedingungen für Fauna und Flora.

Die *Anreicherung* eines Schadstoffs erfolgt in einem Organismus in nichttoxischen Dosen. Das wichtigste Bewertungskriterium war dabei bisher die bei der Nahrungsaufnahme des Menschen tolerierbare Dosis (z.B. Fisch). Mittlerweile manifestieren sich diese Schadstoffe jedoch auch in kanzerogenen Wirkungen bei dem Speicherorganismus, was bei Fischen zu merklichen Ertragseinbußen im Fischereigewerbe führte. Weiterhin wirken Schadstoffe immunsuppressiv. Dies führt zu regional auftretenden epidemieartigen Erkrankungen (z.B. Befall von Seehunden durch einen Hundevirus).

Die *toxische Wirkung* eines Schadstoffs auf Wasserorganismen gehorcht den Gesetzmäßigkeiten der toxischen Wirkung (Reversibilität, letale Dosis; vergleiche Kap. Grenzwerte) und ist prinzipiell mit der eines Schadstoffs auf den Menschen vergleichbar. Jedoch sind die Schadstoffwirkungen nicht einfach vom Wasserorganismus auf den Menschen und umgekehrt übertragbar. So ist beispielsweise Cyanid sowohl human- als auch fischtoxisch, während Aluminium ein charakteristisches Fischgift (Schädigung der Kiemen) darstellt. Die Deklarierungspflicht für eine Chemikalie nach dem Chemikaliengesetz [2] beinhaltet deshalb neben der humantoxischen Deklarierung auch die Deklarierung hinsichtlich einer etwaigen Wassergefährdung.

Die Einbringung von Schadstoffen in Gewässer kann über

- industrielle Emissionen (Abwasser),
- Siedlungsabwässer,
- Chemikalienunfälle (Transport, Löschwasser bei Bränden) und
- Auswaschung aus Böden (z.B. Dünger und Pflanzenschutzmittel)

erfolgen. Vor allem industrielle Emissionen und Störfälle machen eine kontinuierliche Gewässerüberwachung notwendig. Vorfluter wie z.B. der Rhein stellen oft ein Trinkwasserreservoir dar, wobei das Trinkwasser als Uferfiltrat gewonnen und chemisch aufbereitet wird. Diese Trinkwasseraufbereitungsanlagen müssen im Falle von Chemikalienunfällen sofort außer Betrieb genommen werden. Eine automatische Gewässerüberwachung mit Meßsonden ist derzeit nur für anorganische Schadstoffe und physikalische Parameter möglich. Organische Schadstoffe können dagegen nur unter Anwendung von *Testorganismen* nachgewiesen werden. Hierzu zählen

- Algen,
- Daphnien,
- Fische und
- Bakterien.

Beim *Algentest* wird die Hemmung der Sauerstoffproduktion von Algen als ein Maß für eine Gewässerverschmutzung genutzt. Beim *Daphnientest* ist das Maß hingegen das Schwimmverhalten eines Wasserflohs, der Daphnie. Beim *Fischtest* werden Fische, beispielsweise Goldorfen, der Wirkung des Wassers ausgesetzt, um dieses auf fischtoxische Inhaltsstoffe zu untersuchen. Beim *Bakterientest* wird die Lichtproduktion von Leuchtbakterien photometrisch registriert.

Alle Verfahren arbeiten nach dem Verdünnungsprinzip, bei dem die Testorganismen verschiedenen Wasserproben unterschiedlicher Verdünnung ausgesetzt werden. Der Fischtest bietet darüber hinaus die Möglichkeit einer automatischen Gewässerüberwachung, indem Wasser kontinuierlich durch ein Fischbecken geleitet und das Schwimmverhalten der Fische elektronisch überwacht wird. Alle Verfahren ersetzen nicht den analytischen Substanznachweis. Darüber hinaus unterliegen sie, besonders der Leuchtbakterientest (Züchtung eines besonderen Bakterienstammes), der Gefahr, daß der Testorganismus sich den Umweltbedingungen langsam anpaßt, wodurch die Aussagekraft des Testverfahrens langsam abnimmt.

Eine nachteilige Veränderung der Lebensbedingungen für Fauna und Flora kann sowohl durch

- indirekte als auch durch
- direkte Schadstoffwirkung

hervorgerufen werden. Unter einer *indirekten Schadstoffwirkung* versteht man die Verschiebung existierender Gleichgewichte durch einen Schadstoff und daraus resultierende Veränderungen der Lebensbedingungen. Durch eine Überdüngung eines Gewässers mit Phosphaten entsteht primär ein übermäßiges Algenwachstum.

Erst das „Umkippen" des Gewässers vom normalen aeroben Abbau zum anaeroben Abbau und zur Methangärung schafft die für Wasserorganismen toxischen Bedingungen.

Eine *direkte Schadstoffeinwirkung* in Bezug auf die Lebensbedingungen von Wasserorganismen stellt beispielsweise die Einleitung hoher Frachten organischer Schadstoffe in ein Gewässer dar. Der Abbau dieser Schadstoffe führt zu einer starken Sauerstoffzehrung und beeinflußt deshalb die Lebensbedingungen der Fische. Die Parameter zur Bewertung der Gewässergüte werden im Zusammenhang mit der Reinigung kommunaler Abwässer in Abschnitt 3.1 besprochen.

1.2 Die Entstehung und Bewertung von Umweltschadstoffen

Die im vorangehenden Abschnitt besprochenen Wirkungen von Schadstoffen geben zwar einen Überblick über die Vielzahl an Möglichkeiten, ermöglichen jedoch keine Beurteilung im Einzelfall. Die Bewertung eines Umweltschadstoffs, beispielsweise aufgrund von Immissionsmessungen, erfordert immer

- eine Zuordnung zu einem industriellen Prozeß (Emittent, Verursacher),
- eine Zuordnung zu möglichen emissionsmindernden Maßnahmen,
- einen Vergleich mit schon vorhandenen Umweltbelastungen (z.B. der Hintergrundbelastung) und
- eine Bewertung möglicher Umweltschäden anhand von Wirkschwellen.

Die Zuordnung zu einem industriellen Prozeß ermöglicht zusätzlich die Erfassung anderer Schadstoffe, die bei diesem Prozeß ebenfalls entstehen können. Einen Schadstoff, der stets mit einem anderen zusammen in einem Konzentrationsverhältnis entsteht (z.B. Kohlenmonoxid und Ruß bei unvollständigen Verbrennungen) bzw. durch eine Sekundärreaktion einen anderen Schadstoff in einem Umweltmedium bildet (z.B. photochemische Reaktionen in der Luft) bezeichnet man als *Leitkomponente*. Leitkomponenten dienen dazu, auf andere Schadstoffe rückzuschließen, wenn deren Konzentrationen nicht durch ein geeignetes analytisches Verfahren zu ermitteln sind (z.B. Ozon als Leitkomponente für photochemische Oxidantien). Die Zuordnung emissionsmindernder Maßnahmen erlaubt neben der Beurteilung ihrer Effektivität auch die Einbeziehung von Emissionen, die erst durch die emissionsmindernde Maßnahme selbst entstehen (z.B.

die Abwasserproblematik bei „nassen“ Abgasreinigungsverfahren, Kap. 3). Der Vergleich mit Hintergrundbelastungen gestattet es, den Schadstoffeintrag in das Umweltmedium zu bewerten, wobei *Wirkschwellen* als nützliche Bewertungshilfen dienen.

In dem folgenden Abschnitt werden Wirkungen, Wirkschwellen und Hintergrundbelastung für Umweltschadstoffe besprochen und das Zahlenmaterial tabellarisch zusammengefaßt. Die Daten sind, sofern nicht gesondert angegeben, Veröffentlichungen der Weltgesundheitsorganisation WHO [16], des Umweltbundesamtes UBA [17, 18] und der Enquete-Kommission „Schutz des Menschen und der Umwelt“ [19] entnommen. Regionale Extrembelastungen werden hierbei nicht berücksichtigt.

Auf eine Darstellung der Belastungsentwicklung wurde absichtlich verzichtet. Vielmehr soll der Leser durch die ihm zur Verfügung gestellten Beurteilungskriterien angeregt werden, Veröffentlichungen von Meßdaten kritisch zu interpretieren und zu hinterfragen. Die isolierte Betrachtung eines Schadstoffs in Bezug auf seine Grenzwerte sollte einer synergistischen (*Synergismus* = Zusammenwirken) Gesamtbetrachtung weichen. Die Unterschreitung eines Grenzwertes für einen einzelnen Schadstoff kann dennoch bei Gegenwart eines anderen eine schädliche Wirkung hervorrufen. Solange nur Grenzwerte für isoliert betrachtete Schadstoffe ohne die Berücksichtigung synergistischer Wirkungen existieren, darf die Einhaltung dieser Grenzwerte nicht als das letztendliche Ziel umwelttechnischer Maßnahmen betrachtet werden.

1.2.1 Stäube

Staub ist ein typischer Luftschadstoff. Man unterscheidet je nach Wirkung des Staubes auf den Menschen zwischen

- nicht gefährdendem Staub und
- gefährdendem Staub.

Eine Einstufung als gefährdender Staub ist von der Existenz eines Inhaltsstoffes abhängig. Einzig und alleine Asbest sowie künstliche Mineralfasern mit ähnlicher Partikelform bilden eine Ausnahme. Asbest und künstliche Mineralfasern werden wegen der Partikelform und der daraus resultierenden mechanischen gewebsschädigenden Wirkung zu den gefährdenden Stäuben gezählt. Außerdem unterscheidet man beim Staub wegen des unterschiedlichen Verhaltens in der Luft zwischen zwei Formen:

- Schwebstaub und
- Staubniederschlag,

wobei die Partikelgröße über die Zuordnung entscheidet. Schwebstaub (engl. TSP = Total Suspended Particulates) besteht aus Partikeln mit einem Durchmesser kleiner als 10 μm. Alle Partikel mit einem größeren Durchmesser werden wegen der daraus resultierenden höheren Sinkgeschwindigkeit als sedimentierender Staub oder *Staubniederschlag* bezeichnet.

Während sedimentierende Stäube = Staubniederschlag nur eine begrenzte Aufenthaltsdauer in der Luft besitzen, muß man bei Schwebstaub, wird er in entsprechende Höhen emittiert (z.B. bei Vulkanausbrüchen), von einer zwei- bis dreimaligen Erdumrundung ausgehen. Dies kann im Falle der Vulkanausbrüche zu merklichen Klimabeeinflussungen (z.B. Regenperioden durch verstärkte Tropfenbildung) führen.

Exkurs 1.3 Asbest

Als *Asbest* bezeichnet man in der Natur vorkommende silikatische Mineralien der Serpentin- und Amphibolgruppe. Zur Serpentingruppe gehört Chrysotil (Weißasbest), zur Amphibolgruppe zählen Krokydolith (Blauasbest), Amosit, Antophyllit, Tremolit und Aktimolith. Diese Mineralien besitzen außergewöhnliche Eigenschaften wie Verspinnbarkeit, Unbrennbarkeit, thermisches und elektrisches Isoliervermögen sowie chemische Beständigkeit. Hier die theoretischen Formeln einiger Asbestmineralien:

$(Mg, Fe^{II})_7\,[OH/Si_4O_{11}]_2$	Antophyllit
$(Fe^{II}, Mg)_7\,[OH/Si_4O_{11}]_2$	Amosit
$Ca_2Mg_5\,[OH/Si_4O_{11}]_2$	Tremolit
$Ca_2(Mg, Fe^{II})_5\,[OH/Si_4O_{11}]_2$	Aktinolith
$Na_2Fe^{II}_3Fe^{III}_2\,[OH/Si_4O_{11}]_2$	Krokydolith

Vielfach sind bei Asbestmineralien die Kationen, das Hydroxidion und das Silizium durch andere Ionen ersetzt, wobei das Verhältnis der ersetzbaren Mischungskomponenten variabel ist. Man schreibt deshalb in den Formeln die gegenseitig ersetzbaren Ionen in Klammern und den Hauptbestandteil immer an die erste Stelle. In der eckigen Klammer wird das komplexformende Anion durch einen Schrägstrich vom komplexen Anion getrennt.

Asbestfasern [20] werden bei der

- Verarbeitung asbesthaltiger Materialien,
- technischen Nutzung asbesthaltiger Materialien (z.B. Bremsbeläge) und
- Verwitterung asbesthaltiger Materialien (z.B. Asbestzementdächer)

emittiert. Die Anwesenheit von schwach gebundenem Asbest, beispielsweise als Isoliermaterial in Innenräumen, entscheidet über die Durchführung einer Sanierungsmaßnahme in Gebäuden. Eine Bestimmung der Konzentration an Fasern in der Raumluft ist nach Abschluß der Sanierungsmaßnahme als Erfolgskontrolle notwendig.

Stäube (Asbest ausgenommen) werden emittiert bei der

- Gewinnung von Mineralien (Bergbau),
- deren Transport,
- Umladung,
- Konfektionierung (Zerkleinern) und
- Verarbeitung (einschließlich Verbrennung).

Hierzu zählt man sowohl mineralische Stoffe als auch Metalle und Legierungen und sogar Ruß (technische Gewinnung als Füllstoff für Gummi, Autoreifen).

In Tabelle 1.2 sind die derzeit geltenden Durchschnittsbelastungen für partikelförmige Luftverunreinigungen zusammengefaßt. Die beiden angegebenen Konzentrationsbereiche sind jeweils identisch und beziehen sich auf das angewandte Meßverfahren. Während in Deutschland bei Partikelmessungen in der Außenluft die Massenkonzentration an Partikeln gravimetrisch bestimmt wird, wendet man innerhalb der Europäischen Gemeinschaft gemäß der EG-Richtlinie „SO_2 und Schwebstaub" [21, 22] das britische *Black-Smoke-Verfahren* an, bei dem die Massenkonzentration des Staubes durch eine optische Bestimmung der Schwärzung ermittelt wird. Dieses Verfahren muß aus analytischer Sicht als antiquiert betrachtet werden, da „schwarze Stäube", bedingt durch die mittlerweile geänderten industriellen Verfahren, nur noch durch Kleinfeuerungsanlagen (Ruß) emittiert werden. Lediglich die 1. Bundes-Immissionsschutzverordnung (1. BImSchV), die Kleinfeuerungsanlagenverordnung [23], schreibt in Deutschland für die Emissionsmessung von Partikeln die Bestimmung der Rußzahl, also eine Schwärzungsmessung vor. Bei den Messungen der Schwebstaubimmissionen, die größtenteils durch die hellgrauen Stäube der Großfeuerungsanlagen hervorgerufen werden, sind bei Anwendung des Black-Smoke-Verfahrens Minderbefunde gegenüber dem gravimetrischen Verfahren zu befürchten.

Tabelle 1.2 Belastungen der Luft durch partikelförmige Luftverunreinigungen

Region	Art der Kenngröße	Ermittelte Belastung
Städte	Jahresmittel	50 - 150 $\mu g/m^3$ (gravimetrisch)
		10 - 40 $\mu g/m^3$ (Black Smoke)
Ländliche Regionen	Jahresmittel	< 50 $\mu g/m^3$ (gravimetrisch)
		< 10 $\mu g/m^3$ (BlackSmoke)
Industrieregionen	Maxima	200 - 400 $\mu g/m^3$ (gravimetrisch)
		100 - 250 $\mu g/m^3$ (Black Smoke)

Die Wirkungen partikelförmiger Luftverunreinigungen auf den Menschen sind von der Größe, der geometrischen Form und den Inhaltsstoffen der Partikel abhängig. Hierbei ist es entscheidend, ob diese lungengängig sind. Partikel mit weniger als 10 µm Durchmesser sind mit abnehmendem Durchmesser zunehmend lungengängig

(Tabelle 1.3). Größere Partikel werden im Nasen-Rachen-Raum abgeschieden. Etwa 70% aller Bronchialkarzinome entstehen im oberen Teil der Bronchien. Nicht lösliche Partikel werden durch das Flimmerepithel aus der Lunge eliminiert. Die Transportzeit beträgt aus der Lungenperipherie etwa 24 Stunden und aus den großen Bronchien etwa 30 Minuten. Die Verweilzeit der Partikel entscheidet über die Ablösung toxischer Substanzen.

Tabelle 1.3 Wirkung atembarer Partikel auf den Menschen in Abhängigkeit vom Partikeldurchmesser

Partikeldurchmesser	Wirkung
> 20 µm	100 %-ige Deposition im Mund-Nasen-Raum
> 10 µm	Teilweise Deposition im Mund-Nasen-Raum
< 7 µm	Die Partikel erreichen die Bronchien.
< 4-5 µm	Deposition im Alveolarbereich
< 0.1 µm	Diffusion, Aerosol-Verhalten (vergleichbar mit Gasen)

Schwebstaub wird in Gegenwart von Schwefeldioxid eine synergistische Wirkung zugeschrieben. Bei Kleinkindern können oberhalb einer Konzentration von 180 $\mu g/m^3$ negative Effekte bei der Lungenfunktion auftreten. Weiterhin existieren für partikelförmige Luftverunreinigungen derzeit keine Wirkungskriterien.

Die Wirkungen von partikelförmigen Luftverunreinigungen auf Vegetation, Tiere und Böden sind einzig und alleine abhängig von den

- Wirkungen der Staubinhaltsstoffe und
- Wirkungen der adsorbierten Stoffe.

Bei Stoffen, die nur oberflächlich an Partikeln adsorbiert werden, entscheidet die Beschaffenheit der Oberfläche über den Grad der Adsorption. So stellt beispielsweise Ruß ein ausgezeichnetes Transportmedium für polycyclische aromatische Kohlenwasserstoffe dar.

Eine Wirkung von partikelförmigen Luftverunreinigungen auf Materialien ist nur im Synergismus mit anderen Schadstoffen möglich. Partikel, die auf Oberflächen haften bleiben, vergrößern die Angriffsfläche für gasförmige Stoffe. Dies gilt v.a. für wasserlösliche Gase, hier besonders für Säurebildner (z.B. Schwefeldioxid).

Sowohl Asbest als auch künstliche Mineralfasern werden als faserige Stäube bezeichnet und wegen ihrer Wirkung auf den Menschen, die in der nadelähnlichen Partikelform begründet ist, gesondert behandelt.

Die nadelförmigen Partikel bleiben im Lungengewebe haften und werden – ähnlich der *Silikose* (Gesteinsstaublunge) bei Bergarbeitern – durch Überwucherung abgekapselt. Hierbei entstehen jedoch im Gegensatz zur Gesteinsstaublunge tumorartige Gewebewucherungen, deren Auftreten man als *Asbestose* bezeichnet. In Tabelle 1.4 sind die durchschnittlichen Belastungen der Atemluft durch faserige Stäube zusammengefaßt.

Tabelle 1.4 Durchschnittliche Belastungen der Atemluft durch faserige Stäube

Bereich/Region	Faserkonzentration
Ländliche Gegenden	< 100 Fasern/m^3
Stadtgebiete	100-1000 Fasern/m^3
Im Lee von Asbestzementfabriken	
300 m	2200 Fasern/m^3
700 m	800 Fasern/m^3
1000 m	600 Fasern/m^3
Innenraumluft ohne spezielle Asbestzementquellen	< 1000 Fasern/m^3
Innenraumluft in Gebäuden mit leicht gebundenem Asbestzement	100-10000 Fasern/m^3

Bei faserigen Stäuben werden keine Massenkonzentrationen, sondern die Anzahl der Fasern pro Kubikmeter Luft angegeben. Die Bestimmung erfolgt deshalb durch eine Auszählung der Fasern auf einem Filter, durch den man die zu untersuchende Luft gesaugt hat. Diese Auszählung erfolgt nicht automatisch, sondern wird im Labor unter dem Rasterelektronenmikroskop vorgenommen.

Lungengängige Fasern haben einen Durchmesser <3 μm und eine Länge <300 μm (meistens 10 μm), wobei Fasern mit einem Durchmesser <0.5 μm und einer Länge von 10-20 μm das größte krebserzeugende Potential aufweisen. Das krebserzeugende Potential von künstlichen Mineralfasern ist kleiner als das von Asbest, wobei das größte bei Fasern mit einem Durchmesser von 1.0 μm und einer Länge von 5-10 μm zu verzeichnen ist. Die Faserbelastung B ergibt sich aus der Faserkonzentration K, multipliziert mit der Anzahl der Expositionsjahre E und dem inhalierten Luftvolumen V:

$$B = K \cdot E \cdot V \tag{1.17}$$

Hierbei wird die Faserkonzentration in Fasern/m^3 und das inhalierte Luftvolumen in m^3/Jahr eingesetzt.

1.2.2 Schwefeldioxid (SO_2) und Schwefeltrioxid (SO_3)

Schwefel kommt in der Natur in reiner mineralischer Form, als Spurenelement (Steinkohle) und als Bestandteil organischer Verbindungen (Proteine, Erdöl) vor. Bei der Verbrennung dieser Stoffe, d.h. bei ihrer oxidativen Umsetzung mit Sauerstoff, entsteht immer Schwefeldioxid

$$S + O_2 \longrightarrow \underset{\text{Schwefeldioxid}}{SO_2} \tag{1.18}$$

und Schwefeltrioxid

$$2\,SO_2 + O_2 \longrightarrow \underset{\text{Schwefeltrioxid}}{2\,SO_3} \qquad (1.18)$$

Exkurs 1.3 Schwefeldioxid und Schwefeltrioxid

Schwefeldioxid ist wie Schwefeltrioxid ein farbloses Gas mit charakteristischem stechenden Geruch. Die Oxidation des Schwefeldioxids an der Luft zu Schwefeltrioxid läuft langsam und ohne die Einwirkung eines weiteren Stoffes ab (*Autoxidation*). In der chemischen Industrie wird Schwefeldioxid mittels Katalysator (= Kontakt) im „Kontaktverfahren" zu Schwefeltrioxid oxidiert und durch anschließende Hydrolyse die wichtige Chemikalie Schwefelsäure gewonnen. In reiner Form weist das gasförmige Schefeltrioxid die Besonderheit auf, langkettige Polymere (Feststoffe!) bilden zu können, weshalb reines, gasförmiges Schwefeltrioxid nicht in Behältern gelagert werden kann, sondern dort sofort zu der trimeren γ-Modifikation (Fp = 16.8 °C) reagiert, die sich anschließend langsam zu der polymeren α- (Fp = 62.3 °C) und β-Modifikation (Fp = 32.5 °C) umsetzt. Monomeres Schwefeltrioxid ist nur in der Gasphase existent und nur das Monomer ist zu Reaktionen fähig. In der Luft ist die Polymerisation wegen der Verdünnung unmöglich, weshalb Schwefeltrioxid einen äußerst reaktionsfähigen Luftschadstoff darstellt.

Schwefeldioxid kann sowohl von Industriebetrieben und Feuerungsanlagen als auch aus natürlichen Quellen emittiert werden. Zu letzteren zählen Vulkane, brennende Kohleflöze mit geologisch bedingten Verbindungen zur Erdoberfläche sowie durch Selbstentzündung brennende Abraumhalden des Kohlebergbaus.

Da Schwefel in fast allen mineralischen Stoffen zumindest in Spuren enthalten ist, muß bei deren thermischer Verarbeitung (z.B. Verhüttung und Verbrennung) immer mit der Emission von Schwefeldioxid gerechnet werden. Schwefeldioxid wird deshalb bei allen Anlagen emittiert, in denen technische Prozesse mit Feuerungen ablaufen, beispielsweise

- Steinkohlekraftwerke,
- Braunkohlekraftwerke,
- Ölfeuerungen,
- Anlagen zur Erzeugung von Roheisen,
- Anlagen zur Kalk- und Zementherstellung,
- Anlagen der Glas- und Keramikindustrie
- Anlagen zur Erzeugung von Kupfer, Blei und Zink (Röstverfahren),
- Anlagen der Zuckerindustrie und
- Otto- und Dieselmotoren,

sowie bei folgenden Anlagen, in denen Prozesse ohne Feuerungen ablaufen:

- Anlagen der Petrochemie,
- Anlagen zur Aluminiumgewinnung,
- Anlagen zur Schwefelsäureproduktion,
- Anlagen zur Titandioxidherstellung und
- Anlagen der Zellstoffindustrie.

Schwefeldioxid und Schwefeltrioxid sind als Nichtmetalloxide gleichzeitig *Säurebildner*. Während die Umsetzung von Schwefeldioxid mit Wasser zu schwefliger Säure (1.19) relativ langsam abläuft, setzt sich Schwefeltrioxid mit Wasser spontan zu Schwefelsäure um (1.20):

$$SO_2 + H_2O \longrightarrow \underset{\text{Schweflige Säure}}{H_2SO_3} \qquad (1.19)$$

$$SO_3 + H_2O \longrightarrow \underset{\text{Schwefelsäure}}{H_2SO_4} \qquad (1.20)$$

Schwefeldioxid ist ein Luftschadstoff, mit dessen Wirkung man sich schon frühzeitig im Rahmen von Hygieneuntersuchungen beschäftigte. Man kann ihn deshalb als einen der am intensivsten untersuchten Luftschadstoffe bezeichnen. Bedingt durch die Nutzung von Steinkohle als Energieträger gehörten die Wirkungen von Schwefeldioxid zum Krankheitsbild der Menschen in den industriellen Ballungszentren und die Rauchschäden zum Krankheitsbild der Vegetation in deren Randregionen. Nachdem industrielle Großemittenten mit Entstaubungseinrichtungen versehen waren, wandte man sich als nächstes der Entschwefelung von Abgasen zu, bevor man sich letztendlich der Entstickung widmete.

Da Schwefelsäure das Oxidations- und Hydrolyseprodukt von Schwefeldioxid darstellt, werden die Wirkungen beider Schadstoffe im Zusammenhang besprochen. In Tabelle 1.5 sind verschiedene Luftbelastungen zusammengefaßt. Hierbei stellt der Zeitraum der *Hochschornsteinpolitik* eine Besonderheit dar.

Als Phase der Hochschornsteinpolitik bezeichnet man den Zeitraum, in dem man versuchte, niedrige Immissionskonzentrationen nicht durch Abgasreinigungsverfahren, sondern durch hohe Schornsteine (200 – 300 m) zu erzielen (Genehmigung von Großfeuerungsanlagen nach dem Bundes-Immissionsschutzgesetz = BImSchG [24] in Deutschland vor dem Inkrafttreten der 13. Bundesimmissionsschutzverordnung = 13. BImSchV, der Großfeuerungsanlagenverordnung [25]; vergleiche hierzu Kap. 6, Grenzwerte). Die Schadstoffe wurden jedoch nur großräumig verteilt. Die Immissionen an Schwefeldioxid und damit die Rauchschäden wurden zwar gemindert, der Schwefel jedoch nun als Schwefelsäure und damit als „*Saurer Regen*" großflächig in die Vegetation eingetragen. Während die Rauchschäden lediglich regional auftraten, wurde der „*Saure Regen*" zu einem überregionalen und damit internationalen Umweltproblem.

Tabelle 1.5 Durchschnittliche Belastung der Luft durch die Schadstoffe Schwefeldioxid und Schwefelsäure

Schadstoff	Bereich/Region	Art der Kenngröße	Ermittelte Belastungen
SO_2	Hintergrundbelastung aus natürlichen Quellen	Jahresmittel	<5 µg/m³
SO_2	Hintergrundbelastung in ländlichen Regionen	Jahresmittel	5-25 µg/m³
SO_2	Hintergrundbelastung durch Einflüsse der Hochschornsteinpolitik	Jahresmittel	>25 µg/m³
SO_2	Großstädte Europas	Jahresmittel	100-200 µg/m³
SO_2	Großstädte Europas	Tagesmittel in Belastungsperioden	250-500 µg/m³
SO_2	Großstädte Europas	Maximale Halbstundenmittel in Belastungsperioden	1000-2000 µg/m³
H_2SO_4	Berlin-West	Jahresmittel der Säureaerosolbelastung	20-30 µg/m³
H_2SO_4	London 1962	Maximales Halbstundenmittel	680 µg/m³

Schwefeldioxid ist ein Reizgas, und seine Wirkung auf den Menschen ist in niedrigen Konzentrationen reversibel (vgl. hierzu auch die Wirkung toxischer Stoffe in Kap. 6). In höheren Konzentrationen bewirkt es beim Menschen, besonders bei längerer Einwirkung, chronische Schäden der Atemwege. Die einzelnen Wirkschwellen für Schwefeldioxid sind in Tabelle 1.6 und für Schwefelsäure als atembares Aerosol in Tabelle 1.7 zusammengefaßt:

Tabelle 1.6 Wirkung von Schwefeldioxid auf den Menschen

Konzentration	Wirkung
860 – 6580 µg/m³	Geruchswahrnehmung
2660 – 5320 µg/m³	Reizung der Schleimhäute
>1000 µg/m³	Langzeiteffekte bei Asthmatikern
>2600 µg/m³	Bronchospastische Effekte bei Asthmatikern
>18600 µg/m³	Bronchospastische Effekte bei Normalpersonen
28600 – 42900 µg/m³	Chronisch entzündliche Veränderungen der Atemwege
>500 µg/m³ (Langzeit)	Erhöhte Mortalitätsrate
>250 µg/m³ (Langzeit)	Gesteigerte respiratorische Morbidität bei Erwachsenen

Als *Mortalität* definiert man in der *Epidemiologie* die Zahl der Todesfälle, bezogen auf eine bestimmte Einwohnerzahl. Die *Morbidität* hingegen bezieht die Zahl der Erkrankungen auf eine bestimmte Einwohnerzahl, während man als *Letalität* die Zahl der Todesfälle, bezogen auf die Zahl der Erkrankungen definiert.

Tabelle 1.7 Wirkung von Schwefelsäure als atembare Aerosole auf den Menschen

Konzentration	Wirkung
>100 µg/m^3	Atemwegseffekte bei Kindern mit Asthma
>100 µg/m^3	Reinigende Wirkung auf die in den Bronchien deponierten Partikel bei Erwachsenen
>350 µg/m^3	Atemwegseffekte bei erwachsenen Asthmatikern
>750 µg/m^3	Geruchswahrnehmung

Die wichtigste Wirkung von Schwefeldioxid auf die Vegetation ist die Beeinträchtigung der Photosynthese in den Blättern. Sie wird durch die Aufnahme des Schadstoffs über die Stomata hervorgerufen, wobei primär eine Beeinträchtigung der physiologischen Leistung der Pflanze eintritt. Sie führt zu einer Reduzierung des Stoffwechsels und einer Verringerung von Widerstandsfähigkeit und Wuchsleistung. Hohe Konzentrationen verursachen Nekrosen, die früher auch als „Rauchschäden" bezeichnet wurden und das Waldschadensbild in den Randregionen der Gebiete mit Schwerindustrie prägten.

Tabelle 1.8 Schwellwerte für Vegetationsschäden durch Schwefeldioxid

Konzentration	Art der Kenngröße	Wirkung
>2500 µg/m^3	Spitzenwert	Schädigung sehr empfindlicher Pflanzen
>50 µg/m^3	Vegetationsmittelwert	Schädigung sehr empfindlicher Pflanzen
>80 µg/m^3	Vegetationsmittelwert	Schädigung empfindlicher Pflanzen
>130 µg/m^3	Vegetationsmittelwert	Schädigung weniger empfindlicher Pflanzen

Die Beurteilung der Luftqualität anhand von Organismen bezeichnet man als *Biomonitoring*, wobei man zwischen aktivem und passivem Biomonitoring unterscheidet. Während man sich beim *passiven Biomonitoring* auf in der Natur vorhandene Organismen beschränkt, exponiert man beim *aktiven Biomonitoring* die Organismen, beispielsweise Pflanzen. Lange Jahre war daher der Grad der Schädigung exponierter Flechten ein Maß für die Luftverschmutzung durch Schwefeldioxid. Diese Untersuchungsmethode verlor jedoch mit dem verstärkten Auftreten von Vegetationsschäden durch „*Sauren Regen*" zunehmend an Bedeutung.

Die wichtigsten Wirkungen von Schwefeldioxid auf Materialien sind:

- Zersetzung von Kalkstein, Marmor und kalkgebundenem Sandstein,
- Korrosion von Glasfenstern,
- Bildung von basischen Kupfersulfaten auf Bronze (Patina),
- Korrosion von Metallen (Stahl),
- Zersetzung von Papier, pflanzlich gegerbtem Leder und Textilien,
- Verwitterung von Beton und Asbestzement und
- Schädigung von Anstrichen (carbonatische Füllstoffe, Farbpigmente, Bindemittel) mit Ausnahme von Epoxidharzen.

Zur Lokalisierung von Regionen höherer Luftverschmutzung bedient man sich der *Immissionsratenmessung*, die zwar hohe Schadstoffkonzentrationen anzeigt, jedoch keine Angaben als Massenkonzentrationen (z.B. mg/m^3) zuläßt. Dies wird heute durch das *SAM-Verfahren* (= Surface Activated Monitoring) erreicht, indem man über den Zeitraum von jeweils einem Monat mit Natriumcarbonat präparierte Papierfilter exponiert, an die sich saure Luftbestandteile wie Schwefeldioxid, Stickstoffdioxid und Fluorwasserstoff durch Neutralisation binden. Vor der Anwendung des SAM-Verfahrens bestimmte man die „*Korrosionsrate*“, indem man den Gewichtsverlust von Stahlplatten durch *Korrosion* als Bewertungsgröße ermittelte.

1.2.3 Schwefelwasserstoff (H_2S)

Im Schwefelwasserstoff liegt Schwefel in seiner niedrigsten Oxidationsstufe –2 vor (SO_2: +4; SO_3: +6), weshalb Schwefelwasserstoff nur unter reduktiven Bedingungen entstehen kann. Schwefelwasserstoff ist ein farbloses, stark giftiges Gas mit charakteristischem Geruch (faule Eier = zersetztes Protein) und somit ein Luftschadstoff. In Wasser ist es löslich und bildet eine schwache Säure. Nach Schwefelwasserstoff riechendes Wasser deutet deshalb in der Natur auf einen anaeroben Abbau organischen Materials hin oder entstammt geologischen Formationen, die schwefelhaltige Mineralien (Thermalquellen) enthalten.

In der Industrie entsteht Schwefelwasserstoff bei der Raffination von Erdöl, ist im Erdgas enthalten (Reinigung erforderlich!), entsteht bei der Verarbeitung von Kohle unter Sauerstoffmangel (Steinkohleverkokung, Braunkohlebrikettierung, Kohleverschwelung) sowie bei der Kohlehydrierung und dem Löschen der glühenden Schlacke in der Roheisenproduktion.

In der Petrochemie sowie bei der Erdgasreinigung anfallender Schwefelwasserstoff wird unter Sauerstoffmangel (1.22) oder nach dem *Claus-Verfahren* (1.23) zu Schwefel umgesetzt und so in einen Rohstoff umgewandelt, welcher der schwefelverarbeitenden Industrie (Schwefelsäureproduktion, Zellstoffindustrie) zugeführt werden kann.

Während bei der Verbrennung von Schwefelwasserstoff unter Sauerstoffüberschuß Schwefeldioxid entsteht (1.21)

$$2\,H_2S + 3\,O_2 \longrightarrow 2\,SO_2 + 2\,H_2O \qquad (1.21)$$

liefert die Oxidation bei Sauerstoffunterschuß elementaren Schwefel:

$$2\,H_2S + O_2 \longrightarrow 2\,S + 2\,H_2O \qquad (1.22)$$

Das Claus-Verfahren stellt eine Redoxkomproportionierung dar, bei der aus Schwefelwasserstoff und Schwefeldioxid elementarer Schwefel entsteht:

$$2\,H_2S + SO_2 \longrightarrow 3\,S + 2\,H_2O \qquad (1.23)$$

Die Umwandlung des Schwefelwasserstoffs in Schwefel wird meistens der in Schwefeldioxid vorgezogen, da ein Feststoff leichter gelagert und transportiert werden kann als ein Gas, das zudem noch verdichtet (Energie) werden muß.

Schwefelwasserstoff ist das Produkt anaerober Fäulnisprozesse. Für die Außenluft wird eine Hintergrundkonzentration von 0.1 – 0.3 $\mu g/m^3$ angegeben. Schwefelwasserstoff hat einen charakteristischen Geruch und übt schon in toxikologisch unbedenklichen Konzentrationen auf den Menschen eine stark belästigende Wirkung aus. In höheren Konzentrationen wirkt Schwefelwasserstoff toxisch. Hierbei tritt zunächst eine Gewöhnung des Geruchssinns ein und oberhalb einer Wirkschwelle (Tabelle 1.9) sogar dessen Lähmung.

Tabelle 1.9 Wirkung von Schwefelwasserstoff auf den Menschen

Konzentration	Wirkung
>0.005 mg/m^3	Geruchsschwelle
>15 mg/m^3	Konjunktive Irritation der sensorischen Nerven
>70 mg/m^3	Sehstörungen
>225 mg/m^3	Lähmungen des Geruchssinns
>400 mg/m^3	Auftreten von Oedemen
750 - 1400 mg/m^3	Stimulation des ZNS und Atemstillstand
1400 - 2800 mg/m^3	Kollaps

Die Wirkung auf Materialien beruht auf der Bildung schwerlöslicher farbiger Metallsulfide. Hierzu zählen Farbveränderungen bei Silber- und Kupferlegierungen sowie die Erhöhung der Widerstände elektrischer Kontakte.

Die Gegenwart von Schwefelwasserstoff im Trinkwasser ist in seiner Funktion als biochemisches Abbauprodukt bedenklich. Zwar ist eine Giftwirkung bei einem Gehalt von ≤ 0.1 mg/l nicht zu erwarten, jedoch sollte zunächst sichergestellt sein, daß der Schwefelwasserstoff geologisch-chemischen Ursprungs (Mineralien) ist und nicht aus einer Zersetzung organischen Materials stammt.

1.2.4 Kohlenmonoxid (CO) und Kohlendioxid (CO_2)

Kohlenstoffoxide entstehen bei der Verbrennung von Kohlenstoff oder kohlenstoffhaltigen Verbindungen. Während bei genügender Sauerstoffzufuhr immer Kohlendioxid entsteht (1.24), bildet sich bei Verbrennungen unter Sauerstoffmangel Kohlenmonoxid (1.25). Deshalb ist die Bildung von Kohlenmonoxid ein Hinweis auf unvollständige Verbrennungen und eine wichtige *Leitkomponente* für alle dabei gebildeten weiteren Umweltschadstoffe. Kohlenmonoxid ist ein farbloses, geruchloses und giftiges Gas, das an der Luft langsam zu Kohlendioxid oxidiert wird (1.26).

$$C + O_2 \longrightarrow CO_2 \tag{1.24}$$

$$2\,C + O_2 \longrightarrow 2\,CO \tag{1.25}$$

$$2\,CO + O_2 \longrightarrow 2\,CO_2 \tag{1.26}$$

$$2\,CO \overset{\rightarrow}{\longleftarrow} C + CO_2 \tag{1.27}$$

Das temperaturabhängige *Boudouard-Gleichgewicht* (1.27) spielt beim Hochofenprozeß eine wichtige Rolle (Exkurs 1.4). Es liegt bei hohen Temperaturen auf der Seite des Kohlenmonoxids.

Exkurs 1.4 Der Hochofenprozeß

Kohlenmonoxid stellt in vielen Verhüttungsprozessen das Reduktionsmittel dar, mit dem das Metalloxid (z.B. Fe_2O_3) zum elementaren Metall reduziert wird. Im Hochofenprozeß wird das Eisenoxid mit Koks gemischt (= Möller) und über die „Gicht" in den Hochofen gefüllt. Das dabei entweichende stark kohlenmonoxidhaltige *Gichtgas* wird abgesaugt (bei modernen Hochöfen auch während des Füllvorgangs) und in speziellen Gasmotoren mit niedriger Verdichtung zur Energiegewinnung genutzt. Der Verbrennungsprozeß im Hochofen wird dadurch aufrecht erhalten, daß von unten nach oben erhitzte Luft (= Wind) durchgeblasen wird. Der Grund dafür, daß der Koks bei der Schmelztemperatur des Eisens und trotz ausreichender Sauerstoffzufuhr nicht spontan zu Kohlendioxid verbrennt und damit nicht mehr für den Reduktionsprozeß zur Verfügung stünde, ist das temperaturabhängige Boudouard-Gleichgewicht (Gleichung 1.27), das bei hohen Temperaturen auf der Seite des Kohlenmonoxids liegt.

Verbrennungsvorgänge mit ungewolltem Sauerstoffmangel sind

- der Betrieb des Ottomotors mit „fettem" Treibstoffgemisch und
- der Betrieb gedrosselter Kleinfeuerungsanlagen.

Verbrennungsvorgänge mit gewolltem Sauerstoffmangel sind

- die Verkokung von Steinkohle,
- die Braunkohlebrikettierung,
- die thermische Wasserstoffgewinnung und
- die Produktion von Ruß.

Bei der *Rußproduktion* wird Methan unter Sauerstoffmangel verbrannt, wobei nicht CO_2 (1.28), sondern elementarer Kohlenstoff entsteht (1.29). Bei zu geringer Sauerstoffzufuhr entsteht jedoch CO (1.30).

$$CH_4 + 2\,O_2 \longrightarrow CO_2 + 2\,H_2O \qquad (1.28)$$

$$CH_4 + O_2 \longrightarrow C + 2\,H_2O \qquad (1.29)$$

$$2\,CH_4 + O_2 \longrightarrow 2\,CO + 4\,H_2 \qquad (1.30)$$

Eine Alternative zur Methanverbrennung stellt die thermische Spaltung (1.31) dar,

$$CH_4 \longrightarrow C + 2\,H_2 \qquad (1.31)$$

bei der die Bildung von CO ausgeschlossen ist.

CO entsteht ebenfalls bei der technischen Wasserstoffgewinnung aus Methan unter katalytischer Wirkung von Nickel (1.32)

$$CH_4 + H_2O \longrightarrow CO + 3\,H_2 \qquad (1.32)$$

Kohlendioxid stellt im humantoxikologischen Sinne keinen Schadstoff dar, jedoch müssen die Kohlendioxid-Emissionen von Verbrennungen hinsichtlich ihrer klimabeeinflussenden Wirkung (Treibhauseffekt, Abschnitt 1.3) mittlerweile ähnlich der Emission von Schadstoffen gewertet werden. Auch in diesem Fall geht die umweltschädigende Wirkung eines anthropogenen Stoffes von seiner Konzentration aus (vgl. hierzu auch Kap. 2, Stoffkreisläufe).

Kohlenmonoxid zeigt lediglich nachteilige Wirkungen auf Mensch und Tier und ist ein klassischer humantoxischer Schadstoff, der eingehend im Bereich der Arbeitsmedizin untersucht wurde (Tabelle 1.10).

Kohlenmonoxid wird im menschlichen Blut anstelle des Sauerstoffs an das Hämoglobin (Hb) angelagert. Dieser Vorgang ist reversibel. Hierbei wird *Carboxyhämoglobin* (COHb) gebildet (Tabelle 1.11) und es erfolgt eine verminderte Sauerstoffversorgung des Gewebes. Im Gegensatz zum Oxyhämoglobin (O_2Hb) ist Carboxyhämoglobin farbintensiver (rosige Hautfarbe von Vergifteten) und stabiler, weshalb Vergiftungsopfern Sauerstoff zugeführt werden muß, bis die Oxyhämoglobinkonzentration im Blut wieder ansteigt.

Tabelle 1.10 Wirkschwellen für Kohlenmonoxid in der Atemluft und im Blut (COHb = Carboxyhämoglobin)

Konzentration	Wirkung
<286 µg/m^3	Verminderte Leistungsfähigkeit durch erhöhten COHb-Spiegel
>286 µg/m^3	Toxische Wirkung
2.9 - 4.5 % COHb	Neurologische Effekte bei Angina-Pectoris-Patienten
>5 % COHb	Verringerte Sauerstoffaufnahme

Tabelle 1.11 Richtwerte für den COHb-Gehalt des menschlichen Blutes

Personengruppe	Richtwert
Gesunde Personen	0.5 - 1.0 % COHb
Mäßige Raucher	3 - 4 % COHb
Starke Raucher	>10 % COHb

Als Hintergrundkonzentrationen werden in der Außenluft 0.01 – 0.23 mg/m^3 angegeben. Die Immissionskonzentrationen nehmen, ausgehend von der direkten Emittentennähe (z.B. dem Fahrbahnrand stark befahrener Straßen) exponentiell ab. Bei stark befahrenen Straßen und freier Anströmbarkeit der Luft ist in etwa 50 Metern Entfernung vom Fahrbahnrand kein Unterschied mehr zur großräumigen Belastung feststellbar.

Im Falle des *Wintersmogs* führen austauscharme Wetterlagen (Kap. 6) auch zu einem Anstieg der Kohlenmonoxidkonzentration in der Luft der Innenstädte. Dies führt bei der Anwendung der Smog-Verordnung bei Grenzwertüberschreitung zu Verkehrsstillegungen.

Exkurs 1.5 Immissionsgrenzwerte für Kohlenmonoxid

Kohlenmonoxid dient bei austauscharmen Wetterlagen (Wintersmog) als Leitkomponente für alle vom KFZ-Verkehr emittierten und kontinuierlich nicht meßbaren Schadstoffe (z.B. Rußpartikel und polycyclische aromatische Kohlenwasserstoffe). Die Festlegung von Immissionsgrenzwerten für Kohlenmonoxid zum Zwecke der Verkehrsstillegung im Falle austauscharmer Wetterlagen ist nur als *Leitkomponente* und nicht humantoxikologisch zu rechtfertigen, da die Konzentrationen, die zu einer Überschreitung der Grenzwerte in der Außenluft führen, von Innenraumkonzentrationen (Raucher) weit übertroffen werden können.

1.2.5 Kohlenstoffdisulfid CS_2

Kohlenstoffdisulfid (Schwefelkohlenstoff) wird zur Herstellung von *Viskoseseide* nach dem Xanthogenatverfahren benutzt. Als *Xanthogenate* bezeichnet man die Salze von Dithiokohlensäureestern. Hierbei werden die Hydroxylgruppen der Cellulose in alkalischer Lösung (NaOH) zu Natriumxanthogenat umgesetzt, wodurch die Cellulose wasserlöslich wird (1.33, 1.34). Das Eindüsen der gelösten Cellulose in schwefelsaure Natriumhydrogensulfatlösung (1.35) führt unter der Abspaltung von CS_2 zur Ausfällung verspinnbarer Cellulosefäden (Viskoseseide). Das freigesetzte CS_2 wird bei dem Verfahren im Kreislauf geführt.

$$\text{Cellulose} + \text{NaOH} \longrightarrow \underset{\text{Natriumcellulose}}{\text{R—O}^-\text{Na}^+} \quad (1.33)$$

$$\text{R—O}^-\text{Na}^+ + CS_2 \longrightarrow \underset{\text{Natriumxanthogenat}}{\text{R—OCS}_2^-\text{Na}^+} \quad (1.34)$$

$$\text{R—OCS}_2^-\text{Na}^+ + \text{NaHSO}_4 \longrightarrow \text{Na}_2\text{SO}_4 + CS_2 + \text{Cellulose} \quad (1.35)$$

Kohlenstoffdisulfid hat einen charakteristischen Geruch und ist als Luftschadstoff nur in der Umgebung von Viskosebetrieben anzutreffen. Dort können Immissionskonzentrationen von 0.01 – 0.21 mg/m^3 auftreten. Von Kohlenstoffdisulfid sind beim Menschen keine mutagenen und kanzerogenen Wirkungen bekannt. Die Wirkschwellen sind in Tabelle 1.12 zusammengefaßt.

Tabelle 1.12 Wirkung von Kohlenstoffdisulfid auf den Menschen

Konzentration	Exposition	Wirkung
0.2 mg/m^3	Kurzzeit-	Geruchsschwelle
100-500 mg/m^3	Kurzzeit-	Sehstörungen
500-3000 mg/m^3	Kurzzeit-	Halluzinationen
30-120 mg/m^3	Langzeit-	Erkrankungen der Herzkranzgefäße
50-150 mg/m^3	Langzeit-	Hormonstörungen

1.2.6 Stickstoffmonoxid (NO) und Stickstoffdioxid (NO_2)

Alle Stickoxide sind bei Raumtemperatur Gase. Folgende Stickoxide besitzen eine Bedeutung als Umweltschadstoffe:

- Distickstoffmonoxid N_2O,
- Stickstoffmonoxid NO und
- Stickstoffdioxid NO_2.

Distickstoffmonoxid (N_2O) zählt derzeit noch nicht zu den Umweltschadstoffen. Humantoxikologisch ist es für den Menschen als gefahrlos einzustufen und wurde früher als Narkotikum (*Lachgas*) eingesetzt. Derzeit wird es noch als Treibgas bei Lebensmitteln (Sprühsahne) verwandt. Im Boden entsteht N_2O beim anaeroben Abbau von Stickstoffverbindungen und wird an die Luft abgegeben. Es diffundiert in die obere Atmosphäre und ist dort am Abbau der Ozonschicht beteiligt, d.h. man sollte es unter diesem Aspekt dennoch als Umweltschadstoff einstufen. Die dabei ablaufenden Umsetzung werden in Abschnitt 1.3 gesondert besprochen.

Stickstoffoxide entstehen bei der oxidativen Umsetzung von molekularem Stickstoff mit Luftsauerstoff, wobei primär immer **Stickstoffmonoxid (NO)** entsteht (1.36), das in einer Sekundärreaktion entweder langsam mit Sauerstoff (1.37) oder schnell (1.38) mit Ozon (O_3) zum **Stickstoffdioxid (NO_2)** umgesetzt wird. Beide Oxide sind gasförmige Luftschadstoffe. Da es sich oft um Stickoxidgemische handelt, gibt man immer NO_X als die Summe aller Stickoxide, berechnet als NO_2 an.

$$N_2 + O_2 \longrightarrow 2\,NO \qquad (1.36)$$

$$2\,NO + O_2 \longrightarrow 2\,NO_2 \qquad (1.37)$$

$$NO + O_3 \longrightarrow NO_2 + O_2 \qquad (1.38)$$

$$N_2O_4 \rightleftarrows 2\,NO_2 \qquad (1.39)$$

Stickstoffmonoxid ist ein farbloses und geruchloses Gas. Stickstoffdioxid hingegen hat einen charakteristischen Geruch, ist in geringen Konzentrationen farblos, in höheren Konzentrationen in der Luft braun und liegt im Gleichgewicht mit seinem Dimeren N_2O_4 vor (1.39). Dieses Dimerisierungsgleichgewicht ist sowohl bei niedrigen Konzentrationen als auch bei höheren Temperaturen hin zum monomeren Stickstoffdioxid verschoben.

Die in der Gleichung 1.36 beschriebene Bildung von Stickstoffmonoxid beschreibt nicht genau die Realität. Man unterscheidet drei Mechanismen der NO-Bildung:

- Bildung von Brennstoff-NO,
- Bildung von Prompt-NO und
- Bildung von thermischem NO.

Bei der Bildung von *Brennstoff-NO* nimmt man an, daß der im Brennstoff enthaltene, chemisch gebundene Stickstoff primär in einer Pyrolyse zu Aminen und Cyaniden umgesetzt wird. Diese reagieren dann mit einem Sauerstoffträger zu NO. Gleichzeitig findet eine Rückreaktion zu molekularem Stickstoff statt. Der Umwandlungsgrad des in der Steinkohle enthaltenen Stickstoffs (1.2 bis 1.6%) liegt zwischen 5 und 25% [26]. Daher spielt diese NO-Bildung bei Verbrennungen nur eine untergeordnete Rolle. Eine Reduzierung des Brennstoff-NO kann durch eine Stufenverbrennung erreicht werden, bei der zunächst unter Sauerstoffmangel und anschließend unter Sauerstoffzufuhr (Abgasrückführung) verbrannt wird.

Bei der Bildung von *Prompt-NO* nimmt man an, daß molekularer Stickstoff mit Kohlenwasserstoffradikalen zu HCN (Cyanwasserstoff = Blausäure) reagiert, der dann ähnlich wie bei der Bildung von Brennstoff-NO mit Sauerstoffträgern zu NO weiterreagiert. Prompt-NO spielt bei Verbrennungen keine große Rolle.

Die Bildung von *thermischem NO* stellt den wichtigsten Mechanismus der NO-Bildung dar (*Zeldovich-Reaktion* 1.40 und 1.41).

$$N_2 + O^{\bullet} \longrightarrow NO + N^{\bullet} \quad (1.40)$$

$$N^{\bullet} + O_2 \longrightarrow NO + O^{\bullet} \quad (1.41)$$

Diese Reaktion läuft nur in Anwesenheit von Sauerstoff-Radikalen ab. Deshalb ist diese Reaktion erst oberhalb 1000 °C möglich. Da dies der wichtigste Mechanismus der NO-Bildung ist, entscheidet bei thermischen Prozessen hauptsächlich die Temperatur über die NO-Emission. Bei thermischen Prozessen, die bei Temperaturen über 1000 °C ablaufen, ist daher grundsätzlich mit der Entstehung und der Emission von Stickstoffmonoxid zu rechnen. Die Bildung von Stickstoffdioxid im Brennraum von Feuerungsanlagen ist ausgeschlossen und erfolgt erst bei 200 bis 500 °C im Abgaskanal bei ausreichender Sauerstoffzufuhr.

Die wichtigsten Emissionsquellen für Stickstoffmonoxid sind:

- Ottomotoren,
- Dieselmotoren,
- Gasturbinen,
- Steinkohlekraftwerke,
- Stahlerzeugung und
- Glas- und Keramikherstellung.

Stickstoffdioxid-Emissionen erfolgen bei der

- Herstellung und
- Verwendung von Salpetersäure.

Exkurs 1.6 Die technische Salpetersäuresynthese

$$4\,NH_3 + 5\,O_2 \xrightarrow{Pt} 4\,NO + 6\,H_2O$$

$$4\,NO + 2\,O_2 \rightarrow 4\,NO_2$$

$$2\,H_2O + 4\,NO_2 + O_2 \rightarrow 4\,HNO_3$$

Salpetersäure wird industriell nach dem *Ostwald-Verfahren* hergestellt. Hierbei wird zunächst Ammoniak mittels eines Platinkatalysators zunächst zu NO, dann weiter zu NO_2 oxidiert und in einer anschließenden oxidativen Hydrolyse weiter zu Sapetersäure umgesetzt. Das dazu notwendige Ammoniak wird nach dem *Haber-Bosch-Verfahren* aus Stickstoff und

Wasserstoff bei 500 °C und einem Druck von 200 bar hergestellt. Die Reaktion läuft an einem Katalysator aus Fe_3O_4, Al_2O_3 und K_2O in Druckreaktoren ab.

Stickstoffdioxid ist für die Bildung des bodennahen Ozons verantwortlich und an der Bildung von Photooxidantien beteiligt (Abschnitt 1.3). Hierdurch wurde Stickstoffdioxid mittlerweile zum wichtigsten Schadstoff der bodennahen Luftschicht. Bedingt durch seine Eigenschaft als Säurebildner (1.42) ist es zusätzlich noch an der Entstehung von *„Saurem Regen"* beteiligt. NO_2 disproportioniert bei der Hydrolyse in Salpetrige Säure (HNO_2) und Salpetersäure (HNO_3):

$$2\,NO_2 + H_2O \longrightarrow HNO_2 + HNO_3 \qquad (1.42)$$

An den Emissionen von Stickoxiden sind anteilsmäßig zu etwa 90% Großfeuerungsanlagen und nur zu etwa 10% Kraftfahrzeuge beteiligt. Da die Großfeuerungsanlagen jedoch in Luftschichten emittieren, die für die Konzentrationen bodennaher Schadstoffe unerheblich sind, geht man davon aus, daß die in den Ballungsräumen in Bodennähe vorhandenen Stickoxide zu etwa 90% aus dem Kraftfahrzeugverkehr stammen. Großfeuerungsanlagen sind also hauptsächlich für die Entstehung des *„Sauren Regens"* verantwortlich, der Kraftfahrzeugverkehr für die Bildung von bodennahem Ozon und von Photooxidantien. In Tabelle 1.13 sind für die Konzentrationen von NO_2 Durchschnittswerte angegeben.

Exkurs 1.7 Schadstoffkonzentrationen bei Smog

Die Smog-Verordnungen enthalten beim Wintersmog die Möglichkeit, die Abschaltungen von Großfeuerungsanlagen und Verkehrsstillegungen zu verfügen, wie in Kapitel 6 noch näher beschrieben wird. Während Verkehrsstillegungen sinnvoll sind, muß an der Effektivität der Stillegung von Großfeuerungsanlagen gezweifelt werden, da deren Abgasfahnen aufgrund der Temperatur des Abgases die Sperrschicht durchstoßen und keinen Einfluß auf einen Anstieg der Schadstoffkonzentrationen in der bodennahen Luft haben.

Tabelle 1.13 Durchschnittliche Belastung der Atemluft durch Stickstoffdioxid

Bereich/Region	Art der Kenngröße	Ermittelte Belastung
Außerhalb der Belastungsgebiete	Jahresmittel	10-20 µg/m³
Innerhalb der Belastungsgebiete	Jahresmittel	40-50 µg/m³
In der Nähe stark befahrener Straßen	Spitzenwerte	>200 µg/m³

Stickstoffdioxid ist ein Reizgas, das beim Menschen in höheren Konzentrationen morphologische Veränderungen der Lunge bewirkt. Zwar treten die meisten der in Tabelle 1.14 [12] zusammengefaßten Wirkungen auf den Menschen bei den gemessenen Immissionskonzentrationen nicht auf, *Synergismen* sind in der Regel bei der beschriebenen Schadstoffwirkung jedoch nicht berücksichtigt.

Tabelle 1.14 Wirkung von Stickstoffdioxid auf den Menschen

Konzentration	Wirkung
200 µg/m³	Geruchswahrnehmung
>190 µg/m³	Geringe respiratorische Effekte
>380 µg/m³	Im Tierexperiment Zellschäden
>560 µg/m³	Geringe Änderung der pulmonalen Funktion bei Asthmatikern
>940 µg/m³	Gesteigerte Empfindlichkeit gegenüber bakteriellen Infektionen, strukturelle Veränderungen des Gewebes im Bronchialtrakt
>1880 µg/m³	Massive Bronchokonstriktion bei Asthmatikern
>2800 µg/m³	Beeinflussung der Lungenfunktion bei Bronchitikern
>3800 µg/m³	Strukturelle Veränderungen der Bronchien
>4700 µg/m³	Beeinflussung der Lungenfunktion beim gesunden Menschen
>188 - 1880 mg/m³	Tod durch Lungenödem

Wirkung von Stickstoffdioxid auf die Vegetation (Tabelle 1.15): Unterhalb der phytotoxischen Wirkschwellen tritt eine Entgiftung ein. Die Pflanze reduziert dabei das über die Stomata der Blätter aufgenommene Stickstoffdioxid mittels Reduktasen zu Ammoniak. Oberhalb der Wirkschwellen treten Wachstumsminderung, Minderung der Photosynthese und die Bildung von Nekrosen ein.

Tabelle 1.15 Wirkschwellen für die Wirkung von Stickstoffdioxid auf Pflanzen

Wirkschwelle	Wirkung
100 µg/m³	Pflanzenschädigende Wirkung in Abwesenheit anderer Schadstoffe
30 µg/m³	Pflanzenschädigende Wirkung in Anwesenheit von Schwefeldioxid und Ozon

Die wichtigste Wirkung auf Metalle ist die *Korrosion* (Säurewirkung) wobei sich verschiedene Korrosionsmechanismen überlagern. Bei Polyamiden, Polyacetaten und Polyurethanen, weniger bei Polyestern und Polyacrylaten, beeinflußt Stickstoffdioxid die Farbstabilität.

1.2.7 Ozon (O_3) und Photooxidantien

Ozon und die Photooxidantien sind die photochemischen Folgeprodukte des Stickstoffdioxids, dessen Entstehung in Bodennähe hauptsächlich dem Kraftfahrzeugverkehr zugeschrieben wird. Auf den Chemismus ihrer Bildung wird in Abschnitt 1.3 detailliert eingegangen.

Ozon ist ein Reizgas, das beim Menschen in höheren Konzentrationen Funktionsstörungen der Lunge bewirkt. Die Folgen sind Bronchitis und bei wesentlich höheren Konzentrationen Lungenödeme. Im Bereich der Außenluft sind diese hohen Konzentrationen zwar nicht anzutreffen, sie können jedoch im Bereich des Arbeitsplatzes bei Prozessen mit elektrischen Entladungen (Elektroschweißen, Ozon-Erzeugung zur Trinkwasserentkeimung) auftreten. Bei den in Tabelle 1.16 angegebenen Durchschnittskonzentrationen wird als Leitkomponente für alle Photooxidantien Peroxiacetylnitrat (PAN) angegeben, das derzeit als einziger Vertreter meßbar ist.

Tabelle 1.16 Durchschnittliche Immissionskonzentrationen von Ozon und Peroxiacetylnitrat (PAN). Die Belastungsmaxima von PAN sind gegenüber denen von Ozon um 5 Stunden verschoben.

Schadstoff	Art der Belastung	Konzentration
Ozon	Hintergrundbelastung	40-60 $\mu g/m^3$
PAN	Hintergrundbelastung	40-60 $\mu g/m^3$
Ozon	Spitzenbelastung	>300 $\mu g/m^3$
PAN	Spitzenbelastung	>300 $\mu g/m^3$

Exkurs 1.8 Die Ozonbelastung ländlicher Regionen

Oft treten in den Sommermonaten während der Abendstunden in ländlichen Regionen hohe Ozonbelastungen auf, die mit den Stickoxidbelastungen nicht korrelierbar sind. Sie entstehen durch Ferneinträge aus den Ballungsräumen und werden durch Luftbewegungen bewirkt, die aus den Temperaturunterschieden zwischen Bebauung und Freiland resultieren. Die Vermeidung der Ozonbildung durch regional begrenzte Fahrverbote in den Innenstädten führt dort lediglich zu Verkehrsverlagerungen und zu keiner Reduzierung der Ozonbelastung.

Ozon und Photooxidantien zeigen beim Menschen die gleichen und im Falle des gleichzeitigen Auftretens additive Wirkung. Hierbei sind Kurzzeitexpositionen bei hohen Konzentrationen gefährlicher als Langzeitexpositionen bei niedrigen Konzentrationen (Tabelle 1.17). Bei Pflanzen weisen sie phytotoxische Eigenschaften auf und wirken ebenfalls additiv (Tabelle 1.18).

Tabelle 1.17 Wirkung von Ozon und Photooxidantien auf den Menschen

Schadstoff	Konzentration	Wirkung
Ozon	40-50 µg/m³	Geruchsschwelle
Ozon	>160 µg/m³	Einflüsse auf die pulmonale (= der Atemwege) Abwehrkraft gegen bakterielle Infekte
Oxidantien	>200 µg/m³	Reizwirkung
Ozon	>240 µg/m³	Schleimhautirritationen
Oxidantien	<400 µg/m³	Als kurzfristige Spitzen kein nennenswertes Risiko
Ozon	>400 µg/m³	Bei längerer Exposition Änderungen von Enzymaktivitäten und degenerative Veränderungen an den Zellen der Alveolen
Ozon	800-2000 µg/m³	Bei längerer Exposition chronische Bronchitis
Ozon	>1000 µg/m³	Augenreizungen

Ozon wird von den Pflanzen über die Stomata aufgenommen und greift an den Zellmembranen an. Dies führt zu Störungen der Photosynthese und zu einer Unterversorgung der Wurzeln. Oxidantien bewirken ebenfalls eine Wuchs- und Ertragsminderung. Bei fortschreitender Schädigung treten Nekrosen auf.

Tabelle 1.18 Wirkschwellen für Ozon bei Vegetationsschäden

Konzentration	Einwirkungsdauer	Schädigung
> 200 µg/m³	2 Stunden	Blattschädigungen
> 100 µg/m³	1 Tag	Blattschädigungen

Die Wirkung von Ozon auf Materialien beschränkt sich auf die Schädigung von Polymeren. Ozon greift hierbei vor allem olefinische Doppelbindungen der Polymermoleküle an. In Tabelle 1.19 sind die hierfür gültigen Wirkschwellen zusammengefaßt.

Tabelle 1.19 Wirkschwellen für Ozon bei Materialschäden

Konzentration	Schädigung
>20 - 40 µg/m³	Schäden an Elastomeren
>20 - 120 µg/m³	Ausbleichen von Textilfarbstoffen

1.2.8 Fluoride

Fluoride werden bei der Verarbeitung bzw. Verbrennung fluoridhaltiger Mineralien in Form von Alkalifluoriden oder als Fluorwasserstoff (HF) emittiert. Anlagen, welche diese Stoffe emittieren sind

- Anlagen zum Verbrennen von Steinkohle,
- Anlagen zum Schmelzen von Glas,
- Anlagen zum Brennen von Keramik und
- Anlagen zum Schmelzen von Aluminium.

Bei der *Schmelzflußelektrolyse* zur Aluminiumgewinnung setzt man der Aluminiumoxid-Schmelze Kryolith (Na_3AlF_6) als „Flußmittel" zur Herabsetzung der Schmelztemperatur zu.

Fluoride stellen zunächst Luftschadstoffe dar, werden aber durch die Anwendung bestimmter Abgasreinigungsverfahren (nasse Rauchgasentschwefelung, vgl. hierzu Emissionsminderungstechnologien, Kap. 3) zu Wasserschadstoffen.

Fluorwasserstoff hat als Gas und als Aerosol die gleiche Wirkung auf den Menschen. Er führt in hohen Konzentrationen zu Schädigungen der Lunge.

Bei der Wirkung der Chemikalie Fluorwasserstoffsäure (= Flußsäure) auf die Haut führt die Größe des HF-Moleküls dazu, daß es schnell durch die Poren der Haut diffundiert und schwere Verletzungen verursacht.

Fluoride werden als Neutralfluoride dem Menschen mit der Nahrung (Trinkwasser) zugeführt. Fluorid ist für den Menschen ein essentielles Spurenelement und führt bei Abwesenheit zu Mangelerscheinungen (Zahnkaries). Die Weltgesundheitsorganisation WHO empfiehlt deshalb einen Fluoridgehalt des Trinkwassers zwischen 0.8 und 1.3 mg/l. Zu hohe Dosierungen (> 1.5 mg/l) bewirken hingegen die Entstehung von *Fluorosen* (gefleckter Zahnschmelz, Haarausfall, Hautentzündung).

Eine erhöhte Fluoridaufnahme führt bei Weidetieren zu ähnlichen Wirkungen wie beim Menschen, zu Zahnfluorose und zu Anreicherungen in den Knochen und damit zu Bewegungsstörungen. Die tolerierbare Fluoridaufnahme für Nutztiere beträgt

- 1.8 mg/kg Körpermasse · Tag bei Schafen und Ziegen und
- 1.8 – 3.0 mg/ kg Körpermasse · Tag bei Rindern.

Die Wirkung von Fluorwasserstoff auf die Vegetation führt bei Pflanzen, ebenfalls durch Aufnahme über die Blätter, in niedrigen Konzentrationen zu Anreicherungen in den Blattspitzen. Höhere Konzentrationen verursachen Schädigungen sehr empfindlicher Pflanzen. Die Aufnahme von Neutralfluoriden kann sowohl über die Blätter als auch über die Wurzeln von Pflanzen erfolgen. Dort wird es zunächst angereichert und bewirkt durch Angriffe an den Zellmembranen Stoffwechselstörungen der Pflanzen. Grenzwerte für die Immission von Fluoriden sind in der TA Luft [3] jedoch nicht zum Schutz der Vegetation, sondern indirekt zum Schutz des Menschen enthalten.

Die Wirkung von Fluorwasserstoff auf Materialien beruht auf dessen Eigenschaft, Silikate anzugreifen. Deshalb wirkt er *korrosiv* auf alle mineralischen Baustoffe sowie auf Glas.

1.2.9 Chloride

Chloride werden ebenfalls wie die Fluoride bei der Verbrennung von Steinkohle als Alkalichloride emittiert und stellen somit Luftschadstoffe dar. Sie werden bei der Anwendung nasser Abgasreinigungsverfahren (Rauchgasentschwefelung) zu Wasserschadstoffen.

Die Emission von Chlorwasserstoff als Luftschadstoff erfolgt bei der Metallgewinnung (Titan-Metallurgie, Kap. 4) sowie bei der Müllverbrennung. Notwendige Abgasreinigungsverfahren (Neutralisation) verlagern auch hier das Schadstoffproblem von der Luft in das Wasser.

Bei der Müllverbrennung entsteht Chlorwasserstoff durch die Reaktion von Chlorradikalen mit Wasserstoffradikalen in der Gasphase bei hohen Temperaturen. Diese werden ebenfalls durch thermische Fragmentierung des im Müll enthaltenen Kunststoffs Polyvinylchlorid (PVC) gebildet (1.43). Bei der Verbrennung von PVC (Brände in Innenräumen) kann bei ungenügender Sauerstoffzufuhr primär das hochtoxische Gas Phosgen gebildet werden (1.44), das bei der Hydrolyse (Lunge!) zu Salzsäure (HCl) reagiert.

$$\left[-\underset{\underset{Cl}{|}}{CH_2}-CH- \right]_n \xrightarrow{O_2} 2n\,CO_2 + n\,H_2O + n\,HCl \qquad (1.43)$$

Polyvinylchlorid (PVC)

$$\underset{\text{Phosgen}}{COCl_2} + H_2O \longrightarrow CO_2 + 2\,HCl \qquad (1.44)$$

Chlorwasserstoff hat ebenfalls, wie Fluorwasserstoff, als Gas wie als Aerosol die gleiche Wirkung auf den Menschen. Es führt in hohen Konzentrationen zu Schädigungen der Lunge. Chlorwasserstoff ist als Luftschadstoff ein Reizgas und in seiner Säurewirkung mit Schwefelsäure vergleichbar.

In seiner Wirkung auf die Vegetation ist Chlorwasserstoffgas ebenfalls gleich schädlich wie das Aerosol. Es dringt über die Stomata der Blätter in die Pflanzen ein und führt zu Nekrosen und Ertragsminderungen. Hierbei bewirken Konzentrationen oberhalb von 0.05 mg/m^3 Schäden an empfindlichen Pflanzen. Im Gegensatz zum Menschen verursachen Neutralchloride in geringen Konzentrationen bei Pflanzen ebenfalls Schädigungen (Streusalz = Natriumchlorid). Die Wirkung ist jedoch mit nur etwa 10% derer des Chlorwasserstoffs anzusetzen.

Die Wirkung von Chlorwasserstoff auf Materialien beschränkt sich auf die Säurewirkung, die zur *Korrosion* von Metallen führt.

1.2.10 Schwermetalle

Metalle mit einer Dichte > 3.5 g/cm^3 bezeichnet man als *Schwermetalle*. Umweltrelevante Schwermetalle sind vor allem

- Arsen,
- Blei,
- Quecksilber,
- Chrom,
- Nickel,
- Mangan,
- Zink und
- Cadmium.

Sie werden prinzipiell bei metallurgischen Prozessen emittiert. Hierbei gelangen sie entweder als Betriebsabwässer in die Vorfluter und stellen Wasserschadstoffe dar oder sie werden als Luftschadstoffe emittiert. Während sie als Wasserschadstoffe in wasserlöslicher ionischer Form freigesetzt werden, können sie als Luftschadstoffe zusätzlich in schwerlöslicher ionischer Form, als Metalloxide und als reine Metalle an die Umwelt abgegeben werden. Neben den metallurgischen Verfahren, das Schrottrecycling eingeschlossen, ist die Müllverbrennung eine weitere Emissionsquelle (Luftschadstoffe) für Schwermetalle. Eine Besonderheit stellt Blei dar, das dem Otto-Kraftstoff (Benzin) in Form von organischen Bleiverbindungen zur Erhöhung der Klopffestigkeit als „*Antiklopfmittel*" beigemischt wurde. Hierdurch wurde der Ottomotor zu einem wichtigen Bleiemittenten.

Arsen kommt in mineralischer Form als Sulfide vor. In nicht kontaminierten Böden beträgt die natürliche Konzentration <40 μg/g Boden. Die Luftbelastung beträgt in ländlichen Regionen 1 – 10 ng/m^3 und in Regionen mit Kohleheizungen 70 – 450 ng/m^3. Die Wirkungen auf den Menschen sind bei einer biologischen Halbwertzeit von mehreren Stunden bis zu Tagen im menschlichen Körper:

- Hautveränderungen (Dermatitis, Ekzeme),
- neurologische Störungen,
- verringerte sexuelle Aktivität,
- mutagene Wirkung,
- embryo- und fetotoxische Effekte und
- Lungenkrebsrisiko bei Konzentrationen >10 ng/m^3.

Arsen hat auf den Menschen kanzerogene Wirkung, für die ein *Unit-Risk-Wert* von $3 \cdot 10^{-3}$ (aus Abschätzungen ermitteltes Gefährdungspotentiel für die Bevölkerung, vgl. hierzu Kap. 6) angegeben wird.

Blei wird noch immer hauptsächlich von PKW mit Ottomotoren emittiert. Obwohl die Zahl der mit verbleitem Benzin betriebenen PKW seit der Einführung des Abgaskatalysators ständig zurückgeht, stammen 80 bis 90% des Bleis in der Luft aus Bleiadditiven des Benzins. Da Blei jedoch als Katalysatorgift wirkt, (Kap. 3, Emissionsminderungstechnologien) erforderte die Einführung des Abgaskatalysators den Ersatz der Bleiadditive durch aromatische Kohlenwasserstoffe (Toluen). Durch die Verwendung von technischem Toluen als *Antiklopfmittel* bei Ottokraftstoffen (bleifreies Benzin) wurde die Bleiproblematik durch eine Benzenproblematik ersetzt, da technisches Toluen immer Benzen enthält.

Tabelle 1.20 Konzentration von Blei in der Luft (vor Einführung des bleifreien Benzins)

Konzentration	Region
0.05 ng/m^3	Hintergrundkonzentration
0.1-0.3 µg/m^3	Ländliche Regionen
0.5 µg/m^3	Stadtgebiete
0.5-3.0 µg/m^3	Gebiete mit hoher Verkehrsdichte

Blei inaktiviert Enzyme durch Blockierung von Thiolgruppen und Verdrängung von Metallionen. Bei der Biosynthese des Hämoglobins wirkt Blei durch

- Stimulation des Mitochondrienenzyms δ-Aminolaevulinat-Synthetase (ALAS) und
- Inhibierung der Aktivität des Cytoplasmaenzyms δ-Aminolaevulinat-Dehydrogenase (ALAD).

Für inhalierte Bleipartikel beträgt die Retentionsrate 20 – 60%. Blei lagert sich beim Menschen an das Hämoglobin an und wird in die Knochen eingebaut (Verwechslung mit Calcium), wobei ein Gleichgewicht zwischen *Blutblei* und Bleidepot besteht. Es kommt zu einer Erhöhung des Blutdrucks und zum Übergang des Bleis in den fetalen Blutkreislauf. Während bei Kindern etwa 70% des im Körper befindlichen Bleis in den Knochen abgelagert wird, steigt dies bei Erwachsenen auf etwa 95% an. Die derzeitige durchschnittliche Blutbleikonzentration beträgt 0.1 µg/ml. In Belastungsregionen kann dies zu einem überdurchschnittlichen Bleidepot in den Knochen führen. Aus diesem Depot können in Streßsituationen in kurzer Zeit große Mengen ins Blut abgegeben und an das Hämoglobin (toxische Effekte) angelagert werden.

Tabelle 1.21 Wirkung von Blei im menschlichen Organismus

Blutbleikonzentration (BBK)	Wirkung
0.10 µg/ml (BBK)	ALAD-Inhibition bei Erwachsenen
0.15-0.20 µg/ml (BBK)	Erhöhung des Erythrocytenprotoporphyrins bei Frauen
0.20-0.30 µg/ml (BBK)	Erhöhung des Erythrocytenprotoporphyrins bei Männern
0.30 µg/ml (BBK)	Periphere Nervenfunktionsstörungen bei Erwachsenen
0.40 µg/ml (BBK)	Erhöhte ALA (Urin) und erhöhtes Coporphyrin bei Erwachsenen
0.50 µg/ml (BBK)	Eingeschränkte Hämoglobinproduktion, subenzephalopathische Effekte bei Erwachsenen
0.60 µg/ml (BBK)	Anämie bei Erwachsenen
1.00-1.20 µg/ml (BBK)	Enzephalopathie bei Erwachsenen
0.25-0.30 µg/ml (BBK)	Eingeschränkte Hämoglobinproduktion bei Kindern
0.70 µg/ml (BBK)	Anämie bei Kindern
0.80-1.00 µg/ml (BBK)	Enzephalopathie bei Kindern

Blei gelangt hauptsächlich über Klärschlämme (Düngung) in den Boden. Tonböden haben eine Ionenaustauscherfuktion und können Blei immobilisieren, während pH-Wert-Absenkungen durch „*Sauren Regen*“ es wieder remobilisieren. Im Boden wirkt Blei auf Bodenorganismen enzymtoxisch und beeinträchtigt diese beim Abbau organischer Substanzen. Hohe Bodenkonzentrationen können zur Aufnahme des Bleis in die Pflanze und zur Anreicherung im Wurzelkörper führen, wobei Blei eine geringe Phytotoxizität aufweist. Der größte Teil des von Tieren aufgenommenen Bleis befindet sich auf den Oberflächen (Partikel) von Pflanzen.

Tabelle 1.22 Wirkung von Blei auf Nutztiere

Konzentration	Wirkung
>5 mg Pb/kg Futter	0.8 mg Pb/kg Leber (Schwein)
>100 mg Pb/kg Futter	Hemmung der Porphyrinsynthese beim Rind

Ionisches **Quecksilber** gelangt hauptsächlich über den Wasserpfad in die Umwelt, während metallisches Quecksilber (Dampfdruck) und organische Quecksilberverbindungen über den Luftpfad eingetragen werden. 45% der inhalierten Partikel anorganischer Quecksilberverbindungen werden vom Menschen innerhalb von 24 Stunden, der Rest mit einer Halbwertzeit von 33 Tagen wieder ausgeschieden. Quecksilberdampf wird zu 80% über die Lunge absorbiert.

Anorganische Quecksilberverbindungen führen beim Menschen zu Nierenschäden, Quecksiberdämpfe bewirken zusätzlich reversible Effekte des Nervensystems. Organische Quecksilberverbindungen hingegen verursachen irreversible Wirkungen auf das Zentralnervensystem.

Tabelle 1.23 Konzentration von Quecksilber in der Luft

Konzentration	Region
2 ng/m^3	Hintergrundkonzentration
0.1-5 ng/m^3	Städte
0.5-20 ng/m^3	Industrieregionen

Über das Wasser emittierte anorganische Quecksilberverbindungen werden im Meerwasser durch Mikroorganismen zu CH_3HgCl methyliert, das in Fischen akkumuliert wird. Im Meer bildet sich ein Quecksilberkreislauf, da Methylquecksilberchlorid von Mikroorganismen auch wieder zu metallischem Quecksilber demethyliert werden kann. In die menschliche Nahrung gelangt es über Raubfische (Thunfisch) am Ende der Nahrungskette. Methylquecksilberchlorid wird vom Blut ausgezeichnet absorbiert und kann die Blut-Hirn-Schranke passieren [5].

Tabelle 1.24 Wirkung von atembarem Quecksilber auf den Menschen

Konzentration	Wirkung
1 µg Hg/m^3	Leichte Proteinureie
2.5 µg Hg/m^3	Nichtspezifische Symptome
5 µg Hg/m^3	Eindeutiger Tremor (= Zittern)

Chrom wird vor allem aus metallverarbeitenden Betrieben sowohl als Luft-, aber auch als Wasserschadstoff emittiert. Die Verarbeitung von Chromsalzen in der Lederindustrie kann ebenfalls zu Chromemissionen über den Wasserpfad führen.

Tabelle 1.25 Konzentration von Chrom in der Luft

Konzentration	Region
0-3 ng/m^3	Hintergrundkonzentration
4-70 ng/m^3	Stadtgebiete
5-200 ng/m^3	Industriegebiete

Chromverbindungen erzeugen beim Menschen auf der Haut irritative Dermatitis und allergische Ekzeme. Chrom(VI)verbindungen haben auf den Menschen eine stark kanzerogene Wirkung, wofür ein *Unit-Risk-Wert* (= statistische Größe zur Abschätzung der Wahrscheinlichkeit einer kanzerogenen Wirkung; vgl. hierzu Kap. 6) von $1.3 \cdot 10^{-1}$ bis $1.1 \cdot 10^{-2}$ ermittelt wurde.

Nickel wird aus metallverarbeitenden Betrieben sowohl über den Luft- als auch über den Wasserpfad emittiert. 60 - 98% des in der Außenluft befindlichen Nickels stammen jedoch aus Kohle- und Ölverbrennungen.

Nickel bewirkt beim Menschen Irritationen des Atemtraktes, Embryonalschädigungen sowie Immunsuppression. Für die Verursachung von Lungenkrebs wurde ein *Unit-Risk-Wert* von $1.5 \cdot 10^{-4}$ bis $5.9 \cdot 10^{-4}$ ermittelt.

Tabelle 1.26 Konzentration von Nickel in der Luft

Konzentration	Region
0-0.6 ng/m³	Unbelastete Regionen
9-50 ng/m³	Mäßig belastete Regionen
50-300 ng/m³	Städte

Bei Nutztieren hemmt Nickel die Stoffwechselvorgänge von Kohlehydraten, Eisen, Kupfer und Jod und bewirkt Wachstumshemmungen sowie Nierenfunktionsstörungen.

Tabelle 1.27 Wirkung von Nickel auf Nutztiere

Konzentration	Wirkung
>250 mg Ni/kg Futter	Wachstumshemmung
>1000 mg Ni/kg Futter	Nierenfunktionsstörungen

Mangan ist ein natürliches *Begleitelement* des Eisens und wird hauptsächlich bei metallurgischen Prozessen emittiert. Es ist für den menschlichen Körper ein essentielles Element.

Tabelle 1.28 Konzentration von Mangan in der Luft

Konzentration	Region
0.05 – 5.4 ng/m³	Hintergrundkonzentration (Atlantik)
0.01 – 0.03 µg/m³	Nicht belastete Regionen
>0.5 µg/m³	Umgebung von Ferromanganindustrie

Mangan führt beim Menschen in höherer Konzentration zu einem verlangsamten Haarwachstum, Pigmentveränderungen der Haare und Dermatitis. Es wird in Leber und Nieren gespeichert. Manganvergiftungen wirken beim Menschen auf das Zentralnervensystem und verursachen parkinsonähnliche Symptome.

Im Trinkwasser tritt Mangan als *Begleitelement* von Eisen auf. Da Eisen dem Trinkwasser einen unangenehmen Geschmack verleiht und in höheren Konzentrationen sogar als Hydroxid ausflockt, muß das Trinkwasser „enteisent" werden. Dabei wird auch das Mangan entfernt.

Tabelle 1.29 Wirkung von Mangan auf den Menschen

Konzentration (Luft)	Wirkung
>0.007 mg/m^3	Respiratorische Effekte
>1 mg/m^3	Manganvergiftung
>5 mg/m^3	Neurotoxizität

Zink wird hauptsächlich von metallverarbeitenden Betrieben (Verzinken von Stahl) emittiert. Es bewirkt bei Nutztieren Störungen des Stoffwechsels von Calcium, Phosphor, Kupfer, Eisen und Mangan.

Tabelle 1.30 Wirkung von Zink auf Nutztiere

Konzentration	Wirkung
1200-2000 mg Zn/kg Futter	Stoffwechselstörungen bei Rindern
>4000 mg Zn/kg Futter	Toxische Wirkung bei Rindern
>7000 mg Zn/kg Futter	Toxische Wirkung bei Schweinen

Cadmium ist das natürliche *Begleitelement* von Zink und wird deshalb in der Metallindustrie sowohl als Luft- als auch als Wasserschadstoff emittiert. Eine weitere wichtige Emissionsquelle stellt die Zigarette (Behandlung des Tabaks) dar. Weiterhin wird Cadmium von Müllverbrennungsanlagen (nicht erfolgte Abtrennung von Ni/Cd-Akkumulatoren aus dem Müll) emittiert.

Tabelle 1.31 Luftkonzentration von Cadmium

Konzentration	Region
1-5 ng/m^3	Ländliche Regionen
5-15 ng/m^3	Stadtgebiete
15-50 ng/m^3	Industriegebiete

Einen wichtigen Eintrag von Cadmium in die Umwelt stellt Phosphatdünger dar, der aus dem Mineral Phosphorit gewonnen wird. Phosphorit enthält Cadmium. 1991 erfolgten 37% des Cadmium-Eintrags in landwirtschaftlich genutzte Böden über Phosphatdünger und nur 3% über Klärschlämme [16].

Die Wirkung von Cadmium auf die Vegetation erfolgt wegen der Ähnlichkeit zu Zink und Calcium sowohl über die Wurzeln als auch über die Blätter der Pflanzen. Die Pflanzen sind deshalb auch in der Lage, Cadmium anzureichern. Oberhalb von Bodenkonzentrationen von 5 mg Cd/kg Boden treten phytotoxische Wirkungen wie Nekrosen und Wachstumsstörungen auf. Oberhalb von 3 mg Cadmium/kg Boden (Trockenmasse) führt Cadmium zu Beeinträchtigungen des biologischen Sauerstoffkreislaufs und bewirkt eine Hemmung von Mineralisierungsvorgängen im Boden [16].

Tabelle 1.32 Aufnahme von Cadmium durch den Menschen

Konzentration	Aufnahme
180 µg Cd/Tag	Grenze für die Nahrungsaufnahme
10-30 µg Cd/Tag	Derzeitige durchschnittliche Aufnahme durch die Nahrung
1-6 µg Cd/Tag	Aufnahme mittels 20 Zigaretten
200 µg Cd/g	Kritische resorbierte Menge in der Nierenrinde nach 50 Jahren bei einer täglichen Aufnahme von 10 - 13 µg Möglichkeit der Auslösung von Nierenschäden

Cadmium reichert sich über den Boden besonders in Pilzen an. Über den Wasserpfad erfolgt mittels Algen und Mikroorganismen eine Anreicherung in Fischen. Die Fütterung von Fischprotein in der Masttierhaltung führt zu einer Anreicherung von Cadmium in Leber und Nieren von Schweinen.

Tabelle 1.33 Wirkung von Cadmium auf Nutztiere (KG = Körpergewicht)

Konzentration	Wirkung
0.7-2.0 mg Cd/kg KG	Veränderung des roten Blutbildes beim Rind
>0.01 mg Cd/kg KG	Gewebeveränderungen der Niere beim Rind
>1.2 mg Cd/kg KG	Veränderung des roten Blutbildes beim Schwein
>0.7 mg Cd/kg KG	Veränderung des Nierengewebes beim Schwein

Bedingt durch die hohe Aufnahme von Cadmium über die Nahrung wurde für die inhalative Aufnahme ein Grenzwert von 2.5 µg Cd/m^3 Luft festgelegt. Cadmium wirkt auf den Menschen kanzerogen, wofür ein *Unit-Risk-Wert* von $1.8 \cdot 10^{-3}$ ermittelt wurde. Cadmiumvergiftungen äußern sich in irreversiblen Schädigungen der Nieren. Bedingt durch eine hohe Cadmiumaufnahme über Nahrungsmittel (Fisch) wurde in

Japan regional gehäuft die „Itai-Itai-Krankheit" beobachtet. Es handelt sich hierbei um eine besondere Form der *Osteoporose*, eine erhöhte Bruchanfälligkeit der Knochen beim Menschen.

1.2.11 Benzen (= Benzol)

Toluen wird anstelle von Bleiadditiven Ottokraftstoffen als Antiklopfmittel beigefügt (vgl. S. 51). Da Benzen ein *Begleitstoff* technischen Toluens ist, stellen PKW mit Ottomotoren die wichtigste Emissionsquelle für Benzen dar. Hinzu kommen Emissionen, die bei der Verteilung von Ottokraftstoffen (Tankstellen) entstehen. Aufgrund dieser Emissionsquellen wird von der WHO eine Hintergrundbelastung für Benzen von 3 – 160 $\mu g/m^3$ angegeben [16]. Eine weitere Emissionsquelle sind Kokereien, die Anlagen zur Abtrennung (Destillation) von Benzen aus dem Steinkohlenteer besitzen. Weitere Emissionsqellen stellen Raffinerien und Anlagen der Chemieindustrie dar. An den Benzenimmissionen verursacht der Kraftfahrzeugverkehr den größten Anteil. Eine weitere, nicht zu vernachlässigende Emissionsquelle stellt die Zigarette dar.

In der Bundesrepublik gliedert sich diese Benzen-Hintergrundbelastung wie folgt [19] (Tabelle 1.34):

Tabelle 1.34 Benzen-Hintergrundbelastung in Deutschland

Ort/Region	Konzentration
Ländliche Gebiete	<1 $\mu g/m^3$
Hauptverkehrsstraßen	20-30 $\mu g/m^3$
Kokereien	7-15 $\mu g/m^3$
Innenräume von PKW	50-200 $\mu g/m^3$

Extreme Immissionssituationen ergeben sich an Tankstellen in der Nähe von Zapfsäulen. Dort wurden Kurzzeitbelastungen zwischen 3000 und 27000 $\mu g/m^3$ ermittelt [16]. Mit Verordnung vom 01.01.1993 ist an Zapfsäulen deshalb die Einführung des Gaspendelverfahrens mit der Absaugung der Emissionen an den Zapfpistolen vorgeschrieben. Etwa 50 % der Benzenemissionen von PKW stammen nicht direkt aus dem Treibstoff sondern entstehen durch den Abbau des im Treibstoff enthaltenen Toluens (*De-Novo-Synthese*). Eine vollständige Entfernung des Benzens aus dem Treibstoff (derzeit 1.7 – 2.5 %) würde daher die Immissionen nicht auf Null reduzieren [16].

Bei der Wirkung des Benzens auf den Menschen wird in Tabelle 1.35 neben den Wirkschwellen für die toxische Wirkung für die kanzerogene Wirkung lediglich eine

Unit-Risk-Abschätzung angegeben. Bei einer Unit-Risk-Abschätzung (vgl. hierzu Kap. 6) geht man von einer lebenslangen Exposition (70 Jahre) gegenüber einer Konzentration von 1 $\mu g/m^3$ aus und schätzt das Risiko einer Krebserkrankung [27]. Ein *Unit-Risk-Wert* von $9 \cdot 10^{-6}$ beschreibt demnach das Risiko derart, daß von einer Million Menschen 9 an Krebs erkranken können.

Benzen wird vom Menschen hauptsächlich über die Atmung aufgenommen und kann wegen seiner lipophilen Eigenschaften durch Zellmembrane diffundieren. Die durch die Funktionalisierung entstandenen Metaboliten werden zum lipophilen Nervengewebe und zum Knochenmark transportiert. Die *Metaboliten* des Benzens wirken *zentraldepressorisch* (= Dämpfung des Zentralnervensystems), *hämatoxisch* (= Störung des blutbildenden Systems) und *gentoxisch* (= Schädigung des Erbgutes). Bei der gentoxischen Wirkung werden die Benzenmetaboliten an die DNA gebunden und führen zu Chromosomenbrüchen. Die Schädigung des Knochenmarks führt zu Leukämie und zu Störungen des Immunsystems.

Tabelle 1.35 Wirkung von Benzen auf den Menschen

Konzentration	Wirkung/Richtwert
0.003-0.16 mg/m^3	Hintergrundkonzentration
150-200 mg/m^3	Konzentration im Zigarettenrauch
>3200 mg/m^3	Neurotoxische Wirkung
63800 mg/m^3	Letale Dosis
$9 \cdot 10^{-6}$	Unit-Risk-Wert

1.2.12 Toluen (= Toluol)

Für Toluen bestehen die gleichen Emissionsquellen wie für Benzen. Bedingt durch seinen weitverbreiteten Einsatz wird für Toluen eine Hintergrundkonzentration von 0.75 $\mu g/m^3$ angegeben. Im Gegensatz zu Benzen ist für Toluen keine kanzerogene Wirkung bekannt.

Tabelle 1.36 Wirkung von Toluen auf den Menschen

Konzentration	Wirkung
1 mg/m^3	Geruchsschwelle
>375 mg/m^3	Beeinflussungen des ZNS (Müdigkeit, Koordinationsschwierigkeiten)
>375 mg/m^3	Irritationen von Augen und Nase

1.2.13 Styren (= Styrol)

Styren ist ein Ausgangsstoff für die Synthese von Polystyren (= Polystyrol) und ist ebenfalls in KFZ-Abgasen enthalten. Während für unbelastete Stadtluft 0.3 µg/m^3 angegeben werden, können in belasteter Stadtluft Konzentrationen von 20 – 60 µg/m^3 (Los Angeles, 1965) auftreten.

Tabelle 1.37 Wirkung von Styren auf den Menschen

Konzentration	Wirkung
70 µg/m^3	Geruchsschwelle
>84 mg/m^3	Irritation des Respirationstraktes
>200 mg/m^3	Beeinflussung des ZNS (Müdigkeit, Kopfschmerzen)
>420 mg/m^3	Akute Irritation der Augen und des oberen Respirationstraktes
>840 mg/m^3	Schläfrigkeit

Styren bewirkt durch Chromosomenaberrationen mutagene Schäden und verursacht die Entstehung von Karzinomen des Lymphgewebes.

1.2.14 Polycyclische aromatische Kohlenwasserstoffe

Polycyclische aromatische Kohlenwasserstoffe (engl.: PAH = Polycyclic Aromatic Hydrocarbons) zählen trotz ihrer Molmasse und den relativ hohen Siedepunkten zu den Luftschadstoffen, da sie an der Oberfläche von Ruß adsorbiert sind und mit diesem emittiert werden. Ihre Emission ist abhängig von der Emission von Ruß und damit vom Grad einer Verbrennung. Sie entstehen immer bei der Verbrennung von Kohlenstoff und kohlenstoffhaltigen Verbindungen unter verminderter Sauerstoffzufuhr.

Da unter diesen Bedingungen auch immer CO emittiert wird, ist Kohlenmonoxid auch die *Leitkomponente* für PAH, deren kontinuierliche Überwachung derzeit meßtechnisch noch nicht möglich ist.

Anlagen, bei denen PAH emittiert werden, sind

- Kokereien,
- Feuerungsanlagen,
- Dieselmotoren und
- Anlagen zur Herstellung von Ruß.

Emissionsmindernde Maßnahmen bei der Emission von Ruß dienen eigentlich der Minderung der PAH-Emissionen. Als einige wichtige Substanzeigenschaft ist ihre Absorption von UV-Licht zu nennen, welche die Ursache für ihre Instabilität darstellt. Diese ist innerhalb der PAH jedoch unterschiedlich.

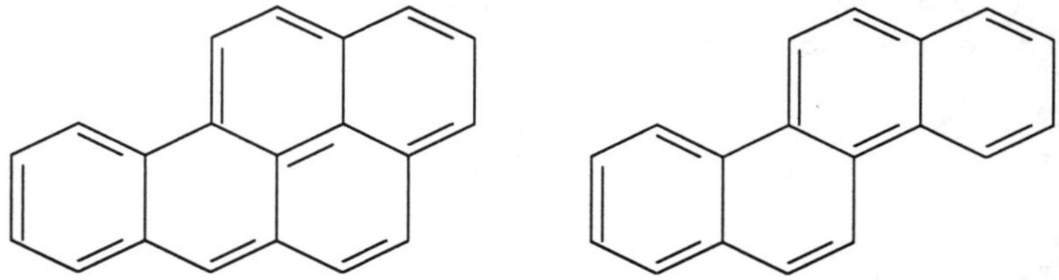

Benzo(a)pyren Chrysen

1.10 Strukturformeln der polycyclischen aromatischen Kohlenwasserstoffe Benzo(a)pyren und Chrysen

Benzo(a)pyren ist einerseits die Verbindung mit der größten chemischen Reaktivität, andererseits aber auch die mit dem größten krebserregenden Potential, weshalb sie als Leitkomponente für alle PAH benutzt wird [6]. Während in den Sechziger Jahren in europäischen Großstädten noch Konzentrationen an Benzo(a)pyren (BaP) von mehr als 100 ng BaP/m^3 gemessen wurden, sind diese mittlerweile auf <10 ng BaP/m^3 gesunken.

Es konnten für PAH bisher keine toxischen Wirkungen nachgewiesen werden. Polycyclische aromatische Kohlenwasserstoffe wirken auf den Menschen unterschiedlich kanzerogen. Bisher konnte auch kein Sicherheitslevel angegeben werden.

1.2.15 Acrylnitril

Acrylnitril ist der Ausgangsstoff für die Synthese des Polymers Polyacrylnitril. Sein Auftreten als Luftschadstoff beschränkt sich auf die technische Anwendung und damit auf die Umgebung der entsprechenden Anlagen sowie auf seine Anwendung als Arbeitsstoff. Auf den Menschen wirkt Acrylnitril kanzerogen.

Tabelle 1.38 Wirkung von Acrylnitril auf den Menschen

Konzentration	Wirkung
5 mg/m^3	Geruchsschwelle
35-220 mg/m^3	Kopfschmerzen, Atembeschwerden und Sehstörungen
>220 mg/m^3	Schwindelanfälle
0.6-11 mg/m^3	Kopfschmerzen, Atembeschwerden und Sehstörungen (Dauerexposition)

1.2.16 Formaldehyd

Formaldehyd ist ein biotischer Stoff und ein Zwischenprodukt im Methanzyklus. Es entsteht bei der Verschwelung von Holz und ist in Baumaterialien enthalten (Phenol-Formaldehyd-Polymere als Bestandteil von Spanplatten). Aufgrund *anthropogener* Quellen wird für Stadtregionen ein Jahresmittel von 0.005 – 0.01 mg/m³ angegeben. Weiterhin ist Formaldehyd im Zigarettenrauch enthalten und wurde in Kosmetika als Konservierungsmittel verwandt. Die konservierende Wirkung von Formaldehyd ist auch das Ziel des Kalträucherns (Verschwelen von Holz), wohingegen der Zusatz von Formaldehyd zu Nahrungsmitteln nicht gestattet ist.

Tabelle 1.39 Wirkung von Formaldehyd auf den Menschen

Konzentration	Wirkung
0.06 mg/m^3	Geruchsschwelle
>0.3 mg/m^3	Reizwirkung auf die Schleimhäute
37-60 mg/m^3	Oedeme, Pneumonie
60-125 mg/m^3	Tod

Formaldehyd ist ein Luftschadstoff mit schleimhautreizender Wirkung, dem aufgrund tierexperimenteller Daten ein kanzerogenes Risiko zugeschrieben wird, das bisher aber noch nicht eindeutig belegt werden konnte. Unbestreitbar hingegen ist seine allergieauslösende Wirkung, wobei jedoch in der Regel unspezifische Allergien gegenüber mehreren Reizstoffen (Pollen, Hausstaub, Tierhaare usw.) auftreten. Eine weitere Wirkung ist die Auslösung neuralgischer Beschwerden.

Im Hinblick auf die Problematik der Formaldehydabgabe von Spanplatten wird auf die Grenzwertproblematik verwiesen, die in Kapitel 6 besprochen wird.

1.2.17 Aliphatische Halogenkohlenwasserstoffe

Leichtflüchtige organische Verbindungen (englisch VOC = Volatile Organic Compounds) sind wegen ihrer niedrigen Siedepunkte hauptsächlich Luftschadstoffe, wobei einige im Bereich der normalen Außentemperaturen sogar ausschließlich gasförmig auftreten. Wegen ihrer teilweise nur begrenzten Wasserlöslichkeit werden sie bei einer Bodenkontamination zu Wasserschadstoffen und bewirken eine langfristige Grundwasserkontamination (Kap. 5, Sanierung von Altlasten). Bis auf Methan, das bei anaeroben Vergärungsprozessen gebildet wird und in Bergbauregionen als „Grubengas" aus dem Boden ausströmen kann, sind alle leichtflüchtigen organischen Verbindungen, die in die Umwelt emittiert werden, *anthropogenen* Ursprungs. Die wichtigste Substanzklasse leichtflüchtiger organischer Verbindungen sind die **Kohlenwasserstoffe** (englisch HC = Hydrocarbons). Sie werden hauptsächlich bei der Steinkohleverkokung (Benzen), bei der Erdölraffination (Paraffine) und bei der Verteilung von Ottokraftstoffen emittiert.

Die **Halogenkohlenwasserstoffe** stellen im Hinblick auf ihre ökologische Wirkung eine besondere Gruppe der leichtflüchtigen organischen Verbindungen dar. In der Natur existieren nur wenige organischen Halogenverbindungen biotischen Ursprungs. So produzieren beispielsweise Meeresalgen Methylchlorid (CH_3Cl), in Seetang sind Methylbromid (CH_3Br) und Chloressigsäure ($ClCH_2COOH$) enthalten und aromatische Halogenkohlenwasserstoffe sind die Inhaltstoffe einiger Pilze und Flechten. Viele Halogenkohlenwasserstoffe sind jedoch *xenobiotisch* und es existieren beispielsweise im Boden noch keine Mikroorganismen, welche diese, im Gegensatz zu halogenfreien Kohlenwasserstoffen, abbauen könnten. Die dort vorhandenen Mikroorganismen haben sich innerhalb ihrer Evolution bisher noch nicht auf den Abbau dieser Schadstoffe eingestellt. Wegen ihrer beschränkten Wasserlöslichkeit stellen die leichtflüchtigen Halogenkohlenwasserstoffe im Boden neben ihrer toxischen Wirkung auf Bodenorganismen ein hohes Trinkwassergefährdungspotential dar.

Leichtflüchtige Chlorkohlenwasserstoffe (CKW) wurden in der Vergangenheit wegen ihrer lipophilen Eigenschaften hauptsächlich als Fettlöser eingesetzt. Die zuvor beschriebenen Probleme waren die Gründe dafür, diese Chemikalien schrittweise durch andere mit einem geringeren ökologischen Gefahrenpotential zu ersetzen. Das früher bei der Metallentfettung und im Bereich der chemischen Reinigung oft eingesetzte Trichlorethen (= Trichlorethylen = TRI, C_2HCl_3) ist mittlerweile nicht mehr zugelassen (Verbotsverordnung, vgl. Kap. 6) und das in chemischen Reinigungen eingesetzte Tetrachlorethen (= Tetrachlorethylen = Perchlorethylen = PER, C_2Cl_4) findet nur noch bis zur Verfügbarkeit geeigneter Ersatzstoffe Verwendung. Bei der Entfettung ist man zur Anwendung von Tensiden übergegangen und bei der chemischen Reinigung erprobt man derzeit den Einsatz von Paraffinkohlenwasserstoffen („Benzine"), der jedoch hinsichtlich der Sicherheit (Explosionsschutz) nicht ganz unproblematisch ist.

Eine Besonderheit bilden die CKW Dichlormethan (= Methylenchlorid, CH_2Cl_2) und Trichlormethan (= Chloroform, $CHCl_3$). Neben ihrer Verwendung als Lösemittel und der dadurch bedingten Emissionen entstehen sie in geringen Konzentrationen bei der Chlorung des Trinkwassers (Entkeimung) durch die Umsetzung von Chlor mit organischem Material.

Die **Fluorchlorkohlenwasserstoffe** (FCKW) bilden innerhalb der leichtflüchtigen Chlorkohlenwasserstoffe eine eigene Substanzklasse. Dies beruht auf den besonderen physikalischen und chemischen Eigenschaften und der daraus resultierenden Anwendung. Man unterteilt die FCKW in

- Frigene und
- Halone.

Beide Substanzgruppen leiten sich vom Methan und Ethan ab und zeichnen sich durch niedrige Siedepunkte, gute Komprimierbarkeit, chemische Stabilität und Hitzebeständigkeit aus. Deshalb fanden die *Frigene* in Kühlschränken (Kältemaschinen), als Treibmittel bei der Schäumung von Polymeren und als Treibmittel in Spraydosen Verwendung (Abbildung 1.11). Ihr Einsatz ist mittlerweile durch die FCKW-Halon-Verbotsverordnung untersagt (vgl. Kap. 6) und nur noch bestimmte FCKW (z.B. R134A) sind bis zur Verfügbarkeit halogenfreier Ersatzstoffe zugelassen. Da die FCKW leichtflüchtig sind, diffundieren sie nach ihrer Emission in Bodennähe in einem Zeitraum von etwa 10 Jahren bis in die Stratosphäre und besitzen dort das höchste Gefährdungspotential im Hinblick auf die Zerstörung der Ozonschicht (Abschnitte 1.3 und 1.4).

Die technische Nomenklatur der als Kühlmittel Verwendung findenden FCKW ergibt sich gemäß DIN 8962 aus der Anzahl der einzelnen Atome eines Moleküls. Für das als Kühlmittel verwandte Dichlortetrafluorethan ($C_2Cl_2F_4$) resultiert daraus die Kurzschreibweise R 114 [7] (Abbildung 1.11).

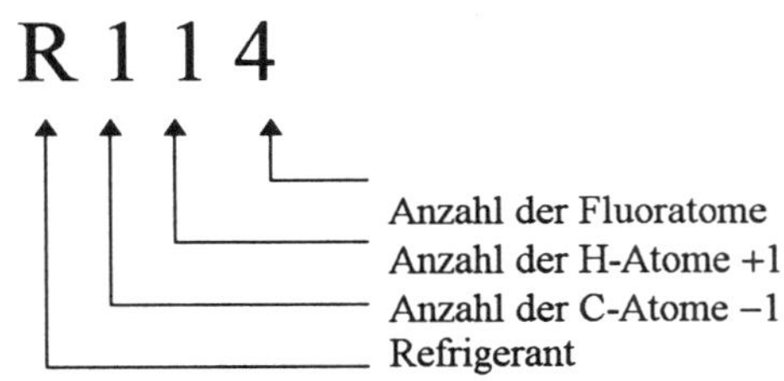

1.11 Technische Nomenklatur der als Kühlmittel verwandten FCKW [7]

Wegen der großen Zahl der noch im Einsatz befindlichen FCKW wird diese Stoffklasse noch lange Zeit ein großes Emissionspotential aufweisen. Emittenten sind hierbei alle in Betrieb befindlichen Kühlanlagen (Leckagen), zur Wärmedämmung verwandte Polymerschäume und die noch im Ausland produzierten Spraydosen, die FCKW als Treibmittel enthalten. Wichtig ist hierbei die Tatsache, daß ein Haushaltskühlschrank in seiner Isolierung (Polymerschaum) mehr FCKW enthält als in seinem Kühlkreislauf.

Halogenkohlenwasserstoffe, die neben Fluor und Chlor auch noch Brom enthalten, heißen *Halone*. Sie zeichnen sich durch Schwerentflammbarkeit aus und wurden als Feuerlöschmittel verwandt. Ihre wichtigsten Vertreter sind

- Halon 1211 = R 12B1 = CF_2ClBr und
- Halon 1301 = R 13B1 = CF_3Br.

Hierbei enthält die R-Nomenklatur (R = Refrigerant) nur zwei Zahlen (Anzahl der C-Atome − 1 = 0), wobei das zusätzliche B1 die Anzahl der Bromatome angibt.

Leichtflüchtige Halogenkohlenwasserstoffe werden sowohl bei ihrer Herstellung, Verteilung und technischen Nutzung als auch bei der Nutzung technischer Produkte emittiert, die mit ihrer Hilfe gefertigt wurden (z.B. Lösemittel, Treibmittel usw.).

Dichlorethan ist als leichtflüchtiger Halogenkohlenwasserstoff ein typischer *xenobiotischer* (= in der Natur nicht vorkommender) Schadstoff, der wegen seiner weiten Verbreitung in den Umweltmedien fast schon als *ubiquitär* (= allgegenwärtig) angesehen werden muß.

Tabelle 1.40 Immissionskonzentrationen von Dichlorethan

Konzentration	Region
0.20 µg/m^3	Hintergrundbelastung
0.5-6 µg/m^3	Grundbelastung in Städten
<30 µg/m^3	Umgebung von Industrieanlagen

Dichlorethan zeigt im Tierversuch schwach kanzerogene Wirkung. Eine Übertragung der Wirkung vom Tier auf den Menschen ist nicht ohne weiteres gerechtfertigt.

Tabelle 1.41 Wirkung von Dichlorethan

Konzentration	Wirkung
40-800 mg/m^3 (2-8 Monate)	Wirkungen auf das ZNS
400 mg/m^3	NOEL bei Tieren
700 mg/m^3	LOAEL bei Tieren

Unter dem *NOEL* (= no observed effect level) versteht man die Konzentration, unterhalb der kein Effekt zu verzeichnen ist, und unter dem *LOAEL* (= lowest observed adverse effect level) diejenige, oberhalb der eine erste nachteilige Wirkung registriert werden kann (vgl. hierzu auch Kap. 6).

Dichlormethan (= Methylenchlorid), Dichlorethan, Trichlorethen und Tetrachlorethen sind *xenobiotische* Schadstoffe und müssen mittlerweile fast als *ubiquitär* betrachtet werden.

Tabelle 1.42 Immissionskonzentrationen von Dichlormethan

Konzentration	Region
0.1 µg/m^3	Hintergrundbelastung
1-13 µg/m^3	Grundbelastung in den Städten
<50 µg/m^3	Umgebung von Industriebetrieben (Jahresmittel)

Dichlormethan zeigt im Tierversuch kanzerogene Wirkung. Eine Übertragung der Wirkung auf den Menschen ist auch hier nicht ohne weiteres gerechtfertigt.

Tabelle 1.43 Wirkung von Dichlormethan auf den Menschen

Konzentration	Wirkung
87 mg/m^3	NOEL
347 mg/m^3	LOAEL
743 mg/m^3	Geruchsschwelle
>700 mg/m^3	Erhöhte COHb-Werte

Für **Trichlorethen** (= Trichlorethylen = TRI) existieren in der Außenluft ähnliche Hintergrundkonzentrationen wie für Dichlormethan.

Tabelle 1.44 Immissionskonzentrationen von Trichlorethen

Konzentration	Region
0.075 µg/m^3	Hintergrundkonzentration
5-30 µg/m^3	Stadtluft

Für Trichlorethen wurde in Bezug auf den Menschen ein uneinheitliches gesteigertes Krebsrisiko ermittelt.

Tabelle 1.45 Wirkung von Trichlorethen auf den Menschen

Konzentration	Wirkung
20 mg/m^3	Geruchsschwelle
>540 mg/m^3	Psychomotorische Effekte
>810 mg/m^3	Leichte Herzrhythmusstörungen
>1080 mg/m^3	Abnehmende psychomotorische Tätigkeit

Auch für **Tetrachlorethen** (= Perchlorethylen = PER) existieren ähnliche Hintergrundkonzentrationen wie für Dichlormethan und für Trichlorethen.

Tabelle 1.46 Immissionskonzentrationen von Tetrachlorethen

Konzentration	Region
0.2 µg/m^3	Hintergrundkonzentration
1-10 µg/m^3	Stadtgebiete

Tetrachlorethen zeigt beim Menschen kanzerogene Wirkungen auf die Lunge und auf die Haut.

Tabelle 1.47 Wirkung von Tetrachlorethen auf den Menschen

Konzentration	Wirkung
8 mg/m^3	Geruchsschwelle
136 mg/m^3	NOEL
>678 mg/m^3	Schädigung des ZNS, der Leber und der Nieren

Vinylchlorid (VC, C_2H_3Cl) ist ein Ausgangsstoff für Polymersynthesen (Polyvinylchlorid, PVC). Für VC wird eine Hintergrundkonzentration von 0.1 - 0.5 $\mu g/m^3$ angegeben, die in 1 bis 5 Kilometern Umkreis von Produktionsanlagen auf 1 - 10 $\mu g/m^3$ ansteigt.

Vinylchlorid wirkt auf den Menschen mutagen und kanzerogen mit hoher Leberspezifität.

Tabelle 1.48 Wirkungen von Vinylchlorid auf den Menschen

Konzentration	Wirkung
<100 mg/m^3	Störungen im ZNS
>100 mg/m^3	Schwindelgefühl
>2300 mg/m^3	Narkotische Wirkung

1.2.18 Aromatische Halogenkohlenwasserstoffe

Bei den aromatischen Halogenkohlenwasserstoffen unterscheidet man zwei große umweltrelevante Substanzgruppen,

- die polychlorierten Dibenzodioxine und Dibenzofurane sowie
- die polychlorierten Biphenyle (PCB).

Die polychlorierten **Dibenzodioxine** (PCDD) und **Dibenzofurane** (PCDF) leiten sich vom Dibenzodioxin und Dibenzofuran (Abbildung 1.12) ab und können vom Monochlor- bis zum Octachlorderivat mit allen verschiedenen, möglichen Stellungsisomeren auftreten. Man bezeichnet alle verschieden chlorierten Vertreter der jeweiligen Substanzklasse als *Kongenere*.

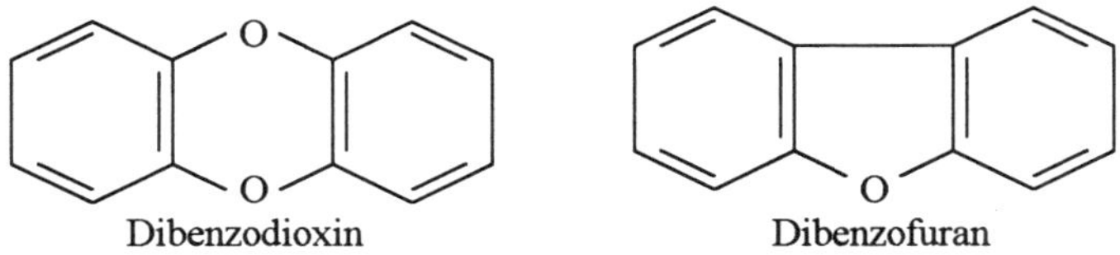

1.12 Strukturformeln von Dibenzodioxin und Dibenzofuran

Die PCDD und PCDF stellen eine besondere Klasse von Umweltschadstoffen dar, die sich sowohl aus ihrer einheitlichen Schadstoffwirkung als auch aus ihrer Umweltpräsenz ergibt. Da die einzelnen Kongenere beim Menschen jedoch unterschiedlich starke Wirkungen zeigen und jede Bildung von PCDD und PCDF je nach Entstehungsprozeß eine Kongenerenmischung mit mitunter sogar für den Prozeß typischer Zusammensetzung liefern, bedient man sich bei der Beurteilung der Wirkung einer Kongenerenmischung sogenannter Toxizitätsäquivalente (TE). Hierbei orientiert man sich an dem Vertreter mit der stärksten Wirkung, dem Tetrachlordibenzodioxin = TCDD (Abbildung 1.13) und ordnet diesem das Toxizitätsäquivalent TE = 1.0 zu. TCDD erlangte beim Seveso-Unfall am 10.07.1976, bei dem es erstmals in großen Mengen freigesetzt wurde, traurige Berühmtheit. Es wurde bei einem Chemieunfall der Firma Icmesa freigesetzt, als ein Kessel für die Synthese von Trichlorphenol sich erhitzte und unter Überdruck barst.

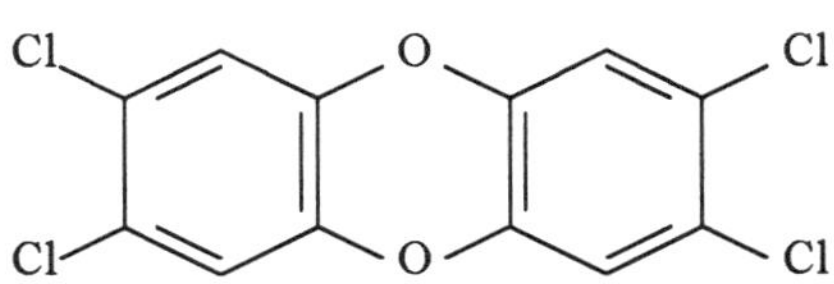

1.13 Strukturformel des „Seveso-Giftes" TCDD

Polychlorierte Dibenzodioxine und Dibenzofurane entstehen bei vielen technischen Prozessen als *Nebenprodukte*. Nebenprodukte bilden sich definitionsgemäß bei chemischen Reaktionen in einer gesonderten Reaktion neben dem eigentlichen Hauptprodukt und sind in ihrer Ausbeute durch die Wahl der Reaktionsbedingungen zu beeinflussen. *Kuppelprodukte* hingegen bilden sich in einem genauen, durch den Reaktionsmechanismus bedingten, stöchiometrischen Verhältnis. Dieses ist durch die Wahl der Reaktionsbedingungen nicht zu beeinflussen. Dioxine können demnach als Nebenprodukte immer dort entstehen, wo Reaktionsbedingungen und reaktive Zwischenstufen dies begünstigen (1.45).

Als wichtigster Reaktionsmechanismus zur Entstehung der PCDD und PCDF wird die Gasphasenreaktion angesehen (1.45), bei der ein Radikalmechanismus angenommen wird. Nur er erklärt das gleichzeitige Auftreten von Dioxinen und Furanen sowie der verschieden chlorierten Derivate, der sogenannten Kongenere. Hiervon existieren 75 PCDD und 135 PCDF. Bei den Dioxinen besitzt das Tetrachlorderivat, das TCDD, für den Menschen die größte physiologische Wirksamkeit.

Exkurs 1.9 Das Seveso-Gift TCDD

Beim Seveso-Unfall 1976 wurde erstmals TCDD in großen Mengen freigesetzt. Es entstand bei der Synthese von Trichlorphenol unter hohem Druck und bei hoher Temperatur – also bei für Dioxine idealen Synthesebedingungen. Das Trichlorphenol wurde zur Synthese des Herbizids 2,4,5-Trichlorphenoxyessigsäure verwandt, bekannt unter den Handelsnamen 2,4,5-T und Tormona.

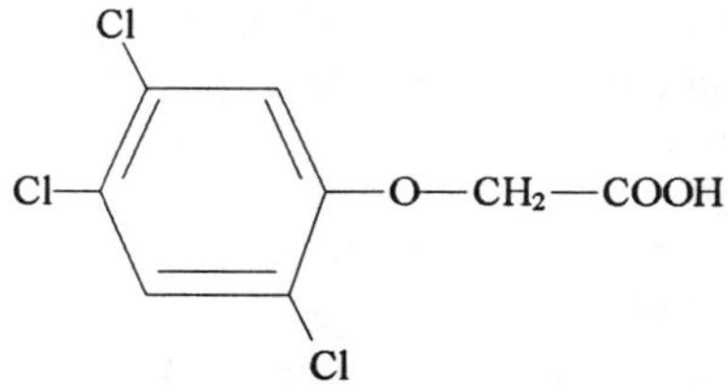

2,4,5-Trichlorphenoxyessigsäure (2,4,5-T)

Die Synthese von 2,4,5-T erfolgt aus Trichlorphenol und Chloressigsäure unter Abspaltung von Chlorwasserstoff. 2,4,5-T erlangte als „Agent Orange" im Vietnamkrieg, wo es als Entlaubungsmittel (Herbizid) eingesetzt wurde, traurige Berühmtheit. Je nach den angewandten Synthesebedingungen war 2,4,5-T mit unterschiedlichen Mengen an TCDD verunreinigt, was die Gesundheitsschäden der Vietnam-Soldaten erklärt.

Da PCDD und PCDF in Nebenreaktionen entstehen, müssen bei technischen Verfahren, bei denen eine Dioxinbildung möglich ist, die Reaktionsbedingungen so gewählt werden, daß deren Bildung (1.45) ausgeschlossen werden kann, d.h. die Reaktion muß bei niedrigen Temperaturen und niedrigen Drücken ablaufen.

Der günstigste Temperaturbereich für die Synthese von PCDD und PCDF in der Gasphase liegt zwischen 300 und 700 °C, während oberhalb von 800 °C Zersetzung eintritt. Bei Hochtemperaturverbrennungen findet jedoch im Abgasstrom eine Rekombination der Zersetzungsprodukte statt. Man bezeichnet diese Synthese als *De Novo-Synthese* und die dabei entstehenden Dioxine als *Sekundärdioxine*. Deshalb ist bei Hochtemperaturverbrennungen (Sondermüllverbrennung) sowie Hochtemperaturpyrolysen (Müllverschwelung) eine schnelle Abkühlung des Abgases auf Temperaturen, die keine De Novo-Synthese mehr zulassen, wichtig.

Die Abwesenheit von chlorhaltigen organischen Stoffen im Brenngut schließt eine Dioxinbildung nicht aus. Auch Metallchloride (Kupfer, Eisen, Aluminium) ermöglichen bei der Verbrennung von organischem Material und von Kunststoffabfällen die Bildung von Dioxinen.

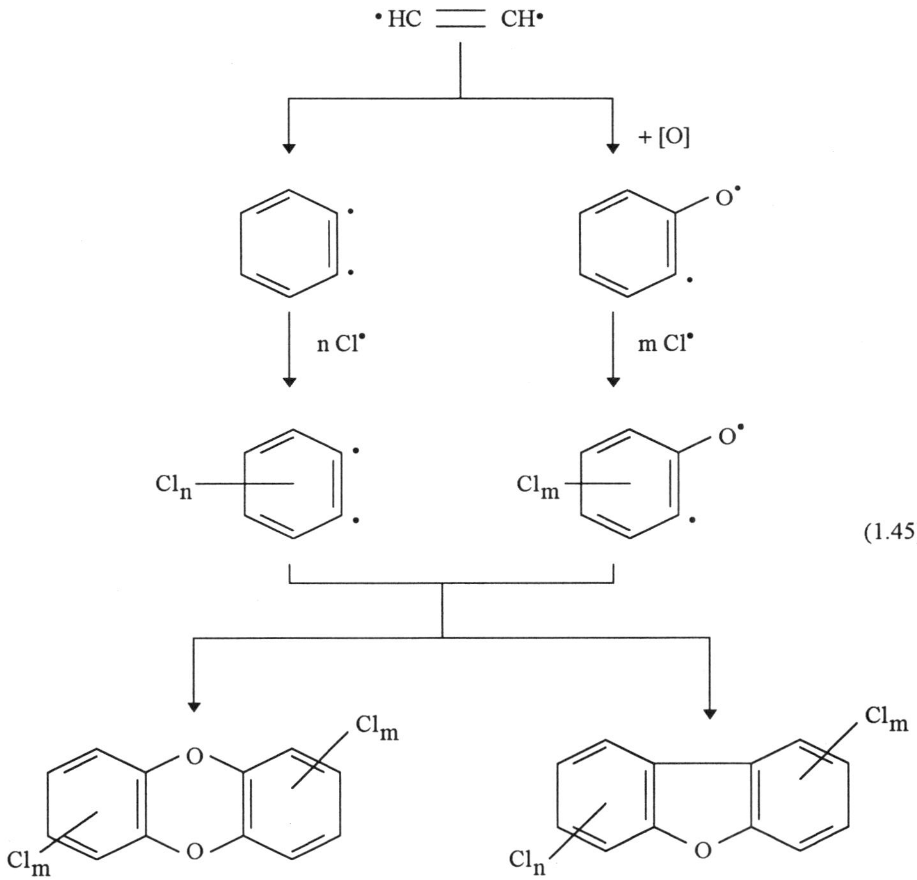

(1.45)

Die wichtigsten Emissionsquellen für Dioxine sind

- Müllverbrennungsanlagen,
- Kabelverschwelungsbetriebe,
- Klärschlammverbrennung (Schlämme aus der Papierindustrie, Chlorbleiche),
- Metallschrottrecycling.

Bis zum Verbot der *Scavenger* (chlororganische Verbindungen als Zusätze im KFZ-Benzin, ermöglichten die Entstehung von leichtflüchtigen Bleihalogeniden) entstanden Dioxine auch in Autoabgasen.

PCDD und PCDF zeichnen sich durch eine hohe Beständigkeit (*Persistenz*) aus. Während Dioxine und Furane in der Luft durch UV-Licht relativ schnell abgebaut werden, besitzen sie im Boden Halbwertzeiten zwischen 1 und 12 Jahren.

Tabelle 1.49 Konzentrationen von PCDD und PCDF in der Luft, Angaben in Toxitätsäquivalenten (TE)

Konzentration	Region
<10 fg TE/m^3	Ländliche Regionen
100-300 fg TE/m^3	Ballungsräume
200-600 fg TE/m^3	Industriegebiete
<2300 fg TE/m^3	Umgebung von Metallschmelzen

In Tabelle 1.49 sind einige Konzentrationen von PCDD und PCDF in der Luft aufgelistet [28]. Die Massenangabe hierbei ist Femtogramm (1 fg = 10^{-15}g). Aufgrund ihrer Lipophilie reichern sich PCDD und PCDF in fetthaltigen Nahrungsmitteln an [28]. Die Tabelle 1.50 enthält einige *Transferfaktoren*.

Während PCDD und PCDF bei Ratten und Mäusen eindeutig kanzerogen wirken, konnte dies beim Menschen bisher, auch im Falle von Seveso, nicht nachgewiesen werden [7]. Hingegen schreibt man diesen Stoffen die Wirkung von *Tumorpromotoren* (Abschnitt 1.1.3) zu.

Tabelle 1.50 Transferfaktoren für PCDD und PCDF

Ausgangsmedium	Zielmedium	Transferfaktor
Boden	Pflanze	0.01 - 0.1
Futter	Kuhmilch (Fett)	1 - 12
Futter	Rindfleisch (Fett)	12 - 25
Nahrung	Muttermilch	~200
Wasser	Fisch	>10000

Hohe TCDD-Dosen wirken beim Menschen (z. B. am Arbeitsplatz) auf:

- Haut, Schleimhäute: Chlorakne, Reizungen der Augen und der oberen Luftwege, starke Pigmenteinlagerungen, abnormer Haarwuchs;
- Leber: Lebervergrößerung und Leberschädigung;
- Nervensystem: Kopfschmerzen, Beeinträchtigung des Wahrnehmungsvermögens;
- Stoffwechsel: Erhöhung des Cholesterinspiegels und des Blutfettspiegels, erhöhte Ausscheidung von Abbauprodukten des Blutfarbstoffs;
- Magen-Darm-Trakt: Erbrechen, Durchfall.

Ausgehend von einer duldbaren täglichen Aufnahme von 1 pg TE/kg Körpergewicht ermittelte das Bundesgesundheitsamt unter Zugrundelegung der verfügbaren Transferfaktoren Richtwerte für den Gehalt von Böden (Tabelle 1.51).

Tabelle 1.51 Richtwerte für den Gehalt von PCDD und PCDF in Böden (TM = Trockenmasse)

Konzentration	Maßnahme
<5 ng TE/kg TM	Uneingeschränkte Nutzung, Zielgröße im Sinne der Vorsorge
>100 ng TE/kg TM	Sanierung von Kinderspielplätzen
>1000 ng TE/kg TM	Sanierung von Siedlungsgebieten
>10000 ng TE/kg TM	Sanierung, unabhängig vom Standort
<40 ng TE/kg TM	Uneingeschränkte landwirtschaftliche und gärtnerische Nutzung
>40 ng TE/kg TM	Kein Anbau von bodennah wachsenden Obst- und Gemüsearten und Futterpflanzen sowie von Pflanzen mit erhöhtem Dioxintransfer (z.B. Möhren)

Polychlorierte Biphenyle (PCB) zeichnen sich durch hohe Viskosität und durch Unbrennbarkeit aus, weshalb sie vor allem als Hydraulikflüssigkeiten (Bergbau) und Transformatorenöle Verwendung fanden. Ihr Einsatz ist mittlerweile untersagt (Chemikalien-Verbotsverordnung, Kap. 6). Durch Bergbauabwässer gelangten sie in die Oberflächengewässer und reicherten sich im Fettgewebe von Fischen an. Hiermit erfolgte innerhalb der Nahrungskette eine Anreicherung bei den Arten, denen Fische als Nahrungsmittel dienen, beispielsweise bei Seehunden. Wie bei den Dioxinen existieren, je nach dem Chlorierungsgrad, eine große Anzahl von Kongeneren, von denen Perchlorbiphenyl (Abbildung 1.14) als ein Vertreter abgebildet ist.

Polychlorierte Biphenyle stellen weiterhin eine indirekte Umweltgefährdung dar, da bei Transformatorenbränden (PCB wird hier bei Altanlagen noch verwandt) PCDD und PCDF entstehen können. Polybromierte Biphenyle sind als *Flammschutzmittel* in Platinen und Kondensatoren von Geräten der Unterhaltungselektronik enthalten.

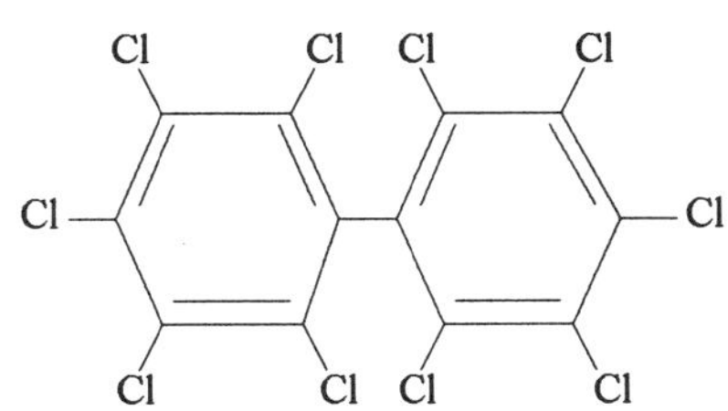

1.14 Strukturformel von Perchlorbiphenyl

PCB reichern sich bei Tieren und beim Menschen im Fettgewebe an. Da die Nervenenden ebenfalls von Fettgewebe umgeben sind, schreibt man den PCB eine nicht quantifizierbare neurotoxische Wirkung sowie eine schwächende Wirkung auf das Immunsystem zu.

1.3 Die Bildung sekundärer Schadstoffe in der Atmosphäre

Viele Umweltschadstoffe werden nicht von Emittenten in die Umweltmedien eingebracht, sondern entstehen durch Sekundärreaktionen primär emittierter Schadstoffe. Der primär emittierte Schadstoff wird deshalb als „*Vorläufer*“ (engl.: *precursor*) des sekundären Schadstoffs bezeichnet. Der Precursor ist in der Regel für die Konzentration des Sekundärschadstoffs verantwortlich. Maßnahmen zur Schadstoffminimierung erfordern deshalb eine Minimierung der Konzentration des Precursors.

Unter der Erdatmosphäre versteht man die Luftschicht bis in 150 km Höhe, wobei man folgende Zonen unterscheidet:

- 0 – 15 km = Troposphäre,
- 15 – 50 km = Stratosphäre,
- 50 – 90 km = Mesosphäre,
- 90 – 150 km = Thermosphäre.

Die in der Erdatmosphäre ablaufenden chemischen Prozesse müssen deshalb in drei Gruppen unterteilt werden:

- chemische Reaktionen in der Troposphäre,
- chemische Reaktionen in der Stratosphäre und
- chemische Reaktionen in der bodennahen Luftschicht.

Die bodennahe Luftschicht muß dabei von der restlichen Troposphäre getrennt behandelt werden, da in ihr Prozesse ablaufen, die sich von denen der übrigen Troposphäre grundlegend unterscheiden. Die folgenden Abschnitte beschäftigen sich mit den wichtigsten Umsetzungen und den dabei entstehenden Schadstoffen.

1.3.1 Umwandlungen des Schwefeldioxids in der Troposphäre

Man unterscheidet in der Troposphäre vier verschiedene Oxidationsprozesse des Schwefeldioxids,

- die direkte photochemische Oxidation,
- die indirekte photochemische Oxidation,
- die heterogene nichtkatalytische Oxidation und
- die heterogene katalytische Oxidation.

Die direkte photochemische Oxidation (1.46) läuft unter der Einwirkung von Sauerstoff, Wasser und Licht mit Wellenlängen zwischen 360 und 390 nm ab. Die Umsatzrate ist kleiner als 0.1 %/h. Diese Umsetzung ist abhängig von der Schwefeldioxidkonzentration und der Intensität der UV-Strahlung.

$$SO_2 + O_2 / H_2O \xrightarrow[\lambda = 360-390\ \text{nm}]{E = h\nu} H_2SO_4 \qquad (1.46)$$

Bei der indirekten photochemischen Oxidation werden aus Sauerstoff unter Lichteinwirkung zunächst Sauerstoffradikale gebildet (1.47), die mit weiteren Sauerstoffmolekülen unter Mitwirkung eines für die Impulserhaltung benötigten Stoßpartners M (N_2-Moleküle) zu Ozonmolekülen reagieren (1.48).

$$O_2 \xrightarrow[\lambda < 242\ \text{nm}]{E = h\nu} 2\ O^{\bullet} \qquad (1.47)$$

$$O^{\bullet} + O_2 + M \longrightarrow O_3 + M \qquad (1.48)$$

Ozon wiederum zerfällt unter Lichteinwirkung in Sauerstoffmoleküle und $O(^1D)$-Atome, elektronisch angeregte Sauerstoffatome einer Anregungsenergie von 45.5 kcal/mol (1.49), die mit Wasser zu OH-Radikalen reagieren (1.50). Letztere Reaktion ist die Schlüsselreaktion des Photosmogs.

$$O_3 \xrightarrow[\lambda < 308\ \text{nm}]{E = h\nu} O_2 + O^{\bullet} \qquad (1.49)$$

$$O(^1D) + H_2O \longrightarrow 2\ OH^{\bullet} \qquad (1.50)$$

Diese OH-Radikale reagieren mit den SO_2-Molekülen zu Schwefelsäure (1.51). Die indirekte photochemische Oxidation ist abhängig von der SO_2- und der OH-Konzentration und beträgt maximal 1.6 %/h, wobei dies jedoch im Sommer kurzzeitig auf 3 bis 4 %/h ansteigen kann.

$$SO_2 + 2\ OH^{\bullet} \xrightarrow{H_2O} H_2SO_4 \qquad (1.51)$$

Bei der heterogenen nichtkatalytischen Reaktion reagiert Schwefeldioxid mit Sauerstoff und Wasser zu Schwefelsäure (1.52). Diese Reaktion läuft in Tropfen ab und weist Umsetzungsraten < 1 %/h auf.

$$2\ SO_2 + O_2 + 2\ H_2O \longrightarrow 2\ H_2SO_4 \qquad (1.52)$$

Bei der heterogenen katalytischen Reaktion reagiert Schwefeldioxid auf die gleiche Weise, jedoch unter der katalytischen Wirkung von Metallen (1.53). Diese Reaktion läuft sowohl in Tropfen als auch in Aerosolpartikeln ab, trägt aber nur in stark verunreinigter Luft zur SO_2-Oxidation bei, wobei Metalle (Mn, Fe, V) als Katalysatoren wirken.

$$2\,SO_2 + O_2 + 2\,H_2O \xrightarrow{\text{Metalle}} 2\,H_2SO_4 \qquad (1.53)$$

1.3.2 Das photostationäre Gleichgewicht der Troposphäre

In der troposphärischen Luftschicht Deutschlands unterliegt das aus den Emissionen des Flugverkehrs stammende sowie aus fernen Quellgebieten Mitteleuropas bzw. durch Ferntransporte aus den USA herbeigeführte NO_2 einer Photodissoziation (1.54). Dabei wird Ozon gebildet (1.55, vergleiche hierzu 1.48) und es stellt sich ein photostationäres Gleichgewicht (1.56) ein.

$$NO_2 \xrightarrow[\lambda < 400\,\text{nm}]{E = h\nu} NO + O^{\bullet} \qquad (1.54)$$

$$O^{\bullet} + O_2 + M \longrightarrow O_3 + M \qquad (1.55)$$

$$O_3 + NO \longrightarrow NO_2 + O_2 \qquad (1.56)$$

Aus der Intensivlandwirtschaft subtropischer Regionen freiwerdendes Methan wird wegen meist fehlender Stickoxide aus den Quellregionen (z.B Reisanbau) abtransportiert und weltweit verteilt. Dieses Methan wird durch Stickoxide abgebaut (1.57 bis 1.65), wobei aus einem Molekül Methan zwei Moleküle Ozon entstehen. Durch den Abbau des intermediär entstehenden Formaldehyds kann noch ein weiteres gebildet werden.

$$O_3 \xrightarrow[\lambda < 308\,\text{nm}]{E = h\nu} O(^1D) + O_2 \qquad (1.57)$$

$$O(^1D) + H_2O \longrightarrow 2\,OH^{\bullet} \qquad (1.58)$$

$$CH_4 + OH^{\bullet} \longrightarrow CH_3^{\bullet} + H_2O \qquad (1.59)$$

$$CH_3^{\bullet} + O_2 + M \longrightarrow CH_3O_2^{\bullet} + M \qquad (1.60)$$

$$CH_3O_2^{\bullet} + NO \longrightarrow CH_3O^{\bullet} + NO_2 \qquad (1.61)$$

$$CH_3O^{\bullet} + O_2 \longrightarrow \underset{\text{Formaldehyd}}{CH_2O} + HO_2^{\bullet} \qquad (1.62)$$

$$HO_2^{\bullet} + NO \longrightarrow NO_2 + OH^{\bullet} \quad (1.63)$$

$$2\,NO_2 \longrightarrow 2\,NO + 2\,O^{\bullet} \quad (1.64)$$

$$2\,O^{\bullet} + 2\,O_2 + 2\,M \longrightarrow 2\,O_3 + 2\,M \quad (1.65)$$

Ebenso, wie in die Troposphäre eingebrachtes Schwefeldioxid zu Schwefelsäure umgesetzt wird, wird eingetragenes Stickstoffdioxid zu Salpetersäure umgewandelt.

1.3.3 Die Bildung von Salpetersäure in der Troposphäre

Salpetersäure wird sowohl in der Gasphase (Aerosole) als auch in der Flüssigphase (Wassertröpfchen) gebildet. Die Absorption von NO_2 an Wolkentropfen führt nur zu einer Abbaurate von 10^{-4} %/h bei einer Wasserkonzentration von 1 g/m^3 [17].

$$NO + O_3 \longrightarrow NO_2 + O_2 \quad (1.66)$$

Während bei Tag das aus NO durch Umsetzung mit O_3 gebildete NO_2 (1.66) in der Gasphase durch OH-Radikale direkt zu Salpetersäure umgesetzt wird (1.67), verläuft die Umsetzung bei Nacht über die intermediäre Bildung von NO_3 durch Ozon (1.68).

$$NO_2 + OH^{\bullet} \xrightarrow{\text{Tag}} HNO_3 \quad (1.67)$$

$$NO_2 + O_3 \xrightarrow{\text{Nacht}} NO_3 + O_2 \quad (1.68)$$

NO_3 wiederum reagiert mit NO_2 zu N_2O_5 (1.69), das sich anschließend mit Wasser in einer heterogenen Reaktion (1.70) zu Salpetersäure umsetzt.

$$NO_3 + NO_2 \longrightarrow N_2O_5 \quad (1.69)$$

$$N_2O_5 + H_2O \longrightarrow 2\,HNO_3 \quad (1.70)$$

Die Bildung von Schwefelsäure und Salpetersäure aus den Säurebildnern Schwefeldioxid und Stickstoffdioxid ist die Voraussetzung für die Entstehung des „*Sauren Regens*“.

1.3.4 Die Selbstreinigung der Atmosphäre

Durch zwei Selbstreinigungsmechanismen werden in die Atmosphäre eingebrachte Spurenstoffe wieder entfernt:

- Nasse Deposition = Austrag mit Wasser
- Trockene Deposition = alle anderen Ablagerungen.

Die Zeit zwischen dem Eintrag eines Schadstoffs in die Atmosphäre und seinem Austrag bezeichnet man als *Verweilzeit*. Diese ist für die einzelnen Schadstoffe unterschiedlich. In Tabelle 1.52 sind für einige atmosphärische Spurenstoffe die Verweilzeiten zusammengefaßt [17].

Tabelle 1.52 Verweilzeiten für atmosphärische Spurenstoffe

Atmosphärischer Spurenstoff	Verweilzeit
Methan	6 - 8 Jahre
Kohlendioxid	5 - 6 Jahre
Ozon	2 Jahre
Stickstoffdioxid	8 - 10 Tage
Schwefeldioxid	2 Tage
Kohlenmonoxid	5 - 12 Stunden
Schwefelwasserstoff	12 Stunden

Bei der trockenen Deposition unterscheidet man folgende Mechanismen:

- Sedimentation,
- turbulente Diffusion,
- molekulare Diffusion (Brown'sche Bewegung) und
- Absorption.

Die *Sedimentation* erfolgt bei Teilchen > 10 μm (Staubniederschlag) und wird durch das Gravitationsfeld der Erde bewirkt.

Die turbulente Diffusion erfolgt bei Teilchen < 10 μm (Schwebstaub), hervorgerufen durch Temperaturdifferenzen zwischen einzelnen Luftschichten, wobei die Teilchen an *Rezeptoren* herangebracht werden.

Die molekulare Diffusion erfolgt bei sehr kleinen Teilchen (0.1 μm) durch die laminare Grenzschicht an der Rezeptoroberfläche.

Die Absorption erfolgt entweder durch

- Interzeption = Auskämmeffekt oder durch
- Impaktion = Abscheidung

an feuchten Oberflächen bzw. durch Aufnahme über die Stomata in die Pflanzen.

Bei der nassen Deposition unterscheidet man folgende Mechanismen:

- Bildung von Wolkentröpfchen,
- Lösung von Gasen und Oxidation,
- Diffusionsphorese,
- Brown'sche Bewegung und
- Impaktion.

Die Bildung von Wolkentröpfchen erfolgt bei schwefel- und stickstoffhaltigen Aerosolen (r = 0.1 – 1 μm), die als Kondensationskeime dienen. Auf diesem Wege werden etwa 80% der im Regen enthaltenen Schwefel- und Stickstoffverbindungen aufgenommen.

Die Lösung von SO_2 und NO_2 erfolgt bei kleineren Tropfen mit höheren Aufnahmeraten, wobei anschließend eine Oxidation stattfindet. Dieser Prozeß ist zu etwa 10 – 30% an der nassen Deposition beteiligt.

Die *Diffusionsphorese* erfolgt bei sehr kleinen Partikeln (≅ 0.1 μm), ist aber nur zu etwa 1% an der Spurenstoffaufnahme beteiligt.

Die *Brown'sche Bewegung* erzeugt bei Gasgemischen zufallsbedingte Kollisionen, wobei Gasmoleküle an kleine Partikel (r < 0.1 μm) angelagert werden. Dieser Mechanismus ist ebenfalls nur zu etwa 1% an der Spurenstoffaufnahme beteiligt.

Bei der *Impaktion* unterscheidet man zwischen

- Washout und
- Rainout.

Beim *Washout* erfolgt die Aufnahme in die Regentropfen unterhalb der Wolke (engl.: below cloud scavenging).

Beim *Rainout* erfolgt die Aufnahme in die Regentropfen in der Wolke (engl.: in cloud scavenging). Washout und Rainout tragen zusammen etwa zu 30% der Schwefel- und Stickstoffaufnahme bei.

1.3.5 Bildung und Abbau des Ozons in der Stratosphäre

In der Stratosphäre entsteht Ozon aus Sauerstoff und zerfällt auch wieder zu Sauerstoff, wodurch ein Gleichgewicht entsteht. Die zunächst aus der photolytischen Spaltung von Sauerstoffmolekülen (1.71) entstehenden Sauerstoffradikale reagieren mit weiteren Sauerstoffmolekülen unter Bildung von Ozon (1.72). Dieses Ozon wird wieder unter der Einwirkung von sichtbarem Licht oder UV-Licht in Sauerstoffmoleküle und -radikale gespalten (1.73), wobei letztere wiederum mit Ozon zu Sauerstoff reagieren (1.74). Man bezeichnet dieses Gleichgewicht als ein *„photostationäres Gleichgewicht"*.

$$O_2 \xrightarrow[\lambda < 243\ nm]{E = h\nu} O^\bullet + O^\bullet \quad (1.71)$$

$$O^\bullet + O_2 + M \longrightarrow O_3 + M \quad (1.72)$$

$$O_3 \xrightarrow{E = h\nu} O_2 + O^\bullet \quad (1.73)$$

$$O_3 + O^\bullet \longrightarrow O_2 + O_2 \quad (1.74)$$

Eine Verschiebung dieses stratosphärischen Ozongleichgewichtes erfolgt durch katalytische Abbaureaktionen (1.75 und 1.76)). Die hierzu notwendigen Halogenradikale stammen aus in Bodennähe emittierten FCKW und Halonen, die photolytisch gespalten werden. Als Diffusionszeit von FCKW für die Strecke zwischen Bodennähe und Stratosphäre werden etwa 10 Jahre angenommen.

$$X^\bullet + O_3 \longrightarrow XO^\bullet + O_2 \quad (1.75)$$

$$XO^\bullet + O^\bullet \longrightarrow X^\bullet + O_2 \quad (1.75)$$

$$X^\bullet = H^\bullet, OH^\bullet, NO, Cl^\bullet, Br^\bullet$$

Durch mikrobiellen Abbau von Stickstoffdünger wird aus dem Boden N_2O freigesetzt. Dieses troposphärische N_2O wird in der Stratosphäre zu NO umgewandelt (1.76 bis 1.78). Durch Verbrennungsvorgänge in Bodennähe emittiertes NO, beispielsweise vom KFZ-Verkehr emittiert, erreicht nie die Stratosphäre.

$$N_2O + O^\bullet \longrightarrow NO + NO \quad (1.76)$$

$$NO + O_3 \longrightarrow NO_2 + O_2 \quad (1.77)$$

$$NO_2 + O^\bullet \longrightarrow NO + O_2 \quad (1.78)$$

Stratosphärisches Wasser, das zur Bildung von OH-Radikalen benötigt wird, entsteht aus troposphärischem Methan (1.79 bis 1.82).

$$2\ CH_4 + O^\bullet \longrightarrow 2\ CH_3^\bullet + H_2O \quad (1.79)$$

$$H_2O + O^\bullet \longrightarrow 2\ OH^\bullet \quad (1.80)$$

$$OH^\bullet + O_3 \longrightarrow HO_2^\bullet + O_2 \quad (1.81)$$

$$HO_2^\bullet + O^\bullet \longrightarrow OH^\bullet + O_2 \quad (1.82)$$

Die Abnahme der stratosphärischen Ozonschicht erfolgt derzeit hauptsächlich durch Halogenradikale, die aus FCKW gebildet werden. Beim Methan wird eine jährliche Zuwachsrate von 1% verzeichnet [7], womit eine Verdoppelung der vorindustriellen Konzentration mittlerweile erreicht wurde.

1.3.6 Die Bildung von Photooxidantien in der bodennahen Luftschicht

In belasteter Stadtluft wird durch Photolyse aus Stickstoffdioxid Ozon gebildet (vgl. 1.49 und 1.50). Aus diesem wiederum entstehen durch Photolyse elektronisch angeregte $O(^1D)$-Atome, die mit Wasser reagieren und OH-Radikale erzeugen (1.83 und 1.84). Diese Reaktion ist die Schlüsselreaktion des photochemischen *Smogs*.

Entscheidend für die *Oxidantienbildung* ist einmal die Bildung von OH-Radikalen. Diese hängt direkt von der Ozonkonzentration und damit indirekt von der Konzentration an Stickoxiden ab. Weiterhin entscheidend ist die Konzentration der Alkane.

$$O_3 \xrightarrow[\lambda < 308\text{ nm}]{E = h\nu} O_2 + O(^1D) \qquad (1.83)$$

$$O(^1D) + H_2O \longrightarrow 2\,OH^{\bullet} \qquad (1.84)$$

Die vor allem von Kraftfahrzeugen emittierten Alkane reagieren mit den OH-Radikalen unter der Bildung von Peroxiacylnitraten (1.85 bis 1.92), der wichtigsten Gruppe der Photooxidantien. Hiervon stellt das *Peroxiacetylnitrat* (PAN) den wichtigsten Vertreter dar (1.92).

$$R - CH_3 + OH^{\bullet} \longrightarrow R - CH_2^{\bullet} + H_2O \qquad (1.85)$$

$$R - CH_2^{\bullet} + O_2 \longrightarrow R - CH_2 - O_2^{\bullet} \qquad (1.86)$$

$$R - CH_2 - O_2^{\bullet} + NO \longrightarrow R - CH_2 - O^{\bullet} + NO_2 \qquad (1.87)$$

$$R - CH_2 - O^{\bullet} + O_2 \longrightarrow R - CHO + HO_2^{\bullet} \qquad (1.88)$$

$$NO + HO_2^{\bullet} \longrightarrow NO_2 + OH^{\bullet} \qquad (1.89)$$

Für R = CH_3 (C_2H_6 = Ethan) entsteht nach diesem Reaktionsmechanismus Acetaldehyd (Gleichung 1.88). Dieser Aldehyd reagiert mit OH-Radikalen weiter zu Peroxiacetylnitrat (PAN):

$$CH_3-CHO + OH^\bullet \longrightarrow {}^\bullet CH_2-CHO + H_2O \quad (1.90)$$

$$^\bullet CH_2-CHO + O_2 \longrightarrow CH_3-C(O)O_2^\bullet \quad (1.91)$$

$$CH_3-C(O)O_2^\bullet + NO_2 \longrightarrow \underset{\text{Peroxiacetylnitrat = PAN}}{CH_3-C(O)O_2-NO_2} \quad (1.92)$$

An der Bildung von Photooxidantien sind somit sowohl die Stickoxide als auch die Alkane beteiligt, die beide in Bodennähe hauptsächlich von Kraftfahrzeugen emittiert werden. Von Großfeuerungsanlagen (z.B. Kohlekraftwerke) emittierte Stickoxide sind nicht an der Bildung von Photooxidantien in Bodennähe beteiligt.

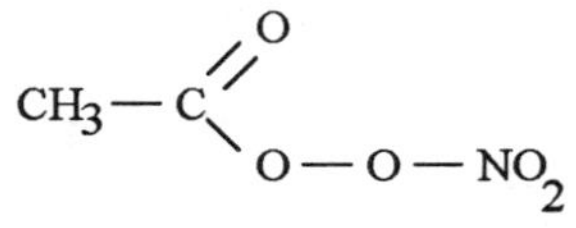

1.14 Strukturformel von Peroxiacetylnitrat (PAN)

Peroxiacetylnitrat (PAN) ist in Abwesenheit von NO relativ lange stabil. In den Abendstunden wird in den Städten nach Beendigung der Sonneneinstrahlung das Ozon entweder durch den aufkommenden Wind (Temperaturdifferenz zwischen der Bebauung und dem Umland) abtransportiert oder durch NO abgebaut. Deshalb sinkt in den Abendstunden die Ozonkonzentration in den Städten, wohingegen sie auf dem Land auch in der Nacht in etwa konstant bleibt, bzw. durch die Einwirkung von Ferntransporten sogar noch ansteigt. Während in den Städten das Ozon am Abend abgebaut wird, bildet PAN ein „Nachtreservoir" für OH-Radikale und Ozon. Bei beginnender Sonneneinstrahlung am Morgen läuft sofort wieder die Bildung von Ozon und OH-Radikalen an, unabhängig von der herrschenden Stickoxidemission der Kraftfahrzeuge (1.93 bis 1.97).

$$CH_3COO_2NO_2 \longrightarrow CH_3COO_2^\bullet + NO_2 \quad (1.93)$$

$$CH_3COO_2^\bullet + NO \longrightarrow CH_3CO_2^\bullet + NO_2 \quad (1.94)$$

$$NO_2 \xrightarrow{E = h\nu} NO + O^\bullet \quad (1.95)$$

$$O^\bullet + H_2O \longrightarrow 2\,OH^\bullet \quad (1.96)$$

$$O^\bullet + O_2 \longrightarrow O_3 \quad (1.97)$$

Da derzeit PAN noch nicht automatisch gemessen werden kann, dient die automatische Ozonmessung (*Leitkomponente*) gleichzeitig indirekt der Überwachung der Konzentrationen an Photooxidantien in der Außenluft.

1.4 Die Veränderung der Atmosphäre

Die Schadstoffeinträge in die Umweltmedien haben neben den Schäden an Menschen, Vegetation und Materialien auch Veränderungen in den Umweltmedien zur Folge. Da die Schäden in den Umweltmedien Boden und Wasser nur Veränderungen in mitunter lokal begrenzten Ökosystemen zur Folge haben, müssen Veränderungen in dem Umweltmedium Luft als besonders gravierend angesehen werden, da sie nie lokal begrenzt, sondern global auftreten und durch Folgeschäden die gesamte Existenz des Ökosystems Erde gefährden können.

1.4.1 Das Ozonloch

Das wichtigste Spurengas der Stratosphäre, die von 15 bis 50 km Höhe über der Erdoberfläche reicht, ist das Ozon. Bildung und Abbau des Ozons befinden sich in einem Gleichgewicht (Abschnitt 1.3.5), das durch die Einbringung von Chlorradikalen massiv gestört wird. Die Bildung der Chlorradikale geschieht durch die photochemische Zersetzung in Bodennähe emittierter FCKW und Halone sowie durch Distickstoffoxid (N_2O), die in einem Zeitraum von etwa 10 Jahren in die Stratosphäre diffundieren.

Der Abbau des stratosphärischen Ozons führt zu einer starken Vergrößerung des „*Ozonlochs*“. Man bezeichnet damit eine jahreszeitlich (Frühjahr) auftretende Verdünnung des Ozons über den Polen. Dies führte über der Südhalbkugel (mittlerweile auch über der Nordhalbkugel) zu einer Intensivierung der UV-Strahlung und zu einem verstärkten Auftreten von Hautkrebs in Brasilien und Australien. Mit der Absicht, die FCKW-Emissionen zu reduzieren, wurde das Montrealer Protokoll [30] verabschiedet. In diesem verpflichten sich die Unterzeichner zu einem langfristigen Ausstieg aus der FCKW-Produktion. In Deutschland ist der Gebrauch dieser Stoffe durch die FCKW-Halon-Verbotsverordnung [31] geregelt, einer Durchführungsverordnung zum Chemikaliengesetz [2].

Der Absorptionsbereich des Ozons reicht von 180 – 320 nm mit der stärksten Absorptionsbande bei 254 nm. In Tabelle 1.53 sind die Wellenlängenbereiche des UV-Lichts zusammengefaßt und in Tabelle 1.54 die einzelnen Wirkungen der verschiedenen Wellenlängenbereiche.

Tabelle 1.53 Die Wellenlängenbereiche des UV-Lichts

Wellenlänge	Bereich des UV-Lichts
400 - 313 nm	UV-A
313 - 289 nm	UV-B
289 - 180 nm	UV-C
180 - 320 nm	Absorptionsbereich des Ozons

Die durch UV-A hervorgerufene Pigmentierung der menschlichen Haut (Färbung verblaßter Melaninkörper) schützt nicht vor der Einwirkung von UV-B und UV-C, sondern nur eine dicke Keratinschicht.

Tabelle 1.54 Wirkung des UV-Lichts auf die menschliche Haut

Wellenlänge	Wirkung
265 nm	Stärkste Absorption der DNA, zellzerstörende Wirkung
254 nm	Bildung von Erythemen (entzündliche Rötungen der Haut) bei nicht erfolgter Anpassung
297 nm	Erythembildung bei nicht erfolgter Anpassung, schwere Verbrennungen, Bildung von Karzinomen (v.a. Nichtmelanome)
400 - 313 nm	Pigmentierung der Haut

Obwohl Blut dreimal so viele T-Zellen wie B-Zellen enthält, sind die meisten Leukämien und Lymphome maligne Entartungen von B-Zellen. Maligne T-Zellen hingegen haben eine besondere Vorliebe für die Haut. Die menschliche Haut besitzt eine strukturelle Verwandtschaft zum Thymus, einem Organ des menschlichen Immunsystems, in dem die T-Zellen reifen. Es liegt also der Verdacht nahe, daß die Haut im menschlichen Organismus immunologische Aufgaben wahrnimmt. Eine bestimmte Anzahl von T-Zellen hält sich ständig in der Haut auf, d.h. bestimmte T-Zellen werden sogar in der Haut produziert, wobei die Keratinozyten für die Reifung verantwortlich sind. Bestimmte Hautzellen produzieren ein Thymushormon. Die *Langerhans-Zellen*, die aus dem Knochenmark stammen und später in die Oberhaut wandern, haben im Zusammenhang mit dieser T-Zellen-Produktion auf ihrer Zellmembran Rezeptoren für immunologisch wichtige Antigene und steuern hiermit die Produktion von Helfer- und Suppressor-Zellen [32]. Die Haut muß demnach als ein wichtiger Bestandteil des menschlichen Immunsystems angesehen werden.

Die Wirkung der UV-Strahlung auf die menschliche Haut, welche durch die fehlende Filterwirkung des stratosphärischen Ozons energiereicher und intensiver geworden ist, muß gegenüber der Reizwirkung des bodennahen Ozons auf die menschlichen Schleimhäute als wesentlich gefährlicher eingestuft werden. Während die Reizwirkung von Ozon reversibel ist, wird die Wirkung der UV-Strahlen denen von „*ct-Giften*“ gleichgesetzt (vgl. Abschnitt 1.1).

1.4.2 Der Treibhauseffekt

Die Troposphäre enthält den lebenswichtigen Sauerstoff und reguliert den Wärmehaushalt der Erde. Dies wird durch die atmosphärischen Spurengase

- Kohlendioxid (CO_2),
- Distickstoffoxid (N_2O),
- Methan (CH_4) und
- Wasser (H_2O)

bewirkt. Während Wasser die Intensität der Sonneneinstrahlung regelt, absorbieren Kohlendioxid und Methan die Sonnenstrahlen nicht. Dafür absorbieren sie aber die von der Erde ausgesandte langwellige Wärmestrahlung und verhindern damit ein Auskühlen des Planeten. Die Konzentration der wärmeregulierenden Spurengase ist durch natürliche Kreisläufe (Kapitel 2) geregelt. Einträge anthropogener Stoffe durch verstärkte Nutzung fossiler Energiequellen (CO_2) sowie durch Intensivlandwirtschaft (CH_4) führt zu Gleichgewichtsverschiebungen und Anreicherungen dieser atmosphärischen Spurengase. Hiervon entfällt der größte Zuwachs auf Kohlendioxid.

Die aus dieser Konzentrationssteigerung resultierende stärkere Absorption der langwelligen Wärmestrahlung bezeichnet man als den „*Treibhauseffekt*“. Man versteht darunter eine Steigerung der mittleren Jahrestemperatur, die derzeit jedoch nur geschätzt werden kann. Da die Lufttemperatur jahreszeitlichen Schwankungen und die mittlere Jahrestemperatur selbst noch einmal periodischen Schwankungen unterliegt, können langfristige Tendenzen erst über längere Zeiträume ermittelt werden. Um langfristige Trends zu erkennen, wendet man die Bildung gleitender Mittelwerte an. Dabei wird die Trendaussage um so genauer, je länger der Mittelungszeitraum gewählt wird. In Abbildung 1.15 ist dies am Beispiel der Bildung gleitender Jahresmittel dargestellt. Man benutzt diese, um Entwicklungen in der Schadstoffbelastung graphisch darzustellen. Hierzu werden aus den Kenngrößen von 12 Monaten (Monatsmittel) jeweils Jahresmittel gebildet, wobei nach jeder Mittelwertbildung der Mittelungszeitraum um einen Monat verschoben wird. Man erhält also für jeden Monat ein Jahresmittel, das aus dem vorangehenden Zeitraum von 12 Monaten gebildet wurde. Dadurch wird graphisch die Auftragung von Monatsmitteln „vorgetäuscht“ und eine statistische Glättung der Kenngrößen erreicht (Abbildung 1.15).

Derzeitige Schätzungen der Entwicklung der mittleren Jahrestemperatur schwanken zwischen 1 und 2 °C über einen Zeitraum von 5 Jahren, wobei dies sowohl eine Über- als auch eine Unterbewertung sein kann. Temperaturänderungen dieser Größenordnung müssen als gravierend für das Erdklima bezeichnet werden. Die Folgen einer langfristigen Steigerung der Lufttemperatur sind:

- Verschiebung der Laufrichtung der Zentren von Hoch- und Tiefdruckgebieten auf den Halbkugeln, dadurch Änderungen des jeweiligen Regionalklimas,
- kürzere Perioden für das Auftreten von Extremwetterlagen (z.B. Stürme),
- Abschmelzen der Polareiskappen und Ansteigen des Meeresspiegels.

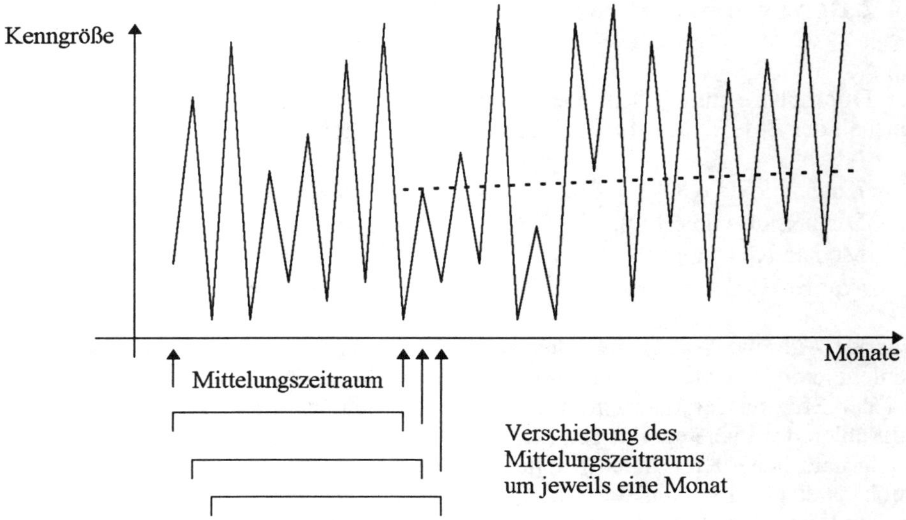

1.15 Graphische Darstellung der Bildung gleitender Jahresmittel aus Monatsmittelwerten
——— Verlauf der Monatsmittelwerte
- - - - - Verlauf der gleitenden Jahresmittelwerte

Rechnerische Simulationen dieser Entwicklung (vgl. Abschnitt 8) gestalten sich sehr schwierig, da die Verknüpfungen der Wetterfaktoren mit den Meeresströmungen und vor allem die Simulation von Effekten, die sich aus der Umleitung von Meeresströmungen ergeben, derzeit noch nicht auf genügend gesicherten Grundlagen vorgenommen werden können. Prognosen für die Klimaentwicklung von Nordeuropa schwanken derzeit zwischen einer Verschiebung des mediterranen Klimas bis nach Deutschland und einer winterlichen Vereisung nordeuropäischer Häfen durch eine Umleitung des Golfstroms.

Viele dieser klimatischen Effekte, beispielsweise die gegenseitige Beeinflussung von Lufttemperatur und Luftfeuchte (Sonneneinstrahlung und Wolkenbildung), resultieren aus sogenannten „*interaktiven Prozessen*". Deren Verläufe können bei Kenntnis ihrer Gesetzmäßigkeiten zwar nicht quantitativ in der Form von simulierten Meßdaten, jedoch qualitativ in ihrer zeitlichen Abhängigkeit vorausgesagt werden. Im folgenden Abschnitt werden deshalb die interaktiven Prozesse im Zusammenhang mit den Stoffkreisläufen besprochen und in Abschnitt 8 Szenarien den rechnerischen Simulationen gegenübergestellt.

Literatur

1 *Verordnung über gefährliche Stoffe (Gefahrstoffverordnung - GefStoffV)* vom 26.08.1986 (BGBl. I S. 1470), zuletzt geändert durch die Dritte Verordnung zur Änderung der Gefahrstoffverordnung vom 05.06.1991, BGBl. I (1991). S. 1218.

2 *Gesetz zum Schutz vor gefährlichen Stoffen (Chemikaliengesetz - ChemG)* vom 16.09.1980, BGBl. I (1980). S. 1718). Zuletzt geändert am 14.03.1990, BGBl. I (1990). S. 521.
3 *Erste Allgemeine Verwaltungsvorschrift zum Bundes-Immissionsschutzgesetz (1. Bundes-Immissionsschutzverwaltungsvorschrift - 1. BImSchVwV) Technische Anleitung zur Reinhaltung der Luft (TA Luft)*; Neufassung vom 27.02.1986, GMBl. I (1986). S. 95, 202.
4 W. Forth, D. Henschler, W. Rummel; *Allgemeine und spezielle Pharmakologie und Toxikologie.* B.I., Wissenschaftsverlag; Mannheim, Wien, Zürich, 1987.
5 Casarett and Doll's Toxicology; *The Basic Science of Poisons.* Third Edition, Macmillan Publishing Company, New York, Toronto, London, 1986.
6 Bericht 1/79 des Umweltbundesamtes; *Luftqualitätskriterien für ausgewählte polycyclische aromatische Kohlenwasserstoffe.* Erich Schmidt Verlag, Berlin 1979.
7 The Toxicology Forum; *Health Effects and Safety Assessment of Dioxins and Furans.* Karlsruhe, Germany, January 15-17, 1990.
8 H. Kirchner, A. Kruse, P. Neustock, L. Rink; *Cytokine und Interferone.* Spektrum Akademischer Verlag, Heidelberg - Berlin - Oxford 1993.
9 P.D. Buisseret; *Allergie: Wenn die Immunabwehr Fehler macht.* In: *Immunsystem - Abwehr und Selbsterkennung auf molekularem Niveau.* Spektrum der Wissenschaft Verlagsgesellschaft mbH&Co., Heidelberg 1988.
10 S.A. Rosenberg; *Adoptive Immuntherapie von Krebs.* In: *Spektrum der Wissenschaft,* Juli 1990, S. 56 - 64.
11 P. Schütt; *Der Wald stirbt an Streß.* Bertelsmann Verlag GmbH, München 1984.
12 Bericht 1/87 des Umweltbundesamtes; *Notwendigkeit und Ableitung von Grenzwerten für Stickstoffoxide.* Erich Schmidt Verlag, Berlin 1987.
13 Bericht 5/83 des Umweltbundesamtes; *Luftqualitätskriterien für photochemische Oxidantien.* Erich Schmidt Verlag, Berlin 1983.
14 VDI-Richtlinie 2310, Blatt 3, Dezember 1989; *Maximale Immissionskonzentrationen zum Schutze der Vegetation, Maximale Immissionskonzentrationen für Fluorwasserstoff.* VDI-Handbuch Reinhaltung der Luft, Band 1, Verein Deutscher Ingenieure, Düsseldorf.
15 VDI-Richtlinie 2310, Blatt 6, April 1989: *Maximale Immissionskonzentrationen zum Schutze der Vegetation, Maximale Immissionskonzentrationen für Ozon.* VDI-Handbuch Reinhaltung der Luft, Band 1, Verein Deutscher Ingenieure, Düsseldorf.
16 World Health Organization, Regional Office for Europe, Copenhagen; *Air quality guidelines for Europe.* WHO Regional Puclications, European Series No. 23, World Health Organiztation 1987.
17 Materialien zum Vierten Immissionsschutzbericht der Bundesregierung an den Deutschen Bundestag (Drucksache 11/2714) nach §61 Bundes-Immissionsschutzgesetz; *Luftreinhaltung '88, Tendenzen - Probleme - Lösungen.* Erich Schmidt Verlag, Berlin 1989.
18 Umweltbundesamt; *Daten zur Umwelt 1990/91.* Erich Schmidt Verlag, Berlin 1992.

19 Drucksache 11/8030 des Deutschen Bundestages vom 24.05.1990; *Dritter Bericht der Enquete-Kommission „Vorsorge zum Schutz der Erdatmosphäre", Verantwortung für die Zukunft, Wege zum nachhaltigen Umgang mit Stoff- und Materialströmen. Zwischenbericht der Enquete-Kommission „Schutz des Menschen und der Umwelt - B ewertungskriterien und Perspektiven für umweltverträgliche Stoffkreisläufe in der Industriegesellschaft" des 12. Deutschen Bundestages.* Economia Verlag GmbH, Bonn 1993.

20 Bericht 7/80 des Umweltbundesamtes; *Luftqualitätskriterien, Umweltbelastungen durch Asbest und andere Feinstäube.* Erich Schmidt Verlag, Berlin 1980.

21 EG-Richtlinie 89/429/EWG vom 21.06.1989; *Richtlinie des Rates zur Änderung der Richtlinie 80/779/EWG über Grenzwerte und Leitwerte der Luftqualität für Schwefeldioxid und Schwebstaub.*

22 EG-Richtlinie 80/779/EWG vom 15.07.1980; *Richtlinie des Rates über Grenzwerte und Leitwerte der Luftqualität für Schwefeldioxid und Schwebstaub.*

23 *Erste Verordnung zur Durchführung des Bundes-Immissionsschutzgesetzes, 1. Bundesimmissionsschutzverordnung - 1. BImSchV (Verordnung über Kleinfeuerungsanlagen).* Neufassung vom 15.07.1988, BGBl. I (1988). S 1059.

24 *Gesetz zum Schutz vor schädlichen Umwelteinwirkungen durch Luftverunreinigungen, Geräusche, Erschütterungen und ähnliche Vorgänge (Bundes-Immissionsschutzgesetz - BImSchG).* Neufassung vom 14.05.1990, BGBl. I (1990), S. 880. Zuletzt geändert am 10.12.1990, BGBl. I (1990). S. 2634.

25 *Dreizehnte Verordnung zur Durchführung des Bundes-Immissionsschutzgesetzes, 13. BImSchV (Verordnung über Großfeuerungsanlagen).* Urfassung vom 22.06.1983, BGBl. I (1983). S. 719.

26 Bericht 3/90 des Umweltbundesamtes; *Luftverschmutzung durch Stickstoffoxide.* Erich Schmidt Verlag, Berlin 1990.

27 Bericht 1/90 des Umweltbundesamtes; *Quantitative Risikoabschätzung für ausgewählte Umweltkanzerogene.* Erich Schmidt Verlag, Berlin 1990.

28 *Dioxine und Furane.* Umwelthygiene 2/1993, Bayerisches Staatsministerium für Landesentwicklung und Umweltfragen, 1993.

29 Bericht 7/89 des Umweltbundesamtes; *Verzicht aus Verantwortung: Maßnahmen zu Rettung der Ozonschicht.* Erich Schmidt Verlag 1989.

30 EG-Richtlinie 88/540/EWG vom 14.10.1988; *Entscheidung des Rates über den Abschluß des Wiener Übereinkommens zum Schutz der Ozonschicht und des Montrealer Protokolls über Stoffe, die zu einem Abbau der Ozonschicht führen.*

31 *Verordnung zum Verbot von bestimmten die Ozonschicht abbauenden Halogenkohlenwasserstoffe (FCKW-Halon-Verbotsverordnung)* vom 06.05.1991, BGBl. I (1991). S. 1090.

32 R.L. Edelson, J.M. Fink; *Die Haut als aktiver Teil des Immunsystems.* In: *Spektrum der Wissenschaft,* August 1985, S. 56 - 64.

2 Stoffkreisläufe

Die Erde ist der einzige — bisher bekannte — Planet eines Sonnensystems, der die Besonderheit einer *Biosphäre* aufweist. Ihre Existenz wird ermöglicht durch

- eine für Leben günstige Temperatur,
- eine Atmosphäre mit einem für Leben günstigen Sauerstoffgehalt und
- die Ansammlung großer Wassermengen.

Gegenüber anderen Himmelskörpern ist die Gegenwart von Sauerstoff der wichtigste Unterschied, welcher der Erde auch den Namen „blauer Planet“ gegeben hat. Die Biosphäre der Erde verdankt ihre Existenz dem Wasser, das zu „Urzeiten“ vermutlich auch auf den Planeten Mars und Venus vorhanden war.

Die Biosphäre besteht aus den drei *Umweltmedien*

- Wasser,
- Boden und
- Luft.

Man bezeichnet innerhalb der *Ökologie* – einem Gebiet der Naturwissenschaften – Gruppen von Individuen verschiedener Art, die in einem Gebiet zusammen leben, als eine *Population*. Die Gesamtheit aller Populationen wiederum bezeichnet man als eine *Lebensgemeinschaft*. Eine Lebensgemeinschaft und ihre *abiotische* (= unbelebte) Umwelt ergeben zusammen ein ökologisches System oder *Ökosystem*.

Innerhalb der Biosphäre existieren zahlreiche Ökosysteme, die nicht unbedingt auf ein einziges Umweltmedium beschränkt sind. Sie zeichnen sich dadurch aus, daß jedes Ökosystem einen eigenen Energiefluß aufweist. Untereinander sind Ökosysteme durch Stoffeinträge und Stoffausträge miteinander verbunden. Verknüpft man die durch Stofftransporte miteinander korrespondierenden Ökosysteme, so erhält man globale *Stoffkreisläufe*.

Lovelock [1] beschrieb die Biosphäre als eine sich selbst regulierende Einheit, welche die Fähigkeit besitzt, unseren Planeten durch Steuerung der physikalischen und chemischen Umweltbedingungen gesund zu erhalten. Er bezeichnete die Erde als ein übergeordnetes Ökosystem. Sie ist jedoch kein Superorganismus, da ihre Entwicklung nicht genetisch gesteuert wird. Lovelock nannte diese Theorie nach der griechischen Göttin Gaia (= Mutter Erde), die *„Gaia-Hypothese“*.

Exkurs 2.1 Die Entstehung der Biosphäre

Die Entwicklung der Erde verlief derart, daß aus den Metalloxiden und dem Kohlendioxid der Vulkane durch Reaktion mit dem Wasser Wasserstoff freigesetzt wurde, der in den Weltraum diffundierte:

$$2\,FeO + 3\,CO_2 + H_2O \longrightarrow Fe_2(CO_3)_3 + H_2$$

Erst Mikroorganismen schufen die Biosphäre und steuerten die Entwicklung der Erde in eine andere Richtung als die der anderen Planeten, indem sie durch Photosynthese Sauerstoff freisetzten. Andere Mikroorganismen am Meeresboden banden Wasserstoff durch die Reaktion mit Schwefel zu Schwefelwasserstoff:

$$3\,H_2 + O_2 + S \xrightarrow{\text{Bakterien}} 2\,H_2O + H_2S$$

Der Übergang von der reduzierenden Methan- zur oxydierenden Sauerstoffatmosphäre der Erde fand statt, als genügend Sauerstoff zur Verfügung stand, das Methan zu Kohlendioxid zu oxydieren:

$$CH_4 + 2\,O_2 \longrightarrow CO_2 + 2\,H_2O$$

Wenn Ökosysteme sich durch einen eigenen Energiefluß auszeichnen, dann muß dieser auch beschreibbar sein. Hierzu bedarf es jedoch zunächst einer genauen Definition des Begriffes Energie. Im ersten Abschnitt dieses Kapitels wollen wir uns deshalb dem Energiebegriff zuwenden.

2.1 Die Energie in Systemen

Ein System ist ein von seiner Umgebung durch eine definierte Systemgrenze deutlich abgegrenzter Bereich, in dem Vorgänge ablaufen, die sich stofflich und energetisch bilanzieren lassen. Steht das System mit seiner Umgebung durch Energieeinträge und -austräge sowie durch Stoffeinträge und -austräge in Verbindung, so spricht man von einem *offenen System*. *Geschlossene Systeme* hingegen sind stofflich und energetisch „autark“.

2.1.1 Die Hauptsätze der Thermodynamik

Die Thermodynamik beschäftigt sich mit den Zusammenhängen zwischen den Zustandsänderungen und energetischen Veränderungen in einem System. Sie verwendet dazu meßbare *Zustandsgrößen* wie Druck, Volumen, Temperatur, Wärmemenge und solche, die sich daraus errechnen lassen. Materie läßt sich in die *Zustandsformen* fest, flüssig und gasförmig einteilen. Durch die Änderung von Zustandsgrößen kann die Zustandsform verändert werden. Die hieraus gewonnenen Erkenntnisse sind in den Hauptsätzen der Thermodynamik zusammengefaßt, aus denen sich wiederum Gesetzmäßigkeiten chemischer und physikalischer Vorgänge ableiten.

Der *1. Hauptsatz der Thermodynamik* ist der *Energieerhaltungssatz*. Er besagt, daß in einem abgeschlossenen System die Summe der Energie immer konstant bleibt. Hierbei können zwei Energiearten ineinander umgewandelt, Energie jedoch nie vernichtet werden. R. Clausius bezeichnete die in einem System enthaltene Energie, unabhängig von der Energieform, als seine *innere Energie U*. Sie besteht aus der kinetischen Energie der Moleküle, aus der potentiellen Energie, aus der Energie von elektrischen und magnetischen Feldern usw.. Wird ein Körper abgekühlt, so wird seine kinetische Energie verringert. Am absoluten Nullpunkt wird sie Null betragen. Dies gilt aber nicht für die übrigen Energien. Es bleibt ein nicht meßbarer Energiebetrag übrig, den man als Nullpunktsenergie U_0 bezeichnet. Deshalb können nur Energieänderungen beobachtet werden. Da weder Energie erzeugt, noch vernichtet werden kann, trägt die gesamte Energie, die einem System zugeführt wird, zur Erhöhung seiner inneren Energie bei. Die Änderung der inneren Energie eines Systems dU ist gleich der Summe der dem System in Form von Wärme dQ und Arbeit dA zu- oder abgeführten Energie:

$$dU = dQ + dA \tag{2.1}$$

Hierbei ist dU ein totales Differential und beschreibt die Änderung von U unter dem Einfluß aller variablen Größen. Die zugeführten Energiebeträge erhalten ein positives Vorzeichen, die abgeführten ein negatives. Bei einer *exothermen Reaktion* gibt das Reaktionsgemisch Energie ab und wird energieärmer. Die Reaktionswärme bekommt ein negatives Vorzeichen. Bei einer *endothermen Reaktion* nimmt das System Energie auf und wird energiereicher, wobei die Energieänderung mit einem positiven Vorzeichen versehen wird.

H. Heß formulierte das Gesetz der konstanten Wärmensummen, wonach die von einem chemischen System aufgenommene oder abgegebene Wärmemenge unabhängig ist vom Weg der Reaktion. Demnach ist z.B bei der Verbrennung von Kohlenstoff die abgegebene Wärmemenge gleich, ob nun direkt Kohlendioxid entsteht oder zunächst Kohlenmonoxid entsteht, das erst in einer weiteren Reaktion zu Kohlendioxid umgesetzt wird.

Es gibt verschiedene Formulierungen des 1. Hauptsatzes der Thermodynamik. Eine besagt, daß man Arbeit und Wärme gegenseitig umwandeln kann, macht aber keine Aussagen darüber, ob dies unbegrenzt möglich ist und in welcher Richtung derartige Vorgänge ablaufen.

Der *2. Hauptsatz der Thermodynamik* ist ein Erfahrungsgesetz, das die Richtung der nach dem 1. Hauptsatz möglichen Vorgänge angibt. Alle Vorgänge, die freiwillig nur in einer Richtung ablaufen, sind irreversibel. Bei einem reversiblen Vorgang durchläuft dieser eine unendliche Reihe von Gleichgewichtszuständen, deren Veränderungen alle so klein sein müssen, daß sich sofort wieder das Gleichgewicht einstellen kann. R. Clausius fand, daß die einem abgeschlossenen System bei einem reversiblen Vorgang zugeführte Wärmemenge dQ bei der Temperatur T als Quotient im Gleichgewichtszustand Null beträgt (2.2).

$$\frac{dQ_{rev}}{T} = 0 \tag{2.2}$$

Man bezeichnet diese thermodynamische Zustandsvariable als die *Entropie* S (2.3).

$$ds = \frac{dQ_{rev}}{T} \tag{2.3}$$

Bei einem freiwillig ablaufenden Vorgang erhöht sich in einem abgeschlossenen System stets die Entropie und erreicht im Gleichgewichtszustand ein Maximum. Bei einem nicht abgeschlossenen System, das mit seiner Umgebung Wärme austauscht, ist die Entropie bei einem reversiblen Vorgang größer als Null. Man kann die Entropie auch als ein „Maß für den Ordnungszustand eines Systems" betrachten. Je größer die Ordnung ist, desto kleiner ist die Entropie. Ein System versucht also immer den Zustand der kleinsten Ordnung und damit den Zustand der größten Unordnung zu erreichen. Dies sei an einem Beispiel veranschaulicht: Schwarze und weiße Kugeln in einem Kasten sind geordnet, wenn schwarze und weiße Kugeln jeweils eine Hälfte des Kastens einnehmen. Jede Zufuhr von Energie (= Schütteln des Kastens) wird das System dazu verwenden, die Kugeln zu durchmischen um den Zustand der größten Unordnung zu erreichen. Der 2. Hauptsatz der Thermodynamik besagt, daß die Entropieerzeugung in einem irreversiblen Prozeß stets positiv ist. Entropie kann also durch einen freiwillig ablaufenden Vorgang nicht vernichtet, sondern nur erzeugt werden.

Der *3. Hauptsatz der Thermodynamik* ist der *Nernst'sche Wärmesatz*. Er besagt, daß die Entropie jedes festen reinen Stoffes beim absoluten Nullpunkt dem Wert Null zustrebt. Bei jeder anderen Temperatur ist die Entropie größer als Null.

Man bezeichnet die Wärmemenge dQ_{rev} bei konstantem Druck als die Enthalpieänderung dh. Bei einem abgeschlossenen System erreicht im Gleichgewicht die Entropie ein Maximum. Gleichzeitig erreicht die Funktion ($H - TS$) ein Minimum. Man bezeichnet diese Funktion als *das thermodynamische Potential* oder als die *freie Enthalpie* (2.4). Jeder freiwillig verlaufende isotherm-isobare Vorgang (Temperatur und Druck sind konstant) ist mit einer Abnahme des thermodynamischen Potentials verbunden. Im Gleichgewichtszustand ist die Änderung dieser Fuktion gleich Null. Sie selbst besitzt im Gleichgewicht ein Maximum.

$$H = G + TS \tag{2.4}$$

Die Differentiation der Gleichung 2.4 ergibt:

$$dG = dH - TdS - SdT \tag{2.5}$$

Bei konstanter Temperatur vereinfacht sich diese Gleichung zu

$$dG = dH - TdS \tag{2.6}$$

und ergibt nach der Integration zwischen dem Ausgangs- und Endzustand

$$\Delta G = \Delta H - T\Delta S \tag{2.7}$$

Bei einer chemischen Reaktion bezeichnet man die Änderung des thermodynamischen Potentials als die *freie Reaktionsenthalpie*. Hierbei können keine Absolutbeträge, sondern nur Änderungen dieser Größen angegeben werden.

Die Änderung der Reaktionsenthalpie chemischer Reaktionen kann in Kalorimeterversuchen gemessen werden. Die Änderung der freien Reaktionsenthalpie ist mittels der *van t'Hoff'schen Reaktionsisobaren* (konstanter Druck) aus der Gleichgewichtskonstanten K bestimmbar:

$$\Delta G = -RT \ln K_p \tag{2.8}$$

Hierbei ist R die allgemeine Gaskonstante und K_p die Gleichgewichtskonstante nach dem Massenwirkungsgesetz bei konstantem Druck. Diese wiederum ergibt sich für eine Reaktion des allgemeinen Typs

$$a\text{A} + b\text{B} \overset{\leftarrow}{\longrightarrow} c\text{C} + d\text{D} \tag{2.9}$$

aus dem Produkt der Konzentrationen der Endprodukte, dividiert durch das Produkt der Konzentrationen der Ausgangsstoffe:

$$K = \frac{[C]^c [D]^d}{[A]^a [B]^b} \tag{2.10}$$

Während die Änderung der Reaktionsenthalpie und die Änderung der freien Reaktionsenthalpie durch Messungen ermittelt werden können, kann die Änderung der Entropie eine chemischen Reaktion nur indirekt aus diesen Größen errechnet werden.

2.1.2 Die Energie in Ökosystemen

1925 führte Lotka die Thermodynamik in die *Ökologie* ein und eröffnete damit die Möglichkeit, Ökosysteme thermodynamisch zu beschreiben.

Odum formulierte das Überlebensprinzip eines Ökosystems als das *„Prinzip der maximalen Leistung“* [2]. Hierzu gehören die Merkmale:

- Kontinuierlicher Eintrag hochwertiger Energie,
- Vorhandensein ausreichender Speicherkapazität und
- Mittel zur Energieverringerung.

Ökosysteme stellen im Sinne der Ökologie in ihrer Funktion einen Widerspruch zum zweiten Hauptsatz der Thermodynamik dar. Organismen und Ökosysteme weisen einen hohen Ordnungsgrad auf. Sie befinden sich also in einem entropiearmen Zustand und versuchen, diesen aufrecht zu erhalten. Hierzu überführen sie „hochwertige“ Energie (z.B. Sonnenlicht) unter Abgabe von Wärme in „minderwertige“ Energie (z.B. Zucker). Unter hochwertiger Energie versteht man in der Ökologie Energie, die zur Verfügung steht und damit nutzbar ist.

Dieser Widerspruch zum zweiten Hauptsatz der Thermodynamik beruht auf einer unterschiedlichen Definition des Begriffes „Ordnung“. Während in der Ökologie die Ordnung eine funktionale Ordnung ist, beschreibt sie in der Thermodynamik eine statistische Ordnung (vgl. Beispiel mit den Kugeln). Ebenso beschreibt der Begriff „hochwertige Energie“ in der Ökologie nur die leichte Verfügbarkeit. Kohlendioxid ist demnach für eine Pflanze „hochwertiger“ als für den Menschen. Neue Technologien (vgl. hierzu Kapitel 9) haben jedoch die „Wertigkeit“ mittlerweile geändert.

Um den Energiefluß in Ökosystemen zu beschreiben, führte Odum [2] eine eigene Symbolik ein, welche die graphische Darstellung von Umwandlung, Speicherung und Abgabe von Energie in einem Ökosystem ermöglicht (Abbildung 2.1).

Die Energieflüsse innerhalb eines Ökosystems zeigen, daß Nährstoffeintrag und Stoffaustrag das Bindeglied zwischen den einzelnen Ökosystemen untereinander darstellen. Stoffkreisläufe werden also von Ökosystemen gesteuert. Der Eingriff des Menschen in Stoffkreisläufe ist gleichzeitig ein Eingriff in zumeist mehrere Ökosysteme.

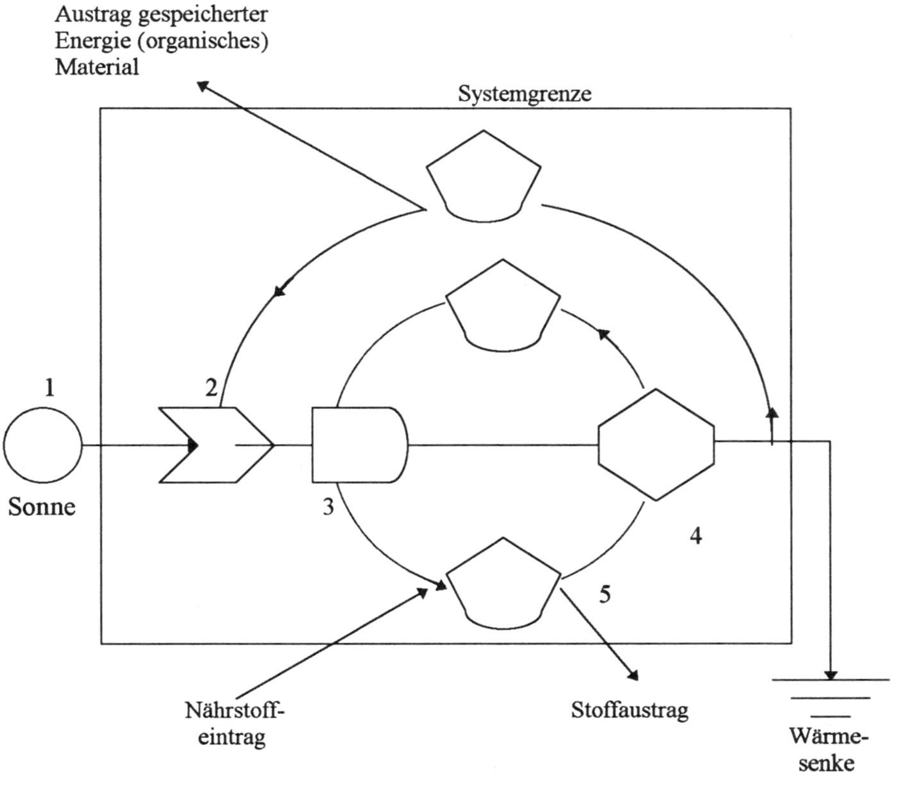

2.1 Energieflußdiagramm eines Ökosystems nach Odum
1 Energiequelle
2 Wechselwirkung, aus dem Zusammenspiel von zwei und mehr Energieflüssen entsteht Energie höherer Qualität
3 Produzent, wandelt Sonnenenergie um, reichert sie an und erhält sich selbst
4 Konsument, verwertet umgewandelte Energie und erhält sich nicht selbst
5 Speicherung

2.2 Der Stickstoffkreislauf

Die Verfügbarkeit von Stickstoff ist unabdingbar für die Aufrechterhaltung des Lebens, da Stickstoff der wichtigste Grundbaustein für Aminosäuren und damit für Proteine ist. Stickstoff ist deshalb eines der wichtigsten Elemente in Nährstoffen.

Die beiden Hauptreaktionen des Stickstoffkreislaufs sind

- Denitrifizierung und
- Stickstoffixierung.

Die *Denitrifizierung* führt zu N_2, dem elementaren Stickstoff. Dieser ist als Gas der Hauptbestandteil der atmosphärischen Lufthülle. Bei der *Stickstoffixierung* wird der Luftstickstoff zu nutzbaren Verbindungen wie Ammonium- (NH_4^+), Nitrit- (NO_2^-) und Nitrationen (NO_3^-) umgesetzt. Hierbei spielen Mikroorganismen eine entscheidende Rolle. Ein Vergleich des Energiebedarfs zeigt, daß weniger Energie für die Denitrifizierung als für die Stickstoffixierung aufgebracht werden muß. Dies ist mit chemischen Reaktionen vergleichbar. Während die Reduktion von Nitrat teilweise *exergonisch* ist, läuft die Oxidation des elementaren Stickstoffs nur unter Energiezufuhr ab. Sie ist also *endergonisch*. So entsteht beispielsweise NO nur in der Gasphase bei hohen Temperaturen (vgl. Abschnitt 1.2).

Der im Boden vorliegende Stickstoff liegt größtenteils in einer für die Pflanzen nicht verfügbarer Form vor, d.h. er ist im Kreislauf immobilisiert und muß zunächst mobilisiert werden. Hierbei wird organischer Aminostickstoff in anorganischen Ammoniumstickstoff umgewandelt. Hierfür sind Bakterien verantwortlich, die über die Zwischenstufe des Nitrits die Oxidation zum Nitrat vollziehen. Man bezeichnet diesen Vorgang als die *Nitrifizierung* (2.11 und 2.12).

$$R{-}NH_2 + 2\,H_2O \longrightarrow NH_4^+ + R{-}OH + OH^- \qquad (2.11)$$

$$NH_4^+ + 2\,O_2 + H_2O \longrightarrow NO_3^- + 2\,H_3O^+ \qquad (2.12)$$

Die *Denitrifizierung* ist die Alternativreaktion zur biologischen Immobilisierung, bei der Stickstoff im Humus gebunden wird. Bei der Denitrifizierung laufen biochemische Reduktionen ab, in denen das Nitrat zu Luftstickstoff umgewandelt wird. Die hierzu gehörenden Reaktionsmechanismen lassen sich am besten analog biochemischer Reaktionen, bei denen eine Oxidation eine Wasserstoffabgabe (= *Dehydrierung*) und eine Reduktion eine Wasserstoffaufnahme (= *Hydrierung*) darstellen (vgl. hierzu Abschnitt 1.1.2), über eine Wasserstoffübertragung formulieren (2.13 bis 2.16), wobei eine Reduktion erfolgt. Ein Teil des Stickstoffs wird bei der Denitrifizierung aus dem Stickstoffkreislauf ausgetragen und gelangt als N_2O in die Atmosphäre (vgl. hierzu Abschnitt 1.3). Die Reaktionsgleichungen 2.15 und 2.16 beschreiben zwei parallel ablaufende alternative Reaktionen.

$$NO_3^- + 2\,[H] \longrightarrow NO_2^- + H_2O \qquad (2.13)$$

$$NO_2^- + [H] + H_3O^+ \longrightarrow NO + 2\,H_2O \qquad (2.14)$$

$$2\,NO + 2\,[H] \longrightarrow N_2O + H_2O \qquad (2.15)$$

$$N_2O + 2\,[H] \longrightarrow N_2 + H_2O \qquad (2.16)$$

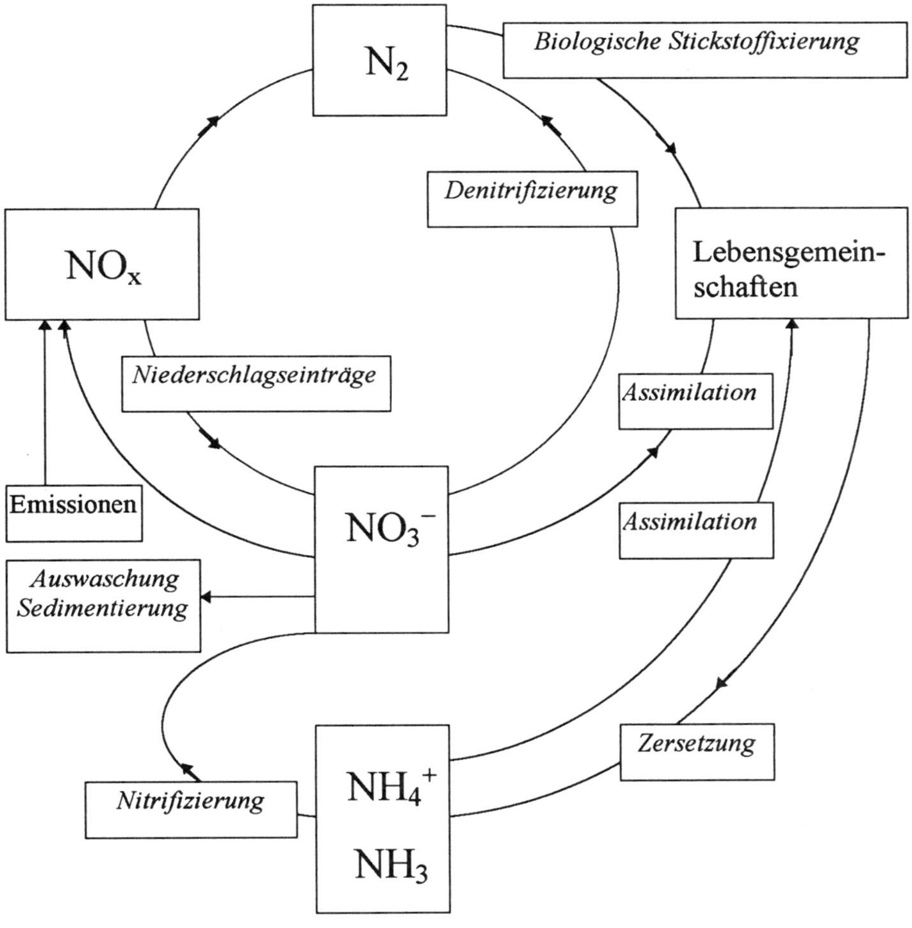

2.2 Vereinfachte Darstellung des Stickstoffkreislaufs

Der Stickstoffkreislauf ist in der Lage, auf erhöhte Umsätze recht schnell durch Anpassung zu reagieren. Er kann aber selbst lokal wiederum regulierend auf die Entwicklung biologischer Systeme einwirken. Der Grund dafür ist die Geschwindigkeit, mit der die biologisch nicht verfügbare in die biologisch verfügbare Form umgewandelt wird. Während die Primärproduktion an Nährstoffen im Meer durch Stickstoff begrenzt wird, geschieht dies im Süßwasser durch Phosphor. Der Stickstoffkreislauf ist unanfällig für anthropogene Störungen und besitzt die Fähigkeit der Selbstregulation.

2.3 Der Phosphorkreislauf

Phosphor ist ein wichtiges Element in Nährstoffen und regelt die Produktivität in einem Ökosystem. Während große Teile des Stickstoffkreislaufs über das atmosphärische Reservoir geregelt werden, befindet sich das Phosphorreservoir im Boden. Phosphor ist in Mineralien gebunden und ist wie Stickstoff ein notwendiger Stoff zur Aufrechterhaltung des Lebens, da Phosphat ein wichtiger Baustein der DNA ist. Lebewesen haben deshalb Mechanismen entwickelt, Phosphor zu speichern.

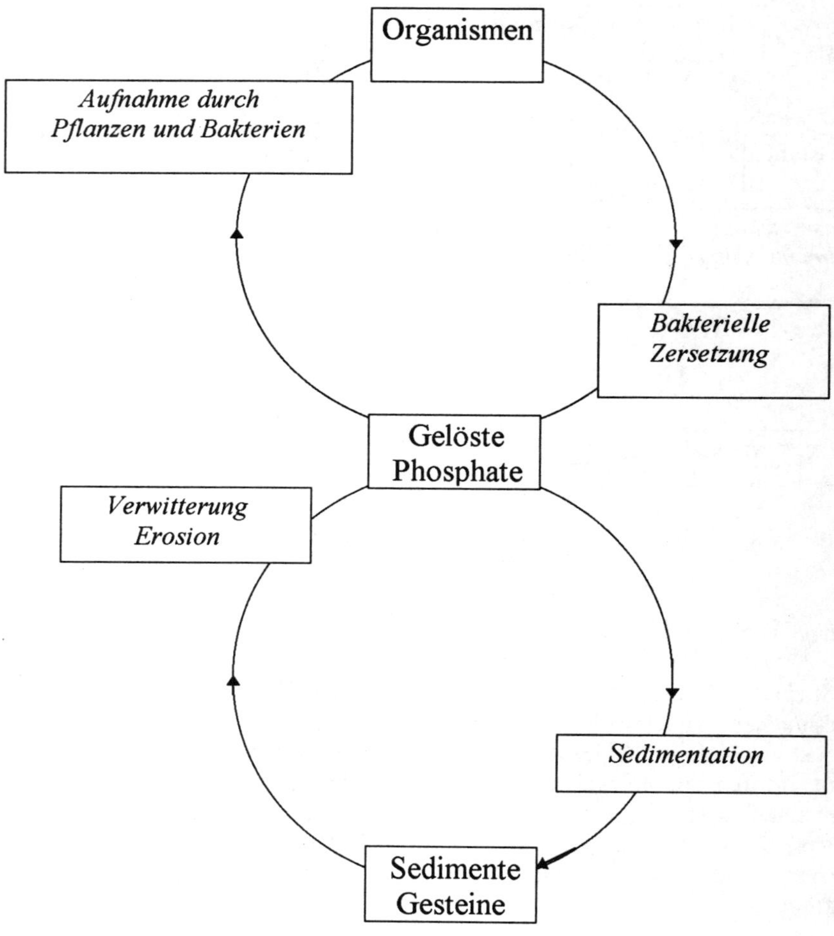

2.3 Vereinfachte Darstellung des Phosphorkreislaufs

Der Phosphorkreislauf (Abbildung 2.3) weist eine schwächere Selbstregulation auf als der Stickstoffkreislauf und ist anfälliger gegenüber *anthropogenen* Störungen, beispielsweise dem Eintrag von Phosphat aus mineralischen Düngern der Intensivlandwirtschaft, die aus Phosphatmineralien gewonnen werden. Das mineralische Phosphat gelangt durch Erosion ins Meer, wo es von Algen aufgenommen wird und so über die Fische in den Nahrungskreislauf des Menschen gelangt. Da Fische auch eine Nahrungsgrundlage für Vögel sind, enthalten die Ausscheidungen dieser Vögel (z.B. Guano) ebenfalls Phosphat. Mineralische Phosphate sind als Dünger nicht nutzbar und müssen zunächst in wasserlösliche Verbindungen umgewandelt werden (vgl. hierzu die Gewinnung von Superphoshat in Kapitel 4).

Der Phosphorkreislauf erfährt durch die Erosion und eine Verfrachtung der Mineralien ins Meer eine langsame Verschiebung des Erdreservoirs hin zum Tiefseereservoir, da Phosphate im Meer sedimentieren. Bisher erscheint das mineralische Phosphorreservoir noch unerschöpflich. Neben der *Erosion* ist die Intensivlandwirtschaft durch den Gebrauch aus Phosphatmineralien gewonnenen mineralischen Düngers an diesem Prozeß beteiligt.

Der Eintrag des gelösten Phosphors (Superphosphatdünger) kann in Süßwasserökosystemen zu einer Verschiebung von Gleichgewichten führen. Diese Verschiebung wird, bedingt durch die erhöhte Nährstoffzufuhr, durch ein übermäßiges Algenwachstum eingeleitet, das schließlich zu einer Sauerstoffverknappung führt. Den dadurch erzwungenen Übergang vom aeroben zum anaeroben Milieu und damit vom oxidativen zum reduktiven Milieu bezeichnet man als das „*Umkippen*" eines Gewässers.

2.4 Der Schwefelkreislauf

Schwefel ist ein notwendiger Bestandteil des menschlichen Lebens. In *Proteinen* wie beispielsweise in den *Immunglobulinen* ist er die chemische Verknüpfung zwischen zwei Strängen (Cystein). Das Vorhandensein von Schwefel in Proteinen bedingt die Entstehung von Schwefelwasserstoff beim anaeroben Abbau organischen Materials. Die Schlüsselrolle im Schwefelkreislauf (Abbildung 2.4) spielen auch hier Mikroorganismen. Schwefelwasserstoff kann hierbei mit Fe^{3+}-Ionen zu FeS reagieren, wobei intermediär Fe(OH)SH entsteht (2.17 und 2.18). Dieses FeS wird als FeS_2 (Pyrit) sedimentiert. Die Immobilisierung von Schwefel erfolgt immer im anaeroben Milieu, da Eisen(II)verbindungen in Gegenwart von Sauerstoff und Feuchtigkeit zu $Fe(OH)_3$ oxidiert werden.

$$2\,FePO_4 + 3\,H_2S \xrightarrow{\text{anaerob}} 2\,Fe(OH)SH + S + 2\,H_3PO_4 \qquad (2.17)$$

$$Fe(OH)SH \longrightarrow FeS + H_2O \qquad (2.18)$$

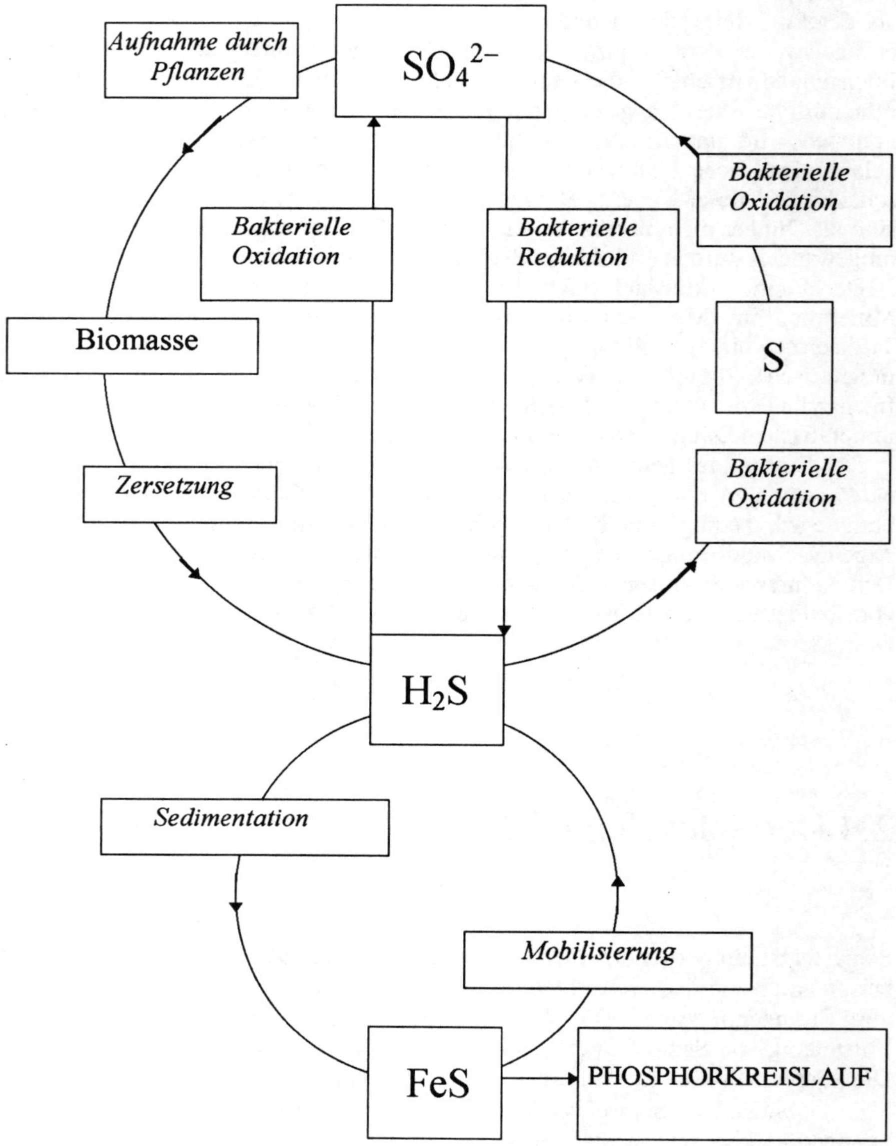

2.4 Vereinfachte Darstellung des Schwefelkreislaufs

Die Sedimentierung und damit Immobilisierung von Schwefel als Eisensulfide bedeutet gleichzeitig eine Mobilisierung von Phosphat (2.17) aus Sedimenten, wodurch eine Verknüpfung des Schwefelkreislaufs mit dem Phosphorkreislauf entsteht (Abbildung 2.4).

Erhöhte Schwefeleinträge in den Schwefelkreislauf durch „*Sauren Regen*“ stellen keine Problematik dar. Die Beeinflussung von Ökosystemen resultiert in diesem Fall einzig und allein aus dem Protoneneintrag und damit aus der Säurewirkung.

2.5 Der Kohlenstoffkreislauf

Kohlenstoff ist der wichtigste Bestandteil der Biomasse. Deshalb stellt der Kohlenstoffkreislauf vom Stoffumsatz her den wichtigsten der vier besprochenen Stoffkreisläufe dar. Während der Schwefel- und der Phosphorkreislauf in vielen Fällen in örtlich begrenzten Ökosystemen (z.B. aquatische Ökosysteme) betrachtet werden können, sind der Stickstoff- und der Kohlenstoffkreislauf globale Stoffkreisläufe, da sie zu einem großen Teil im Umweltmedium Luft stattfinden.

Innerhalb des Kohlenstoffkreislaufs stellen die Zersetzung von Biomasse und die Photosynthese einen eigenen Teilkreislauf dar, dessen umgesetzte Stoffmenge sich an der verfügbaren Biomasse orientiert. Erhöhte Freisetzungen können durch biologische und chemische Fixierungen aus diesem Kreislauf abgeleitet werden.

Der Kohlenstoffkreislauf wird auch durch Bakterien geregelt. Man unterscheidet zwischen

- photosynthetisierenden Bakterien,
- konsumierenden Bakterien und
- Gärungsbakterien.

Photosynthetisierende Bakterien befinden sich auf der Erd- und Meeresoberfläche. Sie nutzen die Energie der Sonne und setzen Kohlendioxid und Wasser zu Zucker und Sauerstoff um (Abbildung 2.5). Der Erdatmosphäre wird durch diesen Prozeß Kohlendioxid entzogen (Verminderung des Treibhauseffektes) und Energie verbraucht (Kühlung).

Konsumierende Bakterien setzen organische Materie (Zucker) mit Sauerstoff um und erzeugen dabei Kohlendioxid und Wasser, wobei wieder Energie freigesetzt wird. Ein Teil der organischen Materie wird jedoch nicht oxidiert, sondern *sedimentiert* (Abbildung 2.5).

Gärungsbakterien setzen sedimentierte organische Materie zu Kohlendioxid und Methan um, wobei ebenfalls Energie freigesetzt wird (Abbildung 2.11). Dieser empfindliche globale Kohlenstoffkreislauf wird durch den ständigen Eintrag anthropogenen Kohlendioxids (CO_2) verschoben, das bei der Verbrennung von fossilem Kohlenstoff emittiert wird.

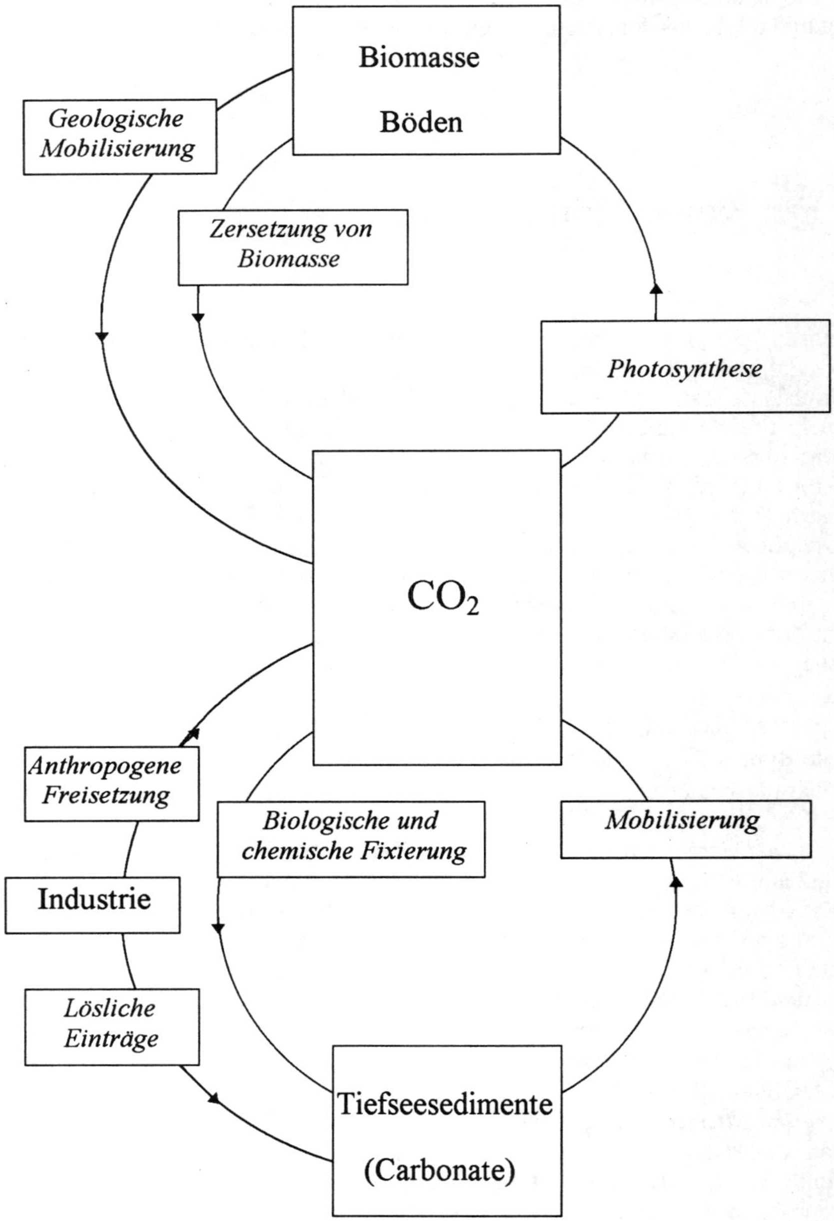

2.5 Vereinfachte Darstellung des Kohlenstoffkreislaufs

Die Erhöhung der Konzentration des atmosphärischen Kohlendioxids führt zu einer verstärkten Reflektion der von der Erde emittierten langwelligen Wärmestrahlung. Man bezeichnet diese Erwärmung der Erdatmosphäre als den *„globalen Treibhauseffekt"* und Kohlendioxid als ein *„Treibhausgas"*. In den Agrarstaaten der tropischen und subtropischen Regionen wirkt das durch den Reisanbau emittierte Methan (CH_4) ebenfalls als Treibhausgas. Methan wird mit einer mittleren Verweildauer von 3.6 Jahren in der Atmosphäre zu Kohlendioxid umgewandelt. Die Beeinflussung des globalen Klimas durch die Methanemissionen ist derzeit mit den Kohlendioxidemissionen der Industriestaaten nicht vergleichbar. Eine viel größere Gefahr stellt der Wandel dieser Agrarstaaten zu Industriestaaten dar, da sie damit automatisch zu Kohlendioxidemittenten werden. Dies könnte bedeuten, daß die Reduktionen der Kohlendioxidemissionen der derzeitigen Industriestaaten von den steigenden Emissionen der „neuen" Industriestaaten, beispielsweise China, übertroffen würde. Ein ähnlicher Zustand ergab sich bei den Stickoxidimmissionen nach Einführung des Abgaskatalysators: Die Reduktion der Emissionen pro Fahrzeug wurde durch die große Zahl an Neuzulassungen weitgehend kompensiert. Der mögliche Anstieg wird anschaulich, wenn man annimmt, daß der PKW-Verkehr in Ländern wie China das Ausmaß der Industriestaaten erreichen könnte.

Die Veränderungen im Kohlenstoffkreislauf stellen die größte Gefahr für die *Biosphäre* der Erde dar. Auf die Veränderungen im Kohlenstoffkreislauf können die Ökosysteme nicht einmal mehr langfristig reagieren, da nicht nur Stoffströme, sondern durch Klimaeinflüsse auch der Energiehaushalt und damit die Lebensbedingungen verändert werden. Die *Ökosysteme* müssen sich deshalb den veränderten Lebensbedingungen durch Umstellungen anpassen. Dies wird unausweichlich zu veränderten Lebensbedingungen für den Menschen führen. Hierzu gehören beispielsweise Veränderungen in den Siedlungsgebieten durch ein Ansteigen des Meeresspiegels (vgl. Abschnitt 1.4) oder eine geringere Verfügbarkeit von Trinkwasser.

2.6 Interaktive Prozesse

Beschreibt man in der Natur irgendeinen Zustand, so beschreibt man im Grunde nur eine Momentaufnahme eines Prozesses. Jeder vermeintliche statische Zustand ist immer nur ein Teil eines dynamischen Prozesses. Zur mathematischen Beschreibung eines in der Natur ablaufenden Prozesses sind, wenn es sich z.B um die Beschreibung eines Wachstums handelt, bekanntlich Linearfunktion ungeeignet und Exponentialfuntionen notwendig. Meistens kann jedoch ein Vorgang nicht isoliert betrachtet werden, da er mit anderen Vorgängen in einem Zusammenhang steht.

Die zuvor beschriebenen Stoffkreisläufe bestehen aus vielen Einzelprozessen, die untereinander in Wechselwirkung stehen und sich gegenseitig beeinflussen. Man bezeichnet solche Prozesse, bei denen eine gegenseitige Beeinflussung stattfindet, als *interaktive Prozesse*. Betrachtet man einen interaktiven Prozeß über einen längeren Zeitraum, so wird man feststellen, daß sein Verlauf strengen Gesetzmäßigkeiten unterliegt, abhängig vom Typ des Prozesses. Schadstoffeinträge in Ökosystemen, Klimaveränderungen — dies sind alles Teile von interaktiven Prozessen. Kennt man den Typ des ablaufenden interaktiven Prozesses, so kann man zwar die Auswirkung nicht vorausberechnen, jedoch läßt sich voraussagen, wie er ablaufen wird.

In diesem Abschnitt wollen wir uns mit dem zeitlichen Verlauf interaktiver Prozesse beschäftigen, um so zu einem besseren Verständnis der in Ökosystemen ablaufenden Veränderungen zu gelangen. Dies wird notwendig sein, um die Bedeutung von Szenarien (Kapitel 8) verstehen zu können. In einem *Szenario* versucht man, beispielsweise mit Hilfe von Computerprogrammen, die Veränderungen in dynamischen Systemen zu untersuchen. Hierbei verändert man willkürlich einzelne Parameter, z.B. das Nahrungsangebot eines Tierbestandes, und versucht dann den zeitlichen Ablauf der Wirkung – in diesem Fall die Größe des Tierbestandes – zu beschreiben.

Interaktionen zwischen zwei Vorgängen können den Ablauf eines der beiden

- positiv beeinflussen = (+),
- nicht beeinflussen = (0) und
- negativ beeinflussen = (–).

Der interaktive Prozeß ist deshalb die Kombination zweier Beeinflussungmöglichkeiten der Beeinflussung. Von den verschiedenen Kombinationsmöglichkeiten sollen die Kombinationen

- (+ +),
- (– –) und
- (+ –)

besprochen werden, da sie die wichtigsten sind, um die Veränderungen in Stoffkreisläufen zu interpretieren. Als Beispiele werden Prozesse aus dem Bereich der *Populationsdynamik* in der Ökologie herangezogen, da durch sie interaktive Prozesse eindrucksvoll beschrieben werden können. Interaktive Prozesse sind aber auch bei chemischen Reaktionen und sogar im Bereich der Marktwirtschaft zu finden.

Der interaktive Prozeß des Typs (+ +) stellt eigentlich eine Ausnahme dar. Die Evolution der Biosphäre basiert nicht auf Prozessen, die nebeneinander ablaufen, ohne sich gegegenseitig in irgendeiner Form negativ zu beeinflussen. Lediglich der Eingriff des Menschen verursachte interaktive Prozesse des Typs (+ +). Ein Beispiel ist die Einbringung einer Tierart in ein *Ökosystem*, in dem es für sie keine natürlichen Feinde gibt. Es gibt folglich nicht Jäger und Beute. Ein Beispiel hierfür ist die Kaninchenpopulation in Australien, die sich ungestört entwickeln konnte. Die Entwicklung der Population (= Anzahl) verläuft in diesem Fall nach einer Exponentialfunktion und wird nur durch das Nahrungsangebot begrenzt (Abbildung 2.6).

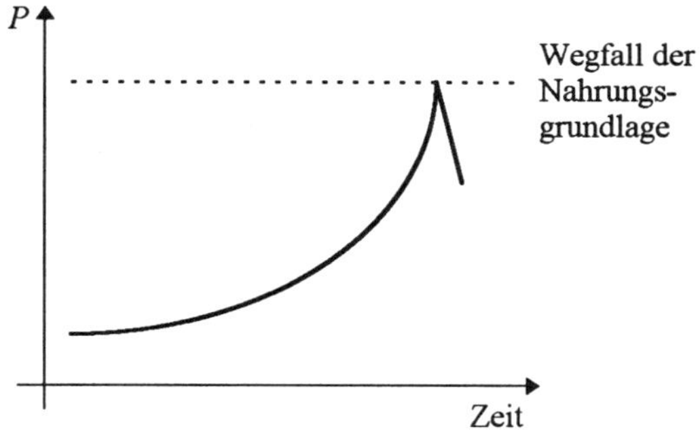

2.6 Exponentielles Wachstum einer Population P bis zu einem Wegfall der Nahrungsgrundlage

Ebenso entwickeln sich Insektenpopulationen bei ausreichendem Nahrungsangebot so lange exponentiell, wie kein natürlicher Feind existiert und der Baum, dessen Blätter ihnen als Nahrung dienen, noch eine Wachstumsmöglichkeit hat.

Der interaktive Prozeß des Typs (– –) ist ebenfalls eine Ausnahme. Zwei Populationen, die sich gegenseitig als Nahrungsgrundlage benötigen, werden sich gegenseitig auffressen. Die Wachstumskurve jeder Population hat dabei einen negativen exponentiellen Verlauf. Die Natur hat hier eine Lösung zum Überleben geschaffen: Beide Populationen haben die Möglichkeit der Koexistenz, indem sie ihre Lebensbereiche gegeneinander abgrenzen.

Interaktive Prozesse des Typs (+ –) sind am häufigsten anzutreffen. Deshalb soll ihr zeitlicher Verlauf eingehend beschrieben werden soll. Im Grunde genommen stellt jeder Eingriff des Menschen in Ökosysteme, bei dem er seine Lebensqualität zu Lasten des Ökosystems verbessert, einen interaktiven Prozeß des Typs (+ –) dar. Hierzu gibt es mathematische Modelle, von denen das Modell von Lotka-Volterra [3] näher beschrieben werden soll. Es beschreibt die Entwicklung des Systems Wirt-Parasit. Die Parasiten (P = Parasite) benötigen den Wirt (H = Host) als Lebensgrundlage. Mit der Zunahme der Population (= Anzahl) von Parasiten wird aber gleichzeitig die Population von Wirten verkleinert, da der Parasit nicht nur den Wirt benötigt, sondern ihn auch gleichzeitig schädigt. Die Parasiten entwickeln sich also auf Kosten der Wirte. Das *Modell von Lotka-Volterra* basiert auf einem nichtlinearen Differentialgleichungsansatz. Hierbei bezeichnet a_1 die Nettowachstumsrate pro Individuum der Wirtsspezies in Abwesenheit von Parasiten. Diese Wachstumsrate wird um den Anteil b_1P verringert, wenn P Parasiten anwesend sind. Die Nettowachstumsrate a_2 pro Individuum der Parasiten hat ein negatives Vorzeichen und verschwindet gegen Null in Abwesenheit von Wirten. Sie erhöht sich hingegen um den Anteil b_2H, wenn H Wirte anwesend sind. Die Zunahme an Parasiten ist direkt proportional zur Zahl der anwesenden Wirte:

$$\frac{dH}{dt} = \left(a_1 - b_1 P\right) H \qquad (2.19)$$

$$\frac{dP}{dt} = \left(-a_2 + b_2 H\right) P \qquad a_1, a_2, b_1, b_2 > 0 \qquad (2.20)$$

H = Population von Wirten (H = Host)
P = Population von Parasiten (P = Parasite)

Die Verknüpfung der beiden Differentialgleichung ergibt

$$\frac{dH}{dP} = \frac{(a_1 - b_1 P)H}{(-a_2 + b_2 H)P} \tag{2.21}$$

Hieraus ergibt sich durch Umformung

$$a_2 \frac{dH}{H} - b_2 dH + a_1 \frac{dP}{P} - b_1 dP = 0 \tag{2.22}$$

Durch Integration erhält man

$$a_2 \ln H - b_2 H + a_1 \ln P - b_1 P = \text{const.} \tag{2.23}$$

Die Lösungen der Differentialgleichung ergeben nach der Integration bei der graphischen Darstellung der Funktion $P = f(H)$ eine Schar geschlossener Kurven mit dem Mittelpunkt (H*, P*), wobei die Koordinaten des Mittelpunktes durch

$$H^* = \frac{a_2}{b_2} \quad \text{und} \quad P^* = \frac{a_1}{b_1} \quad \text{für} \quad \frac{dH}{dt} = \frac{dP}{dt} = 0 \tag{2.24}$$

gegeben sind. In Abbildung 2.7 sind die Lösungen für das Lotka-Volterra-Modell grafisch dargestellt.

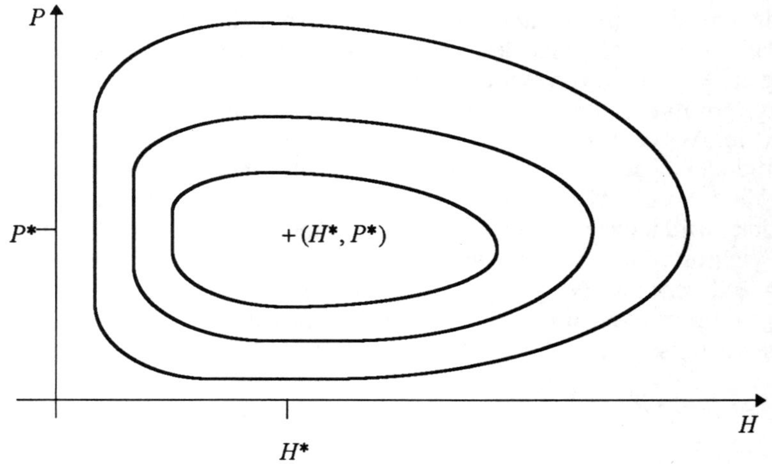

2.7 Graphische Darstellung der Lösungen für das Lotka-Volterra-Modell

Das *Holling-Tanner-Modell* basiert ebenfalls auf einem nichtlinearen Differentialgleichungsansatz [3]. Die graphischen Darstellungen seiner Lösungen ergeben entweder spiralförmige Kurven, die in einem Gleichgewicht enden (P = const., H = const.), oder Spiralen, die auf eine Kurvenbahn einschwingen (= stabiler Zustand). In den Abbildungen 2.8 und 2.9 sind diese beiden graphischen Darstellungen der Lösungen für das Holling-Tanner-Modell abgebildet.

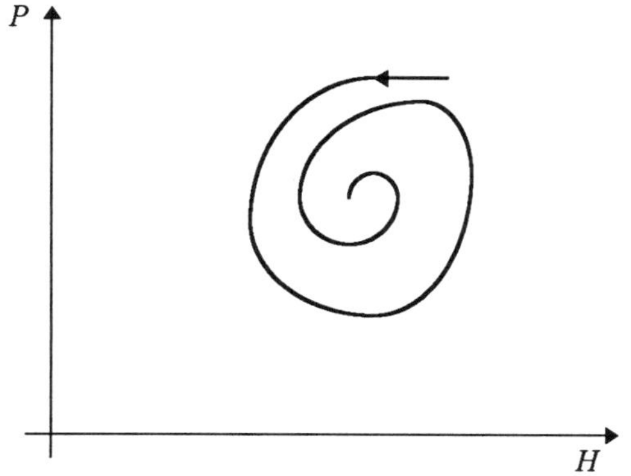

2.8 Graphische Darstellung der Lösungen für das Holling-Tanner-Modell: Das System schwingt in ein Gleichgewicht ein.

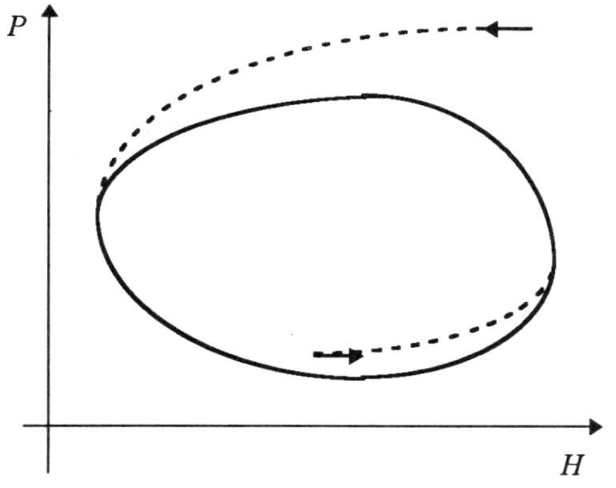

2.9 Graphische Darstellung der Lösungen für das Holling-Tanner-Modell: Das System schwingt in einen stabilen Zustand ein.

Die Lösungen des Holling-Tanner-Modells werden wir noch bei der Besprechung der *„Volterra-Sätze"* für eine Ausnahme benötigen. Sehen wir einmal von dem Sonderfall der Spiralfunktion ab, so erhalten wir sowohl nach dem Lotka-Volterra- als auch nach dem Holling-Tanner-Modell Ellipsoide. Sie beschreiben zwar die Änderung der Population P, die bei Änderung der Population H erfolgt, bzw. umgekehrt, sagen jedoch nichts darüber aus, wie sich diese Änderungen als Funktion der Zeit verhalten. Um den zeitlichen Verlauf der Funktionen 2.25 und 2.26

$$P = f(t) \tag{2.25}$$

$$H = f(t) \tag{2.26}$$

graphisch darzustellen, vereinfachen wir die Funktion

$$P = f(H) \tag{2.27}$$

in ihrer graphischen Darstellung von einem Ellipsoid (vgl. Abbildung 2.7) zu einem Kreis. Ebenso wie man jeden Punkt auf der Kreisbahn durch seinen Abszissen- und Ordinatenwert definieren kann, ist dies vektoriell möglich (Abbildung 2.10). Bewegt sich nun ein Punkt auf einer Kreisbahn, so wird die Änderung des Vektorwinkels φ im Zeitraum t durch den Term ωt ausgedrückt, wobei man ω als die Kreisfrequenz bezeichnet. $|\mathbf{a}|$ wird als die Amplitude bezeichnet.

$$\mathbf{y} = \mathbf{a} \cdot \sin(\omega t + \varphi) \tag{2.28}$$

Den Winkel φ bezeichnet man als die Phasenverschiebung.

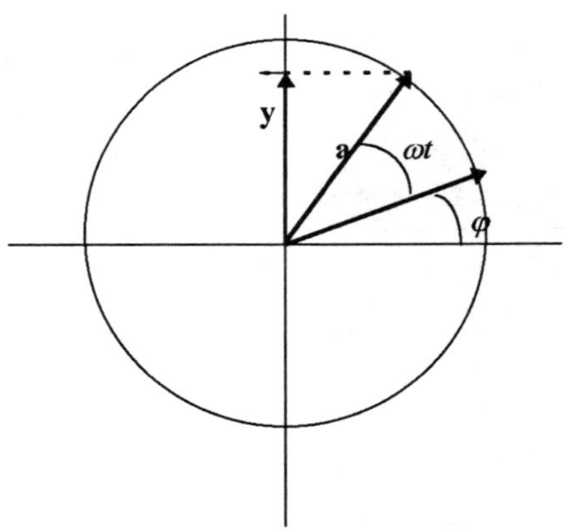

2.10 Zeigerdarstellung der allgemeinen Sinuskurve $\mathbf{y} = \mathbf{a} \cdot \sin(\omega t + \varphi)$. Hierbei erfolgt die Projektion einer Kreisbewegung mit dem Radiusvektor **a** auf die y-Achse. $a = |\mathbf{a}|$ bezeichnet man dabei als die Amplitude.

Die in Gleichung 2.28 erhaltene Funktion ergibt bei ihrer graphischen Darstellung die bekannte Sinusfunktion. Sie ist in Abbildung 2.11 für das Parasit-Wirt-Beispiel des Lotka-Volterra-Modells dargestellt. Die Ellipsoide des Lotka-Volterra-Modells aus Abbildung 2.7 sowie des Holling-Tanner-Modells aus den Abbildungen 2.8 und 2.9 ergeben in der Darstellung ihrer zeitlichen Entwicklung folglich keine reinen Sinusfunktionen, sondern lediglich sinusähnliche Funktionen, wobei im Falle der Abbildung 2.7 ein Einschwingen auf einen konstanten Wert (vgl. hierzu Abbildung 2.12) und im Falle der Abbildung 2.8 auf eine konstante Amplitude erfolgt.

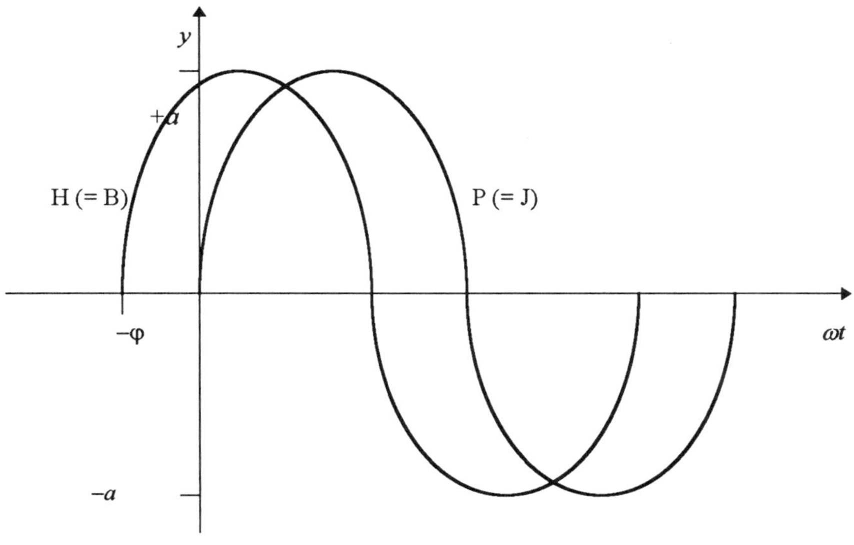

2.11 Kurvendarstellung (Liniendiagramm) der Funktion **y** = **a** sin ($\omega t + \varphi$). Die Kurve P steht für die Population der Parasiten (P = Parasite), die Kurve H für die Population der Wirte (H = Host) des mathematischen Lotka-Volterra-Modells. Beide sind um φ phasenverschoben. Die in Klammern angegebenen Bezeichnungen stehen für B = Beute und für J = Jäger im Jäger-Beute-System von Volterra (vgl. Volterra-Sätze), für das die gleiche Gesetzmäßigkeit gilt.

Volterra schuf innerhalb der Populationsdynamik das *Jäger-Beute-System* und wandte darauf das zuvor beschriebene mathematische Modell an. Die Ergebnisse formulierte er in den Volterra-Sätzen [4]. Man bezeichnet folgende Gesetze der Ökologie als die *Volterra-Sätze*:

- Das Gesetz des periodischen Zyklus: *„Die Fluktuationen zweier Arten, deren eine sich auf Kosten der anderen ernährt, sind periodisch, und die Periode hängt nur von den Koeffizienten des Wachstums und den Anfangsbedingungen ab"*.
- Das Gesetz der Erhaltung der Mittelwerte: *„Die Mittelwerte der Individuenzahlen der beiden Arten sind konstant, unabhängig von den Anfangszahlen der Individuen der Arten, wenn nur die Koeffizienten des Wachstums und der Abnahme sowie die Bedingungen des Angriffs und der Verteidigung konstant bleiben"*.
- Das Gesetz der Störung der Mittelwerte: *„Werden Individuen der beiden Arten gleichmäßig und proportional zu ihren Gesamtzahlen vertilgt, so erhält man eine Vermehrung des Mittelwertes der verzehrten oder succumbenten Art, dagegen eine Verminderung des Mittelwertes der fressenden Art. Umgekehrt läßt Schutz der verzehrenden Art beide Arten zunehmen"*.

Gerade der dritte Volterra-Satz ist zunächst etwas „gewöhnungsbedürftig". Wenden wir ihn jedoch auf ein Beispiel an, so auf den Gebrauch von Insektiziden, dann wird er sofort verständlich: Der Einsatz von Insektiziden dezimiert sowohl die Population des Räubers, also beispielsweise der Marienkäfer, als auch die Population der Beute, d.h. der Blattläuse. Sie sind eigentlich das Ziel des Insektizideinsatzes gewesen. Letztendlich schadet er aber mehr der Population der fressenden Art, also den Marienkäfer, als den Blattläusen.

Kurven, wie sie nach dem Holling-Tanner-Modell erhalten werden und die in der zeitlichen Darstellung gedämpfte sinusähnliche Schwingungen ergeben, beschreiben den Sonderfall für die Population der Jäger (z.B. Füchse), wenn der Population der Beute (z.B. Hasen) nur ein begrenztes Nahrungsangebot (Begrenzung der Weidekapazität) zur Verfügung steht [4]. In Abbildung 2.18 ist dies graphisch dargestellt.

Zeitlich verschobene sinusähnliche Kurven (vgl. Abbildung 2.11) erhält man nicht nur für die Populationen von Füchsen und Hasen oder von Blattläusen und Marienkäfern — man erhält sie auch für die zeitliche Schwankung des Weltmarktpreises eines Rohstoffes in Abhängigkeit von der Rohstoffförderung [5]. Hier braucht man in Abbildung 2.11 J nur durch „Rohstoffproduktion“ und B nur durch „Weltmarktpreis“ zu ersetzen. Die sinusähnliche Funktion für die Rohstoffproduktion geht in eine gedämpfte Schwingung über (vgl. Abbildung 2.12), wenn die Entwicklung des Weltmarktpreises durch eine begrenzte Nachfrage, beispielsweise durch den vermehrten Einsatz von Kreislaufstoffen anstelle von Rohstoffen, eingeschränkt wird. Den gleichen Kurvenverlauf erhält man auch für das Jäger-Beute-System bei einer Begrenzung des Nahrungsangebotes, z.B. der Weidekapazität. Das System schwingt in ein Gleichgewicht ein, wie es auch bei der grafischen Darstellung der Lösungen für das Holling-Tanner-Modell in Abbildung 2.8 gezeigt wird.

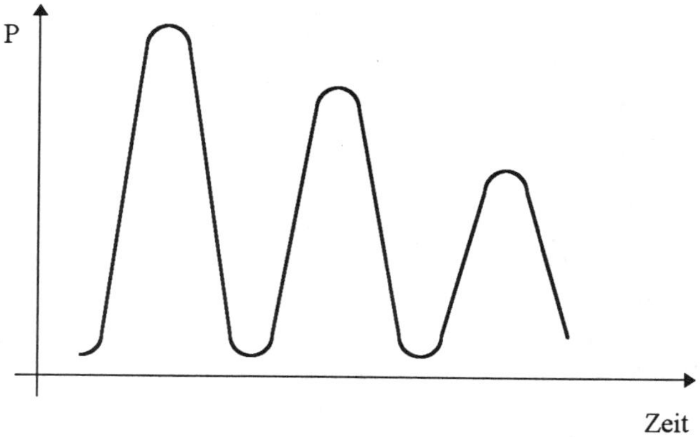

2.12 Zeitlicher Verlauf für die Population P der Räuber im Räuber-Beute-Modell für den Fall, daß der Beute nur noch ein begrenztes Nahrungsangebot (z.B. Weidekapazität) zur Verfügung steht.

Wir wollen nun versuchen, die Gesetzmäßigkeiten der interaktiven Prozesse auf die Auswirkung der Erhöhung der atmosphärischen Kohlendioxidkonzentration auf die Globaltemperatur anzuwenden. Hierbei ergibt sich zunächst das Problem, daß die Erhöhung der atmosphärischen CO_2-Konzentration anfänglich sehr schwer nachzuweisen war. Die atmosphärische CO_2-Konzentration unterliegt von Jahr zu

Jahr Schwankungen und ergibt erst nach einer Glättung der Meßergebnisse, beispielsweise durch eine gleitende Mittelwertbildung, einen Verlauf mit langfristig steigender Tendenz [6] (vgl. hierzu Abbildung 1.15 in Abschnitt 1.4.2). Die Schwankungen kommen einerseits durch ebenfalls schwankende Emissionen zustande, welche durch einen unterschiedlichen Primärenergieverbrauch bedingt sind. Andererseits wird CO_2 von Meeresalgen verbraucht und anschließend am Meeresboden deponiert, wobei die Algenproduktion temperaturabhängig ist. In diesem Fall reagiert das Ökosystem Erde auf eine Erhöhung des CO_2-Angebotes und eine Erhöhung der Globaltemperatur mit einer verstärkten Algenproduktion und damit einer intensiveren Deponierung.

Während die Erhöhung der atmosphärischen CO_2-Konzentration mittlerweile als Tatsache angesehen wird, gibt man für die Erhöhung der Globaltemperatur vorsichtige Schätzungen an, die bis zu einer jährlichen Steigerung von 1 bis 2 °C über einen Zeitraum von 5 Jahren reichen. Bedingt durch die Phasenverschiebung der Kurvenverläufe würde eine Absenkung des CO_2-Ausstoßes zunächst keine Absenkung der Globaltemperatur bewirken — diese würde vielmehr zunächst weiter ansteigen. Eine Erhöhung der Globaltemperatur hat die Vernichtung bzw. notwendige Umstrukturierung zahlreicher Ökosysteme zur Folge. Weiterhin ist mit einem Abschmelzen der Polareiskappen und dem daraus resultierenden Anstieg des Meeresspiegels zu rechnen. Dieser Anstieg wird derzeit mit 1 Millimeter pro Jahr angegeben. Die wichtigsten Konsequenzen aus der Beschreibung des Treibhauseffektes mittels der Gesetzmäßigkeiten interaktiver Prozesse sind folglich:

- Der Rückgang der Globaltemperatur als Folge einer Absenkung der atmosphärischen CO_2-Konzentration durch einen verminderten Eintrag wird nicht sofort, sondern erst nach einer gewissen Zeit (Phasenverschiebung der Kurvenverläufe) zu verzeichnen sein.
- Die gleiche Feststellung wie für die Globaltemperatur gilt auch für das Ansteigen des Meeresspiegels.
- Eine Unkenntnis der Phasenverschiebung verhindert auch eine Voraussage hinsichtlich der letztendlich erreichten Maximalwerte.

Die zur Abnahme des atmosphärischen CO_2-Konzentration erst zeitlich vesetzt beginnende Absenkung der Globaltemperatur wird eine Folge der nachlassenden Sonnenintensität sein, die durch eine verstärkte Wolkenbildung verursacht wird. Klimaänderungen dieser Art verlaufen nicht „schleichend“, sondern werden von starken, meist in ihrer Wirkung regional begrenzten Schwankungen begleitet, welche die Ökosysteme einem zusätzlichen Streß aussetzen.

Literatur

1 J. Lovelock; *GAIA; Die Erde ist ein Lebewesen.* Scherz Verlag, Bern, München, Wien 1991.

2 E. P. Odum; *Prinzipien der Ökologie.* Spektrum der Wissenschaft, Verlagsgesellschaft mbH, Heidelberg, 1991.

3 E. C. Pielou; *Mathematical Ecology.* John Wiley & Sons, New York, Chichester, Brisbane, Toronto, 1977.

4 H. Bossel; *Umweltdynamik.* te-wi Verlag GmbH, München 1985.

5 D. H. Meadows, D. L. Meadows, J. Randers; *Die neuen Grenzen des Wachstums.* Deutsche Verlags-Anstalt GmbH, Stuttgart, 1992.

3 Emissionsminderungstechnologien

Die Wirkung eines *Schadstoffs* in einem *Ökosystem* beruht entweder auf der Erhöhung einer schon bestehenden, natürlichen Stoffkonzentration oder auf einer toxischen Wirkung, bei der ein wichtiger Organismus aus diesem Ökosystem entfernt wird. Wir können die Schadstoffwirkungen deshalb in

- Gleichgewichtsverschiebungen und
- funktionale Störungen

unterteilen. Für die Konzentration eines Schadstoffs in einem Umweltmedium sind

- Massenstrom des Schadstoffeintrags,
- Massenstrom des Schadstoffaustrags,
- Speicherkapazität des Umweltmediums und
- Abbauleistung des Umweltmediums

entscheidend. Eintrag und Austrag von Schadstoffen zwischen verschiedenen Umweltmedien werden in den *Transferfaktoren* (Abschnitt 1.1.1) zusammengefaßt. Ziel aller Umweltschutzmaßnahmen ist es, die Schadstoffkonzentrationen in den Umweltmedien zu minimieren. Eine Schadstoffminimierung in einem Umweltmedium kann durch

- Emissionsminderungsmaßnahmen,
- Verwendungsverbote für Stoffe und
- Sanierungsmaßnahmen

erreicht werden. Während *Sanierungsmaßnahmen* eine Herabsetzung einer Schadstoffkonzentration auf z.B. toxikologisch tolerierbare Werte und damit die Wiederherstellung eines Zustandes zum Ziel haben, sind Emissionsminderungen und Verwendungsverbote Präventivmaßnahmen.

Die Steigerung der Effektivität bei Emissionsminderungen bezeichnet man als *„End of Pipe-Strategie“*. Damit bringt man zum Ausdruck, daß diese Emissionsminderungen nicht am Anfang und damit bei der Entstehung der Schadstoffe ansetzen, sondern nur die Freisetzung solcher Schadstoffe in die Umweltmedien verhindert. Wenn ein Schadstoff in einem Umweltmedium nicht abbaubar ist, reichert er sich, abhängig von der eingetragenen Menge und dem Zeitraum, an. In diesem Fall muß der Eintrag des Schadstoffs nicht minimiert, sondern vermieden werden: Das *Minimierungsprinzip* muß durch das *Verbotsprinzip* ersetzt werden.

3.1 Die Reinigung kommunaler Abwässer

Man unterscheidet bei Wasser je nach Verwendungszweck zwischen

- Trinkwasser,
- Badewasser,
- Brauchwasser und
- Abwasser.

Während das *Badewasser* lediglich hygienischen Vorschriften genügen muß, wird *Trinkwasser* darüber hinaus als Lebensmittel angesehen und muß zusätzlich neben hygienschen auch chemische Kriterien erfüllen (vgl. hierzu Kapitel 6, Grenzwerte). *Brauchwasser* unterliegt keiner hygienischen Kontrolle und wird chemisch auch nur mittels der Parameter überwacht, die für seine industrielle Nutzung relevant sind. Genutztes Wasser wird als *Abwasser* bezeichnet. Hierbei unterscheidet man wiederum zwischen

- Siedlungsabwasser = kommunales Abwasser und
- Industrieabwasser = Produktionsabwasser.

Zwischen dem eigentlichen häuslichen Abwasser und Regenwasser wird in der Regel nicht unterschieden, da meistens keine Trennung erfolgt und damit auch nicht die Voraussetzung für eine getrennte Behandlung geschaffen wird.

Siedlungsabwässer unterscheiden sich von den *Industrieabwässern* dadurch, daß sie im Durchschnitt die gleiche Zusammensetzung aufweisen, während Industrieabwässer für den Industriebetrieb, der sie emittiert, typische Zusammensetzungen haben und einer darauf abgestimmten Reinigung unterzogen werden müssen. Diese erfolgt auch schon auf dem Werksgelände in einer speziell dafür konstruierten Kläranlage, für deren Ablauf wiederum Grenzwerte gelten (vgl. Kapitel 6), die auf den jeweiligen Anlagentyp abgestimmt sind.

Kommunale Abwässer zeichnen sich durch einen hohen Anteil organischer Stoffe aus. Diese hätten, würde man sie ungeklärt in die Flüsse (= Vorfluter) einleiten, durch ihren natürlichen Abbau eine hohe Sauerstoffzehrung zur Folge. Sauerstoffknappheit in den Flüssen führt bei O_2-Konzentrationen unterhalb von 2 mg/l zu

Fischsterben. Darüber hinaus besteht die Gefahr, daß aerobe Abbauprozesse durch anaerobe ersetzt werden, was man bei Gewässer als *„Umkippen“* bezeichnet. Kommunale Abwässer erhöhen diese Gefahr noch zusätzlich durch die in ihnen enthaltenen Phosphate, die als „Düngemittel“ wirken und für ein übermäßiges Algenwachstum verantwortlich sind. Sie müssen deshalb vor ihrer Einleitung in die Flüsse gereinigt werden, was in kommunalen Kläranlagen geschieht. Hier erfolgt neben dem Abbau der organischen Verbindungen auch der Abbau von Stickstoffverbindungen und Phosphaten.

Die in kommunalen Abwasser enthaltenen organischen Stoffe sind hauptsächlich

- Kohlehydrate,
- Proteine und
- Fette.

Als Maß für die Belastung eines kommunalen Abwassers durch organische Stoffe dienen die Parameter

- Biochemischer Sauerstoffbedarf BSB und
- Chemischer Sauerstoffbedarf CSB.

Der *Biochemische Sauerstoffbedarf* BSB (engl.: BOD = biological oxygen demand) beschreibt, welche Menge an biologisch abbaubaren Substanzen (= Substrat) durch Bakterien abgebaut und zu Kohlendioxid und Wasser umgesetzt werden kann. In Abbildung 3.1 ist der zeitliche Verlauf des biochemischen Abbaus der organischen Inhaltsstoffe eines kommunalen Abwassers graphisch dargestellt. Dieser ist von der Temperatur abhängig, und der Kurvenverlauf ist auch bei konstanter Temperatur nicht linear, sondern logarithmisch. Deshalb wird zur Messung des Biochemischen Sauerstoffbedarfs gemäß einer Konvention der BSB_5-Wert ermittelt. Dieser gibt an, wieviel Sauerstoff bei 20 °C in 5 Tagen verbraucht wurde, um eine bestimmte Menge an organischem Material bakteriell abzubauen. Der BSB-Wert dient also dazu, die Abbauleistung der Bakterien anzugeben:

$$(CH_2O)_n + n\,O_2 \xrightarrow{\text{Bakterien}} n\,CO_2 + n\,H_2O \qquad (3.1)$$

Zu diesem Zweck werden alle leicht oxidierbaren Stoffe einer bestimmten Abwassermenge zu Beginn der Messung und nach 5 Tagen mit Kaliumpermanganat ($KMnO_4$) oxidiert:

$$MnO_4^- + 8\,H^+ + 5\,e^- \xrightarrow{\leftarrow} Mn^{2+} + 4\,H_2O \qquad (3.2)$$

Aus der Differenz der verbrauchten Menge an Kaliumpermanganat erhält man den der Oxidationsleistung der Bakterien entsprechenden „Kaliumpermanganat-verbrauch“.

Der *Chemische Sauerstoffbedarf* CSB (engl.: COD = chemical oxygen demand) gibt an, welche Menge an chemisch oxidierbaren Stoffen eine bestimmte Menge Abwasser enthält, wobei aber durch die höhere Oxidationswirkung des Dichromats auch biologisch nicht oxidierbares Material mit einbezogen wird, das durch die Oxidation mit Permanganat nicht erfaßt wird.

Zur Bestimmung des CSB wird Kaliumdichromat ($K_2Cr_2O_7$) verwandt:

$$Cr_2O_7^{2-} + 14\,H^+ + 6\,e^- \xrightarrow{\leftarrow} 2\,Cr^{3+} + 7\,H_2O \qquad (3.3)$$

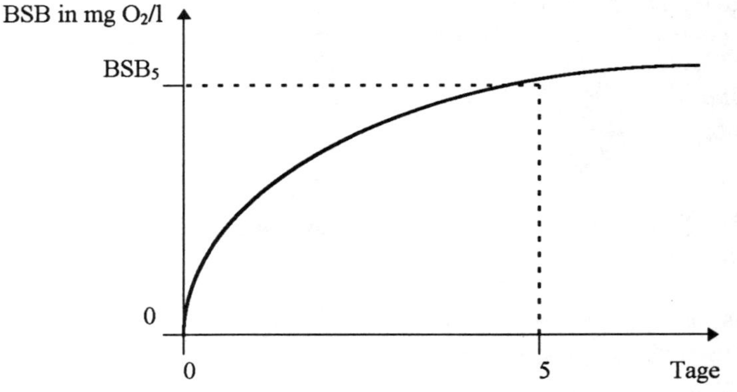

3.1 Zeitlicher Verlauf des biochemischen Sauerstoffbedarfs BSB eines kommunalen Abwassers

Der Biochemische Sauerstoffbedarf einer bestimmten Abwassermenge ist also immer kleiner als der Chemische Sauerstoffbedarf, da er nur die Oxidationsleistung der Bakterien betrachtet. Um die Oxidationsleistung der Mikroorganismen bei einem Abwasser zu beschreiben, ermittelt man deshalb den *Biochemischen Abbaugrad* α:

$$\alpha = \frac{BSB_5}{CSB} \qquad (3.4)$$

Für die Belastung eines Abwassers wurde der *Einwohnergleichwert* (EWG) definiert. Er gibt an, welche Menge an biologisch abbaubaren Substanzen im Abwasser der Schmutzfrachtproduktion eines Einwohners (E) pro Tag (d) entspricht:

$$1\ EWG = 60g\ BSB_5/Ed \qquad (3.5)$$

$$1\ EWG = 120g\ CSB/Ed \qquad (3.6)$$

Während der Einwohnergleichwert auf der Basis des BSB_5 zur Dimensionierung von Kläranlagen herangezogen wird, dient er auf der Basis des CSB zur Veranlagung nach dem Abwasserabgabengesetz (vgl. Kapitel 6).

Zu den Inhaltsstoffen des Abwassers, die in einer kommunalen Kläranlage nicht abgebaut werden können, gehören organische Halogenverbindungen. Ihre Konzentration im Abwasser wird dennoch bestimmt, da hieraus auf die spätere Belastung des Klärschlammes geschlossen werden kann. Hierzu wird als Summenparameter der *AOX-Wert* ermittelt.

In Tabelle 3.1 sind die Konzentrationen der Inhaltsstoffe eines Abwassers als Richtwerte für den störungsfreien Betrieb einer kommunalen Kläranlage zusammengefaßt [1] und in Abbildung 3.2 die einzelnen Reinigungsstufen einer Kläranlage graphisch dargestellt.

Tabelle 3.1 Richtwerte für den Abbau von C-, N- und P-Substanzen beim störungsfreien Betrieb einer Kläranlage

Substanzen	Zulauf	Ablauf
C-Substanzen	500 mg O_2/l	25 – 75 mg O_2/l
NH_4-Stickstoff	20 – 50 mg NH_4-N/l	10 – 25 mg NH_4-N/l
PO_4-Phosphor	3 – 10 mg PO_4-P/l	1 – 2 mg PO_4-P/l

Der Grundtyp der kommunalen Kläranlage ist die mechanisch-biologische Kläranlage mit einer mechanischen Reinigungsstufe, der biologischen Hauptstufe und dem Nachklärbecken. Sie ist in der Regel für kleine Einwohnerzahlen ausreichend, wobei die in Tabelle 3.1 aufgeführten Ablaufwerte eingehalten werden müssen, um fischtoxische Bedingungen (Ammoniakkonzentration) zu vermeiden. Bei größeren Einwohnerzahlen muß dieser Kläranlagentyp mit einer zusätzlichen chemischen Reinigungsstufe zur Phosphateliminierung ausgestattet werden (Abbildung 3.2).

In der biologischen Hauptstufe werden organische Verbindungen unter

- aeroben Bedingungen oder
- anaeroben Bedingungen

abgebaut. Der aerobe Abbau organischer Verbindungen erfordert eine hohe Biomasse sowie eine intensive Sauerstoffzufuhr. Hierfür stehen das

- Tropfkörperverfahren und das
- Belebtschlammverfahren

zur Verfügung. Beim *Tropfkörperverfahren* erfolgt der aerobe Abbau durch an Oberflächen haftenden Mikroorganismen. Beim *Belebtschlammverfahren* schwimmen die Mikroorganismen als Bakterienkolonien (= Belebtflocken) im Klärbecken. Beim *aeroben Abbau* organischer Verbindungen, hier am Beispiel von Kohlehydraten gezeigt, entsteht lediglich Kohlendioxid,

$$(CH_2O)_n + n\,O_2 \xrightarrow{\text{Bakterien}} n\,CO_2 + n\,H_2O \qquad (3.7)$$

wobei die Kohlehydrate den Bakterien als *Substrat* dienen. Die organischen Stickstoffverbindungen, hier am Beispiel des Harnstoffs gezeigt, werden durch heterotrophe Bakterien „ammonifiziert“, d.h. zu Ammoniak umgesetzt:

$$(NH_2)_2CO + H_2O \xrightarrow{\text{Bakterien}} 2\,NH_3 + CO_2 \quad (3.8)$$

Beim *anaeroben Abbau* hingegen entsteht neben Kohlendioxid auch Methan (3.9). Die Stickstoffverbindungen werden dabei (3.10) auch abgebaut.

$$2\,(CH_2O)_n \xrightarrow{\text{Bakterien}} n\,CO_2 + n\,CH_4 \quad (3.9)$$

$$2\,(CH_2O)_n + n\,NO_3^- + 2n\,H_3O^+ \xrightarrow{\text{Bakterien}} 2n\,CO_2 + n\,NH_4^+ + 3n\,H_2O \quad (3.10)$$

Der anaerobe Abbau organischer Verbindungen ergibt gegenüber dem aeroben eine sehr geringe Umwandlung des Kohlenstoffs in Biomasse (nur etwa 5%), da die Mikroorganismen lange Teilungszeiten aufweisen. Nitrate und Sulfate werden beim anaeroben Verfahren zu Ammoniumverbindungen bzw. Schwefelwasserstoff reduziert:

$$2\,(CH_2O)_n + n\,SO_4^{2-} + 2n\,H_3O^+ \xrightarrow{\text{Bakterien}} 2n\,CO_2 + n\,H_2S + 4n\,H_2O \quad (3.11)$$

In der biologischen Hauptstufe einer Kläranlage wird die im Abwasser enthaltene Energie beim aeroben Abbau zum Teil in Biomasse gespeichert, während sie beim anaeroben Abbau zum Teil in Form von *Biogas* abgegeben wird. Während aus 1 kg Kohlehydraten 0.8 m^3 Biogas mit 50% Methan erhalten wird, sind dies bei 1 kg Proteinen 0.7 m^3 mit 70% Methan und bei 1 kg Fett sogar 1.2 m^3 mit 70% Methan [2].

Exkurs 3.1 Die Entkeimung des Trinkwassers

Trinkwasser wird mit Hypochloriger Säure oder deren Salzen, den Hypochloriten, entkeimt. Dieses Verfahren bietet gegenüber der Entkeimung mit Ozon den Vorteil, daß man am Wasserhahn kontrollieren kann, ob das Entkeimungsmittel noch vorhanden ist. Bei der Entkeimung werden organische Verbindungen, also auch Bakterien, gespalten. Dabei werden auch Ammoniumsalze zu Chloramin abgebaut, das dann zu Stickstoff hydrolysiert.

$$NH_4^+ + HOCl \longrightarrow NH_2Cl + H_3O^+$$

$$NH_2Cl + HOCl \longrightarrow NHCl_2 + H_2O$$

$$2\,NHCl_2 + 4\,H_2O \longrightarrow N_2 + HOCl + 3\,H_3O^+ + 3\,Cl^-$$

Bei dem Abbau der organischen Verbindungen entstehen Dichlormethan (CH_2Cl_2) und Chloroform ($CHCl_3$). Die dabei entstehenden Mengen machen den Einsatz dieses Verfahrens beim Abbau von Stickstoffverbindungen im Abwasser unmöglich.

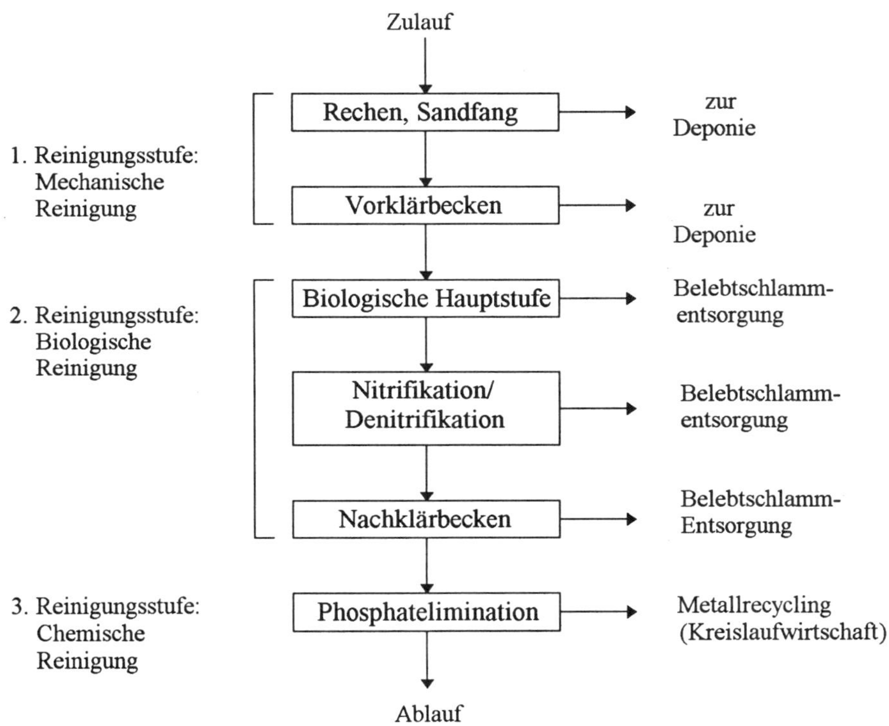

3.2 Funktionsschema einer kommunalen Käranlage

Folgende Stickstoffverbindungen sind im Abwasser enthalten:

- Nitrite und Nitrate,
- organischen Stickstoffverbindungen und
- Ammoniumsalze.

Die organischen Stickstoffverbindungen sind größtenteils *Proteine*. In der mechanisch-biologischen Kläranlage werden etwa die Hälfte der Stickstoffverbindungen abgebaut. Höhere Konzentrationen an Stickstoffverbindungen (vgl. Tabelle 3.1) erfordern die Anwendung zusätzlicher Maßnahmen. Die Methode der Chlorierung mit hypochloriger Säure ist beim Abwasser im Vergleich zum Trinkwasser (vgl. Exkurs 3.1) wegen der Bildung chlororganischer Verbindungen nicht möglich. Deswegen werden der biologischen Hauptstufe (Abbildung 3.2) eine aerobe Nitrifikation und eine anaerobe Denitrifikation nachgeschaltet.

Bei der *aeroben Nitrifikation* werden die Ammoniumionen durch Bakterien zu Nitrit abgebaut, dieses wiederum durch Bakterien – ebenfalls im aeroben (= oxidierenden) Milieu – zu Nitrat oxidiert:

$$2\,NH_4^+ + 3\,O_2 + 2\,H_2O \longrightarrow 2\,NO_2^- + 4\,H_3O^+ \quad (3.12)$$

$$2\,NO_2^- + O_2 \longrightarrow 2\,NO_3^- \quad (3.13)$$

Bei der anschließenden *Denitrifikation* wird das Nitrat von Bakterien im anaeroben (= reduzierenden) Milieu durch Wasserstoffübertragung zu Stickstoff reduziert:

$$2\,NO_3^- + 10\,[H] \longrightarrow N_2 + 4\,H_2O + 2\,OH^- \quad (3.14)$$

In der biologischen Hauptstufe wird ebenfalls ein Teil der Phosphate abgetrennt. In den meisten Fällen muß jedoch eine zusätzliche Stufe zur chemischen Eliminierung von Phosphorverbindungen nachgeschaltet werden (Abbildung 3.2). Die *chemische P-Elimination* wird durch Fällungen mit

- $FeCl_3$ oder $FeCl_2$ (3.16),
- $Al_2(SO_4)_3$ oder
- $Ca(OH)_2$ (3.17)

erreicht, wobei zunächst eine Hydrolyse der Polyphosphate zu Orthophosphaten (3.15) erfolgt. Die Fällungen von $FePO_4$ und $AlPO_4$ sind pH-abhängig.

$$P_3O_{10}^{5-} + 6\,H_2O \longrightarrow 3\,PO_4^{3-} + 4\,H_3O^+ \quad (3.15)$$

$$4\,FeCl_2 + 4\,PO_4^{3-} + 4\,H_3O^+ + O_2 \longrightarrow 4\,FePO_4 + 6\,H_2O + 8\,Cl^- \quad (3.16)$$

$$10\,Ca^{2+} + 2\,OH^- + 6\,PO_4^{3-} \longrightarrow \underset{\text{Hyroxylapatit}}{Ca_{10}(PO_4)_6(OH)_2} \quad (3.17)$$

Die Behandlung des Klärschlammes wird in mehreren Stufen vorgenommen:

- Entseuchung,
- Stabilisierung und
- Konditionierung.

Zur *Entseuchung* wird der Klärschlamm pasteurisiert, wobei pathogene Keime abgetötet werden. Weiterhin werden durch Zugabe von Eisen- und Aluminiumsalzen biologische Prozesse inaktiviert, was man als *Stabilisierung* bezeichnet. Hierbei werden auch die Zellmembrane der Mikroorganismen zerstört, wodurch der Schlamm leichter entwässerbar wird. Man bezeichnet diesen Vorgang, der einer endgültigen Verwendung vorgeschaltet werden muß, als *Konditionierung.*

Der Klärschlamm kann nun folgenden Verwendungen zugeführt werden:

- landwirtschaftlicher Dünger,
- Deponierung,
- Kompostierung oder
- Verbrennung.

Bevor der Belebtschlamm als landwirtschaftlicher Dünger Verwendung finden kann, muß er einer Faulung (Faulgase!) unterworfen werden, da sonst bei der Anwendung anaerobe Zersetzungsprozesse ablaufen. Sowohl die Verwendung als Dünger als auch die Kompostierung werden zunehmend durch den Schwermetallgehalt des Belebtschlammes (vgl. Klärschlammverordnung, Kapitel 6) verhindert.

Die Deponierung des Klärschlammes wird durch eine Verknappung der Deponieflächen und des benötigten Deponievolumens zunehmend teurer, weshalb man der Deponierung oft eine Kompostierung zum Zwecke der Volumenverringerung vorschaltet.

Die Verbrennung des Klärschlammes ist erst nach vorheriger Trocknung möglich, wozu zunächst Energie aufgewandt werden muß. Wegen des hohen Ballastanteils des Brenngutes ist eine Verbrennung nur in *Wirbelschichtbrennern* möglich. Dabei werden Feuerungen mit stationärer und mit zirkulierender Wirbelschicht eingesetzt. In Abbildung 3.3 ist eine Feuerung mit stationärer Wirbelschicht schematisch dargestellt. Das Brenngut wird zunächst fein gekörnt, wozu es nur einen geringen Wassergehalt aufweisen darf. Nachdem es zur Reduzierung der SO_2-Emissionen (vgl. Trockensorptionsverfahren in Abschnitt 3.3) mit Kalk vermischt wurde, kann es nun in den Brennraum eingeblasen werden. Ein zweiter Luftstrom hält das verwirbelte Brenngut in der Schwebe und es kommt zur Ausbildung einer Wirbelschicht, wodurch eine vollständige und kontinuierliche Verbrennung erzielt wird. Dies wäre mit konventionellen Feuerungen, z.B. Rostfeuerungen nicht zu realisieren.

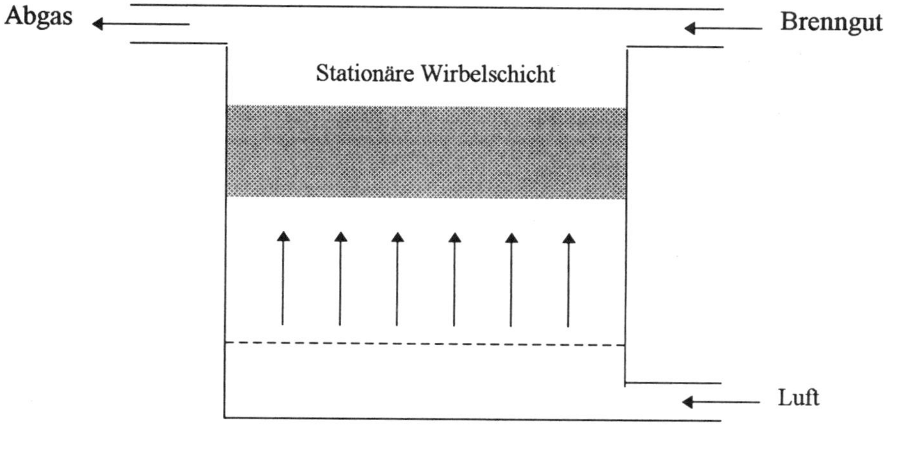

3.3 Funktionsschema einer Wirbelschichtfeuerung mit stationärer Wirbelschicht

Das bei der Verbrennung freiwerdende SO_2 wird in den abgeschiedenen Flugstaub als Gips ($CaSO_4$) eingebunden. Die Entstehung von *Sekundärdioxinen* in der Abkühlphase des Abgases erfordert entweder den Einsatz von Aktivkohle-Filtern hinter dem Staubfilter, in dem schon der größte Teil der Dioxine gebunden wird, oder den Zusatz dioxinbindender Mittel (z.B. Sorbalit) zum staubhaltigen Abgas im Hochtemperaturbereich. Die Filterstäube von Wirbelschichtfeuerungen zur Klärschlammverbrennung stellen, alleine schon wegen der Schwermetallgehalte, Sondermüll dar. Die Deponierung wird jedoch gegenüber dem ursprünglichen Klärschlamm durch eine entscheidende Volumenverringerung sowie eine stark eingeschränkte Eluierbarkeit (= Herauslösung wasserlöslicher Inhaltsstoffe, Deponiesickerwässer) erheblich begünstigt.

Die anaerobe Kläranlagentechnik bietet die Möglichkeit, das entstehende Methan in *Blockheizkraftwerken*, welche direkt den Kläranlagen angegliedert werden, in elektrische Energie umzuwandeln. Hierzu muß jedoch das Gasgemisch, da es nicht verdichtet und damit auch nicht transportiert werden kann, in besonderen Gasmotoren mit niedriger Verdichtung an Ort und Stelle verbrannt werden. Durch das wesentlich geringere Aufkommen an Klärschlamm entstehen bei der Deponierung nach der thermischen Behandlung auch wesentlich geringere Deponiekosten. Die bei der Klärschlammverbrennung entstehende Reststoffproblematik läßt sich durch den Einsatz von Pyrolyseverfahren (vgl. Kapitel 4) entscheidend minimieren. Eine Deponierung des unbehandelten Klärschlamms ist wegen der Deponiekosten und der entstehenden Sickerwasserproblematik zu verneinen.

Klärschlämme sind als landwirtschaftlicher Dünger meist ungeeignet. Neben der Schwermetallproblematik (vgl. Kapitel 6, Grenzwerte für Schwermetalle in der Klärschlammverordnung), an denen sich immer die Diskussion um die Verwendung von Klärschlämmen in der Landwirtschaft orientiert, stellen die organischen Halogenverbindungen ein viel größeres Problem dar, da sie im Boden nicht abgebaut werden können und sich anreichern. Der Mensch muß bemüht sein, Schadstoffkreisläufe zu verhindern, in denen er bei jedem erneuten „Durchgang" höheren Konzentrationen ausgesetzt ist. Hierzu müssen „Schnittstellen" geschaffen werden, an denen Schadstoffe aus diesen Kreisläufen ausgeschleust werden. Die Reinigung kommunaler Abwässer bietet dafür eine ausgezeichnete Möglichkeit, da sie sehr früh in einen Schadstoffpfad eingreift und dadurch einen hohen Transfer gewährleistet.

3.2 Die Reinigung von Deponiesickerwässern

Durch die Behandlung des Hausmülls vor einer Deponierung lassen sich die zu deponierenden Müllmengen entscheidend reduzieren (vgl. hierzu Abbildung 3.4).

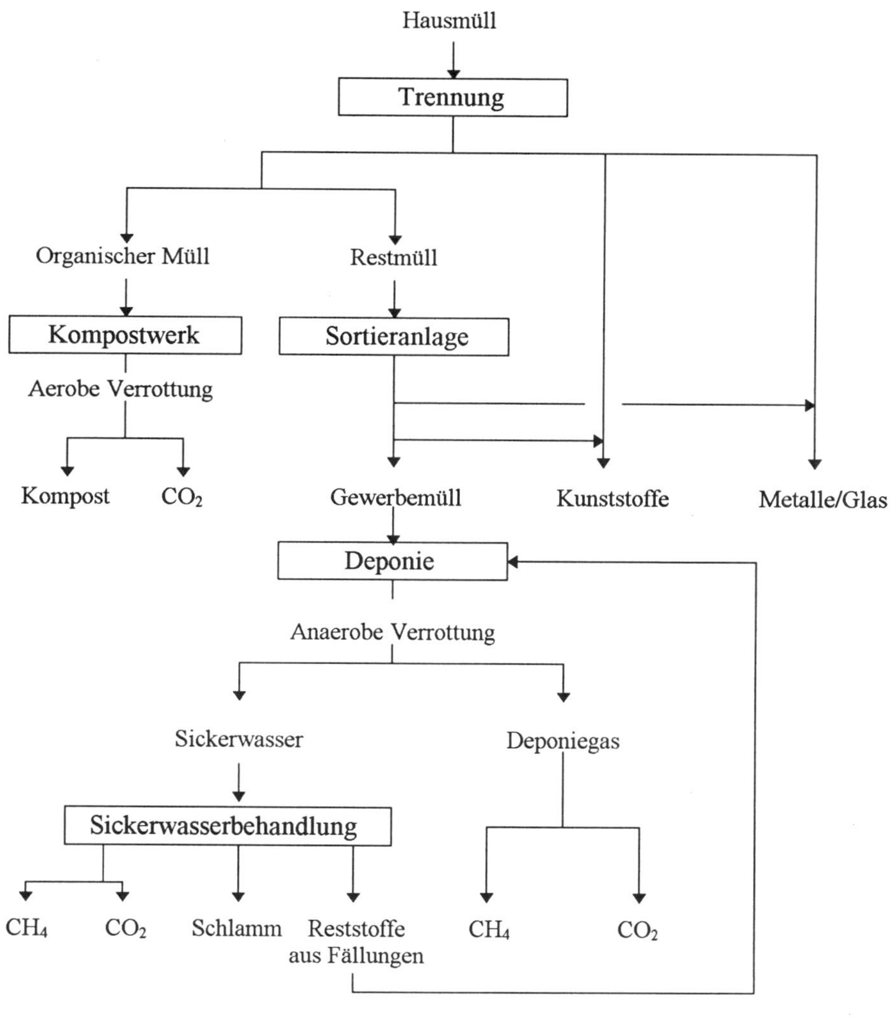

3.4 Funktionsschema eines Deponiebetriebes mit anaerober Verrottung und vorgeschalteter Müllsortierung mit Stoffverwertung. Die energetische Nutzung des Deponiegases in Blockheizkraftwerken entfällt bei vorgeschalteter Kompostierung des organischen Hausmülls.

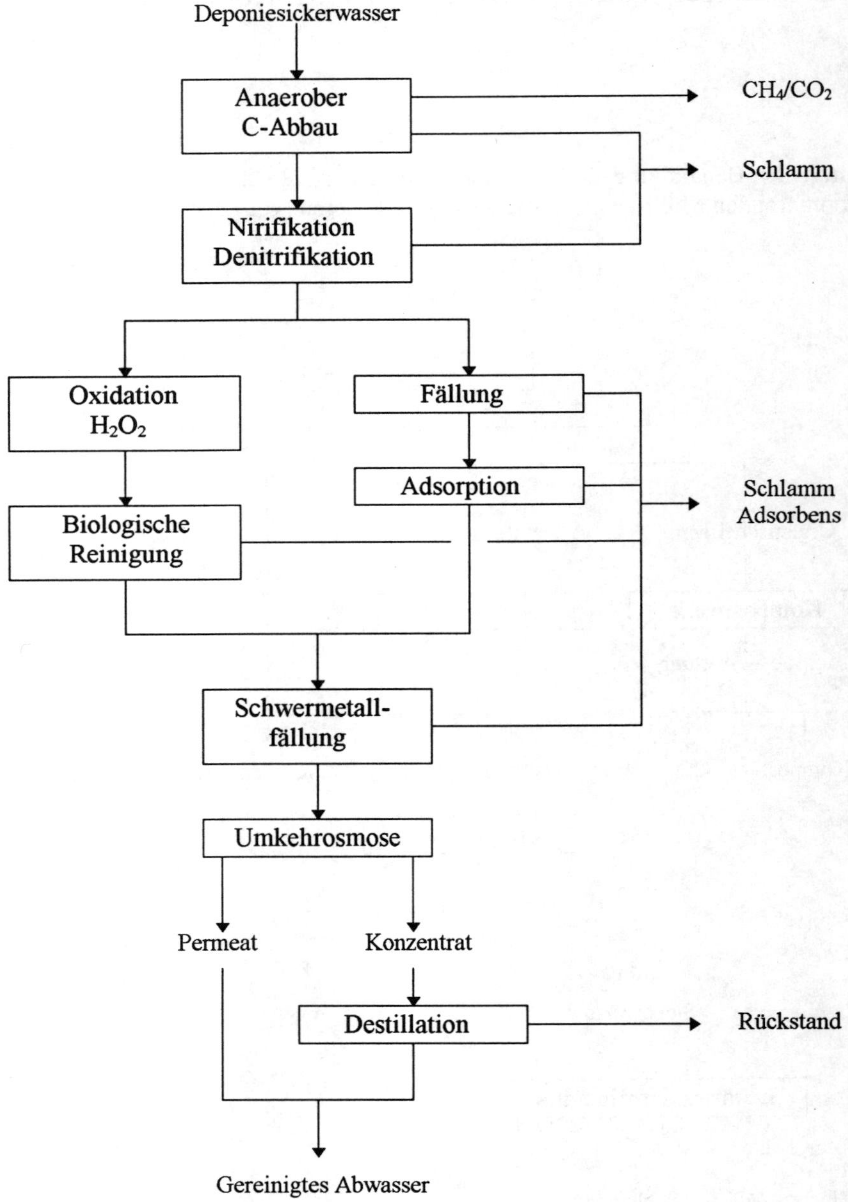

3.5 Funktionsschema einer Deponiesickerwasserbehandlung mit den dabei entstehenden Reststoffen

In *Mülldeponien* laufen anaerobe Verrottungsvorgänge ab. Sie erzeugen methanhaltiges *Deponiegas* (ca. 60 Vol.-%), das, wie das Faulgas der Kläranlagen, in *Blockheizkraftwerken* genutzt werden kann. Hinzu kommt das Auftreten von Sickerwässern, die aufgefangen und vor einer Einleitung in einen Vorfluter behandelt werden müssen. Die hierzu bei der Anlegung der Deponie notwendigen Sicherheitstechniken und die daraus resultierenden Investitionskosten sowie die durch die Sickerwasserbehandlung entstehenden Betriebskosten führen zu einer ständigen Verteuerung der Deponiekosten. Die Deponiegasgewinnung vermag dabei nicht, diese Kosten entscheidend zu senken.

Das wichtigste aller Verfahren zur Reinigung von *Deponiesickerwässern* stellt die *Umkehrosmose* dar. Sie ermöglicht eine Konzentrierung der im Sickerwasser gelösten Stoffe. Man erhält ein Konzentrat, das einer endgültigen Aufarbeitung zugeführt wird, und ein Permeat, das in einen Vorfluter eingeleitet werden kann (Abbildung 3.5). Während die Osmose ein freiwillig ablaufender Vorgang ist, muß zur Umkehrosmose Energie aufgewandt werden. Um die Osmose zu beschreiben, stellen wir uns zunächst zwei mit Wasser gefüllte Kammern vor, die beide durch eine semipermeable Membran voneinander getrennt sind. Diese Membran kann zwar von Wassermolekülen, nicht aber von den größeren Salzionen mit ihren Hydrathüllen passiert werden (Abbildung 3.6). Ist nun die eine Kammer mit einer konzentrierten Salzlösung, die andere dagegen nur mit Wasser gefüllt, so kann ein Konzentrationsausgleich nur durch Wanderung von Wasser erreicht werden. Dadurch steigt in dieser Zelle der Druck, den man auch als den osmotischen Druck bezeichnet. Den Vorgang selbst bezeichnet man als Osmose. Thermodynamisch gedeutet ist Osmose die Herstellung des gleichen chemischen Potentials des Lösungsmittels in beiden Zellen.

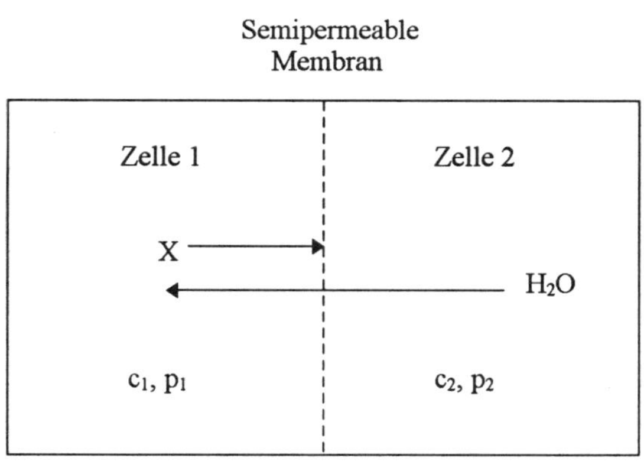

c_1 und c_2 = Konzentration der gelösten Ionen in den Zellen 1 und 2
p_1 und p_2 = Drücke in den Zellen 1 und 2
X = gelöste Ionen

3.6 Das Prinzip der Osmose

Für das Beispiel in Abbildung 3.6 gilt folgende Bedingung:

$$\text{Wenn } c_1 >> c_2, \text{ dann ist } p_1 > p_2. \tag{3.18}$$

Der *osmotische Druck* wird ähnlich dem idealer Gase formuliert:

$$\pi V = n R T \tag{3.19}$$

π = osmotischer Druck
n = Molzahl des gelösten Stoffes
T = Temperatur
V = Volumen
R = allgemeine Gaskonstante

Der osmotische Druck der Zellen im menschlichen Körper ist verantwortlich für die Stabilität der Zellen und wird durch die Kalium- und Natriumionen aufrechterhalten. Führt man dem Menschen hochkonzentrierte Salzlösungen zu (z.B. Meerwasser), so verursacht dies eine Schrumpfung der Zellen. Umgekehrt bringt entionisiertes Wasser die Zellen zum Platzen.

Übt man nun auf die Zelle 1 in Abbildung 3.10 einen mechanischen Druck aus, der dem osmotischen Druck entgegengerichtet ist, so wird der Vorgang der Osmose umgekehrt. Die Konzentration c_1 wird größer und Wasser tritt in die Zelle 2 aus. Diesen Vorgang bezeichnet man als Umkehrosmose.

Die fortschreitende Verknappung des zur Verfügung stehenden Deponievolumens führt zu einer ständigen Steigerung der Deponiekosten. Eine Reduzierung der Menge an zu deponierendem Hausmüll kann alleine schon dadurch erreicht werden, daß man nach der Abtrennung der organischen Bestandteile und der „Wertstoffe" Glas, Metall und Kunststoff den so erhaltenen „Restmüll", den man als Gewerbemüll bezeichnet (nicht mit gewerblichem Sondermüll zu verwechseln!), vor der endgültigen Deponierung vorbehandelt. Hierzu wird er zerkleinert und in Mieten aerob bzw. in Reaktoren anaerob verrottet. Dies führt zu einer weiteren entscheidenden Volumenverringerung und auch zu einer Minderung der Sickerwasserproblematik. Diese Hausmülldeponien produzieren jedoch, bedingt durch die fehlende Menge an verrottbarem organischem Material, keine wirtschaftlich nutzbaren Mengen an Deponiegas mehr.

Die Sickerwasserproblematik wird auch bei einer thermischen Behandlung (= Verbrennung) des Hausmülls [3, 4, 5] entscheidend minimiert, da nur noch Verbrennungsrückstände deponiert werden. Damit ist jedoch die Umweltproblematik nur vom Umweltmedium Boden in das Umweltmedium Luft verlagert worden und die Filterstäube (Dioxine) müssen als Sondermüll deponiert werden. Einen Fortschritt stellen Verschwelungsverfahren dar, die bei niedriger Temperatur keine Dioxine entstehen lassen (vgl. hierzu Kapitel 4, die Hydrierung von Kunststoffen) und bei denen man eine glasartige Schlacke erhält, in welche die Schadstoffe eingebunden sind.

3.3 Emissionsminderungsmaßnahmen bei Luftschadstoffen

Das Bundes-Immissionsschutzgesetz (BImSchG) [6] schreibt für genehmigungspflichtige Anlagen zum vorbeugenden Schutz von Menschen, Tieren, Pflanzen und Sachgütern vor Luftschadstoffen die Einhaltung von Emissionsgrenzwerten (Kapitel 6) vor. Hiervon werden von der Genehmigungsbehörde unter anderem die Genehmigung zum Bau und zum Betrieb der Anlage abhängig gemacht. Der Antragsteller hat jedoch nicht die Möglichkeit, das Emissionsminderungsverfahren in seiner Effektivität an den derzeit geltenden Grenzwerten zu orientieren, sondern ist verpflichtet, den jeweiligen Stand der Technik anzuwenden. Die Anwendung eines effektiveren Abgasreinigungsverfahrens ist so lange verbindlich, wie der wirtschaftliche Aufwand gerechtfertigt ist.

3.3.1 Primäre Emissionsminderungsmaßnahmen

Man unterscheidet bei der Emission von Luftschadstoffen zwischen primären und sekundären Emissionsminderungsmaßnahmen. Die primären Maßnahmen dienen dazu, die Entstehung des Schadstoffes zu begrenzen. Die sekundären Maßnahmen hingegen haben zum Ziel, die Abgabe des schon entstandenen Schadstoffs an die Umwelt zu minimieren (*„End of Pipe"*). Die Abgasreinigungsverfahren zählen deshalb zu den sekundären Maßnahmen.

Bei Verbrennungsanlagen läßt sich eine Verringerung der Schadstoffproduktion durch eine Optimierung des Verbrennungsprozesses erzielen. Hierzu zählen

- Verbesserung der Konstruktion des Brenners,
- Erhöhung der Brenngutverweildauer,
- Verbesserung der Luftzufuhr,
- optimale Verbrennungstemperatur und
- Auswahl des Brenngutes.

Eine Verbesserung der Konstruktion des Brenners kann beispielsweise durch eine bessere Verwirbelung oder eine gleichmäßigere Verteilung des Brennstoffs zu Emissionsminderungen führen. Durch eine Abgasrückführung wird eine Erhöhung der Brenngutverweildauer erzielt. Eine Verbesserung der Luftzufuhr kann z.B. bei Motoren durch das Kompressorprinzip erreicht werden. Die Verbrennungstemperatur ist beispielsweise bei der Bildung von Stickstoffmonoxid (Abschnitt 1.1.5) und von Dioxinen (Abschnitt 1.1.9) von ausschlaggebender Bedeutung. Bei der Entstehung von *Sekundärdioxinen* ist zusätzlich noch die Dauer der Abkühlphase der Rauchgase im Abgaskanal entscheidend. Durch die Auswahl des Brenngutes lassen sich beispielsweise SO_2-Emissionen minimieren (Einsatz von

Heizöl EL, EL = extra leicht) und die Dioxinbildung vermeiden (Abwesenheit von Hydraulikölen = PCB im Altöl). Emissionsminderungsmaßnahmen, bei denen dem Brenngut Stoffe beigemischt werden, welche die entstehenden Schadstoffe schon im Brennraum chemisch binden, werden jedoch zu den Rauchgasreinigungsverfahren gezählt. Primäre Emissionsminderungsmaßnahmen führen oft nicht zu einer zufriedenstellenden Schadstoffminderung. Daher wendet man sie meistens in Kombination mit sekundären Maßnahmen an, um eine günstige Dimensionierung der Abgasreinigungsanlage zu erreichen.

3.3.2 Filternde Abscheider

Der Einsatz von Verfahren zur *Partikelabscheidung* wird von der Partikelgröße bestimmt. Partikel mit Korngrößen zwischen 1000 μm und 80 μm werden von *Absetzkammern* abgeschieden, *Elektrofilter* erfassen einen Korngrößenbereich von 20 bis 0.05 μm. *Tuchfilter* können beispielsweise Partikel mit Korngrößen von 50 bis 0.01 μm abscheiden. Soll bei einer Abgasentstaubung ein möglichst großer Korngrößenbereich erfaßt werden, kombiniert man deshalb oft zwei Verfahren. Bei Kohlekraftwerken beispielsweise werden *Zyklone* zur Grobstaub- und Elektrofilter zur Feinstaubabscheidung eingesetzt.

Absetzkammern und Zyklone, die zur Grobstaubabscheidung dienen, werden als *Massenkraftabscheider* bezeichnet. Bei der Absetzkammer wird die Abscheidung mittels der Schwerkraft der Partikel und beim Zyklon mittels der Fliehkraft erreicht. Zyklone sind besonders zur Heißgasentstaubung geeignet und können, werden mehrere von ihnen zu einem Multizyklon angeordnet, Partikel bis zu einer Korngröße von 1 μm abscheiden.

Elektrofilter arbeiten als elektrostatische Abscheider. Mittels hoher Feldstärken werden Gasionen erzeugt, die sich an Staubteilchen anlagern und deren Wanderung zu Niederschlagselektroden hin bewirken. Der Abscheidegrad η elektrostatischer Abscheider ist wie folgt definiert:

$$\eta = 1 - \exp\left(\frac{-A}{Q\,W}\right) \tag{3.20}$$

Hierbei bezeichnen A die Abscheidefläche, Q den Abgasvolumenstrom und W die Wanderungsgeschwindigkeit der Teilchen, die zwischen 0.02 und 0.2 m/s betragen muß. Da die Staubteilchen einen „Staubwiderstand" von 108 bis 1011 Ωcm besitzen müssen [7], ist es bei höheren Staubwiderständen, beispielsweise bei der Rauchgasreinigung von Kohlekraftwerken, notwendig, ihn durch „Konditionierung" mit H_2O oder SO_3 herabzusetzen. Elektrofilter dienen zur Abscheidung großer Feinstaubmengen. Sie werden bei Kohlekraftwerken und bei der Schwefelverbrennung zur Schwefelsäureherstellung eingesetzt. Ihr großer Nachteil ist der hohe Energieverbrauch.

Das Funktionsprinzip der *Naßentstauber* beruht auf der Anlagerung von Staubteilchen an Wassertropfen. Ein Naßentstauber enthält zwei Funktionsbereiche:

- Kontaktzone und
- Tropfenabscheider.

In der Kontaktzone lagern sich die Staubteilchen an die Wassertropfen an. Man verwendet hierzu entweder einen Sprühwäscher, in dem die Tröpfchen durch Düsen erzeugt werden, oder einen *Venturi-Wäscher* (Abbildung 3.7), in dem die Tröfchen durch Prallplatten erzeugt werden. Im Tropfenabscheider werden die staubhaltigen Tropfen aus dem Abgasstrom entfernt. Hierzu sind hohe Strömungsgeschwindigkeiten des Abgases notwendig, was mitunter den Einsatz von Naßzyklonen notwendig macht. Naßentstauber erfordern einen hohen Energieaufwand zur Eindickung der Wäscher-Schlämme vor der Deponierung. Zusätzlich ist eine Abwasserreinigung notwendig, sofern nicht das Wasser im Kreislauf geführt wird. Werden die Wäscher-Schlämme einem Recycling zugeführt, beispielsweise zur Rückgewinnung von Metallen, müssen sie noch zusätzlich getrocknet werden. Wegen dieser Nachteile sind filternde Abscheider den Naßentstaubern vorzuziehen.

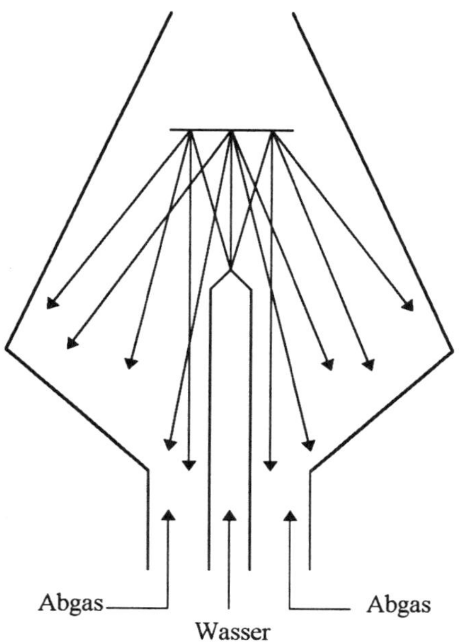

3.7 Funktionsprinzip eines Venturi-Wäschers

Filternde Abscheider enthalten als Filtermaterialien Filze, Vliese, Gewebe (Tuchfilter) oder körnige Schichten (Sinterlamellen). Ihr Abscheidegrad liegt über 99%, die Leistungsgrenze jedoch bei 1 bis 5 g/m^3, weshalb sie bei hohen Massenströmen nicht einsetzbar sind. Metallverbindungen mit einem hohen Dampfdruck (z.B. PbO, SeO_2 usw.) können durch Gewebefilter nur unvollständig abgetrennt werden, weshalb in diesen Fällen hinter dem Gewebefilter noch ein Sorptionsverfahren angewandt werden muß.

Viele Gase lassen sich mit Hilfe von Flüssigkeiten absorbieren (Tabelle 3.2), wobei entweder eine chemische Umsetzung, z.B. eine Neutralisation, stattfindet oder das Gas lediglich in dem Sorptionsmittel gelöst wird.

Einen Sonderfall der Chemisorption stellt die *Trockensorption* (Gleichungen 3.21 bis 3.23) dar. Hierbei wird ein trockenes Sorbens während einem Brennvorgang zugegeben. Dieses Verfahren findet in Kleinanlagen und Wirbelschichtfeuerungen Anwendung. Eine Variante stellt das *Quasi-Trockenverfahren* dar, bei dem ein flüssiges Sorbens im Rauchgas zerstäubt wird und wegen der großen Kontaktoberfläche mit dem Gas zu einem trockenen, rieselfähigen Produkt reagiert. Dabei werden die Rauchgasbestandteile Schwefeldioxid, Chlorwasserstoff und Fluorwasserstoff zu Calciumsalzen umgesetzt:

$$2\,HF + Ca(OH)_2 \longrightarrow CaF_2 + 2\,H_2O \qquad (3.21)$$

$$2\,HCl + Ca(OH)_2 \longrightarrow CaCl_2 + 2\,H_2O \qquad (3.22)$$

$$2\,SO_2 + 2\,Ca(OH)_2 \longrightarrow 2\,CaSO_3 \cdot \tfrac{1}{2}\,H_2O + H_2O \qquad (3.23)$$

Tabelle 3.2 Absorption von Gasen in Flüssigkeiten

Absorbierte Gase	Absorptionsmittel		Wirkung
$COCl_2$	NaOH, $Ca(OH)_2$	wäßrige Lösung	Neutralisation
Br_2, HBr	NaOH	wäßrige Lösung	Neutralisation
F_2, HF	NaOH, $Ca(OH)_2$	wäßrige Lösung	Neutralisation
HCN	NaOH	wäßrige Lösung	Neutralisation
H_2S	NaOH, Na_2CO_3	wäßrige Lösung	Neutralisation
HCl	NaOH, $Ca(OH)_2$	wäßrige Lösung	Neutralisation
SO_2	NaOH, Na_2CO_3, $Ca(OH)_2$	wäßrige Lösung	Neutralisation
NO_2	NaOH, $Ca(OH)_2$	wäßrige Lösung	Neutralisation
CO_2	K_2CO_3	wäßrige Lösung	Neutralisation
Alkohole, Aceton	Wasser, Waschöle		Lösung
CO_2	Methanol		Lösung
COS, HCN, H_2S	Organische Lösemittel		Lösung
NO	Fe(II)-EDTA (wäßrige Lösung)		Lösung

Leicht flüchtige Stoffe wie Schwermetallverbindungen werden durch Absorption an Aktivkohle aus dem Abgas abgetrennt. Das Filtermaterial wird anschließend thermisch behandelt (Zersetzung von Dioxinen), „recycelt" (Schwermetalle) oder mittels Heißdampf regeneriert (Tetrachlorethen = Perchlorethylen in *Chemischreinigungen*).

3.3.3 Rauchgasentschwefelungsverfahren (DESOX-Verfahren)

Die meisten *REA-Verfahren* (REA = Rauchgasentschwefelungsanlage) beruhen auf der Oxidation des Schwefeldioxids (SO_2) zu Schwefeltrioxid (SO_3) und dessen Umsetzung zu Gips ($CaSO_4$). Entscheidend für die Bevorzugung eines solchen Verfahrens ist die Verwendbarkeit des REA-Gipses als Naturgips-Ersatz.

Das *Verfahren der Fa. Steinmüller* ist ein Direktentschwefelungsverfahren, bei dem ein Additiv, z.B. Kalk, direkt in den Feuerungsraum eingeblasen wird. Das Verfahren ist bei Anlagen bis zu 300 MW Feuerungsleistung anwendbar. Es entstehen CaO-Partikel, die jedoch nur an der Oberfläche zu Gips reagieren. Deshalb ist dieser Gips als Naturgips-Ersatz ungeeignet und muß deponiert werden. Ein Vorteil dieses Verfahrens ist, daß kein Abwasser anfällt.

$$Ca(OH)_2 \longrightarrow CaO + H_2O \qquad (3.24)$$

$$CaCO_3 \longrightarrow CaO + CO_2 \qquad (3.25)$$

$$CaO + SO_2 + \tfrac{1}{2}\,O_2 \longrightarrow CaSO_4 \qquad (3.26)$$

$$CaO + SO_3 \longrightarrow CaSO_4 \qquad (3.27)$$

Über die Entschwefelung hinaus werden auch noch die sauren Bestandteile Chlorwasserstoff und Fluorwasserstoff aus dem Abgas entfernt:

$$CaO + 2\,HCl \longrightarrow CaCl_2 + H_2O \qquad (3.28)$$

$$CaO + 2\,HF \longrightarrow CaF_2 + H_2O \qquad (3.29)$$

Das erste großtechnische Entschwefelungsverfahren, bei dem ein Gips erhalten wurde, der als Naturgips-Ersatz genutzt werden konnte, war das *Verfahren der Fa. Bischoff*. Das primär gebildete Calciumhydrogencarbonat wird bei $pH < 5$ mit SO_2 zu Calciumhydrogensulfit umgesetzt (Gleichung 3.31), das mit Calciumcarbonat zu Calciumsulfat reagiert (Gleichung 3.33). Bei $pH > 5$ entsteht hingegen Calciumsulfit (Gleichung 3.32), aus dem kein Gips mehr gewonnen werden kann:

$$CaCO_3 + CO_2 + H_2O \longrightarrow Ca(HCO_3)_2 \qquad (3.30)$$

$$Ca(HCO_3)_2 + 2\,SO_2 \longrightarrow Ca(HSO_3)_2 + 2\,CO_2 \quad (pH < 5) \qquad (3.31)$$

$$Ca(HCO_3)_2 + SO_2 \longrightarrow CaSO_3 + 2\,CO_2 + H_2O \quad (pH > 5) \qquad (3.32)$$

$$Ca(HSO_3)_2 + CaCO_3 + O_2 \longrightarrow 2\,CaSO_4 + CO_2 + H_2O \qquad (3.33)$$

$$CaSO_4 + 2\,H_2O \longrightarrow CaSO_4 \cdot 2\,H_2O \qquad (3.34)$$

Je nach Fluoridgehalt der eingesetzten Steinkohle enthält der gewonnene Gips Calciumfluorid:

$$Ca(HCO_3)_2 + 2\,HF \longrightarrow CaF_2 + 2\,CO_2 + 2\,H_2O \qquad (3.35)$$

Bei dem *Verfahren nach Thyssen-Mitsubishi* wird das SO_2 nach dem Abkühlen des Abgases mit Wasser zu schwefliger Säure (H_2SO_3) umgesetzt, die mit Calciumsulfit ($CaSO_3$ = Kreislaufwaschflüssigkeit) reagiert. Bei diesem Verfahren wird ein besonders hochwertiger Gips erhalten:

$$H_2SO_3 + CaSO_3 \longrightarrow Ca(HSO_3)_2 \qquad (3.36)$$

$$Ca(HSO_3)_2 + CaCO_3 \longrightarrow 2\,CaSO_3 \cdot \tfrac{1}{2}\,H_2O + CO_2 \qquad (3.37)$$

$$CaSO_3 \cdot \tfrac{1}{2}\,H_2O + \tfrac{1}{2}\,O_2 + 3/2\,H_2O \longrightarrow CaSO_4 \cdot 2\,H_2O \qquad (3.38)$$

Auch beim *Saarberg-Hölter-Verfahren* wird ein als Naturgips-Ersatz geeigneter REA-Gips erhalten. Die Besonderheit dieses Verfahrens besteht darin, daß die Kalkwaschflüssigkeit durch Ameisensäure gepuffert wird, wodurch lösliches Calciumhydrogensulfit ($Ca(HSO_3)_2$) gebildet wird.

$$2\,HCOOH + CaCO_3 \longrightarrow Ca(HCOO)_2 + H_2O + CO_2 \qquad (3.39)$$

$$2\,SO_2 + 2\,H_2O \longrightarrow 2\,H_2SO_3 \qquad (3.40)$$

$$Ca(HCOO)_2 + 2\,H_2SO_3 \longrightarrow Ca(HSO_3)_2 + 2\,HCOOH \qquad (3.41)$$

$$Ca(HSO_3)_2 + O_2 + 2\,H_2O \longrightarrow CaSO_4 \cdot 2\,H_2O + H_2SO_4 \qquad (3.42)$$

$$Ca(HCOO)_2 + H_2SO_4 + 2\,H_2O \longrightarrow CaSO_4 \cdot 2\,H_2O + 2\,HCOOH \qquad (3.43)$$

$$Ca(HCO_3)_2 + H_2SO_4 \longrightarrow CaSO_4 \cdot 2\,H_2O + 2\,CO_2 \qquad (3.44)$$

Alle Naß-REA-Verfahren, bei denen Gips erhalten wird, beinhalten eine Reihe von Nachteilen: Zum einen enthält REA-Gips noch Rauchgasbestandteile, zum anderen kann er Naturgips nur bis zu einem Verhältnis von maximal 1:2 Anteilen ersetzen. Hierbei muß er hinsichtlich der Korngröße noch strenge Kriterien erfüllen, da sie über die Abbindefähigkeit entscheidet. Weiterhin liefern Naß-REA-Verfahren chloridhaltige Abwässer, die konzentriert (Energie!) werden müssen. In der Regel sind aufwendige chemische Abwasserbehandlungen (Fällungen) notwendig, deren Reststoffe deponiert werden müssen.

Naßentschwefelungsverfahren beinhalten noch einen weiteren Nachteil: Die Rauchgase müssen vor der REA abgekühlt werden. Diese ausgekoppelte Energie ist aber nicht nutzbar, da sie wieder zur Aufheizung der Rauchgase vor dem Kamin benötigt wird. Bei einer Steinkohlefeuerung von 700 MW Feuerungsleistung beträgt die Kaminhöhe beispielsweise mehr als 200 m. Damit die Rauchgase nach dem Verlassen des Kamins noch einen thermischen Auftrieb erfahren, müssen sie diesen mit einer Temperatur von mindestens 90 °C verlassen. Hierzu heizt man sie in der Regel wieder auf etwa 120 °C auf (Wärmetauscher). Bei den sogenannten „schornsteinlosen Kraftwerken" wird die ausgekoppelte Wärme genutzt, womit der Wirkungsgrad deutlich über 40%, dem maximalen Wirkungsgrad von Kohlekraftwerken, gesteigert wird. *„Schornsteinlose Kraftwerke"*, die z.Z. in einer Größenordnung von etwa 200 MW Feuerungsleistung existieren, können hingegen ihre Heizenergie nur über ein Fernwärmesystem zum Verbraucher bringen, wodurch Energieverluste unvermeidlich sind. Darüber hinaus erfordern sie, wenn sie zur Abdeckung der Spitzenlast dienen sollen, die Installation aufwendiger Wärmespeicher. Bei den „schornsteinlosen Kraftwerken" werden die abgekühlten Rauchgase über den Kühlturm abgeleitet. Sie erfahren keinen thermischen Auftrieb und werden mit dem Kühlturmschwaden abgeleitet. Während die Rauchfahnen von Kohlekraftwerken mit Schornsteinen von mehr als 200 m Höhe eine solchen thermischen Auftrieb erfahren, daß sie tiefliegende Inversionsschichten (austauscharme Wetterlagen in den Wintermonaten, Kapitel 6) problemlos „durchstoßen" können, ist dies bei den Rauchgasen, die über Kühltürme abgeleitet werden, nicht mehr möglich. Dieser Nachteil setzt dem Typ des „schornsteinlosen Kraftwerks" neben den Nachteilen eines aufwendigen Fernwärmesystems Grenzen hinsichtlich der Feuerungsleistung. Den derzeit höchsten Wirkungsgrad erreichen *Blockheizkraftwerke* (vgl. hierzu Kap. 9).

Beim *Wellmann-Lord-Verfahren* handelt es sich um ein Naß-Regenerativ-Verfahren, bei dem ein SO_2-Reichgas erhalten wird, vergleichbar mit dem BF/Uhde-Verfahren (= Simultanverfahren). Hierbei wird Natriumsulfit im Kreislauf geführt:

$$Na_2SO_3 + SO_2 + H_2O \longrightarrow 2\,NaHSO_3 \quad (3.45)$$

$$2\,NaHSO_3 + O_2 \longrightarrow Na_2SO_4 + H_2SO_4 \quad (3.46)$$

$$2\,NaHSO_3 \longrightarrow Na_2SO_3 + SO_2\,(\text{Reichgas}) + H_2O \quad (3.47)$$

Das erhaltene Reichgas kann zur Gewinnung von flüssigem SO_2 oder direkt zur Schwefelsäureherstellung verwandt werden. Das *Claus-Verfahren* ermöglicht zusätzlich die Gewinnung von elementarem Schwefel:

$$2\,H_2S + SO_2 \longrightarrow 3\,S + 2\,H_2O \quad (3.48)$$

Die *Entschwefelung mit Magnesiumoxid* (MgO) wird in Deutschland nicht angewandt. Bei diesem Verfahren wird Magnesiumsulfit ($MgSO_3$) erhalten, das thermisch zu MgO und SO_2 gespalten wird:

$$MgCl_2 + 2\,SO_2 + 2\,H_2O \longrightarrow Mg(HSO_3)_2 + 2\,HCl \quad (3.49)$$

$$Mg(HSO_3)_2 + MgO \longrightarrow 2\,MgSO_3 + H_2O \quad (3.50)$$

$$MgSO_3 + 2\,HCl \longrightarrow MgCl_2 + SO_2 + H_2O \qquad (3.51)$$

$$MgCl_2 + H_2O \longrightarrow MgO + 2\,HCl \qquad (3.52)$$

Ein weiteres Verfahren, das derzeit noch nicht zur großtechnischen Anwendung kommt, ist das *Degussa-Plinke-Verfahren*, bei dem durch Oxidation mit Wasserstoffperoxid (H_2O_2) Schwefelsäure gewonnen wird:

$$SO_2 + H_2O_2 \longrightarrow H_2SO_4 \qquad (3.53)$$

Der im Rahmen eines EG-Forschungsprojektes entwickelte *Ispra-Mark-13A-Prozeß* ist derzeit noch nicht großtechnisch anwendbar. Er beinhaltet als Besonderheit eine Elektrolyse:

$$SO_2 + 2\,H_2O + Br_2 \longrightarrow H_2SO_4 + 2\,HBr \qquad (3.54)$$

$$2\,HBr \longrightarrow H_2 + Br_2 \quad \text{(Elektrolyse)} \qquad (3.55)$$

Die zuletzt besprochenen Verfahren zeigen einen deutlichen Trend in der Abgasreinigungstechnologie weg von zu deponierenden Abfällen und hin zu vermarktungsfähigen Produkten.

3.3.4 Rauchgasentstickungsverfahren (DENOX-Verfahren)

Man unterscheidet bei den *DENOX-Verfahren* zwischen zwei Verfahrenstypen, die zwar beide die Stickoxide zu elementarem Stickstoff reduzieren, dies jedoch entweder mit oder ohne einen Katalysator erzielen:

- selektive katalytische Reduktion (SCR) und
- selektive nichtkatalytische Reduktion (SNCR).

Die *selektive katalytische Reduktion (SCR)* kann an mehreren Stellen einer Verbrennungsanlage eingesetzt werden (Abbildung 3.8). Die Reduktion der Stickoxide (NO_x) wird durch Zugabe von Ammoniak (NH_3) erreicht und verläuft bei 320 bis 400 °C mit hohen Umsetzungsraten. Hierbei unterscheidet man zwischen drei Varianten:

- *High-Dust-Katalyse* vor der Staubabscheidung,
- *Low-Dust-Katalyse* im Wärmetauscher und
- Niedertemperaturkatalyse vor der REA (Abbildung 3.8).

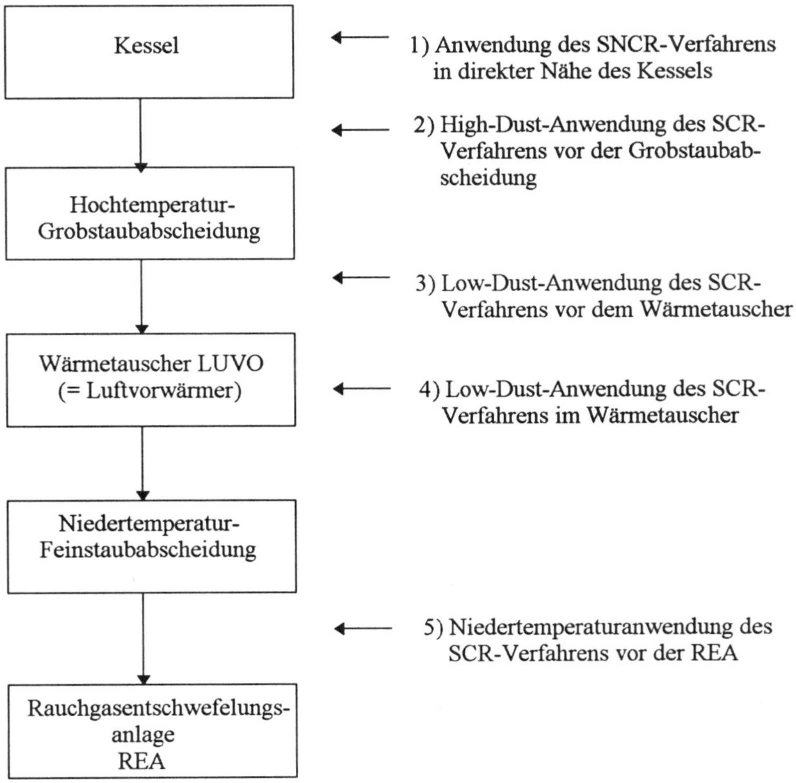

3.8 Anwendungsmöglichkeiten der DENOX-Verfahren

Dabei wird SO_3 zu Ammoniumsulfat umgesetzt (Belastung des REA-Abwassers):

$$SO_3 + NH_3 + H_2O \longrightarrow NH_4HSO_4 \quad (3.56)$$

$$SO_3 + 2\,NH_3 + H_2O \longrightarrow (NH_4)_2SO_4 \quad (3.57)$$

$$4\,NO + 4\,NH_3 + O_2 \longrightarrow 4\,N_2 + 6\,H_2O \quad (3.58)$$

Wegen der geringen NO_X-Frachten und schwankenden Rauchgastemperaturen ist bei Müllverbrennunganlagen jedoch die SNCR-Technik der SCR-Technik aus wirtschaftlichen Gründen vorzuziehen.

Das gebildete Ammoniumsulfat stellt einen *Reststoff* dar. Wegen einem Überangebot an Stickstoffdünger kann es nicht als Düngemittel vermarktet werden und erfordert wegen der Wasserlöslichkeit einen hohen Aufwand bei der Deponierung. Darüber hinaus muß wegen des Ammoniumsulfats das Abwasser der nachgeschalteten REA in einer Kläranlage gereinigt werden.

Die *selektive nichtkatalytische Reduktion (SNCR)* wird in direkter Nähe des Kessels angewandt und verläuft mit hohen NO_x-Abscheidegraden nur in einem engen Temperaturbereich, der bei etw 870 °C liegt. Ihre Anwendung beinhaltet wegen einer erforderlichen überstöchiometrischen NH_3-Zugabe folgende Nachteile:

- Bildung und Ablagerung von NH_4HSO_4 in der Flugasche und
- NH_3-Belastung des REA-Abwassers.

Hierbei reagieren die im Abgas enthaltenen Stickoxide mit Ammonik zu elementarem Stickstoff (Redoxkomproportionierung):

$$4\,NH_3 + 6\,NO \longrightarrow 5\,N_2 + 6\,H_2O \quad (3.59)$$

$$4\,NH_3 + 4\,NO + O_2 \longrightarrow 4\,N_2 + 6\,H_2O \quad (3.60)$$

$$8\,NH_3 + 6\,NO_2 \longrightarrow 7\,N_2 + 12\,H_2O \quad (3.61)$$

$$4\,NH_3 + 3\,O_2 \longrightarrow 2\,N_2 + 6\,H_2O \quad (3.62)$$

Ein zu hoher Sauerstoffgehalt des Abgases führt jedoch zu einer unerwünschten Bildung zusätzlicher Stickoxide aus Ammoniak:

$$4\,NH_3 + 7\,O_2 \longrightarrow 4\,NO_2 + 6\,H_2O \quad (3.63)$$

$$4\,NH_3 + 5\,O_2 \longrightarrow 4\,NO + 6\,H_2O \quad (3.64)$$

$$2\,NH_3 + 2\,O_2 \longrightarrow N_2O + 3\,H_2O \quad (3.65)$$

$$8\,NH_3 + 12\,NO + 5\,O_2 \longrightarrow 10\,N_2O + 12\,H_2O \quad (3.66)$$

$$16\,NH_3 + 12\,NO_2 + 7\,O_2 \longrightarrow 14\,N_2O + 24\,H_2O \quad (3.67)$$

In einer Variante des SNCR-Verfahrens, dem *NO_xOUT-Verfahren* der Fa. Nalco Fuel Tech wird Harnstoff anstelle von Ammoniak eingesetzt:

$$H_2O \longrightarrow H^{\bullet} + OH^{\bullet} \quad \text{(thermisch)} \quad (3.68)$$

$$(NH_2)_2CO + 2H^{\bullet} \longrightarrow 2\,NH_3 + CO \quad (3.69)$$

$$NH_3 + OH^{\bullet} \longrightarrow NH_2^{\bullet} + H_2O \quad (3.70)$$

$$NH_2^{\bullet} + NO \longrightarrow N_2 + H_2O \quad (3.71)$$

$$2\,CO + O_2 \longrightarrow 2\,CO_2 \quad (3.72)$$

Eine weitere mögliche Variante dieses Verfahrens stellt der Einsatz von Gülle anstelle von Harnstoff dar, womit sich eine Möglichkeit zur Entsorgung von Gülle aus der Masttierhaltung anbietet.

Das *Walther-Verfahren* wurde ursprünglich als Entschwefelungsverfahren entwickelt und wird im Großkraftwerk Mannheim eingesetzt. Es konnte sich aber wegen der NO_x-Abscheidegrade, mit denen nicht die geforderten Grenzwerte der Großfeuerungsanlagenverordnung [8] eingehalten werden konnten, mit nachgeschalteter Entstickung nicht als Simultanverfahren behaupten. Bei diesem Verfahren wird SO_2 zu Ammoniumsulfat umgesetzt:

$$SO_2 + NH_3 + H_2O \longrightarrow NH_4SO_3 \quad (3.73)$$

$$NH_4SO_3 + NH_3 \longrightarrow (NH_4)_2SO_3 \quad (3.74)$$

$$(NH_4)_2SO_3 + \tfrac{1}{2}\,O_2 \longrightarrow (NH_4)_2SO_4 \quad (3.75)$$

Dieser Reststoff ist wegen seiner Wasserlöslichkeit nicht deponierbar und wegen des Überangebotes an natürlichem Stickstoffdünger auf dem deutschen Markt schlecht abzusetzen. Zur Abscheidung der Stickoxide ist zunächst eine Oxidation des NO mit Ozon erforderlich, wobei auch eine Oxidation des Ammoniumsulfits zu Ammoniumsulfat erfolgt. Das nunmehr vorliegende NO_2 wird mit Ammoniak zu Ammoniumnitrat umgesetzt:

$$NO + O_3 \longrightarrow NO_2 + O_2 \quad (3.76)$$

$$2\,NO_2 + 2\,NH_3 + H_2O \longrightarrow NH_4NO_2 + NH_4NO_3 \quad (3.77)$$

$$NH_4NO_2 + \tfrac{1}{2}\,O_2 \longrightarrow NH_4NO_3 \quad (3.78)$$

$$(NH_4)_2SO_3 + O_3 \longrightarrow (NH_4)_2SO_4 + O_2 \quad (3.79)$$

$$2\,NO_2 + 4\,(NH_4)_2SO_3 \longrightarrow 4\,(NH_4)_2SO_4 + N_2 \quad (3.80)$$

Fluorwasserstoff und Chlorwasserstoff werden ebenfalls als Ammoniumsalze abgeschieden:

$$HF + NH_3 \longrightarrow NH_4F \quad (3.81)$$

$$HCl + NH_3 \longrightarrow NH_4Cl \quad (3.82)$$

Während die SCR-Technik lediglich als Nachrüstung bei Verbrennungsanlagen Verwendung fand, die schon mit einer Entschwefelungsanlage ausgerüstet waren, und die SNCR-Technik ihre Vorzüge bei Müllverbrennungsanlagen hat, werden neue Kohlekraftwerke mittlerweile mit Anlagen ausgerüstet, die nach Simultanverfahren arbeiten.

3.3.5 Simultan-Verfahren

Simultan- oder Kombiverfahren vereinen Entschwefelung und Entstickung in einem Verfahren.

Das *Aktivkoks-Verfahren nach BF/Uhde, Petersen* (BF = Institut für Bergbauforschung) ist ein trockenes Verfahren, bei dem Schwefelsäure bei 90 bis 150 °C an Aktivkoks adsorbiert wird. Parallel zur Oxidation des SO_2 zu Schwefelsäure erfolgt eine Reaktion des NO mit Ammoniak zu elementarem Stickstoff:

$$SO_2 + \frac{1}{2} O_2 + H_2O \longrightarrow H_2SO_4 \quad (3.83)$$

$$4\,NO + 4\,NH_3 + O_2 \longrightarrow 4\,N_2 + 6\,H_2O \quad (3.84)$$

Die Desorption der Schwefelsäure bei 400 bis 450 °C führt zu deren Zersetzung, wobei unter intermediärer Bildung sogenannter „Kohlenstoff-Oberflächenoxide" SO_2 entsteht, das angereichert werden kann. Der Zerfall der „Kohlenstoff-Oberflächenoxide" C_XO_2 ist hierbei mit dem temperaturabhängigen *Boudouard-Gleichgewicht* (Abschnitt 1.2.4, Gleichung 1.27) vergleichbar:

$$2\,H_2SO_4 + C_x \longrightarrow 2\,SO_2 + 2\,H_2O + C_xO_2 \quad (3.85)$$

$$C_xO_2 \longrightarrow C_{(x-1)} + CO_2 \quad (3.86)$$

Das Verfahren ermöglicht die Simultanabscheidung von SO_2, NO_x, HCl und HF. SO_2 kann angereichert und der Schwefelsäureproduktion zugeführt werden. Wegen des Energiebedarfs der Desorption ist eine Wärmeauskopplung unmöglich.

Beim *DESONOX-Verfahren* wird zunächst bei 450 °C eine Heißentstaubung vorgenommen, dann bei 400 bis 460 °C die Entstickung durchgeführt und anschließend bei der gleichen Temperatur SO_2 zu Schwefelsäure umgesetzt. Nicht umgesetztes SO_2 wird mit H_2O_2 oxidiert:

$$SO_2 + \frac{1}{2} O_2 + H_2O \longrightarrow H_2SO_4 \quad (3.87)$$

$$SO_2 + H_2O_2 \longrightarrow H_2SO_4 \quad (3.88)$$

Das *Komplexsalz-Verfahren nach Saarberg-Hölter* weist die Besonderheit auf, daß die Reduktion von wasserunlöslichem NO in wäßrigem Milieu erfolgt und NO an einen Eisen-EDTA-Komplex (EDTA = Ethylendiamintetraacetat) angelagert wird:

$$NO + Fe(II)EDTA \longrightarrow Fe(II)EDTA \cdot NO \quad (3.89)$$

$$Fe(II)EDTA \cdot NO + SO_3^{2-} \longrightarrow Fe(II)EDTA + \frac{1}{2} N_2 + SO_4^{2-} \quad (3.90)$$

$$SO_4^{2-} + Ca(OH)_2 \longrightarrow CaSO_4 + 2\,OH^- \quad (3.91)$$

Das als Sulfit gelöste SO_2 wird dabei zu Gips umgewandelt. Der Nachteil dieses Verfahrens liegt in der Problematik des REA-Gipses und in der notwendigen Abwasserreinigung.

Beim *Elektronenstrahl-Verfahren* handelt es sich um ein echtes Simultanverfahren. Das Rauchgas wird bei 70 bis 120 °C nach der Entstaubung mit NH_3 versetzt und mit beschleunigten Elektronen von 300 bis 800 keV bestrahlt, wobei Radikale entstehen:

$$NO_2 + O_2 + H_2O \longrightarrow OH^{\bullet} + O^{\bullet} + N^{\bullet} \quad (3.92)$$

$$SO_2 + O^{\bullet} \longrightarrow SO_3 \quad (3.93)$$

$$SO_3 + H_2O \longrightarrow H_2SO_4 \quad (3.94)$$

$$SO_2 + OH^{\bullet} \longrightarrow HSO_3^{\bullet} \quad (3.95)$$

$$HSO_3^{\bullet} + OH^{\bullet} \longrightarrow H_2SO_4 \quad (3.96)$$

$$H_2SO_4 + 2\,NH_3 \longrightarrow (NH_4)_2SO_4 \quad (3.97)$$

Der Nachteil dieses Verfahrens liegt auch hier in der Problematik des Reststoffs Ammoniumsulfat.

Beim *Säureverfahren nach Ciba-Geigy* wird aus SO_2 und NO durch Oxidation ein Gemisch aus Schwefelsäure und Salpetersäure erhalten. Dieses Gemisch findet in der Chemieindustrie als Nitriergemisch Verwendung.

$$2\,SO_2 + H_2O + NO + NO_2 + O_2 \longrightarrow \underset{\text{Nitrosylhydrogensulfat}}{2\,NOHSO_4} \quad (3.98)$$

$$SO_2 + 2\,NOHSO_4 + 2\,H_2O \longrightarrow 3\,H_2SO_4 + 2\,NO \quad (3.99)$$

$$2\,NOHSO_4 + H_2O \longrightarrow 2\,H_2SO_4 + NO + NO_2 \quad (3.100)$$

$$3\,NO_2 + H_2O \longrightarrow 2\,HNO_3 + NO \quad (3.101)$$

$$4\,NO + 3\,O_2 + 2\,H_2O \longrightarrow 4\,HNO_3 \quad (3.102)$$

Die Auswahl eines Simultan-Verfahrens richtet sich unter dem Aspekt einer Kreislaufführung von Stoffen (Kapitel 4) hauptsächlich danach, ob die bei der Abgasreinigung entstehenden Reststoffe wieder in den Produktionskreislauf rückgeführt werden können oder unter finanziellem Aufwand deponiert werden müssen.

3.4 Nachverbrennungsverfahren

Eine Nachverbrennung von Abgasen ist oft bei Emissionen von Lösemitteln notwendig, sofern eine Adsorption an Aktivkohle mit anschließender Regenerierung entweder wegen der Stoffvielfalt unwirtschaftlich (Trennung in Einzelkomponenten) oder wegen hoher Massenkonzentrationen technisch unmöglich ist. Man unterscheidet bei der Nachverbrennung zwischen

- katalytischer Nachverbrennung,
- thermischer Nachverbrennung und
- regenerativer Nachverbrennung.

Bei der *katalytischen Nachverbrennung* werden die Abgasinhaltsstoffe bei 250 bis 300 °C verbrannt. Bei den meisten Katalysatoren muß das Abgas frei von „Katalysatorgiften" (Schwermetalle) sein. Die Anwendung der katalytischen Nachverbrennung beschränkt sich deshalb auf reine Lösemittel. Sie kann nur bis zu Massenkonzentrationen von 5 mg/m^3 angewandt werden. Bei höheren Massenkonzentrationen ist nur eine rein *thermische Nachverbrennung* anwendbar, die bei 700 bis 900 °C abläuft. In diesem Temperaturbereich ist eine NO-Bildung (Abschnitt 1.2.6) möglich. Typische Anwendungsgebiete für die thermische Nachverbrennung sind die Bitumenherstellung (Kohlenwasserstoffe), die Herstellung von Phenolharzen (Phenole), die Spanplattenproduktion (Aldehyde) sowie der Offsetdruck (organische Lösemittel). Bei der *regenerativen Nachverbrennung* wird die thermische Energie des Reingases in einer Wärmetauschermasse gespeichert und steht für einen Oxidationsprozeß zur Verfügung. Dieses Verfahren eignet sich nur für Massenkonzentrationen bis zu 1 g/m^3 im Abgas.

3.5 Die Abgasreinigung bei Verbrennungsmotoren

3.5.1 Die Abgasreinigung bei Ottomotoren

Ottomotoren emittieren CO, NO_x und Kohlenwasserstoffe (englisch: HC = hydrocarbons). Für die Anteile dieser Schadstoffe im Abgas ist das Sauerstoff-Treibstoffverhältnis bei der Verbrennung entscheidend. Dieses Verhältnis wird mit λ bezeichnet. Gemische mit einem Verhältnis $\lambda>1$ bezeichnet man als Magergemische. Ihre

Abgase enthalten bei der Verbrennung weniger CO und HC als das Abgas bei der Verbrennung eines Gemisches mit $\lambda=1$, dafür aber mehr NO_x. Gemische mit einem Sauerstoff-Treibstoff-Verhältnis $\lambda<1$ bezeichnet man als fette Gemische. Ihre Verbrennung führt zwar zu geringeren NO_x-Emissionen als im Idealfall, dafür aber zu mehr CO und HC.

Die Abgasreinigung bei Ottomotoren erfolgt mittels Abgaskatalysatoren, in denen Oxidationen von CO und HC sowie die Reduktion von NO_x ablaufen. In Abbildung 3.9 ist die Wirkungsweise eines Oxidationskatalysators für Ottomotoren schematisch dargestellt. Hierbei werden unverbrannte Kohlenwasserstoffe zu CO_2 und Wasser sowie CO zu CO_2 oxidiert. Bei der Umsetzung eventuell entstandener Wasserstoff (vgl. Nebenreaktionen eines Katalysators) wird zu Wasser oxidiert:

$$C_xH_y + (x + y/4)\,O_2 \longrightarrow x\,CO_2 + y/2\,H_2O \qquad (3.103)$$

$$CO + 1/2\,O_2 \longrightarrow CO_2 \qquad (3.104)$$

$$H_2 + 1/2\,O_2 \longrightarrow H_2O \qquad (3.105)$$

Die vollständige Oxidation wird durch das Einleiten zusätzlicher Sekundärluft in den Katalysator erreicht.

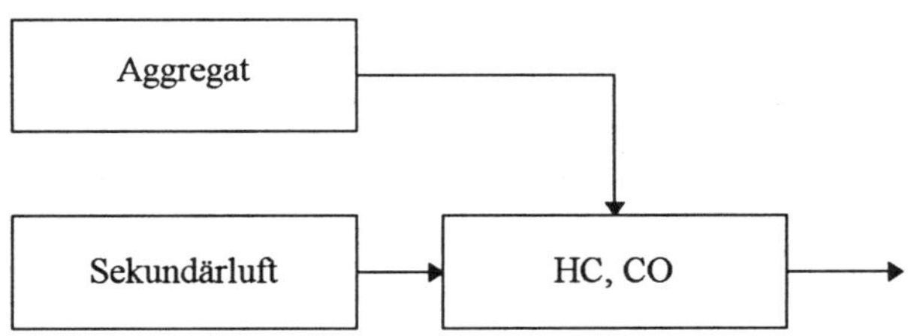

3.9 Schematische Darstellung der Wirkungsweise eines Oxidationskatalysators für Ottomotoren. Die vollständige Oxidation der Schadstoffe CO und HC wird durch zusätzliches Einleiten von Luft in den Katalysator erreicht.

Von den verschiedenen Katalysatorsystemen wird mittlerweile der geregelte *Dreiwege-Katalysator* als das beste angesehen (Abbildung 3.10). Der Katalysator besteht entweder aus einem Metall- oder einem Keramikträger (Magnesium-Aluminium-Silikat), auf den Edelmetalle (Platin, Palladium) aufgebracht sind. Die Steuerung der Benzineinspritzung erfolgt über einen Prozessor, dem eine in den Abgaskanal vor dem Katalysator eingesetzte *Lambda-Sonde* die Sauerstoffkonzentration des Abgases übermittelt und so für eine exakte Einstellung des Sauerstoff-Brennstoff-Verhältnisses $\lambda=1$ sorgt. Die Abgasreinigung mittels geregeltem Dreiwegekatalysator liefert nur bei geringen Abweichungen von $\lambda=1$ zufriedenstellende Ergebnisse. Dieser Bereich wird als das „*Lambda-Fenster*" bezeichnet.

Im Gegensatz zum reinen Oxidationskatalysator findet beim geregelten Dreiwege-Katalysator zusätzlich eine Reduktion des NO zu N_2 statt:

$$CO + NO \longrightarrow 1/2\, N_2 + CO_2 \quad (3.106)$$

$$C_xH_y + 2(x + y/4)\, NO \longrightarrow (x + y/4)\, N_2 + y/2\, H_2O + x\, CO_2 \quad (3.107)$$

$$H_2 + NO \longrightarrow 1/2\, N_2 + H_2O \quad (3.108)$$

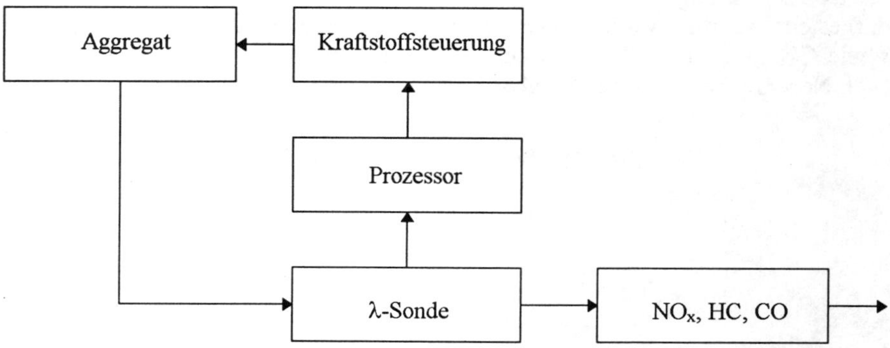

3.10 Schematische Darstellung der Wirkungsweise eines geregelten Dreiwege-Katalysators mit Lambda-Sonde

In Abbildung 3.11 ist der Wirkungsgrad eines geregelten Dreiwegekatalysators in Abhängigkeit vom Sauerstoff-Treibstoff-Verhältnis λ graphisch dargestellt. Hierzu wurde aus Daten des Umweltbundesamtes [9] die relative Schadstoffkonzentration des Abgases errechnet. Dieses Verhältnis beschreibt die Reinigungsleistung eines Abgaskatalysators:

$$C_{rel} = \frac{C_{roh} - C_{rein}}{C_{roh}} \quad (3.109)$$

Hierbei ist C_{roh} die Konzentration des Schadstoffs im Rohgas und C_{rein} die Konzentration des Schadstoffs im Reingas. Die relative Schadstoffkonzentration C_{rel} ist im Idealfall $C_{rel} = 1$ und strebt im ungünstigsten Fall dem Wert Null entgegen. Aus Abbildung 3.11 ist ersichtlich, daß nur ein Sauerstoff-Treibstoff-Verhältnis $\lambda=1$ befriedigende Ergebnisse liefert. Fette Gemische ($\lambda<1$) ergeben zwar eine gute NO_x-Reduktion, jedoch schlechte CO- und HC-Oxidationen. Umgekehrt führen Versuche, die CO- und HC-Oxidation noch zu verbessern ($\lambda>1$) zu einer sprunghaften Verschlechterung des NO_x-Abbaus.

Beim ordnungsgemäßen Betrieb eines geregelten Dreiwege-Katalysators ($\lambda = 1$) treten keine Nebenreaktionen auf. Bei ungeregelten Katalysatoren mit stark variierenden λ-Betriebspunkten kann bei magerer Abgaszusammensetzung ($\lambda > 1$, oxidierende Wirkung) im Benzin enthaltener Schwefel über SO_2 zu SO_3 oxidiert werden [10]:

$$SO_2 + 1/2\ O_2 \longrightarrow SO_3 \qquad (3.110)$$

Bei fetter Abgaszusammensetzung ($\lambda < 1$, reduzierende Wirkung) wird intermediär Wasserstoff erzeugt:

$$C_xH_y + 2x\ H_2O \longrightarrow x\ CO_2 + x(2 + y/2)\ H_2 \qquad (3.111)$$

$$CO + H_2O \longrightarrow CO_2 + H_2 \qquad (3.112)$$

Dieser reduziert SO_2 zu H_2S und NO zu NH_3. Die Entstehung von NH_3 wiederum bewirkt die Bildung von HCN:

$$SO_2 + 3\ H_2 \longrightarrow H_2S + 2\ H_2O \qquad (3.113)$$

$$5\ H_2 + 2\ NO \longrightarrow 2\ NH_3 + 2\ H_2O \qquad (3.114)$$

$$NH_3 + CH_4 \longrightarrow HCN + 3\ H_2 \qquad (3.115)$$

H_2S und HCN sind beide Katalysatorgifte.

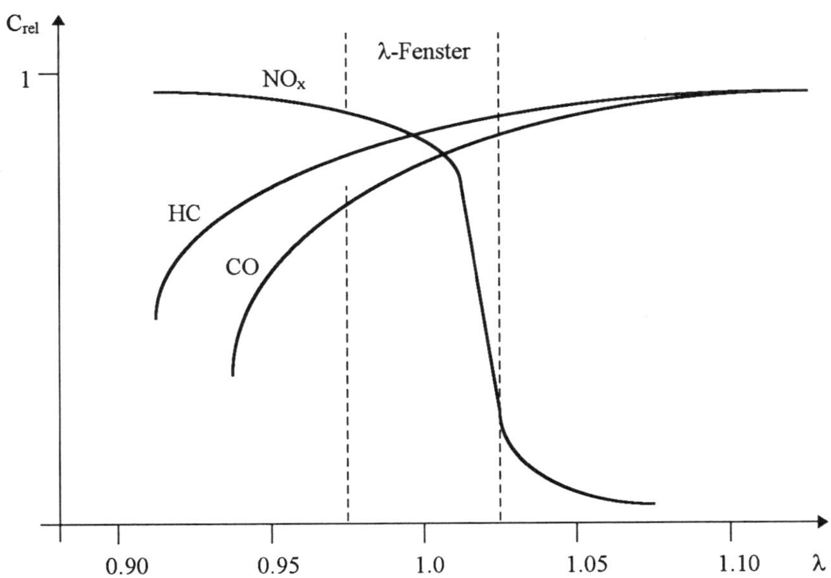

3.11 Graphische Darstellung der Reinigungsleistung eines Dreiwegekatalysators in Abhängigkeit vom Sauerstoff-Treibstoff-Verhältnis λ (Gleichung 3.109). Ein zufriedenstellender Betrieb des Katalysators ist nur in unmittelbarer Umgebung des Wertes $\lambda = 1$ möglich.

3.5.2 Die Abgasreinigung bei Dieselmotoren

Das Abgasverhalten des Dieselmotors zeichnet sich gegenüber dem des Ottomotors durch geringere CO-Emissionen, geringere HC-Emissionen und deutlich geringere NO_x-Emissionen aus. Dagegen weist der Dieselmotor die Besonderheit der Partikelemission (Ruß) und damit die Emission daran anhaftender *polycyclischer aromatischer Kohlenwasserstoffe* (englisch: PAH = polycyclic aromatic hydrocarbons) auf.

Der *PKW-Diesel* ist von seiner baulichen Ausführung her entweder ein Vorkammer- oder ein Wirbelkammermotor. Der Dieseltreibstoff wird, bevor er in die Brennkammer gelangt, dort intensiv mit Luft durchmischt. Wird der PKW-Diesel mit einer Direkteinspritzung betrieben, erhöhen sich die NO_x-Emissionen. Diese können zwar durch eine Abgasrückführung wiederum reduziert werden, jedoch nur auf Kosten der HC- und Partikelemissionen. Beim PKW-Diesel besteht bisher noch keine Möglichkeit für den Einsatz eines Partikelfilters, da eine thermische Regeneration nicht möglich ist. Diese erfordert Temperaturen, die der PKW-Diesel selbst im Vollastbereich nicht erreichen kann.

Der *Schwerlastdiesel* weist gegenüber dem PKW-Diesel wegen der Direkteinspritzung höhere NO_x-Emissionen auf. Diese können jedoch durch eine Abgasrückführung und eine Ladeluftkühlung des Turboladers entscheidend reduziert werden. Darüber hinaus können Schwerlastdiesel mit Partikelfiltern ausgerüstet werden, die im Vollastbereich regenerierbar sind.

Beim Dieselmotor ist die Möglichkeit der NO_X-Reduktion durch Abgaskatalysatoren derzeit noch nicht gegeben. Abgaskatalysatoren für PKW-Diesel sind deshalb Oxidationskatalysatoren, die eine Verbesserung der HC-Emissionen erzielen. Prinzipiell ist jedoch die Reduktion der Stickoxide unter Verwendung von Treibstoffadditiven, ähnlich der DENOX-Verfahren bei Kraftwerksabgasen, denkbar und in naher Zukunft zu erwarten.

3.6 Die biologische Abluftreinigung

Biologische Abgasreinigungsverfahren kommen bei Abgaskonzentrationen unterhalb von 2 g/m^3 zum Einsatz, bei denen eine thermische Oxidation oder eine Nachverbrennung unwirtschaftlich ist. Dies ist vor allem bei geruchsintensiven Stoffen der Fall, die schon in geringen Konzentrationen auf den Menschen eine belästigende, jedoch keine toxische oder kanzerogene Wirkung ausüben. Bei diesen Stoffen ist wegen der subjektiven Geruchswahrnehmung des Menschen, die sich im zeitlichen Verlauf steigern kann, keine Dosis-Wirkungs-Beziehung möglich. Bei diesen Stoffen wird vielmehr die Häufigkeit einer Einwirkung als eine *Dosis-Häufigkeits-Beziehung* gewertet. Da sie mitunter schon in Konzentrationen eine Geruchsbelästigung ausüben, die unterhalb der Nachweisgrenze geeigneter Meßverfahren liegen, müssen Abgasreinigungsverfahren angewandt werden, die auch in diesen Konzentrationsbereichen eine effektive Emissionsminderung bewirken.

Emissionen von Stoffen, die keine toxische oder kanzerogene Wirkung auf den Menschen ausüben, jedoch eine intensive Geruchsbelästigung darstellen, können bei Tierkörperverwertungen, Fischmehlfabriken, Gießereien, die nach dem Cold-Box-Verfahren (Polyurethan-Gießsande mit Aminen als Katalysatoren) arbeiten, Gießereien, die Phenolharz-Gießsande verarbeiten (Kresole als Pyrolyseprodukte der Phenole), Kaffeeröstereien und Müllkompostanlagen auftreten. Generelle Voraussetzung für den Einsatz eines biologischen Abgasreinigungsverfahrens ist die Löslichkeit des aus dem Abgas zu entfernenden Stoffes in Wasser. Bakterien, die einen Biofilter besiedeln, können einen in Wasser gelösten Stoff abbauen, d.h. oxidieren.

Es gibt folgende Anlagen zur biologischen Abluftreinigung:

- Membranreaktoren,
- Biofilter und
- Biowäscher.

In *Membranreaktoren* ist die Flüssigphase (Nährsalze) von der Gasphase durch eine Membran getrennt, die nur der gasförmige Schadstoff, nicht aber Wasser passieren kann. Die Mikroorganismen besiedeln die Membran auf der Seite der Flüssigphase.

In *Biofiltern* besiedeln die Mikroorganismen einen festen Träger, z.B. Kompost, Torf oder Heidekraut. Dieser Träger liefert den Mikroorganismen auch die Nährstoffe, weshalb er langsam verbraucht wird, d.h. verrottet. Man spricht deshalb von der „Standzeit" eines Biofilters. Wichtigste Voraussetzung für die Funktionsfähigkeit eines Biofilters ist eine gleichmäßig hohe Feuchte des Abgases.

Beim *Biowäscher* werden die Abgase zunächst in einem Sprühabsorber in Wasser gelöst, das dann dem Bioreaktor zugeführt wird, in dem der eigentliche mikrobielle Abbauvorgang abläuft. Zur Anwendung kommen Tropfkörper und Belebtschlammbecken (vgl. Kläranlagen).

Die Vorteile einer biologischen Abluftreinigung liegen in den niedrigen Betriebskosten beispielsweise des Biofilters sowie in einer effektiven Abgasreinigung bei niedrigen Massenkonzentrationen. Die Nachteile sind eine erforderliche gleichmäßige Belastung, eine relativ lange Inbetriebnahmezeit (Animpfen) sowie eine schnelle Leistungsabnahme gegen Ende der Standzeit.

Literatur

1 M. Bank; *Basiswissen Umwelttechnik.* Vogel Buchverlag, Würzburg 1993.

2 A. Heintz und G. Reinhardt, *Chemie und Umwelt.* Friedr. Vieweg & Sohn Verlagsgesellschaft mbH, Braunschweig 1990.

3 *Gesetz über die Vermeidung und Entsorgung von Abfällen (Abfallgesetz - AbfG)* vom 27.08.1986 BGBl I, S.- 1410, berichtigt am 11.09. 1986, BGBl I, S. 1501, geändert am 12.02.1990, BGBl I, S. 166 und am 11.05.1990, BGBl I, S. 870.

4 *Zweite allgemeine Verwaltungsvorschrift zum Abfallgesetz (TA Abfall)* vom 10.04.1990, GMBl 1990, Nr. 11, S. 170.

17. Bundes-Immissionsschutzverordnung - 17. BImSchV; *Siebzehnte Verordnung zur Durchführung des Bundes-Immissionsschutzgesetzes (Verordnung über Verbrennungsanlagen für Abfälle und ähnliche brennbare Stoffe)* vom 23.11.1990, BSBl I, S. 2545.

6 *Gesetz zum Schutz vor schädlichen Umwelteinwirkungen durch Luftverunreinigungen, Geräusche, Erschütterungen und ähnliche Vorgänge) (Bundesimmissionsschutzgesetz - BImSchG).* Neufassung vom 14.05.1990, BGBl I, S. 880. Zuletzt geändert am 10.12.1990, BGBl I, S. 2634.

7 Marerialien zum Vierten Immissionsschutzbericht der Bundesregierung an den Deutschen Bundestag (Drucksache 11/2714) nach §61 Bundes-Immissionsschutzgesetz; *Luftreinhaltung '88, Tendenzen - Probleme - Lösungen.* Erich Schmidt Verlag, Berlin 1989.

8 13. Bundes-Immissionsschutzverordnung - 13. BImSchV; *Dreizehnte Verordnung zur Durchführung des Bundes-Immissionsscutzgesetzes (Verordnung über Großfeuerungsanlagen)* vom 22.06.1983, BGBl I, S. 719.

9 Bericht 3/90 des Umweltbundesamtes; *Luftverschmutzung durch Stickstoffoxide.* Erich Schmidt Verlag, Berlin 1990.

10 B. H. Engler; *Katalysatoren zur Reduzierung von Schadstoffen in Autoabgasen.* Luftreinhaltung, Juni 88, S. 20.

4 Produktkreisläufe

Stoffkreisläufe sind, wie wir in Kapitel 2 gesehen haben, empfindlich gegen Einträge von Stoffen, wenn diesen nicht Stoffausträge in gleichen Größenordnungen gegenüberstehen und es damit zu Anreicherungen in den Kreisläufen kommt. Das eindrucksvollste Beispiel ist der Eintrag von Kohlendioxid in den Kohlenstoffkreislauf, dem eine wesentlich geringere *Sedimentierung* von Carbonaten in den Meeren gegenübersteht. Neben den Stoffeinträgen in verschiedene Stoffkreisläufe und den dadurch bedingten Auswirkungen in den Kreisläufen ist die Schonung der Ressourcen ein weiterer Grund für die Minimierung von industriebedingten Emissionen. Unsere Rohstoffquellen stehen uns nicht ewig zur Verfügung, sondern können in einigen Fällen, beispielsweise die Erdölvorräte, nur noch eine begrenzte Zeit in dem derzeit praktizierten Ausmaß ausgebeutet werden. Zwar wird gerade bei diesem Beispiel immer als Argument angeführt, die Ausbeutung der Rohstoffressourcen sei weniger ein Problem der zur Verfügung stehenden Rohstoffmenge als ein Problem der zur Ausbeutung zur Verfügung stehenden Technologien, es wird aber nicht berücksichtigt, daß eine Anwendung intensiverer Ausbeutungstechnologien in der Regel zu einer verstärkten Umweltbelastung führt.

Eine Vermeidung von Emissionen kann durch effektivere Emissionsminderungsmaßnahmen (*Minimierungsprinzip*) oder durch einen Verzicht auf den jeweiligen Stoff (*Verbotsprinzip*) erreicht werden. Ist letzteres nicht möglich – also beispielsweise der Verzicht auf den Einsatz von Chlor und damit auf die Produktion chlorhaltiger Polymere und die damit verbundenen Emissionen chlorhaltiger Stoffe – bietet sich als eine alternative Lösung die Rückführung von genutzten Produkten und bei der Produktion entstandenen Nebenprodukten in den Produktionsprozeß: Man bezeichnet dies als die Schaffung von *Produktkreisläufen*. Die Schaffung von Produktkreisläufen trägt sowohl zur Minderung des Stoffeintrags in die Stoffkreisläufe als auch zur Ressourcenschonung bei.

Die Schaffung von Produktkreisläufen kann schon bei den einzelnen Produktionsprozessen beginnen. Neben einer innerbetrieblichen Kreislaufführung von Stoffen ist ein weiteres Ziel die Nutzung der bei den Produktionen entstehenden Abfälle als Rohstoffe für andere Produktionen. Eine weitere Möglichkeit besteht darin, ein gemäß seiner Bestimmung genutztes Produkt anschließend wieder so aufzuarbeiten, daß das Produkt selbst oder zumindest seine Bestandteile nochmals genutzt werden können und als Rohstoffersatz dienen. Man bezeichnet dies als *Recycling*.

4.1 Kreisläufe in Produktionsprozessen

Bei großtechnischen chemischen Synthesen definiert man im Sinne der chemischen Verfahrenstechnik folgende Stoffe:

- Edukte,
- Zwischenprodukte,
- Produkte und
- Reststoffe.

Unter einem *Edukt* versteht man ein für die Synthese notwendiges Ausgangsprodukt. Dieses wird beispielsweise in einem Lösemittel gelöst und mit einem weiteren Edukt zur Reaktion gebracht. Hierbei sind mitunter *Katalysatoren* notwendig, welche die für die Reaktion notwendige Aktivierungsenergie eines Eduktes herabsetzen und damit in die Reaktion eingreifen, selbst aber keiner chemischen Umsetzung unterliegen. Wird bei einer Synthese ein Stoff erhalten, der zwar isoliert, dann aber in einem weiteren Reaktionsschritt einer neuen Umsetzung unterzogen wird, so spricht man von einem *Zwischenprodukt*. Den bei der mitunter mehrstufigen Synthese endgültig erhaltenen Stoff bezeichnet man als das *Produkt* der Synthese. Unter einem *Reststoff* versteht man einen Stoff, der, durch die Synthese bedingt, im Produkt enthalten ist. Dies kann sein

- nicht umgesetztes Edukt,
- ein Katalysator oder
- ein Lösemittel.

Reststoffe entscheiden über die Reinheit eines Produktes. Die Vermeidung von Reststoffen wird aus folgenden Gründen vorgenommen:

- Betriebswirtschaftliche Gründe (z.B. Kosten),
- Materialeigenschaften,.
- Gesundheitsgefährdung von Verbrauchern und
- Gesetzliche Auflagen für den Betrieb einer Anlage (Reststoffvermeidungsgebot).

Besonders gesundheitliche Gefährdungen von Verbrauchern zwingen zu einer vollständigen Entfernung von Verunreinigungen aus dem Produkt, beispielsweise des cancerogenen Vinylchlorids aus Polyvinylchlorid (PVC). Betriebswirtschaftliche Aspekte führen dazu, Lösemittel nicht nur aus dem Produkt zu entfernen, sondern sie wieder in die Produktion zurückzuführen. Man bezeichnet dies als einen *Prozeßkreislauf*.

Fallen bei einer Synthese mehrere Produkte in einem unterschiedlichen Verhältnis an, so unterscheidet man zwischen

- Kuppelprodukten und
- Nebenprodukten.

Kuppelprodukte entstehen immer, bedingt durch den Reaktionsmechanismus der Synthese, in einem durch den Synthesemechanismus genau definierten stöchiometrischen Verhältnis. *Nebenprodukte* werden immer durch einen alternativen zweiten und damit von der eigentlichen Synthese unabhängigen Reaktionsmechanismus gebildet. Sie entstehen nicht in einem genau definierten stöchiometrischen Verhältnis. Die anteilmäßige Bildung von Kuppelprodukten ist vom Reaktionsmechanismus abhängig und kann nicht durch die Änderung der Reaktionsbedingungen beeinflußt werden. Die im Verhältnis zum Produkt anteilmäßig entstehenden Nebenprodukte können durch die Variation der Reaktionsbedingungen in ihrer Ausbeute beeinflußt werden.

Nicht verwertbare Produkte, Nebenprodukte und Reststoffe stellen im Sinne des Abfallgesetzes [1] Abfall dar und müssen entsorgt werden. Sobald sie jedoch einer anderen Verwendung zugeführt werden können, stellen sie ein Wirtschaftsgut dar und unterliegen nicht mehr der Entsorgungs- und Überwachungspflicht nach dem Abfallgesetz.

Ein Beispiel für die Entstehung eines Nebenproduktes ist die in Abschnitt 1.2.17 beschriebene Entstehung der polychlorierten *Dibenzodioxine* und *Dibenzofurane*. Neben den notwendigen Ausgangsstoffen ist bei diesem Beispiel vor allem die Reaktionstemperatur, also eine Verfahrensgröße, für ihre Entstehung verantwortlich.

Ein Beispiel für die Entstehung von Kuppelprodukten ist die Phenolsynthese nach Hock, bei der im stöchiometrischen Verhältnis 1:1 Phenol und Aceton entstehen. Dieses Verhältnis resultiert aus dem Reaktionsmechanismus und kann durch eine Änderung der Reaktionsbedingungen nicht verändert werden:

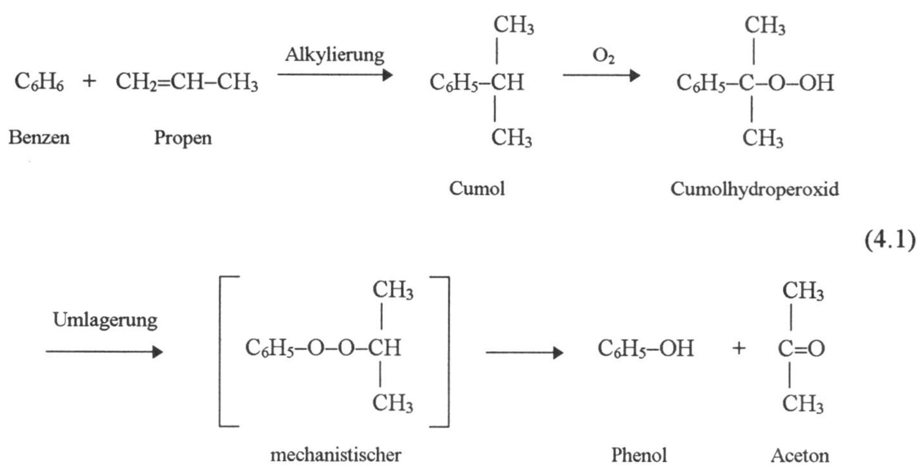

(4.1)

Während Cumol in Gleichung 4.1 ein isolierbares Zwischenprodukt darstellt, wird das Hydroperoxid sofort weiterverarbeitet. Der mechanistische Zwischenschritt, der über eine Umlagerung die anschließende Spaltung in die Kuppelprodukte Phenol und Aceton erklärt, liefert kein Zwischenprodukt, sondern ist nur ein Hilfsmittel zur Klärung des Reaktionsmechanismus.

Die Gründe zur Vermeidung von Reststoffen durch Kreislaufführungen sind aus betriebswirtschaftlicher Sicht

- das Reststoffvermeidungsgebot (Genehmigung zum Betrieb einer Anlage),
- die Senkung der Produktionskosten (z.B. Lösemittelverbrauch),
- die Vermeidung aufwendiger Emissionsminderungsmaßnahmen und
- die Senkung der Entsorgungskosten.

Sofern Reststoffe nicht durch die Anwendung von Kreislaufführungen wieder in den Produktionsprozeß rückgeführt werden können, ist das nächste Ziel, sie in ein anderes Produktionsverfahren einzubringen, um so Rohstoffe einzusparen. Hierbei muß jedoch der Reststoff eine kostengünstige Alternative zu dem entsprechenden Rohstoff darstellen. In den folgenden Abschnitten sollen hierfür einige Beispiele besprochen werden.

4.2 Die Verwertung von Reststoffen

Während Kreislaufführungen in Produktionsprozessen vorrangig unter betriebswirtschaftlichen Aspekten betrieben werden, sind die Gründe für eine konsequente Kreislaufwirtschaft,

- die größtmögliche Abfallminimierung und
- ein effektiver Ressourcenschutz.

Dies kann aber auch dazu führen, daß der Einsatz kostengünstiger Reststoffe über die Anwendung eines großtechnischen Verfahrens entscheidet. In den folgenden Abschnitten werden dazu einige großtechnische Verfahren als Beispiele angeführt.

4.2.1 Die Schwefelsäuregewinnung

Schwefelsäure stellt einen wichtigen Rohstoff für die chemische Industrie dar. Zu ihrer Herstellung wird zunächst elementarer Schwefel verbrannt, wobei Schwefeldioxid (SO_2) entsteht. Dieses wird mittels eines *Katalysators* (= Kontakt) zu Schwefeltrioxid (SO_3) oxidiert, weshalb man das Verfahren auch als das *Kontaktverfahren* bezeichnet. Die eigentliche Schwefelsäuresynthese erfolgt durch die Reaktion des Schwefeltrioxids mit Wasser, wobei man im großtechnischen Verfahren das SO_3 zunächst in konzentrierter Schwefelsäure löst und anschließend die Hydrolyse vornimmt. Der für die Schwefelsäuresynthese entscheidende Rohstoff ist somit elementarer Schwefel:

$$S + O_2 \longrightarrow SO_2 \tag{4.2}$$

$$2\,SO_2 + O_2 \xrightarrow{\text{Kat.}} 2\,SO_3 \tag{4.3}$$

$$SO_3 + H_2O \longrightarrow H_2SO_4 \tag{4.4}$$

Die Gewinnung von elementarem Schwefel erfolgte zunächst durch die bergbautechnische Ausbeutung fossiler Schwefelvorkommen. Diese Industrie begründete beispielsweise den Wohlstand Siziliens. Durch die Einführung des *Frash-Verfahrens* konnten Schwefelvorkommen in großer Tiefe ohne bergbauliche Maßnahmen ausgebeutet werden. Bei diesem Verfahren wird eine Bohrung zu der Lagerstätte vorgenommen und der Schwefel durch überhitzten Wasserdampf an die Erdoberfläche „gepumpt". Die bergbautechnische Schwefelgewinnung war hiermit unwirtschaftlich geworden. Dieses Verfahren wurde wiederum durch die Einführung von Entschwefelungstechniken in der Petrochemie unwirtschaftlich, wobei der beim Cracken von Erdöl freiwerdende Schwefelwasserstoff nach dem *Claus-Verfahren* zu elementarem Schwefel umgesetzt wird:

$$2\,H_2S + 3\,O_2 \longrightarrow 2\,H_2O + 2\,SO_2 \tag{4.5}$$

$$2\,H_2S + SO_2 \xrightarrow{\text{Kat.}} 3\,S + 2\,H_2O \tag{4.6}$$

Heute stammt der größte Teil des Schwefels auf dem Weltmarkt aus der Entschwefelung von Erdöl und Erdgas. Deshalb hängt der Schwefelpreis wiederum vom Rohölpreis ab. Der Rohstoff Schwefel wird mittlerweile bei der Schwefelsäuregewinnung vermehrt durch den Reststoff Schwefeldioxid (= Starkgas) aus der Rauchgasentschwefelung nach dem Verfahren von *BF/Uhde-Petersen* ersetzt bzw. die Schwefelsäure direkt bei der Entschwefelung gewonnen (vgl. Abschnitt 3.3.5).

4.2.2 Das Röstverfahren

Die Gewinnung von Schwefeldioxid ist ebenfalls durch das Rösten, d.h durch trockenes Erhitzen, von sulfidischen Erzen (z.B. Pyrit) im Luftstrom möglich. Hierbei entstehen aus den Metallsulfiden die entsprechenden Metalloxide, welche einem

Metallgewinnungsverfahren zugeführt werden können. Während Pyrit (FeS_2) hauptsächlich aus Eisen besteht, enthält Schwefelkies etwa 30% Schwefel, etwa 30% Eisen und etwa 40% metallurgisch wesentlich interessanterer Nichteisenmetalle, hauptsächlich Zink und Kupfer. Hier die Röstreaktionen für einige wichtige Bestandteile sulfidischer Erze:

$$4\,FeS_2 + 11\,O_2 \longrightarrow 2\,Fe_2O_3 + 8\,SO_2 \tag{4.7}$$

$$2\,ZnS + 3\,O_2 \longrightarrow 2\,ZnO + 2\,SO_2 \tag{4.8}$$

$$2\,CuS + 3\,O_2 \longrightarrow 2\,CuO + 2\,SO_2 \tag{4.9}$$

Das *Rösten* sulfidischer Erze ist sowohl im Hinblick auf die Gewinnung von Schwefeldioxid als auch auf die Gewinnung von Eisenoxid marktwirtschaftlich uninteressant. Lediglich die Gewinnung der Nichteisenmetalle Kupfer und Zink rechtfertigten seine Anwendung, obwohl es steigende Energiekosten zunehmend unwirtschaftlich werden ließen. Erst die Verwertung des Reststoffs Eisensulfat ($FeSO_4$) aus der Eisenmetallurgie (= „Grüneisen", entsteht beim „Beizen" = Entrosten von Eisenteilen) sowie aus dem Ilmenitaufschluß bei der Titanoxidgewinnung (Abschnitt 4.2.5) ließen dieses Verfahren als Alternative zu kostenintensiven Deponierungen der Reststoffe wieder kostengünstiger werden. Der Nachteil der fehlenden Prozeßwärmenutzung beim Einsatz von Etagen- oder Drehrostöfen konnte durch die Verwendung von Fließbettreaktoren beseitigt und damit die Energiekosten gesenkt werden.

4.2.3 Die Zementherstellung

Zement, dessen chemische Zusammensetzung nur in den annähernden Summenformeln $3\,CaO \cdot 2\,SiO_2 \cdot 3\,H_2O$ und $3\,CaO \cdot Al_2O_3 \cdot 6\,H_2O$ angegeben werden kann, wird durch Brennen von Kalk (CaCO3) und Ton (= Alumosilikat) in Drehrohröfen bei 1400 °C gewonnen, wobei die hohe Reaktionstemperatur zur Dehydratisierung (= „Entwässerung") der Silikate benötigt wird. Bei der Zementherstellung kann Gips ($CaSO_4$) sowohl aus der Rauchgasentschwefelung (Abschnitt 3.3.3) als auch aus der Superphosphatproduktion zusammen mit Kohlenstoff den Rohstoffen der Zementproduktion zugesetzt werden, wobei zusätzlich Schwefeldioxid erhalten wird.

Die in der Natur vorkommenden phosphathaltigen Mineralien Phosphorit und Apatit sind nicht wasserlöslich und deshalb als Düngemittel ungeeignet. Sie müssen deshalb durch einen Aufschluß mit Schwefelsäure in das wasserlösliche Calciumdihydrogenphosphat (= Superphosphat) übergeführt werden, wobei als Reststoff Gips entsteht:

$$\underset{\substack{\text{Phosphorit/Apatit}\\ \text{= Calciumphosphat}}}{Ca_3(PO_4)_2} + 2\,H_2SO_4 \longrightarrow 2\,CaSO_4 + \underset{\substack{\text{Superphosphat}\\ \text{= Calciumdihydrogenphosphat}}}{Ca(H_2PO_4)_2} \tag{4.10}$$

4.2.4 Die Aluminiumgewinnung

Aluminium wird aus dem Mineral Bauxit gewonnen, welches ein Aluminium-Eisen-Mischoxid ist. Zur Gewinnung des reinen Aluminiumoxids wird deshalb Bauxit mit Natronlauge aufgeschlossen, wobei wasserlösliches Natriumtetrahydroxialuminat und wasserunlösliches Eisenoxid erhalten werden:

$$\underset{\text{Bauxit}}{Al_2O_3 \cdot Fe_2O_3} + NaOH \longrightarrow \underset{\text{Natriumtetrahydroxi-aluminat}}{Na[Al(OH)_4]} + Fe_2O_3 \qquad (4.11)$$

Eisenoxid stellt hierbei einen Reststoff dar und wird der Eisenverhüttung zugeführt. Anschließend erfolgt die Neutralisation des wasserlöslichen Natriumtetrahydroxi-aluminats unter Fällung von wasserunlöslichem Aluminiumhydroxid:

$$Na[Al(OH)_4] + H^+ \longrightarrow Al(OH)_3 + H_2O + Na^+ \qquad (4.12)$$

Dieses wird im Drehrohrofen zu Aluminiumoxid dehydratisiert

$$2\,Al(OH)_3 \longrightarrow Al_2O_3 + 3\,H_2O \qquad (4.13)$$

und danach einer Schmelzflußelektrolyse unterzogen, wobei der Schmelzpunkt des Aluminiumoxids von etwa 2000 °C durch die Zugabe des *Flußmittels* Kryolith (Na_3AlF_6) auf etwa 1000 °C gesenkt wird. Die Zugabe des Flußmittels Kryolith ist verantwortlich für die Fluorwasserstoffemissionen von Anlagen zur Gewinnung von Aluminium. Aluminiumhaltige Abwässer sind darüber hinaus fischtoxisch.

4.2.5 Die Titangewinnung

Titanoxid ist ein wichtiger Rohstoff zur Farbenherstellung (Weißpigment) und zur Gewinnung des Legierungsmetalls Titan, das Legierungen zu einer besonderen Härte verhilft. Titan kommt in der Natur in dem Mineral Ilmenit vor. Aus diesem wird durch einen Aufschluß mit Schwefelsäure Titanoxid gewonnen, wobei das Eisen als Eisensulfat (FeSO4) in Lösung geht:

$$\underset{\text{Ilmenit}}{FeTiO_3} + H_2SO_4 \longrightarrow \underset{\text{Titanoxid}}{TiO_2} + FeSO_4 + H_2O \qquad (4.14)$$

Beim Konzentrieren dieser Lösung entstehen die Reststoffe Eisensulfat und Schwefelsäure, die auch als Abfallsäure bezeichnet wird. Sie wurde früher auf hoher See entsorgt (= „*verklappt*“) und wird mittlerweile bei dem Aufschluß im Kreislauf geführt. Das Eisensulfat wird im Röstverfahren (Abschnitt 4.22) zu Eisenoxid und Schwefeldioxid umgesetzt:

Titanoxid wird bei 600 bis 1000 °C im Wirbelschichtofen mit Kohlenstoff und Chlor zu Titantetrachlorid ($TiCl_4$) umgesetzt, wobei das hochtoxische Phosgen entsteht, das sofort neutralisiert wird. Hierbei entsteht der Reststoff Salzsäure:

$$TiO_2 + 3\,C + 4\,Cl_2 + O_2 \longrightarrow TiCl_4 + CO_2 + 2\,COCl_2 \qquad (4.15)$$

$$\underset{\text{Phosgen}}{COCl_2} + H_2O \longrightarrow CO_2 + 2\,HCl \qquad (4.16)$$

Das Metall Titan wird durch Reduktion des $TiCl_4$ mittels Magnesium gewonnen:

$$TiCl_4 + 2\,Mg \longrightarrow Ti + 2\,MgCl_2 \qquad (4.17)$$

Die Neutralisation von Salzsäure mit Natronlauge führt wieder zu Natriumchlorid, das in Elektrolyseverfahren wiederum Natronlauge und Chlorgas liefert, womit erneut ein Produktkreislauf geschlossen wird. Gleiches geschieht bei Magnesiumchlorid, aus dem elektrolytisch (Schmelzelektrolyse) wieder Magnesium gewonnen wird. In all diesen Fällen führt die Schaffung von Produktkreisläufen zur Reststoffvermeidung und gleichzeitig zur Ressourcenschonung.

4.3 Recycling-Technologien

Unter einem Produkt versteht man im Sinne der chemischen Verfahrenstechnik einen Stoff, der aus einem anderen Stoff durch die Anwendung eines Produktionsverfahrens neu entstanden ist. Im ökonomischen Sinne stellt ein *Produkt* einen finanziellen Gegenwert dar. Dieser beinhaltet eine Nutzung des Stoffes innerhalb eines bestimmten Zeitraums, wobei der Stoff durch die kontinuierliche Nutzung eine Wertminderung erfährt, die bei einem Restwert endet, der nur noch dem Materialwert entspricht. Man bezeichnet die Umwandlung eines Produktes in eine wieder nutzbare Form bzw. seine Zerlegung in nutzbare Bestandteile oder Stoffe als *Recycling*.

Die Zerlegung eines technischen Produktes in seine Bestandteile bietet die Möglichkeit, zumindest einen Teil davon wieder in Rohstoffe umzuwandeln. Produkte oder Teile von Produkten stellen, wenn diese Möglichkeit genutzt wird, keinen Abfallstoff sondern einen Wertstoff dar. Die Wiederverwertung von Stoffen ist aber nur dann möglich, wenn das Wertstoffangebot und damit die Menge an aufbereiteten Abfallstoffen auch dem tatsächlichen Bedarf entspricht. Wiederaufarbeitungen sind nur dann sinnvoll, wenn die Recyclingprozesse nicht zu teuer und die Kosten für das Sammeln, Sortieren und den Transport nicht zu hoch sind.

Ökonomische Zwänge zur Anwendung von Recycling-Technologien resultieren aus

- der fortschreitenden Rohstoffverknappung,
- den steigenden Deponierungskosten für Abfälle und
- der Abnahme des verfügbaren Deponievolumens.

Die Notwendigkeit einer Kreislaufwirtschaft wird deutlich, wenn man bedenkt, daß die Bundesrepublik Deutschland derzeit pro Jahr etwa 30 Mio. Tonnen Müll produziert. Ein Instrument zur Untersuchung von Produktionsprozessen auf ihre Umweltverträglichkeit und die Anwendung von Recycling-Technologien stellt das Öko-Controlling (Kapitel 7) dar. Das *Öko-Controlling* ermöglicht es, durch den Einsatz der Datenverarbeitung Produktionsabläufe umweltverträglich zu gestalten. Man bezeichnet dies als Computer Aided Environmental Controlling (CAEC). Hierbei werden aus den Daten eines Betriebes über den Energieverbrauch, die Produktionsströme und den Rohstoffeinsatz Erkenntnisse über die Änderung von Produktionsabläufen gewonnen. Ein Beispiel dafür ist das Programm RECYCLEAN der amerikanischen Elektronikfirma NEC. Eine weitere Möglichkeit zur Erkennung möglicher *Produktkreisläufe* bietet die *Produktlinienanalyse*, auf die ebenfalls in Kapitel 7 näher eingegangen werden soll.

4.3.1 Das Recycling von Elektronikschrott

In Deutschland betrug 1992 das Aufkommen an Elektronikschrott 800 000 Tonnen und stieg 1993 auf 1.3 Mio. Tonnen. Bis zum Jahre 2000 erwartet man eine weitere Verdoppelung. Der Anteil an Kunststoffen betrug im Jahre 1992 etwa 300 000 Tonnen, an Platinenschrott etwa 25 000 Tonnen und die Zahl an Bildröhren etwa 5 Millionen. Ungefähr 10% des Schrottaufkommens entfallen auf Computer und Peripheriegeräte, wobei auch hier bis zum Jahre 2000 eine Verdoppelung erwartet wird.

Ein erster Schritt zur Bewältigung des anfallenden Elektronikschrotts besteht in einer Gewichtsreduzierung. Eine Reduktion des Gewichts von lediglich 100 Gramm pro Personal Computer ergibt bei einer Stückzahl von 50 Millionen Geräten pro Jahr eine Verringerung des Schrottaufkommens von 5000 Tonnen.

Ein nächster Schritt ist die Nutzung gebrauchter Bestandteile in sogenannten „Low-End-Geräten“. Während man bei Computern die Lebensdauer eines Technologiestandards mit etwa 6 bis 18 Monaten angibt, erzielen gebrauchte Bestandteile in Low-End-Geräten eine Lebensdauer von 7 Jahren. So wird beispielsweise die Firma MICRO-C in Kalifornien mit gebrauchten Halbleitern beliefert und stellt diese nach einer Aussortierung und Funktionstests der Unterhaltungselektronikindustrie zur Verfügung. Man bezeichnet diese Form des Recyclings als *Komponenten-Recycling*. Im Elektronikbereich ist dies derzeit bei Halbleitern, Netzgeräten, Linearmotoren und Laufwerken anwendbar. Ein dritter Schritt ist die vollständige Trennung eines entsorgten Elektronikgerätes in Einzelbestandteile und die Aufarbeitung bzw. die Entsorgung der Einzelkomponenten.

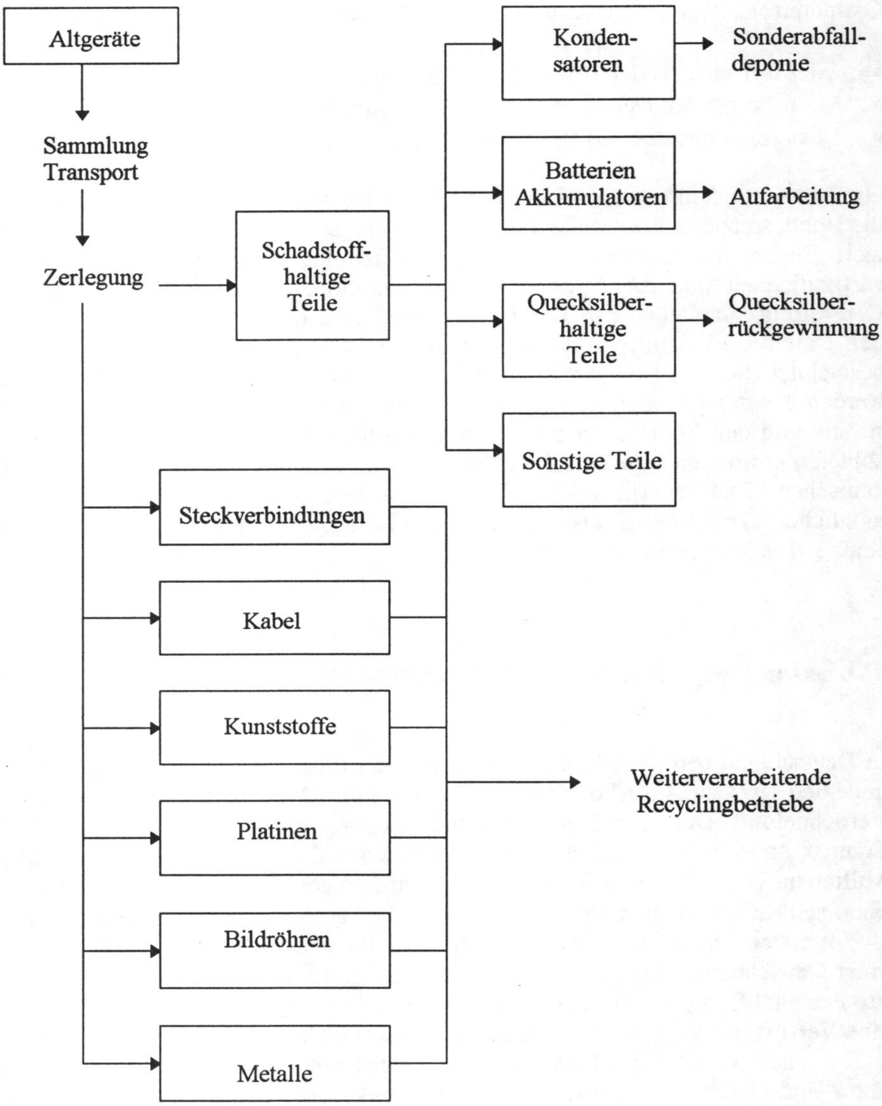

4.1 Zerlegung von Elektronikgeräten nach einem Vorschlag des Fraunhofer-Institutes für Systemforschung, Karlsruhe

Ein sinnvolles Recycling hat zum Ziel, ein Produkt bzw. Produktbestandteile möglichst oft wieder in einen Kreislauf einzubringen, bevor sie endgültig entsorgt werden müssen. Ein sinnvolles Recycling beginnt jedoch eigentlich schon bei der Konstruktion von Geräten. So sind beispielsweise Nieten und Schrauben durch Steckverbindungen zu ersetzen, Verbundmaterialien zu vermeiden und die Komponenten hinsichtlich der verwendeten Materialien deutlich zu kennzeichnen.

In Abbildung 4.1 ist eine vom Fraunhofer-Institut für Systemforschung, Karlsruhe, vorgeschlagene Gerätezerlegung schematisch dargestellt [2]. Die nach der Gerätezerlegung erhaltenen Fraktionen werden verschiedenen Recycling-Betrieben zugeführt. Steckverbindungen und Metallteile werden von Scheideanstalten in Metalle, Eisen- und Nichteisenmetalle getrennt. Letztere werden dann den entsprechenden Metallhütten zugeführt. Gleiches gilt für Metallteile und Platinen. Bei den Platinen müssen diejenigen, welche Flammschutzmittel (Kennzeichnung!) enthaltenen, aussortiert werden, da sie nicht recyclebar sind. Die recyclingfähigen Platinenkunststoffe werden der Kunststofffraktion zugeschlagen. Bei den Kunststoffen müssen wiederum alle aussortiert werden, welche Flammschutzmittel, schwermetallhaltige Pigmente und Azofarbstoffe (Kennzeichnung !) enthalten.

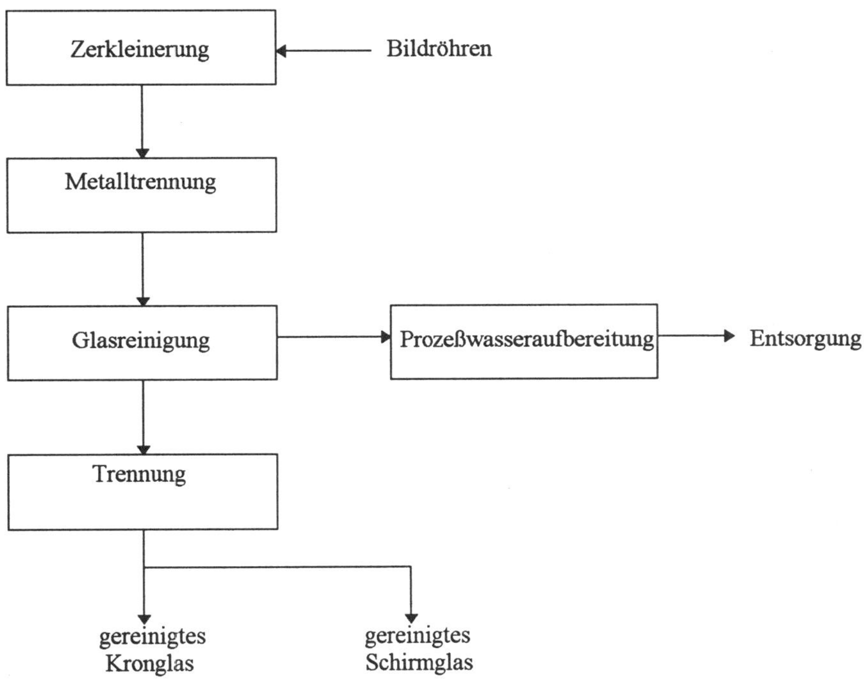

4.2 Verfahren der Firma Züblin zum Recycling von Bildröhren

Weiterhin ist eine Trennung in sortenreine Kunststoffe und Mischkunststoffe vorzunehmen. Auch sortenreine Kunststoffe können jedoch nur bedingt recycelt werden, da das Recyclingprodukt nicht mehr den ursprünglichen Anforderungen, beispielsweise hinsichtlich Härte oder Elastizität, entspricht (Abschnitt 4.3.2). Bei den Kabeln müssen, bevor diese dem Metallrecycling zugeführt werden, die Isoliermaterialien von den Metallen getrennt werden. Dies kann sowohl thermisch (Pyrolyse) als auch mechanisch (Shreddern) geschehen.

Bildröhren bestehen aus metallischen Baugruppen sowie einem Glaskörper. Dieser teilt sich in Schirm, Konus und Hals. Das Schirmglas trägt auf der Innenseite eine Leuchtschicht, die Yttrium und Europium und bei älteren Geräten Cadmium enthält. Es besteht zur Abschirmung der Röntgenbremsstrahlung aus Glas, dem Barium und Strontium beigemengt wurde. Konus und Hals bestehen hingegen aus Bleiglas, weshalb Schirmglas und Konusglas vor dem eigentlichen Recycling der Materialien getrennt werden müssen. Das *Recycling-Verfahren der Firma Züblin* (Abbildung 4.2) ermöglicht bei Bildröhren eine Trennung von Kronglas und Schirmglas und bewältigt derzeit in einer Anlage 200 000 Bildröhren pro Jahr.

4.3.2 Das Recycling von Kunststoffen

Kunststoffe stellen von der chemischen Zusammensetzung her *Polymere* dar. Hierunter versteht man Makromoleküle, die aus einzelnen monomolekularen Bausteinen, dem Monomeren, bestehen. Sie besitzen molekulare Massen von 10^4 bis 10^7 g/mol und bilden meistens ein Gemisch verschieden großer Moleküle. Man teilt die Kunststoffe hinsichtlich ihrer Materieleigenschaften ein in

- Duromere und
- Elastomere.

Die chemische Bezeichnung eines Polymers richtet sich nach dem Molekülaufbau und damit nach den einzelnen Monomeren. Diese Namensgebung läßt Rückschlüsse auf chemische Eigenschaften, wie beispielsweise das Verhalten gegenüber Lösemitteln, zu und ist auch für die Auswahl des Recyclingverfahrens entscheidend.

Polymere lassen sich prinzipiell, wenn sie sortenrein sind, durch Auflösen in einem Lösemittel oder durch Einschmelzen recyceln, indem man aus der Lösung oder der Schmelze ein neues Produkt gewinnt. Dieses Produkt besitzt jedoch nicht mehr die gleichen Materialeigenschaften wie das ursprüngliche Produkt. Man bezeichnet diese Methode des Recyclings deshalb auch als „*Downcycling*". Mischpolymere liefern nach diesen Verfahren nur minderwertige Produkte wie Formteile für Lärmschutzwände oder Sockel für Verkehrsschilder. Darüber hinaus beinhalten thermische Verfahren bei chlorhaltigen Polymeren immer die Möglichkeit der Dioxinbildung.

Hochwertige Recycling-Produkte lassen sich dadurch gewinnen, daß man aus dem Polymer kurzkettige Moleküle gewinnt und diese in die ursprüngliche Polymersynthese wieder einbringt. Man bezeichnet dies als Repolymerisation. Das Recycling von Verbundmaterialien, beispielsweise Kunststoffe und Pappe bei Verpackungen, erfordert einen hohen technischen Aufwand. Zur Trennung der einzelnen Komponenten müssen dabei Löseverfahren und mechanische Verfahren (z.B. Flotation) eingesetzt werden, die zur einer Verteuerung des Recycling-Produktes führen.

Die Auswahl eines Recyclingverfahrens für Kunststoffe zur Gewinnung hochwertiger Polymere richtet sich, da das aus dem zu recyclenden Kunststoff gewonnene Rohprodukt wegen der Qualitätsanforderungen an das Recyclingprodukt wieder in die Polymersynthese eingebracht werden muß, ebenfalls immer nach der ursprünglichen Polymersynthese. Dies setzt aber die Sortenreinheit des zu recyclenden Kunststoffs voraus und erfordert deshalb die getrennte Erfassung der Kunststoffprodukte. Eine Beurteilung von Verfahren zum Recycling von Kunststoffen unter dem Aspekt der Gewinnung von Recycling-Produkten hoher Qualität ist daher nur unter Berücksichtigung des jeweiligen Verfahrens zur Polymersynthese möglich. Die wichtigsten Verfahren sollen deshalb kurz besprochen werden.

Man unterscheidet bei den chemischen Reaktionsmechanismen der Polymersynthesen zwischen

- Kettenwachstumsreaktionen und
- Stufenwachstumsreaktionen.

Bei *Kettenwachstumsreaktionen* ist die Synthesereaktion nach dem Start nur noch durch die Reaktionsbedingungen zu steuern und kann nach dem Reaktionsabbruch nicht mehr erneut gestartet werden. Bei *Stufenwachstumsreaktionen* hingegen kann die Reaktion an jedem beliebigen Punkt gestoppt und neu gestartet werden. Man unterteilt Kettenwachstumsreaktionen in folgende Reaktionsschritte:

- Startreaktion,
- Kettenfortpflanzungsreaktion und
- Kettenabbruch.

Polymerisationen nach dem Kettenwachstumsmechanismus gehen von einem reaktionsfähigen Alken aus. Dies wird am Beispiel der großtechnischen Synthese von Polyethylen gezeigt. Die Startreaktion kann nach folgendem Mechanismus erfolgen:

- Radikalischer Mechanismus,
- ionischer Mechanismus und
- Ziegler-Natta-Katalyse.

Während man bei der *ionischen Polymerisation* Kationen oder Anionen als Starter einsetzt, benutzt man bei der *radikalischen Polymerisation* Radikalstarter, z.B. organische Peroxide:

$$\text{R–O–O–R} \longrightarrow 2\,\text{R–O}^{\bullet} \tag{4.18}$$

Die Reaktion des aus dem Peroxid gebildeten Radikals mit dem Alken, in diesem Fall dem Ethen, stellt die Startreaktion dar:

$$\text{R–O}^{\bullet} + \text{CH}_2\text{=CH}_2 \longrightarrow \text{R–O–CH}_2\text{–CH}_2^{\bullet} \tag{4.19}$$

Die Reaktion des nun gebildeten Radikals mit weiterem Alken bezeichnet man als die Kettenfortpflanzung:

$$\text{R–O–CH}_2\text{–CH}_2^{\bullet} + \text{CH}_2\text{=CH}_2 \longrightarrow \text{R–O–CH}_2\text{–CH}_2\text{–CH}_2\text{–CH}_2^{\bullet} \tag{4.20}$$

$$R{-}O{-}(CH_2{-}CH_2)_m^{\bullet} + R{-}O{-}(CH_2{-}CH_2)_n^{\bullet} \longrightarrow R{-}O{-}(CH_2{-}CH_2)_{m+n}{-}O{-}R \quad (4.21)$$

Beim abschließenden Kettenabbruch kombinieren entweder zwei Makromoleküle oder disproportionieren unter Wasserstoffwanderung, wobei ein Makromolekül mit gesättigter und eines mit ungesättigter Endgruppe entstehen:

$$R{-}O{-}(CH_2{-}CH_2)_m^{\bullet} \longrightarrow R{-}O{-}(CH_2{-}CH_2)_{m-1}{-}CH{=}CH_2$$
$$+\ R{-}O{-}(CH_2{-}CH_2)_{m-1}{-}CH_2{-}CH_3 \quad (4.22)$$

Unterschiedliche Materialeigenschaften können durch die wahlweise Erzeugung langkettiger Moleküle (elastisch) oder verzweigter Moleküle (hart) erzielt werden. Darüber hinaus können verschiedene Monomere bei der Polymerisation eingesetzt werden, z.B. Styren mit Acrylnitril. Aus den Mischungsanteilen der Monomere resultieren die gewünschten Materialeigenschaften. Man bezeichnet dieses Verfahren als Copolymerisation.

Exkurs 4.1 Chemische Formeln für die wichtigsten, nach dem Reaktionsmechanismus der Kettenwachstumsreaktion gebildeten Polymere

$[-CH_2-CH_2-]_n$

Polyethylen (PE)

$[-CH_2-CH-]_n$
|
CH_3

Polypropylen (PP)

$[-CH_2-CH-]_n$
|
C_6H_5

Polystyren (PS)
= „Polystyrol"

CH_3
|
$[-CH_2-C-]_n$
|
$COOCH_3$

Polymethylmethacrylat (PMMA)
= Acrylglas, „Plexiglas"

[-CH2-CH-]$_n$
|
Cl

Polyvinylchlorid (PVC)

$[-CF_2-CF_2-]_n$

Polyterafluorethen (PTFE)
= Teflon (säurefest!)

$[-CH_2-CH-]_n$
|
OH

Polyvinylalkohol (PVAL)
= Leime, Klebstoffe

$[-CH_2-CH-]_n$
|
$O-CO-CH_3$

Polyvinylacetat (PVAC)
= Lackrohstoff, Klebstoffe

$[-CH_2-CH-]_n$
|
CN

Polyacrylnitril (PAN)
= „Orlon", „Dralon", „Acrilan" (Fasern)

$H[-O-CH_2-CH_2-O-CO-C_6H_4-CO-]_nOH$

Polyethylenterephthalat (PETP)

$[-CF_2-CFCl-]_n$

Polytrifluorchlorethylen (PCTFE)
(säurefest!)

Es sind die Produktbezeichnungen angegeben, die mitunter von der aktuellen chemischen Nomenklatur abweichen, z.B. Polyethylen anstelle von Polyethen.

Kettenwachstumspolymerisationen können nur dann quantitativ ablaufen, wenn bis zum Ende der Reaktion eine gleichmäßige Verteilung des Monomers erzielt und damit der Verbleib von Restmonomer im Polymer vermieden wird. Hier bedient man sich folgender Syntheseverfahren für Kettenwachstumspolymere:

- Substanzpolymerisation,
- Lösungspolymerisation,
- Fällungpolymerisation,
- Perlpolymerisation und
- Emulsionspolymerisation.

Bei der *Substanzpolymerisation* ist das Polymer im Monomer löslich, z.B. Methylmethacrylat. Bei der *Lösungspolymerisation* wird das Monomer in einem Lösemittel (z.B. Styren in Ethylbenzen) gelöst und das Restmonomer mittels einer Entgasungsschnecke zusammen mit dem Lösemittel aus dem erstarrenden Polymer entfernt. Bei der *Fällungspolymerisation* ist das Polymer unlöslich im Monomer oder das Monomer mit dem Fällungsmittel (z.B. Wasser bei Acrylnitril) nicht mischbar. Monomer und Polymer sind bei der *Perlpolymerisation* beide in Wasser nicht lölich, dafür aber der Initiator. Die Bezeichnung Perlpolymerisation kommt daher, daß man das Monomer mit einem Schutzkolloid „überzieht", z.B. Vinylchlorid mit Cellulosederivaten. Bei der *Emulsionspolymerisation* wird das Monomer mittels *Pickering-Emulgatoren* in Wasser polymerisiert. Ein solcher Emulgator ist z.B. Hydroxylapatit, mit dem Styren auf diese Art polymerisiert werden kann. In den Gleichungen 4.23 bis 4.34 werden die Synthesen der wichtigsten Kettenwachstumspolymere zusammengefaßt.

Bei der Repolymerisation von Kettenwachstumspolymeren wird das Polymer unter Spaltung von Kohlenstoff-Kohlenstoff-Bindungen in kurzkettige Bruchstücke, sogenannte *Oligomere*, gespalten. Dies ist mit dem Cracken von Erdöl vergleichbar und erfordert ebenfalls Energie. Die Oligomere sind in diesem Fall Radikale und können zusammen mit Monomer wieder polymerisiert werden. Man wendet dieses Verfahren bei Polystyren (= Polystyrol) an.

Stufenwachstumsreaktionen laufen zwischen zwei verschiedenen Molekülen ab, von denen jedes endständig zwei gleiche funktionelle Gruppen trägt. Hierbei unterscheidet man zwei Reaktionsschritte,

- die *Additionsreaktion* und
- die *Eliminierungsreaktion.*

Bei der Eliminierung wird meistens Wasser abgespalten. Beide Reaktionen zusammen bezeichnet man als eine Kondensationsreaktion. Bei Stufenwachstumsreaktionen können Moleküle beliebiger Kettenlänge synthetisiert und die Reaktion zu jedem Zeitpunkt abgebrochen und neu gestartet werden.

Polyester werden aus Diolen und wahlweise Dicarbonsäuren, Dicarbonsäureestern (Umesterung) und Dicarbonsäureanhydriden hergestellt:

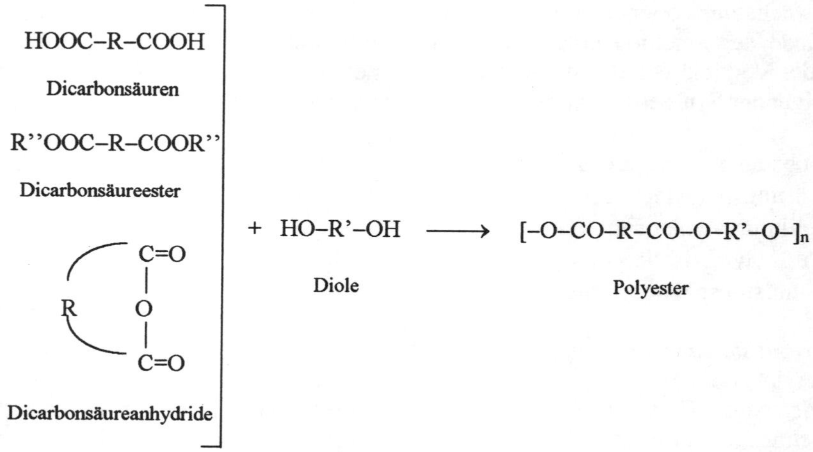

(4.23)

Polyamide können sowohl aus Dicarbonsäuren mittels Diaminen als auch aus Lactamen hergestellt werden:

$$\underset{\text{Dicarbonsäuren}}{HOOC{-}R{-}COOH} + \underset{\text{Diamine}}{H_2N{-}R'{-}NH_2} \longrightarrow \underset{\text{Polyamide}}{[{-}CO{-}R{-}CO{-}NH{-}R'{-}NH{-}]_n} \quad (4.24)$$

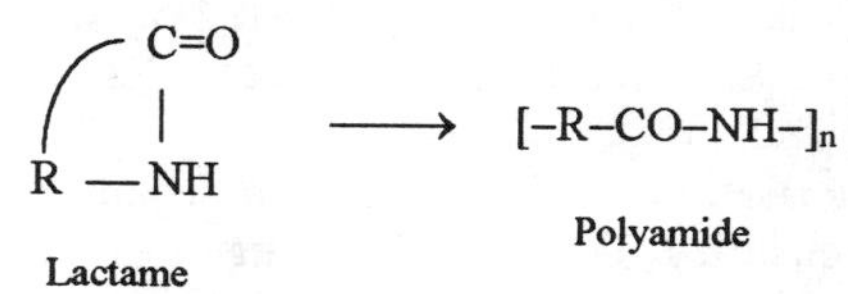

(4.25)

Die technisch wichtigsten Polyamide sind die Kunstfasern *Perlon* und *Nylon*. Perlon-Abfälle lassen sich mit überhitztem Wasserdampf wieder in den Ausgangsstoff Caprolactam spalten, aus dem dann erneut Kunstfasern hergestellt werden können. Nylon kann mit Natronlauge in Natriumadipat und Hexamethylentetramin gespalten werden [3]. Das Natriumadipat wird anschließend mittels Elektrolyse in Adipinsäure umgewandelt:

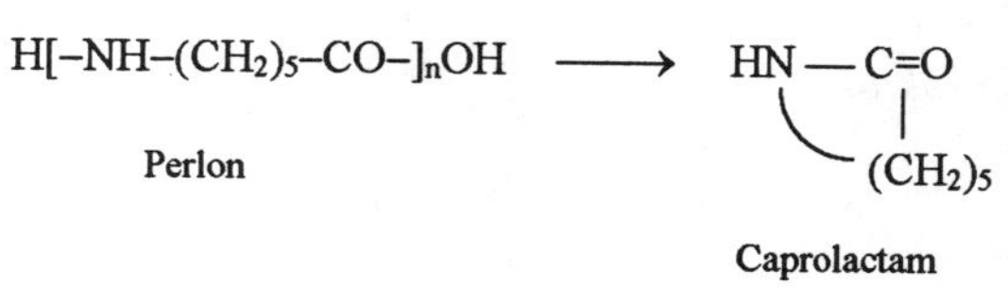

(4.26)

$$\underset{\text{Nylon}}{[{-}CO{-}(CH_2)_4{-}CO{-}NH{-}(CH_2)_6{-}NH{-}]_n} + 2\,NaOH \quad (4.27)$$

$$\longrightarrow \underset{\text{Natriumadipat}}{{}^{-}OOC{-}(CH_2)_4{-}COO^{-}\;2\,Na^{+}} + \underset{\text{Hexamethylendiamin}}{H_2N{-}(CH_2)_6{-}NH_2}$$

Polyether können sowohl aus Diolen als auch aus Epoxiden gewonnen werden, wobei aus Diolen gemischt substituierte Produkte entstehen:

$$\underset{\text{Diole}}{\text{HO–R–OH}} \; + \; \underset{\text{Diole}}{\text{HO–R'–OH}} \;\longrightarrow\; \underset{\text{Polyether}}{[\text{–O–R–O–R'–}]_n} \qquad (4.28)$$

$$\underset{\text{Epoxide}}{\text{R–}\underset{\diagdown\;\text{O}\;\diagup}{\text{CH—CH2}}} \;\longrightarrow\; \underset{\text{Polyether}}{[\text{–}\underset{\underset{\text{R}}{|}}{\text{CH}}\text{–CH}_2\text{–O–R'–}]_n} \qquad (4.29)$$

Polyurethane stellen unter den Stufenwachstumspolymeren eine technisch vielfältig genutzte Stoffgruppe dar. Sie finden z.B. Verwendung als Montageschäume in der Baubranche, Hartschäumen in der Baubranche (Holzimitationen) und in der Automobilbranche (Stoßfänger und Armaturenbretter) und ersetzen sogar das Leder bei den Schuhsohlen. Polyurethane werden aus Diisocyanaten und Diolen hergestellt,

$$\underset{\text{Diisocyanate}}{\text{OCN–R–NCO}} \; + \; \underset{\text{Diole}}{\text{HO–R'–OH}} \;\longrightarrow\; \underset{\text{Polyurethane}}{[\text{–CO–NH–R–NH–CO–O–R'–O–}]_n} \qquad (4.30)$$

wohingegen Diisocyanate mit Diaminen zu Polyharnstoffen reagieren. Das am häufigsten verwandte Diisocyanat ist das Toluenyldiisocyanat.

$$\underset{\text{Diisocyanate}}{\text{OCN–R–NCO}} \; + \; \underset{\text{Diamine}}{\text{H}_2\text{N–R'–NH}_2} \;\longrightarrow\; \underset{\text{Polyharnstoffe}}{[\text{–CO–NH–R–NH–CO–NH–R'–NH–}]_n} \qquad (4.31)$$

Unter allen Synthesen von Stufenwachstumspolymeren stellt die der Polyurethane eine Besonderheit dar. Durch die Zugabe von Wasser entsteht aus dem Diisocyanat die instabile Carbamidsäure, die CO_2 abspaltet, das als Treibmittel für die Herstellung von Schäumen genutzt werden kann. Das dabei entstehende Diamin wird von weiterem Diisocyanat zu Harnstoffen umgesetzt.

$$\underset{\text{Diisocyanat}}{\text{OCN–R–NCO}} \; + \; \text{H}_2\text{O} \;\longrightarrow\; \underset{\text{Dicarbamidsäure (instabil)}}{\text{HO–CO–NH–R–NH–CO–OH}}$$

$$\downarrow \qquad (4.32)$$

$$\underset{\text{Diamin}}{\text{H}_2\text{N–R–NH}_2} \; + \; \text{CO}_2$$

Polyurethane sind nicht schmelzbar und können deshalb nicht thermisch recyclet werden. Sie werden bei erhöhten Temperaturen durch die Einwirkung von Glykolen (Glykolyse) in niedermolekulare flüssige Polyurethane gespalten [4], die dann wieder für die Synthese von PU-Hartschäumen zur Verfügung stehen.

Aromatische Diole können mit Phosgen zu Polycarbonaten umgesetzt werden:

$$\underset{\text{aromatische Diole}}{HO{-}C_6H_4{-}R{-}C_6H_4{-}OH} + \underset{\text{Phosgen}}{COCl_2} \longrightarrow \underset{\text{Polycarbonate}}{[{-}O{-}C_6H_4{-}R{-}C_6H_4{-}O{-}CO{-}]_n} \qquad (4.33)$$

Bei der Synthese von Polyethylenterephthalat (PET) aus Ethylenglykol und Dimethylterephthalat (DMT) wird zunächst Diglykoltherephthalat (DGT) durch eine Umesterung erhalten, wobei Methanol frei wird. Polyethylenterephthalat entsteht erst in einem zweiten Reaktionsschritt durch Austritt von Glykol:

$$\underset{\text{Ethylenglykol}}{2\,HO{-}CH_2{-}CH_2{-}OH} + \underset{\text{DMT}}{H_3C{-}O{-}CO{-}C_6H_4{-}CO{-}O{-}CH_3}$$

$$\downarrow\uparrow$$

$$\underset{\text{DGT}}{HO{-}CH_2{-}CH_2{-}O{-}CO{-}C_6H_4{-}CO{-}O{-}CH_2{-}CH_2{-}OH} + 2\,CH_3OH \qquad (4.34)$$

$$\downarrow\uparrow$$

$$\underset{\text{PET}}{H[{-}O{-}CH_2{-}CH_2{-}O{-}CO{-}C_6H_4{-}CO{-}]_nOH} + n\,HO{-}CH_2{-}CH_2{-}OH$$

Polyethylenterephthalat (PET) wird bei der Herstellung von Getränkeflaschen verwandt. Hierdurch wird ein hohes Abfallaufkommen verursacht. PET kann durch die thermische Behandlung mit Methanol (Metanolyse) in die Ausgangsstoffe Dimethylterephthalat und Ethylenglykol gespalten werden.

Für das Recycling von Kunststoffen können derzeit folgende Verfahren angewandt werden:

- Thermisches Downcycling,
- Lösemittel-Downcycling und
- Verfahren der Repolymerisation.

Die Verfahren der *Repolymerisation* stellen unter dem Aspekt, daß eine effektive Kreislaufwirtschaft möglichst oft einen Stoff wieder in den Produktionsprozeß einbringt, die sinnvollsten Recyclingverfahren für Kunststoffe dar. *Downcycling-Verfahren* bieten in der Regel keine Möglichkeit mehr, das Recycling-Produkt nochmals zu recyclen. Die Verfahren der Repolymerisation erfordern jedoch folgende Voraussetzungen:

- Trennung der Abfallfraktionen zur Vermeidung von Mischfraktionen,
- Kennzeichnung der Kunststoffprodukte und
- Vermeidung von Verbundmaterialien.

Kunststoffprodukte, die nicht mehr einem Recycling zugeführt werden können, müssen, um das notwendige Deponievolumen zu reduzieren, thermisch behandelt werden [5]. Hier bietet sich als Alternative zu der Verbrennung, die eine aufwendige Abgasreinigung erfordert, die Pyrolyse an.

4.3.3 Die Pyrolyse von Kunststoffen und kunststoffhaltigem Müll

Die thermische Behandlung von Kunststoffen und kunststoffhaltigem Müll bietet die Möglichkeit folgender Reaktionen:

- Schmelzen = Überführung des Stoffes vom festen in den flüssigen Aggregatzustand
- Verbrennung = oxidative Behandlung des Stoffes unter Sauerstoffzufuhr und CO_2-Bildung und
- Pyrolyse = thermische Spaltung der Makromoleküle durch Erhitzen unter Luftabschluß.

Die *Pyrolyse* von Kunststoffen und kunststoffhaltigem Müll verläuft in folgenden Verfahrensschritten:

- Trockenphase,
- Verschwelungsphase und
- Gasbildungsphase.

In der *Trockenphase* wird dem Material, beispielsweise kunststoffhaltigem Müll oder Klärschlamm, bei etwa 200 °C Wasser entzogen. Dieser Verfahrensschritt stellt mitunter den energieintensivsten Teil des Verfahrens dar und ist sehr kostenintensiv. In der *Verschwelungsphase* wird das Pyrolysematerial bis etwa 500 °C unter Luftabschluß erhitzt, wobei die Makromoleküle in langkettige Kohlenwasserstoffe und einen geringen Anteil an Gasen gespalten werden. Die *Gasbildungsphase* entscheidet über die Pyrolyseprodukte. Man unterscheidet hierbei zwischen

- Niedertemperaturpyrolysen,
- Mitteltemperaturpyrolysen und
- Hochtemperaturpyrolysen.

Niedertemperaturpyrolysen laufen bei Temperaturen bis zu etwa 550 °C ab. Sie liefern Pyrolyseöle, die hauptsächlich aus n-Alkanen und n-Alkenen bestehen. Hingegen liefern die *Mitteltemperaturpyrolysen*, die bei Temperaturen bis etwa 800 °C ablaufen, sowie die *Hochtemperaturpyrolysen*, bei denen Temperaturen bis zu 1100 °C auftreten, mit steigender Temperatur zunehmend gasförmige Pyrolyseprodukte. Da ab etwa 500 °C zunehmend kurzkettige Radikale entstehen, steigt auch die Gefahr der Dioxinbildung im Pyrolysegas (Bildung von *Sekundärdioxinen*). Diese ist primär vom PVC-Anteil der Kunststofffraktion des Mülls abhängig. Da jedoch Müll immer anorganische Chloride und Kupfer enthält, werden unter katalytischer Einwirkung des Kupfers aus Hausmüll immer bei der thermischen Behandlung im entsprechenden Temperaturbereich Dioxine gebildet, unabhängig davon, ob der Müll chlororganische Verbindungen enthält oder nicht. Der Einsatz der Niedertemperaturpyrolyse ist deshalb bei Hausmüll nur sinnvoll, wenn die gasförmigen Pyrolyseprodukte nicht auskondensiert, sondern einer nachgeschalteten Hochtemperaturverbrennung bei Temperaturen oberhalb 1100 °C zugeführt werden. Der

Vorteil der Niedertemperaturpyrolyse gegenüber der Verbrennung von Hausmüll und Klärschlamm besteht darin, daß durch die Verschwelung eine Einbindung der Schwermetalle in den Pyrolyserückstand erfolgt.

Eine Abwandlung der Niedertemperaturpyrolyse stellt die *Niedertemperaturkonvertierung* dar. Bei ihr wird unter Luftabschluß und Temperaturen bei etwa 300 °C die natürliche Bildung von Erdöl nachgeahmt. Die Niedertemperaturkonvertierung unterscheidet sich von der Niedertemperaturpyrolyse dadurch, daß bei dieser Temperatur noch keine Kohlenstoff-Kohlenstoff-Bindungen gespalten werden, weshalb die Gasfraktion auch wenig CH_4 enthält. Es werden bei Hausmüll hauptsächlich n-Alkane, n-Alkene und Fettsäuren erhalten. Wendet man dieses Verfahren bei *Klärschlämmen* an, so wird etwa 60% der Kohlenstofffraktion zu Rohöl umgewandelt [6]. Der Pyrolyserückstand ist kohlenstoffhaltig und kann nach Granulierung in *Wirbelschichtfeuerungen* verbrannt werden.

Neben der Pyrolyse von Kunststoffen bietet die Hydrierung eine alternative Möglichkeit, Rohstoffe zu erzeugen, die Ausgangsstoffe für neue Synthesen darstellen.

4.3.4 Die Hydrierung von Kunststoffen

Bei der *Hydrierung* von Kunststoffen wird eine thermische Spaltung der Makromoleküle unter Wasserstoffatmosphäre vorgenommen, wobei Alkangemische von der Qualität einer Rohölfraktion erhalten werden. Man verwendet für dieses Produkt die Bezeichnung „Syncrude“. Bei der thermischen Behandlung von Kunststoffen laufen folgende Reaktionen ab:

- Verbrennung = Oxidationen (CO_2 als Produkt),
- Pyrolyse = Redoxreaktionen (Alkane und Alkene als Produkte),
- Hydrierung = Reduktionen (Alkane als Produkte).

Derzeit existiert in Deutschland lediglich eine Anlage zur großtechnischen Hydrierung von Kunststoffen. Sie befindet sich in Bottrop (Veba/Ruhrkohle AG) und wurde ursprünglich für die Hydrierung von Steinkohle gebaut. Nachdem sich dieses Verfahren als unwirtschaftlich erwies, wurde die Anlage zuerst für das Recycling von Altölen umfunktioniert und dient mittlerweile zur Hydrierung von Kunststoffen, wobei Kunststoffgemische recyclet werden können. Dieses großtechnische Verfahren arbeitet derzeit noch nicht wirtschaftlich und wird über Müllabgaben finanziert.

4.3.5 Das Recycling von organischen Lösemitteln, Farben, Lacken, Harzen und Klebstoffen

Sofern organische Lösemittel als Gemische anfallen, können sie durch fraktionierte Destillation in die einzelnen Komponenten getrennt werden. Handelt es sich um Lösemittel, die an Aktivkohle adsorbiert sind, müssen diese zunächst mit Wasserdampf desorbiert werden.

Lack- und Farbschlämme sowie die Rückstände von Harzen und Klebstoffen werden in einem Verfahren nach Prof. Dr. Bayer [6] mit Sägemehl vermischt, getrocknet, granuliert und das Granulat bei 320 °C pyrolysiert. Hierbei werden ein brennbares Kokspulver, ein Pyrolyseöl sowie gasförmige Produkte erhalten.

4.3.6 Die Aufbereitung von organischen Bestandteilen des Hausmülls sowie von Klärschlämmen

Die Abtrennung der organischen Bestandteile des Hausmülls, die schon beim Verbraucher erfolgen muß, liefert zwei Fraktionen des Hausmülls,

- den Biomüll und
- den Restmüll.

Eine zusätzliche Reduzierung des Restmüllvolumens wird durch eine weitere Tennung des Restmülls erzielt, die ebenfalls schon beim Verbraucher erfolgen muß:

- Abtrennung von Papier,
- Abtrennung der Metallfraktion,
- Abtrennung der Glasfraktion und
- Abtrennung der Kunststofffraktion.

Der *Biomüll* wird in Kompostwerken einer aeroben Verrottung unterzogen, wobei als Produkt Kompost erhalten wird. Die Behandlung des Biomülls ist vor einer Deponierung nach der TA Siedlungsabfall [7] vorgeschrieben. Diese Behandlung kann alternativ aerob durch Verrottung oder anaerob durch Vergärung geschehen. Der nach Abtrennung der Metall-, Glas- und Kunststofffraktion verbliebene *Restmüll*, muß meistens, um die Grenzwerte der TA Siedlungsabfall (TOC-Wert = Total Organic Carbon) einzuhalten, vor der Deponierung noch einer zusätzlichen Behandlung unterzogen werden. Hierfür stehen alternativ zur Verfügung:

- Thermische Behandlung,
- aerobe Verrottung und
- anaerobe Vergärung.

Hierbei wird die größte Volumenverringerung durch die thermische Behandlung erreicht. Als thermische Behandlung ist alternativ die Verbrennung und die Verschwelung anwendbar. Bei der Verbrennung ist die Vermeidung eines Schadstoffeintrags in das Umweltmedium Luft nur durch eine intensive Abgasreinigung zu erreichen. Bei der Verschwelung (vgl. hierzu die Niedertemperaturpyrolyse von Kunststoffen in Abschnitt 4.3.3) werden die im Müll enthaltenen Schadstoffe in den Pyrolyserückstand eingebunden.
Der bei der zusätzlichen aeroben Verrottung des Restmülls erhaltene deponierfähige Müll wird als „Gewerbemüll" bezeichnet. Er entspricht in seiner Zusammensetzung dem hausmüllähnlichen Gewerbeabfall [7] und darf nicht mit dem gewerblichen Sondermüll verwechselt werden.

Klärschlämme sind als Düngemittel wegen der Inhaltstoffe (Schwermetalle, bei industriellen Klärschlämmen mitunter auch Dioxine) nicht verwendbar (vgl. hierzu auch Kapitel 6, Grenzwerte) und können höchstens in Wirbelschichtöfen verbrannt werden. Eine Alternative hierzu stellt die Niedertemperaturkonvertierung (Abschnitt 4.3.3) dar, wobei der Klärschlamm zunächst getrocknet (Energie!) werden muß. Als Produkte werden neben einem Pyrolyseöl Gase sowie eine Schlacke erhalten, die in der Zementindustrie, bei der Asphaltherstellung und im Straßenbau Verwendung findet.

4.3.7 Das Recycling von mineralischen, metallfreien Abfällen

Bauschutt kann nach der Zerkleinerung und dem Aussieben im Straßenbau verwandt werden. *Restbeton* liefert nach dem Auswaschen des Zementanteils einen Mischkies, der wieder bei der Betonherstellung eingesetzt wird.

Schlacken und Aschen aus Dampferzeugern liefern nach der Zerkleinerung und dem Aussieben Füllstoffe für die Bauindustrie und Strahlmittel für den Stahlbau. Das *Schmelzkammergranulat* aus Steinkohlekraftwerken kann nach der Zerkleinerung und der Korngrößentrennung in der Bauwirtschaft und als Streugut verwandt werden.

Altglas wird nach der farblichen Trennung (Verbraucher!) und dem Sortieren (Abtrennung von Metallteilen) als Scherbengut wieder der Glasindustrie zugeführt. Dieser Produktkreislauf verhindert zwar eine Deponierung, verbraucht aber andererseits Energie beim Schmelzen des Glases und erfordert die Anwendung von Abgasreinigungsmaßnahmen (Fluoride). Deshalb ist die Mehrwegflasche eindeutig der Einwegflasche vorzuziehen.

Schleifmittel werden in Spezialöfen verbrannt. Nach der Abtrennung des Schleifkorns von der Asche wird dieses wieder an die Schleifmittelindustrie zurückgeführt.

Verbrauchte *Aktivkohlefilter* und *Kieselgurfilter* werden, wenn kein Recycling der adsorbierten Stoffe möglich ist, bei 1100 °C verbrannt, wobei diese Stoffe zersetzt werden. Das Kieselgur kann an die Chemieindustrie zurückgeführt werden. *Filterstäube* aus Müllverbrennungsanlagen (Dioxine) können in Plasmabrennern bei Temperaturen oberhalb 2000 °C nach einem Verfahren der Firma Krupp [6] aufbereitet werden, wobei organische Stoffe verbrannt und flüchtige Schwermetallverbindungen (Pb, Zn, Sn, Cu) aus dem Abgas auskondensiert werden. Diese werden wieder der metallverarbeitenden Industrie zugeführt und die Schlacke in der Bauindustrie verarbeitet.

4.3.8 Das Recycling von metallhaltigen Abfällen

In der Vergangenheit führte das *Schrottrecycling* innerhalb der stahlerzeugenden Industrie zu der Bildung von Dioxinen. Beim Blasstahlverfahren, in dem Gußeisen durch die Behandlung mit Sauerstoff im flüssigen Zustand („Blasen“) zu Stahl umgewandelt wird (Kohlenstoffgehalt < 1.5%), wurde im Konverter dem flüssigen Roheisen ein Anteil Schrott zugesetzt. In Siemens-Martin-Öfen, bei denen die Heizung des Ofens durch elektrische Energie nach dem Induktionsprinzip erfolgt, wurde beispielsweise ausschließlich Schrott recyclet. In beiden Verfahren wurde dabei sogenannter „Paketschrott“ verarbeitet, bei dem es sich um zu Paketen gepreßte Metallobjekte handelt, beispielsweise um Autowracks einschließlich der Kunststoffverkleidungen, Kabel und dem Altöl. Da die Zugabe von Schrott zum flüssigen Stahl bzw. Roheisen zu explosionsartigen Zersetzungen von Wasser (Knallgas) führte, das meistens in dem Paketschrott enthalten ist, gingen sogar manche Firmen dazu über, den Schrott vor dem Schmelzprozeß „vorzuwärmen“, was verstärkt zur Dioxinbildung (Pyrolyse von Kunststoffen) führte. Neben der Dioxinbildung beinhaltet das Recycling von Paketschrott einen weiteren Nachteil: Der nach diesem Verfahren gewonnene Stahl läßt sich ausschließlich zu Massenstählen (Baustahl) verarbeiten, da die Korrosion durch die darin enthaltenen Fe-Cu-Lokalelemente vorprogrammiert ist. Darüber hinaus stehen Massenstähle, die nach diesen Verfahren gewonnen werden, auf dem Weltmarkt in einem heftigen Konkurrenzkampf mit Stählen aus Indien und Pakistan, die dort durch die Abwrackung von Hochseeschiffen unter Anwendung von Niedriglohn-Technologien gewonnen werden. Vor allem dieser Grund führte in der deutschen Stahlerzeugung zu einer Verlagerung der Produktion hin zur Erzeugung von Qualitätsstählen. Hierbei kann jedoch nur Schrott folgender Qualität verarbeitet werden:

- Kreislaufschrott und
- manuell verlesener Schrott.

Unter *Kreislaufschrott* versteht man die innerhalb der Stahlproduktion anfallenden Abfälle (z.B. Verschnitt). Manuell verlesener Schrott enthält keine Kabel und Kunststoffabfälle mehr. Die Verwendung von manuell verlesenem Schrott erfordert jedoch aus Kostengründen die Konstruktion recyclinggerechter Produkte, beispielsweise von Automobilen, die so aufgebaut sind (z.B. die Verwendung von Verschraubungen anstelle von Schweißverbindungen), daß sie kostengünstig in Handarbeit zerlegt werden können.

Kabelabfälle werden zum Recycling in einem Reaktor einer Pyrolyse unterworfen, wobei aus dem Abgas die Kohlenwasserstoffe auskondensiert werden und das Abgas selbst zur Reinigung der Reaktorheizung zugeführt wird. Als Pyrolyseprodukte werden ein Pyrolyseöl, Kohlenstoff und darin das entsprechende Metall (z.B. Cu) erhalten.

Aluminiumschrott wird geschreddert, eingeschmolzen und das erhaltene Metall an die Metallindustrie zurückgeführt. *Zink- und Bleiabfälle* lassen sich nach dem Vermischen mit Koks und Sand bei 700 °C reduzieren, wobei die Metalle im Abgas reoxidieren und als Metalloxide abgeschieden werden können. *Abfälle aus der eisenverarbeitenden Industrie*, z.B. ölhaltiger Walzzunder (Eisenoxid), werden bei 800 °C gereinigt. Alle Abfälle werden wieder der metallverarbeitenden Industrie zugeführt.

Bei den *Metallabfällen aus der Elektronikbranche* werden die Abfälle nach der Zerlegung und Sortierung einem fraktionierten Schmelzprozeß unterworfen und die erhaltenen Fraktionen wieder der Metallindustrie zugeführt. *Leiterplatten* müssen unter Verwendung stark reduzierender Gase [6] geschmolzen werden, wobei neben den Metallen und Schlacken stark belastete Filterstäube (Dioxine, Sondermüll) erhalten werden.

4.3.9 Das Recycling von Säuren, Laugen und Konzentraten

Verdünnte *Schwefelsäure* kann durch Konzentrierung in Verdampfern aufkonzentriert werden, wobei Säuregehalte oberhalb von 90% nur durch die Anwendung von Vakuumverdampfern erhalten werden. Abfallschwefelsäure wird durch thermische Spaltung über glühendem Koks bei 1200 bis 1300 °C in SO_2 übergeführt, das wieder in der chemischen Industrie zur Schwefelsäureproduktion eingesetzt wird. Aus Abfallsäure (Schwefelsäure und *Salpetersäure*) wird die Salpetersäure abdestilliert.

Bei Gießereien, die nach dem Cold-Box-Verfahren arbeiten, werden den Gießsanden als Bindemittel Polyurethane beigefügt, die erst im Gießsand durch Isocyanate und Alkohole synthetisiert werden. Hierbei dienen *Amine* (Methylamin, Dimethylamin) als Katalysatoren. Diese Amine werden aus der Abluft der Anlagen mit Neutralisationswäschern entfernt. Die im Wäscher dabei entstehenden Ammoniumsalze werden durch die Zugabe von Basen anschließend gespalten und dadurch die Amine wieder rückgewonnen. Bei ammonikhaltigen Abwässern wird das *Ammoniak* mittels Wasserdampf (Strippen) abgetrennt und auskondensiert. *Abwässer aus der Galvanikindustrie* können durch die Anwendung folgender Verfahren gereinigt werden:

- Ionenaustauscher,
- Elektrolyse,
- Hochdruckumkehrosmose und
- Elektrodialyse.

Die *Hochdruckumkehrosmose* stellt die Umkehrung des Prinzips der Osmose (vgl. Abschnitt 3.3) unter der Anwendung hoher Drücke dar.

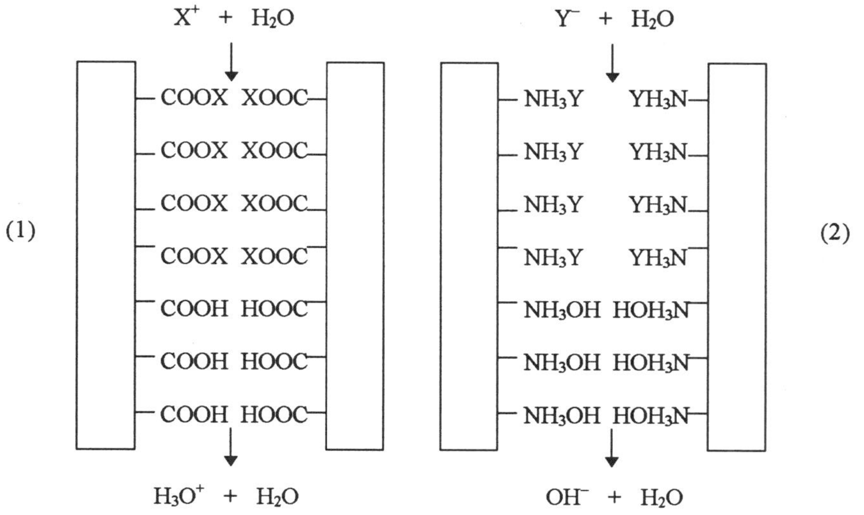

4.3 Funktionsprinzip eines Kationenaustauschers (1) und eines Anionenaustauschers (2)

Ein *Ionenaustauscher* besteht aus einer organischen Matrix, einem Kunstharz, an deren Oberfläche sich funktionelle Gruppen befinden (Abbildung 4.3). Bei Kationenaustauschern sind dies Carboxylgruppen, bei Anionenaustauschern Ammoniumgruppen. Man unterscheidet hierbei zwischen reinen Kationen- und Anionenaustauschern und Mischbettaustauschern zur simultanen Abtrennung von Kationen und Anionen. An den funktionellen Gruppen lagern sich die verschiedenen Kationen oder Anionen aufgrund unterschiedlicher Affinitäten unterschiedlich fest an. Dabei werden die Kationen gegen H_3O^+-Ionen und die Anionen gegen OH^--Ionen ausgetauscht. Ist der Ionenaustauscher belegt, wird er durch die Aufgabe von konzentrierter Säure oder Lauge regeneriert, wobei die Metallionen wieder freigesetzt und als konzentrierte Lösung erhalten werden.

Die *Elektrodialyse* beruht auf der Wanderung von Ionen im elektrischen Feld. Kationen wandern zur negativen Kathode und Anionen zur positiven Anode. Eine Elektrodialyseapparatur (Abbildung 4.4) besteht neben den Elektroden aus einzelnen Zellen, die gegeneinander durch Membranen abgetrennt sind. Hierbei wechseln Kationenaustauschermembranen und Anionenaustauschermembranen einander ab. Die Membranen sind jeweils für die gleichnamigen Ionen permeabel. Hierdurch erfahren die Ionen in den Konzentratzellen eine Anreicherung und in den Diluatzellen eine Verarmung. Eine Elektrolyseapparatur besteht aus einer größeren Zahl von Zellen, einem „Stack", wobei das erhaltene Konzentrat und das Diluat mehrmals die Zellen durchlaufen. Auf diese Weise wird ein Elektrolytkonzentrat erhalten, das einer weiteren Bearbeitung zugeführt wird, und ein an Schadstoffen armes Abwasser.

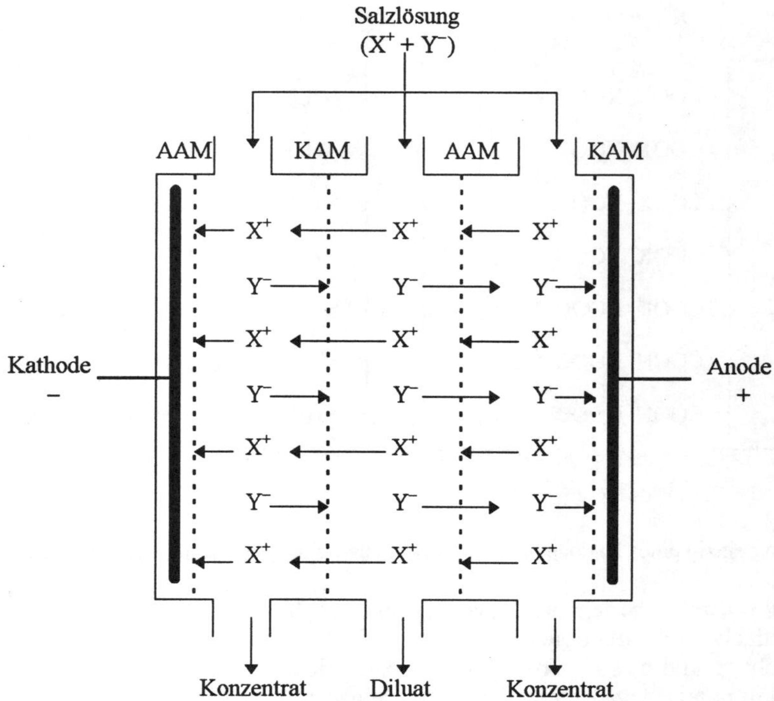

4.4 Funktionsprinzip einer Elektrodialyseapparatur. Die Kationenaustauschermembranen KAM sind für Kationen permeabel, die Anionenaustauschermembranen AAM für Anionen.

4.3.10 Das Recycling von Celluloseabfällen

Papier- und Pappeabfälle werden zerkleinert, gesiebt und die einzelnen Siebfraktionen sowohl der Papierindustrie als auch der Bauwirtschaft (Formteile und Dämmplatten) zugeführt oder in Verbrennungsanlagen verbrannt.

Rindenabfälle aus der Forstwirtschaft werden kompostiert. *Holzabfälle* aus der Holzverarbeitungsindustrie werden entweder zu Holzbriketts für Verbrennungsanlagen verarbeitet oder zerkleinert, gesiebt und die Siebfraktionen der Papierindustrie oder der Bauwirtschaft zugeführt. Nicht verwertbare Fraktionen werden wiederum kompostiert.

Literatur

1 *Gesetz über die Vermeidung und Entsorgung von Abfällen (Abfallgesetz – AbfG)* vom 27.08.1986, BGBl I, S. 1410, berichtigt am 11.09.1986, BGBl I, S. 1501, geändert am 12.02.1990, BGBl I, S. 166, und am 11.05.1990, BGBl I, S. 870.

2 T. von Meyeren; *Was ist machbar?* PC-Windows, Januar 1994, S. 120.

3 W. F. Müller; *Chemisches Recycling: Erfolge bei reinen und vermischten Kunststoffabfällen.* Spektrum der Wissenschaft, Dezember 1993, S. 108.

4 R. Rieß; *Gebrauchte Kunststoffe – Lösungen des Abfallproblems bei der Bayer AG.* Spektrum der Wissenschaft, Dezember 1993, S. 118.

5 *Zweite allgemeine Verwaltungsvorschrift zum Abfallgesetz (TA Abfall)* vom 10.04.1990, GMBl Nr. 11, S. 170.

6 UMPLIS – Informations- und Dokumentationssystem Umwelt, herausgegeben vom Umweltbundesamt; *Handbuch der Recyclingverfahren.* Erich Schmidt Verlag, Berlin 1991.

7 *Dritte allgemeine Verwaltungsvorschrift zum Abfallgesetz (TA Siedlungsabfall)* vom 14.05.1993, Banz. Nr. 99a.

5 Die Sanierung von Altlasten

Man bezeichnet die Wiederherstellung ökologisch vertretbarer Zustände durch die Anwendung technischer Maßnahmen in einem Umweltmedium, dessen Ökosysteme durch den Eintrag von Schadstoffen nachhaltig gestört wurden, als eine *Sanierung*.

Die Entfernung von Schadstoffen aus dem Umweltmedium Luft ist wegen der Unmöglichkeit lokaler Abgrenzungen durch Sanierungsmaßnahmen nicht möglich. Die atmosphärische Luftschicht besitzt jedoch Selbstreinigungsmechanismen, aus denen für die einzelnen Schadstoffe Halbwertzeiten für ihre Verweildauer (Abschnitt 1.3.4) resultieren. Der Austrag der Luftschadstoffe erfolgt entweder durch wash out, rain out (saurer Regen) oder photochemische Prozesse. Die einzig mögliche Maßnahme zur Schadstoffreduktion ist die Verhinderung des Schadstoffeintrags.

Die Selbstreinigung des Umweltmediums Wasser erfolgt durch *Sedimentierung* und bei Fließgewässern zusätzlich durch den Abtransport der Schadstoffe. Darüber hinaus werden organische Schadstoffe größtenteils durch mikrobiellen Abbau entfernt. Die hierzu notwendigen Bedingungen, insbesondere der notwendige Sauerstoffgehalt des Wassers, können bei stehenden Gewässern durch flankierende Maßnahmen gewährleistet werden. Hierzu zählt vor allem die Belüftung (Einleitung von Luft oder Sauerstoff).

Die Sanierung des Grundwassers wird wegen des kausalen Zusammenhangs mit dem Umweltmedium Boden zu den *Bodensanierungen* hinzugerechnet. Die Sanierung des Umweltmediums Boden wird auch heute noch vorrangig wegen einer mögliche Gefährdung des Nahrungsmittels Wasser vorgenommen. Weitere Gründe für die Durchführung von Bodensanierungsmaßnahmen sind die Gefährdung der Gesundheit von Menschen durch das Austreten von leichtflüchtigen organischen Stoffen aus dem Boden (Wohnhäuser) sowie die Gefahr einer direkten Kontamination durch Hautkontakte mit Schadstoffen bei hochgradig verunreinigten Böden (z.B. bei Kinderspielplätzen).

Derzeit werden Bodensanierungsmaßnahmen vorrangig bei einer direkten Gefahr für die menschliche Gesundheit und nicht aus ökologischen Gründen durchgeführt. Maßgebend hierfür sind Kostengründe bei einem großen Handlungsbedarf.

Eine hochgradige Kontamination von Böden durch Schadstoffe erfolgt in den meisten Fällen durch

- unsachgemäße Deponierung von Abfallstoffen aus industriellen Produktionen,
- Einträge in den Boden durch industrielle Emissionen über den Wasserpfad,
- Einleitung von Chemikalien aus industriellen Produktionen in den Boden und
- Chemikalienunfälle bei Transporten.

Ist die Kontamination des Bodens durch Einleitung von Chemikalien aus industriellen Produktionen bereits erfolgt, wobei in einer Vielzahl von Fällen die Produktion bereits eingestellt ist und das Unternehmen nicht mehr existiert, bezeichnet man diesen kontaminierten Boden als eine *Altlast*. Die in den folgenden Abschnitten beschriebenen Verfahren zur Sanierung von Böden sind – wegen der aktuellen Zahl der Sanierungsfälle – Verfahren zur Sanierung von Altlasten.

5.1 Schadstoffe in Pedosphäre und Lithosphäre

Um die Notwendigkeit von Bodensanierungen zu beurteilen, bedarf es Kenntnisse über natürliche Vorgänge, die in Böden ablaufen, und über wichtige Wirkungen von Schadstoffen in Böden.

Man unterteilt das Umweltmedium Boden in die beiden Bereiche

- Pedosphäre und
- Lithosphäre.

Unter der *Pedosphäre* versteht man die oberste Schicht des Bodens, in der durch Mikroorganismen ermöglichte Vorgänge ablaufen. In der Pedoshäre laufen große Teile des Stickstoffkreislaufs ab (vergleiche hierzu auch Kap. 2). Als Beispiel soll der Eintrag von Harnstoff durch Düngung in den Boden und der Abbau dieses Stickstoffdüngers beschrieben werden. Während der aerobe bakterielle Abbau von Stoffen oxidativ verläuft, geschieht der anaerobe Abbau unter reduktiven Bedingungen. Hierbei werden durch H-Donatoren Wasserstoffatome freigesetzt, welche den Abbau ermöglichen. H-Donatoren sind biochemische Reduktionsmittel.

Der *Abbau des Harnstoffs* beginnt mit einer Hydrolyse, bei der aus Harnstoff Ammoniumcarbonat entsteht:

$$(NH_2)_2CO + 2\,H_2O \longrightarrow (NH_4)_2CO_3 \tag{5.1}$$

Im nächsten Schritt erfolgt der aerobe bakterielle Abbau der Ammoniumionen zu für die Pflanzen ernährungsphysiologisch wichtigem Nitrat und damit pflanzenverfügbaren Stickstoffverbindungen:

$$NH_4^+ + 2\,O_2 + H_2O \xrightarrow{\text{Bakterien}} NO_3^- + 2\,H_3O^+ \tag{5.2}$$

Von den Pflanzen nicht aufgenommenes Nitrat wird im anaeroben Milieu zu Nitrit reduziert,

$$NO_3^- + 2\,[H] \xrightarrow{\text{Bakterien}} NO_2^- + H_2O \qquad (5.3)$$

das letztendlich zu elementarem Stickstoff umgesetzt wird. Hierbei entsteht intermediär Distickstoffoxid (N_2O), das weiter zu Stickstoff aumgewandelt wird, zum Teil aber freigesetzt wird, aus dem Boden entweicht und in die Stratosphäre diffundiert. Dort wird es zu NO umgesetzt wird und ist am Ozonabbau beteiligt (Abschnitt 1.3.5).

$$NO_2^- + [H] + H_3O^+ \xrightarrow{\text{Bakterien}} NO + 2\,H_2O \qquad (5.4)$$

$$2\,NO + 2\,[H] \xrightarrow{\text{Bakterien}} N_2O + H_2O \qquad (5.5)$$

$$N_2O + 2\,[H] \xrightarrow{\text{Bakterien}} N_2 + H_2O \qquad (5.6)$$

Die unter der Pedosphäre liegende Zone des Bodens bezeichnet man als die *Lithosphäre*. Diese besteht aus verschiedenen geologischen Formationen, die entstanden sind durch

- chemische Umsetzungen im Verlauf der Entstehung des Planeten Erde,
- Mineralisierung organischen Materials und
- Sedimentierung von Stoffen, die in aquatischen Systemen gebildet werden.

Innerhalb der Lithosphäre treten bestimmte Elemente immer in bestimmten Oxidationsstufen und damit in charakteristischen Verbindungen auf. Die Gründe dafür liegen in der Entstehung der Lithosphäre, weshalb diese in Exkurs 5.1 kurz besprochen werden soll.

Exkurs 5.1 Die Bildung der Lithosphäre

Die Bildung der Lithosphäre erfolgte in der Uratmosphäre. Diese bestand hauptsächlich aus Kohlendioxid (CO_2), Wasser (H_2O) und Stickstoff (N_2) und nur zu geringen Teilen aus Ammoniak (NH_3), Methan (CH_4) undSchwefeldioxid (SO_2). Hätten CH_4 und NH_3 in größeren Mengen vorgelegen, wäre Eisen(II)oxid zu Eisen reduziert worden:

$$7\,FeO + CH_4 + 2\,NH_3 \longrightarrow 7\,Fe + CO_2 + N_2 + 5\,H_2O$$

Weiterhin beweist das Vorkommen von zweiwertigem Eisen die Abwesenheit von Sauerstoff in der Uratmosphäre, da dieses sonst zu dreiwertigem Eisen oxidiert worden wäre:

$$4\,FeO + O_2 \longrightarrow 2\,Fe_2O_3$$

Erst das Entstehen von Sauerstoff durch mikrobielle Vorgänge (Abschnitt 2.1) ermöglichte die Bildung der Rotsteinsedimente der Urkontinente. Durch Gesteinsverwitterungen freigesetzte Eisen(II)ionen wurden ebenfalls zu Eisen(III)oxid oxidiert und sedimentiert:

$$4\,Fe^{2+} + 12\,H_2O + O_2 \longrightarrow 2\,Fe_2O_3 + 8\,H_3O^+$$

CO_2 war bei der Bildung der Erdatmosphäre in wesentlich höheren Konzentrationen vorhanden als heute. Es wurde durch Calciumoxid (CaO) fixiert, das an Alumosilikate gebunden war. Dies begründete die Entstehung von Kalkstein:

$$CO_2 + CaO[(Al_2O_3)_X(SiO_2)_Y] \longrightarrow CaCO_3 + [(Al_2O_3)_X(SiO_2)_Y]$$

Durch Vulkantätigkeiten freigesetzter Schwefelwasserstoff (H_2S) wurde zu Sulfat oxidiert:

$$S^{2-} + 2O_2 \longrightarrow SO_4^{2-}$$

Die Bildung der Sauerstoffatmosphäre bewirkte die Entstehung von sauerstoffhaltigen Mineralien in der Lithosphäre. Nur die edlen Metalle Gold und Silber kommen in der Lithosphäre in elementarer (= gediegener) Form vor, die unedleren wie beispielsweise Eisen oder Kupfer in Form von Oxiden oder Verbindungen wie Sulfate oder Carbonate.

Die Wirkungen eines Schadstoffs in Pedosphäre und Lithosphäre sind hauptsächlich abhängig von

- seinem Dampfdruck,
- seinem hydrophilen Verhalten (= Wasserlöslichkeit) und
- seinem hydrophoben Verhalten (= Wasserunlöslichkeit).

Während ionische Verbindungen sich zwar gut in Wasser lösen und damit auch gut auf dem Wasserpfad in die Pedosphäre eingetragen werden können, können sie hingegen nicht verdampfen und so wieder aus der Pedosphäre ausgetragen werden. Bei organischen Substanzen, die keine ionische Struktur aufweisen, entscheidet jedoch zunächst der Dampfdruck über ihre Verweilzeit in der Pedosphäre.

Wasserlösliche Stoffe beinhalten ein hohes Gefährdungspotential für *Ökosysteme* und v.a. für das Grundwasser, weisen aber andererseits kurze Verweilzeiten auf. Hydrophobe organische Stoffe verteilen sich nicht im Boden, wandern aber als „Blase“ mit der Strömungsrichtung eines Grundwasserleiters. Sie weisen hohe Verweilzeiten auf und stellen wegen einer meist geringen Wasserlöslichkeit ein langfristiges Gefährdungspotential dar. So ist beispielsweise *Benzen* zwar mit Wasser nicht mischbar, besitzt jedoch eine begrenzte Wasserlöslichkeit. Neben seiner toxischen Wirkung auf bestimmte Mikroorganismen wirkt es als Bestandteil des Trinkwassers auf den Menschen kanzerogen (vgl. hierzu Kap. 1).

Die wichtigsten Wirkungen von Schadstoffen in der Pedosphäre sind

- pflanzenschädigende Wirkungen bei der Einwirkung von Säuren („Saurer Regen") durch Verschiebung des Boden-pH-Wertes und Änderungen des Wurzelwachstums (Entwicklung zu „Flachwurzlern"),
- Aufnahme von ionischen Substanzen durch Pflanzenwurzeln, beispielsweise bei einem hohen Angebot von Bleiionen,
- Aufnahme von lipophilen Substanzen durch Pflanzenwurzeln mit lipophiler Wurzelhaut, beispielsweise von Dioxinen bei Möhren,
- toxische Wirkungen auf Pflanzen und Bodenorganismen, beispielsweise durch Pestizide aus der Landwirtschaft,
- „Überdüngung" des Bodens durch übermäßigen Eintrag von Stickstoffdünger,
- Ausgasung leichtflüchtiger organischer Stoffe aus dem Boden und
- Umwandlung ökologisch irrelevanter Stoffe durch Mikroorganismen in ökotoxische Stoffe.

Exkurs 5.2 Der mikrobielle Abbau von Stoffen in der Pedosphäre

Einmal in die Pedosphäre eingetragene Stoffe, die zunächst kein Gefährdungspotential besitzen, können durch Mikroorkanismen in Stoffe umgewandelt werden, die eine Gefahr darstellen. Wasserunlösliches Bleioxid (PbO) wird beispielsweise durch Mikroorganismen in wasserlösliches Bleicarbonat umgewandelt. Ein weiteres Beispiel ist der mikrobielle Abbau von *„Luxmasse"*:
Vor der Einführung des „Erdgases", welches Methan (CH_4) ist, wurde als Brennstoff in Haushaltungen „Stadtgas" verwandt, das als einen brennbaren Anteil Kohlenmonoxid (CO) enthielt. Die „Gasvergiftung" war also eine Kohlenmonoxidvergiftung. Dieses „Stadtgas" wurde in „Gaswerken" durch Verkokung von Steinkohle nach dem Funktionsprinzip einer Kokerei hergestellt. Das dabei ebenfalls entstehende Cyanid wurde aus der Waschflüssigkeit mittels Eisen(III)-verbindungen komplexiert und mit Eisen(II)verbindungen als $Fe_3[Fe(CN)_6]_2$ ausgefällt. Dieser Eisen-Cyano-Komplex ist in Wasser schwerlöslich und wurde als „Luxmasse" bezeichnet. Er zeichnet sich zusätzlich dadurch, daß der Cyanokomplex eine Edelgaskonfiguration des Eisens bedingt, aus, daß er keine Cyanidionen freisetzt. Diese „Luxmasse" wurde in der Vergangenheit wegen der chemischen Stabilität der Verbindung oft bedenkenlos deponiert. Dennoch stellen Altlasten, die „Luxmasse" enthalten, ein hohes Wassergefährdungspotential dar, da durch bakteriellen Abbau Cyanidionen freigesetzt werden können.

Die Wirkung von Schadstoffen auf das Grundwasser und damit auch auf den Menschen orientiert sich hauptsächlich an ihrer hydrogeologischen Verfügbarkeit in der Lithosphäre. Die wichtigsten Prozesse in der Lithosphäre in Verbindung mit Schadstoffen sind

- die Immobilisierung von Schwermetallen durch Huminsäuren,
- die Adsorption organischer Stoffe an feinkörnigem Material (z.B. Sandboden),
- chemische Umsetzungen mit Mineralien, z.B die Neutralisation von Mineralsäuren durch Kalkstein,
- die Freisetzung von ökotoxischen Bodeninhaltsstoffen durch Säureeinwirkung (z.B durch „Sauren Regen“) und
- die ionenaustauschende Wirkung von Mineralien.

Huminsäuren bewirken durch die Bildung schwerlöslicher Verbindungen zunächst eine *Immobilisierung* von Schwermetallen in der Pedosphäre und verhindern in einem gewissen Maße einen Eintrag in die Lithosphäre.

Die Adsorption organischer Stoffe an feinkörnigem Material ermöglicht eine hydrogeologische Verfügbarkeit nur dann, wenn die Grundwasserobergrenze zumindest im Bereich der Altlast verläuft. In Verbindung mit einer für das Grundwasser undurchlässigen Sperrschicht tritt hingegen eine Immobilisierung der Altlast ein.

Die Neutralisierung von Säuren kann sowohl durch Kalkstein als auch durch basische Stoffeinträge erfolgen. Die in der Vergangenheit von Thomaskonvertern bei der Stahlerzeugung emittierten basischen Stäube führten zu einer basischen Abpufferung der Böden in der Umgebung dieser Anlagen und einer daraus resultierenden Resistenz der Bäume im Wurzelbereich gegenüber der Einwirkung von *„Saurem Regen“* – eine Erkenntnis, die zur Magnesiumkalkung von Waldböden als Schutzmaßnahme führte.

Die Freisetzung toxischer Bodeninhaltsstoffe erfolgte als erste sichtbare Wirkung des *„Sauren Regens“* in industriefernen Regionen (z.B. Schweden), bedingt durch SO_2- und NO_2-Ferntransporte. Der Säureeintrag verursachte eine Freisetzung von Aluminiumionen aus Tonmineralien und ihren Eintrag in Gewässer, in denen sie eine *fischtoxische Wirkung* (Schädigung der Kiemen) haben.

Gerüstsilicate haben die Wirkung eines *Ionenaustauschers* (vergleiche hierzu Abschnitt 4.3.10). Sie können beispielsweise Bleiionen binden und dafür Natrium- und Kaliumionen freisetzen. Diese positive Wirkung der Mineralien kann jedoch durch Säureeinwirkung wieder umgekehrt werden, wenn – ähnlich wie bei der Regenerierung eines Kationenaustauschers mit Mineralsäuren – die gebundenen Bleiionen wieder freigesetzt werden.

Da Silicatmineralien den größten Anteil der Lithosphäre stellen, ist die Kenntnis über ihren Aufbau und das daraus resultierende chemische Verhalten für die Beurteilung von Schadstoffen in Böden und damit die Beurteilung von Altlasten und ihre Sanierung unerläßlich.

Kieselsäure (H_4SiO_4), die eine extrem schwache Säure ist, kondensiert bei der Einwirkung stärkerer Säuren unter Wasserabspaltung zu Polykieselsäuren, deren Molekülaufbau Ketten oder Netze darstellt. Die gezielte Synthese von Polysilicaten in Böden ist eine Methode, um bei Altlasten aus dem Bereich des Kupferbergbaus (Halden) eine Herabsetzung der Pflanzenverfügbarkeit des Kupfers zu erreichen.

Man unterscheidet bei den Silicaten zwischen

- Kettensilicaten,
- Schichtsilicaten und
- Gerüstsilicaten.

Kettensilicate bestehen aus Ketten oder Bändern. Ihre wichtigsten Vertreter sind die Hornblenden. *Schichtsilicate* (Abbildung 5.1) bestehen aus Netzwerken von Polysilicaten. Ihr wichtigster Vertreter ist der Glimmer. Sowohl Kettensilicate als auch Schichtsilicate bestehen aus SiO_4-Gruppen, bei denen vier Sauerstoffatome jeweils einen Teraeder bilden und ein Siliciumatom einschließen. Eine Tetraederecke ist wiederum gleichzeitig die Ecke eines Folgetetraeders (Abbildung 5.2).

```
   O        O        O        O
   |        |        |        |
 – Si – O – Si – O – Si – O – Si –
   |        |        |        |
   O        O        O        O
   |        |        |        |
 – Si – O – Si – O – Si – O – Si–
```

5.1 Schematischer Molekülaufbau eines Polysilicats

Werden einzelne Siliciumatome durch Aluminiumatome ersetzt, so müssen zur Ladungskompensation positive Gegenionen in das Molekül zwischen den Silicatschichten eingebaut werden. Dies sind z.B. K^+-, Na^+- und Ca^{2+}-Ionen.

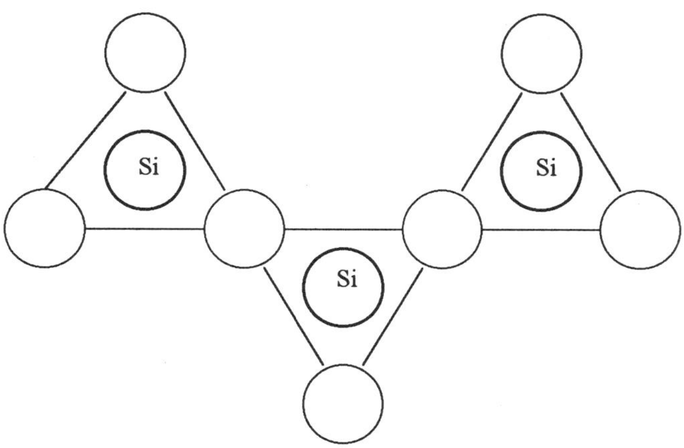

5.2 Darstellung eines Polysilicats in der Aufsicht. Die Sauerstoffatome sind zu Tetraedern angeordnet, in deren Zentrum sich jeweils ein Siliciumatom befindet, hier durch die Sauerstoffatome an den Tetraederspitzen verdeckt. Durch die Überlagerung einer weiteren Tetraederschicht entstehen Hohlräume, in die Gegenionen eingelagert werden.

Die Verwitterung von Schichtsilicaten führt zu Metallhydroxiden und -aluminaten, die auch wieder ein Schichtgitter besitzen. Dieses ist bei Tonen und Lehm der Fall, wo zwischen den einzelnen Schichten Wasser eingelagert werden kann.

Eine räumliche Vernetzung von Blattsilicaten führt zu *Gerüstsilicaten*. Zu ihnen zählen die Feldspäte wie der Kalifeldspat ($KAlSi_3O_8$). Gerüstsilicate mit weiten „Maschen“ stellen die Zeolithe dar. Sie weisen käfigartige Molekülstrukturen auf, in deren Gitter Kationen locker eingebunden sind und ausgetauscht werden können.

5.2 Die Altlastenproblematik

Ein rechtlich definierter Altlastenbegriff existiert derzeit in der deutschen Rechtssprechung noch nicht. Der Sachverständigenrat für Umweltfragen schlägt deshalb folgende Definition vor [1]:

> „*Altlasten* sind Altablagerungen und Altstandorte, sofern von ihnen Gefährdungen für die Umwelt, insbesondere für die menschliche Gesundheit zu erwarten sind“.

Hieraus resultiert ein Vorschlag für die Definition des Begriffes „Altlastensanierung“:

> „Eine Altlastensanierung ist die Durchführung von Maßnahmen, durch die sichergestellt wird, daß von der Altlast nach der Sanierung keine Gefährdung für die belebte und unbelebte Umwelt im Zusammenhang mit der vorhandenen oder geplanten Nutzung des Standortes ausgehen“.

5.2.1 Das Gefährdungspotential von Altlasten

In Deutschland existieren derzeit keine rechtlich verbindlichen Grenzwerte für die Konzentrationen von Schadstoffen in Böden (vergleiche hierzu Kap. 6). Die notwendige Abschätzung des Gefährdungspotentials einer Altlast geschieht deshalb nach

- stoff- oder konzentrationsbezogenen Kriterien oder
- gesundheitlichen Kriterien.

Stoff- bzw. konzentrationsbezogene Kriterien werden aus Gesetzen, Regelwerken und Richtlinien abgeleitet, die meistens keinen direkten Bezug zum Alttlastenproblem darstellen. Hierzu bedient man sich der

- Referenzwerte,
- Orientierungswerte,
- Prüf- oder Listenwerte und
- Höchstwerte.

Referenzwerte sind Durchschnittswerte für eine schon existierende Belastung, wobei im Einzelfall natürlich vorhandene und anthropogen eingetragene Belastungen schon zu Überschreitungen der Referenzwerte führen können. *Orientierungswerte* werden für andere Nutzungen oder Umgebungsbedingungen angewandt und dienen der Umweltvorsorge (z.B. die Trinkwasserverordnung, vergleiche Kap. 6). Durch sie kann eine Gefahrenbewertung alleine nicht begründet werden. *Prüf- oder Listenwerte* werden zur Beurteilung von Umwelteinwirkungen festgelegt und beinhalten eine schon vorhandene Hintergrundbelastung. Am bekanntesten sind die Werte der „Hollandliste" (vergleiche Kap. 6). Es handelt sich hierbei um standort-, schutzgut- und nutzungsunabhängige Zahlenwerte, die zudem noch für die geologischen, hydrologischen und pedologischen Gegebenheiten der Niederlande erstellt wurden. Gerade diese Prüf- und Listenwerte machen deutlich, daß die Beurteilung eines Gefährdungspotentials einer Altlast immer nur unter der Berücksichtigung aller notwendiger Parameter geschehen kann. Darüber hinaus bedient man sich der *Höchstwerte* aus anderen Regelungen, beispielsweise der Trinkwasserverordnung. Solche Höchstwerte haben den Charakter von *Leitwerten* (vergleiche hierzu Kap. 6).

Gesundheitliche Kriterien berücksichtigen die möglichen Aufnahmepfade des Menschen,

- die orale Aufnahme (Nahrung),
- die dermale Aufnahme (Haut) und
- die inhalative Aufnahme (Atmung)

und orientieren sich dabei an den *ADI-Werten* (ADI = Acceptable Daily Intake) der WHO (= World Health Organisation). Diese zulässige tägliche Aufnahmemenge für einen Schadstoff führt unter Zugrundelegung von Ernährungsgewohnheiten zu maximal duldbaren Bodenkonzentrationen. Hierbei wird der Übergang des Schadstoffs in den Menschen durch *Transferfaktoren* erfaßt (vergleiche Abschnitt 1.3), welche für die einzelnen Übergänge in dem jeweiligen Nahrungspfad gelten:

- Boden – Trinkwasser – Mensch,
- Boden – Pflanze – Mensch und
- Boden – Pflanze – Weidetier – Mensch.

Tabelle 5.1 Die Abhängigkeit der Schadstoffwirkung in Böden am Beispiel der Stoffeigenschaften Hydrophilie (= Wasserlöslichkeit) und Lipophilie (= Fettlöslichkeit)

Schadstoffwirkung	Hydrophiles Verhalten	Lipophiles Verhalten
Pflanzenverfügbarkeit bei hydrophiler Wurzelhaut	hoch	keine
Pflanzenverfügbarkeit bei lipophiler Wurzelhaut	hoch	hoch
Wasserlöslichkeit	hoch	gering
Chemische Affinität zu ionenaustauschenden Materialien	hoch	keine
Physikalische Affinität zu feinporigen Materialien	gering	hoch
Ausgasungstendenz	gering	je nach Dampfdruck

Die Transferfaktoren resultieren aus den chemischen und physikalischen Eigenschaften eines Stoffes, die z.B. über seine Pflanzenverfügbarkeit, sein Trinkwassergefährdungspotential und seine Ausgasungstendenz (vgl. Tabelle 5.1) entscheiden.

Eine wichtige Rolle bei der Beurteilung des Gefährdungspotential einer Altlast spielt die hydrogeologische Verfügbarkeit der Schadstoffe und die daraus resultierende mögliche Trinkwassergefährdung. Zur Einschätzung dieses Gefährdungspotentials sind neben der Kenntnis über die in der Altlast enthaltenen Stoffe umfangreiche Kenntisse über die geologischen Formationen notwendig, die sich im Bereich der Altlast befinden.

5.2.2 Die Schuldfrage bei Altlasten

Die Sanierung von Altlasten erfordert in der Regel technisch aufwendige und damit auch finanziell aufwendige Maßnahmen. Bei der Anlastung der Kosten würde die alleinige Anwendung des Verursacherprinzips in vielen Fällen nicht zum Erfolg führen, da beispielsweise oft das Industrieunternehmen, welches in der Vergangenheit für die Entstehung der Altlast verantwortlich war, zum Zeitpunkt der Sanierungsmaßnahme nicht mehr existiert. Ist jedoch eine von der Altlast ausgehende hochgradige Gefahr für die Umwelt und die menschliche Gesundheit zu befürchten, kann die verantwortliche Landesregierung die umgehende Einleitung einer notwendigen Sanierungsmaßnahme nicht von der Klärung der Schuldfrage abhängig machen. Darüber hinaus würde der derzeit existierende Handlungsbedarf bei der Zahl nicht mehr verfügbarer Verursacher zu einer nicht mehr zu bewältigenden Belastung der Staatskasse führen.

Im Rahmen der Altlastenproblematik spricht man deshalb nicht von einem Verursacher, sondern unterscheidet im Sinne des allgemeinen Polizei- und Ordnungsrechtes der Länder [2] zwischen

- Handlungsstörer und
- Zustandsstörer.

Der *Handlungsstörer* ist durch seine Handlung für die Entstehung eines Umweltschadens verantwortlich. Der *Zustandsstörer* ist durch den alleinigen Besitz einer Immobilie, von der eine Umweltgefahr ausgeht, schon für den Umweltschaden verantwortlich und haftet dafür. Sofern das auf einem Industriegelände befindliche Unternehmen auch für die Entstehung einer Altlast verantwortlich ist, sind Handlungs- und Zustandsstörer identisch. In vielen Fällen ist dies jedoch nicht der Fall. Hier haftet der Zustandsstörer für die entstehenden Kosten bei der Sanierung. Dies bedeutet, daß der Erwerb eines Grundstückes, auf dem sich eine Altlast befindet, automatisch dazu verpflichtet, für etwaige Sanierungskosten aufkommen zu müssen. Daraus resultierende Kostenforderungen des Grundstücksbesitzers an den Vorbesitzer und damit den möglichen Verursacher sind Fragen des Kaufvertrages und deshalb Fragen des Zivilrechts und nicht des Umweltrechts.

5.3 Maßnahmen zur Sanierung von Altlasten

Wegen der zuvor beschriebenen rechtlichen Problematik ist es oft erforderlich, ein Gelände, das schon einmal industriell genutzt wurde, vor einem Verkauf auf mögliche Altlasten zu untersuchen. Die Bundesländer erstellen deshalb als „Dienstleistung“, aber auch zur Abschätzung des Sanierungsbedarfs, Altlastenkataster.

Man unterscheidet generell drei Phasen der Altlastensanierung, unabhängig davon, ob von der Altlast eine Umweltgefahr ausgeht:

- Erfassung potentiell kontaminierter Standorte,
- Untersuchung und Bewertung des Standortes und
- Überwachung, Sicherung und Sanierung.

Bei der Erfassung potentiell kontaminierter Standorte werden alle verfügbaren Daten in einem EDV-gestützten Kataster verwaltet. Hierbei werden sowohl Daten aus alten Akten, Lageplänen und Luftaufnahmen als auch Hinweise aus der Öffentlichkeit und von ehemaligen Mitarbeitern eines Betriebes gespeichert, um so eine maximale Informationsdichte zu erreichen.

Für die Auswahl der Sanierungsmaßnahmen sind

- technische Kriterien,
- wirtschaftliche Kriterien und
- zusätzliche Kriterien

maßgebend. für die Auswahl der Sanierungsmaßnahme sind

- Art, Menge und Konzentration der Schadstoffe,
- chemische und physikalische Eigenschaften der Stoffe,
- geologische und hydrogeologische Eigenschaften des Standorts und
- Beschaffenheit und Nutzung des Standorts.

für die Auswahl der Sanierungsmaßnahme sind:

- Sanierungsziel,
- Sanierungserfolg,
- Sanierungsdauer und
- Dringlichkeitsgrad.

Neben den technischen und den wirtschaftlichen Kriterien kommen folgende zusätzliche Kriterien zur Anwendung:

- Potentielle Gefährdung der Gesundheit der Bevölkerung,
- volkswirtschaftlich vertretbarer Aufwand und
- mögliche eingeschränkte Nutzung des kontaminierten Standortes.

Aus diesen Bewertungskriterien ist ersichtlich, daß eine generelle ökologische Betrachtung der Sanierungsbedürftigkeit wegen der derzeit großen Zahl an Altlasten nicht zur Anwendung kommt.

Man unterteilt die Maßnahmen zur Sanierung von Altlasten in vier Gruppen:

- Schutz- und Beschränkungsmaßnahmen,
- Sicherungsmaßnahmen,
- Dekontaminationsmaßnahmen und
- Umlagerungen.

Hierbei unterscheidet man nach dem Ort. an dem die Maßnahme durchgeführt wird, wie folgt:

- *in situ* = Behandlung vor Ort ohne Auskofferungsmaßnahme,
- *on site* = Auskofferung (= Aushub des kontaminierten Erdreichs), Behandlung vor Ort und Wiedereinbau der Erdmassen,
- *off site* = Auskofferung, Transport zu einer Behandlungsanlage und Wiedereinbau der Erdmassen nach der Behandlung.

Schutz- und Beschränkungsmaßnahmen werden on site durchgeführt. Dazu zählt

- die Einschränkungen der Nutzung des Geländes,
- die Sicherung der Altlast vor Zutritt,
- die Belüftung von Kellern beim Austritt gasförmiger Schadstoffe und
- die Sammlung und Zwischenlagerung ausgetretener Stoffe.

Unter Sicherungsmaßnahmen werden alle Maßnahmen zusammengefaßt, die eine Unterbrechung der Kontaminationswege bewirken. Maßnahmen zur Sicherung des Grundwassers sind

- passiv-hydraulische Maßnahmen und
- passiv-pneumatische Maßnahmen,
- Einkapselungen und
- Immobilisierungen

Die Anwendung passiv-hydraulischer Maßnahmen und passiv-pneumatischer Maßnahmen ist in Abbildung 5.3 dargestellt. Zu den *passiv-hydraulischen Maßnahmen* zählen die Einrichtung von Absenktrichtern im Grundwasserkörper. Diese werden mittels Entnahmebrunnen (= „Abwehrbrunnen") bewirkt, welche durch die Förderung des kontaminierten Grundwassers eine Ausbreitung der Schadstoffe in der Fließrichtung des Grundwassers verhindern. Hierfür sind umfangreiche Kenntnisse der hydrogeologischen Situation erforderlich:

- Fließgeschwindigkeit des Grundwassers,
- Fließrichtung des Grundwassers und
- Durchlässigkeit des Untergrunds.

Eine weitere passiv-hydraulische Maßnahme ist die Absenkung des Grundwasserspiegels, wodurch die Altlast ausgetrocknet wird.

Passiv-pneumatische Maßnahmen werden wie die passiv-hydraulischen Maßnahmen in situ angewandt. Sie dienen dazu, leicht flüchtige gasförmige Schadstoffe kontrolliert aus der Altlast entweichen zu lassen. Hierzu werden Filterrohre (= „Gasbrunnen") senkrecht in die Altlast eingebaut (Abbildung 5.3).

Einkapselungen werden bei großvolumigen Altlasten angewandt, deren Dekontamination unmöglich oder zu aufwendig ist. Hierbei wird auf eine Unterbrechung der Emissionspfade abgezielt, ohne die chemische und physikalische Beschaffenheit der Altlast zu verändern. Es werden folgende *Einkapselungssysteme* angewandt:

- Abdecksysteme (Oberflächenabdichtungen),
- vertikale Dichtungssysteme (Dichtwände) und
- Basisdichtungssysteme (Dichtsohlen).

Jedes der Systeme kann für sich allein oder in Kombination angewandt werden.

Unter der *Immobilisierung* eines Stoffes versteht man dessen Überführung in eine schwerlösliche Verbindung oder seine Einbettung in ein Verfestigungsmittel, das den Austrag aus der Altlast verhindert. Bei In-situ-Sanierungen wird ein Bindemittel in den Porenraum des durchlässigen Bodens injiziert. Als Bindemittel dienen Polysilicate. Schwermetalle können durch Ionenaustauscher auf Kunstharzbasis immobilisiert werden. Eine Remobilisierung der Schwermetalle ist als Folge des sauren Regens und die dadurch bewirkte pH-Absenkung des Bodens möglich. Als Gegenmaßnahme empfiehlt sich die „Aufkalkung" des Bodens.

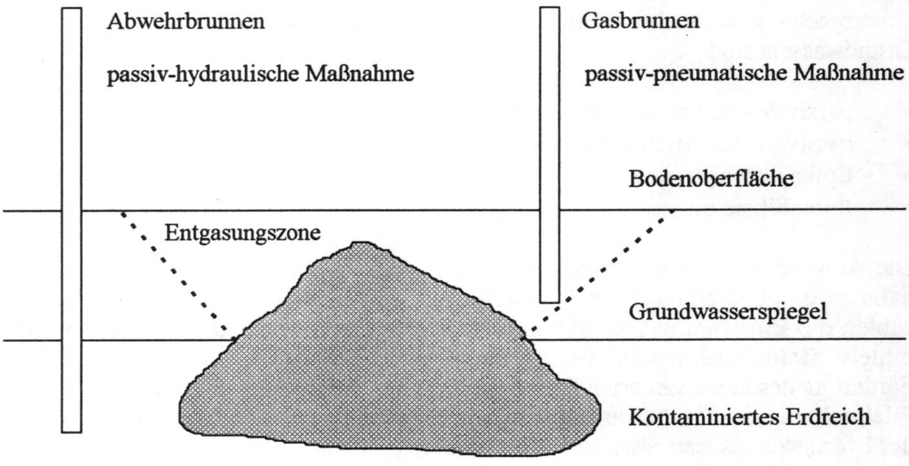

5.3 Die Anwendung passiv hydraulischer und passiv-pneumatischer Sanierungsmaßnahmen bei einer Altlast, die sowohl Stoffe mit einem hohen Dampfdruck als auch Stoffe mit einer begrenzten Wasserlöslichkeit enthält

Bei On-site-Sanierungen wird eine Immobilisierung durch Binder wie Kalk, Zement, Alkalisilicate oder organische Polymere erreicht. Hierbei werden die Schadstoffe in eine chemisch stabile und mechanisch feste Matrix eingebunden. Immobilisierungen haben oft eine Veränderung des Bodengefüges und des Bodenlebens zur Folge. Eine langfristige Remobilisierung ist darüber hinaus nie gänzlich ausgeschlossen, weshalb eine Immobilisierung einer Altlast nur als eine Übergangslösung betrachtet werden kann.

Unter den Maßnahmen zur *Dekontamination* faßt man zusammen:

- Aktive pneumatische Maßnahmen,
- aktive hydraulische Maßnahmen,
- chemisch-physikalische Behandlungsmethoden,
- biologische Behandlungsmethoden und
- thermische Behandlungsmethoden.

Liegt ein ausreichend poröser Boden vor, so können zur Dekontamination *aktiv-pneumatische Maßnahmen* angewandt werden. Dabei verlassen die gasförmigen Schadstoffe den Boden ähnlich wie bei einer *passiv-pneumatischen Maßnahme* über einen Gasbrunnen, werden im Unterschied dazu aber abgesaugt (= aktive Maßnahme). Eine Steigerung der Effektivität kann durch zusätzliches Einleiten von Luft in den Grundwasserbereich („Grundwasserbelüftung“) erreicht werden (Abbildung 5.4). Neben der Bodenbeschaffenheit sind für die Anwendung dieser Verfahren die chemischen und physikalischen Eigenschaften der Schadstoffe entscheidend. Aktive pneumatische Maßnahmen werden deshalb bei Stoffen mit hohem Dampfdruck und geringer Wasserlöslichkeit (leicht flüchtige Kohlenwasserstoffe und Halogenkohlenwasserstoffe) angewandt.

Entscheidend für den Übergang eines Stoffes vom flüssigen Zustand in den Gaszustand ist die Differenz zwischen dem Dampfdruck des Stoffes in der Flüssigkeit und dem Dampfdruck in der Gasphase über der Flüssigkeit. Hierbei ist der Druck des Gases über einer Flüssigkeit bei einem offenen System immer gleich dem herrschenden Luftdruck und ist gleich der Summe der Partialdrücke aller Bestandteile. Befindet sich in einem geschlossenen System eine Flüssigkeit im Gleichgewicht mit dem darüber befindlichen Gas, so besteht die Möglichkeit, daß der Stoff in Gasform das Behältnis verläßt. Man bezeichnet das Austreten eines gasförmigen Stoffes aus einem geschlossenen Behälter durch die Wandung als *Permeation* und die pro Zeiteiheit ausgetretenen Menge als die *Permeationsrate* (vergleiche hierzu auch Abschnitt 8.2.2).

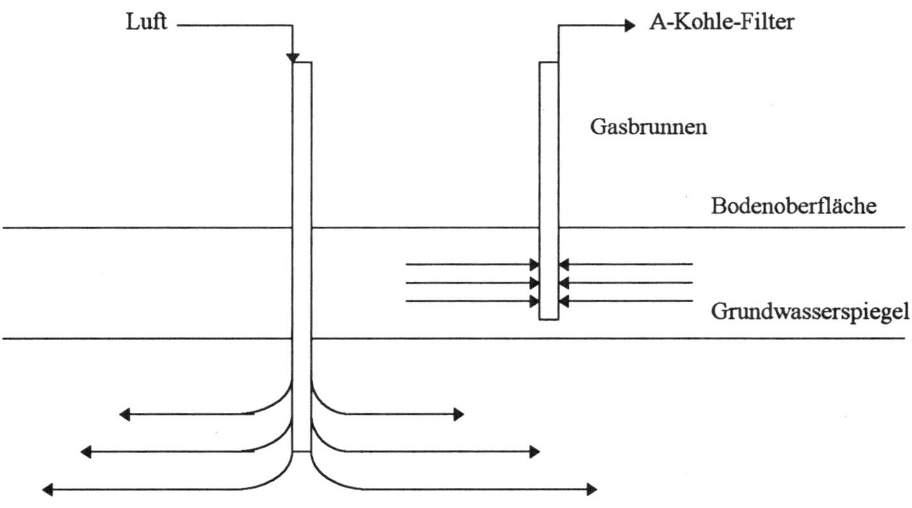

5.4 Die Anwendung einer Grundwasserbelüftung als aktive pneumatische Maßnahme

Die Permeation ist abhängig von der Differenz des Dampfdruckes des Stoffes in der Gasphase des Behälters zu dem Dampfdruck des Stoffes in der Gasphase außerhalb des Behälters. Die Permeationsrate läßt sich hierbei durch eine *Arrhenius-Gleichung* ausdrücken:

$$P = A \cdot \exp\left(\frac{-B}{T}\right) \qquad (5.7)$$

Hierbei ist die Permeationsrate P direkt abhängig von der Materialkonstanten A und über eine Exponentialbeziehung von der thermodynamischen Konstante B, welche die Verdampfungsenthalpie des Gases und die Aktivierungsenergie des Zellenmaterials enthält sowie von der Temperatur T. In die Materialkonstante A gehen Größen wie die Oberfläche, die Porenzahl, die Dicke der Behälterwandung, die Anzahl der

Poren usw. ein. Die direkte Abhängigkeit der Permeationsrate vom Material des Behälters läßt sich auch auf das Austreten eines leicht flüchtigen Stoffes aus dem Boden anwenden und muß folgerichtig auch auf eine eingekapselte Altlast angewandt werden. Prinzipiell muß jedes Polymer als permeabel für Gasmoleküle angesehen werden (vergleiche hierzu Abschnitt 8.2.2, Permeationszellen aus PTFE zur Herstellung konstanter Massenströme bei Gasmischungen).

Aktive hydraulische Maßnahmen unterscheiden sich von den passiv-hydraulischen Maßnahmen dadurch, daß das kontaminierte Grundwasser über einen Abwehrbrunnen abgepumpt und die im Wasser enthaltenen Schadstoffe entfernt werden. Das gereinigte Wasser wird zur Erhöhung der Effektivität wieder dem Boden zugeführt (Kreislaufführung des Wassers). Die Entfernung der Schadstoffe kann mittels Aktivkohlefilter geschehen. Handelt es sich um Stoffe, die in Wasser nur eine begrenzte Löslichkeit sowie einen hohen Dampfdruck besitzen (z.B. Benzen, Trichlorethen, Tetrachlorethen = Perchlorethylen usw.), besteht die Möglichkeit der Abtrennung im Luftstrom, wobei das kontaminierte Wasser zur Vergrößerung der Oberfläche versprüht wird (Abbildung 5.5), was man als „*Strippen*" bezeichnet. Um eine Verlagerung der Kontamination vom Grundwasser auf die Außenluft zu vermeiden, wird die Abluft des Strippers über einen Aktivkohlefilter gereinigt.

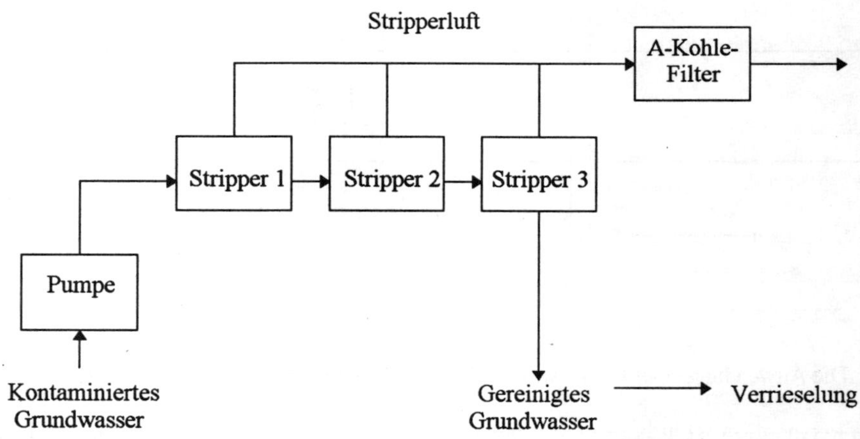

5.5 Funktionsprinzip einer aktiven hydraulischen Grundwassersanierung unter Anwendung einer dreistufigen Stripperanlage mit Kreislaufführung des Wassers (A-Kohle = Aktivkohle)

Chemisch-physikalische Bodenbehandlungsmethoden können sowohl on site als auch off site angewandt werden. Man bezeichnet sie auch als „Bodenwäsche". In einigen Fällen erfolgt ihre Anwendung auch *in situ*, wobei ein Extraktionsmittel in den Boden injiziert und anschließend die schadstoffhaltige Suspension abgepumpt wird. Hierbei können jedoch Reste des Extraktionsmittels im Boden verbleiben. Die Bodenwäsche ist bei Sand- und Kiesböden gut anwendbar. Feinkörnige Bodenbestandteile (z.B. Schluff) können jedoch schlecht vom kontaminierten Abwasser abgetrennt werden Als Extraktionsmittel kommen Wasser, organische Lösemittel, Säuren, Laugen und Tenside entsprechend den zu extrahierenden Schadstoffen zur

Anwendung. Die nach der Bodenwäsche erhaltenen kontaminierten Extraktionsflüssigkeiten müssen anschließend chemisch behandelt werden, wobei zunehmend thermische und mikrobiologische Verfahren die chemische Behandlung ersetzen. Die bei der Nachbehandlung erhaltenen Abfallstoffe müssen entsorgt werden, wobei feinkörnige Bodenbestandteile als Schlämme anfallen.

Die Anwendung mikrobiologischer Verfahren beruht auf der Fähigkeit von Bakterien und Pilzen, organische Stoffe als Nähr- und Energiequelle zu benutzen. Hierzu sind optimale Milieubedingungen (Feuchtigkeit, Nährstoffgehalt, Sauerstoffgehalt, pH-Wert und Temperatur) notwendig, wobei die Mikroorganismen meistens erst an den jeweiligen Schadstoff adaptiert werden müssen. Wegen der Schwierigkeit, die notwendigen Milieubedingungen einzuhalten, werden mikrobiologische Verfahren selten in situ angewandt, zumal lange Behandlungszeiten erforderlich sind.

Mikrobiologische Verfahren werden *on site* oder *off site* angewandt. Man unterscheidet zwischen

- *Mietenverfahren*,
- *Beetverfahren* und
- *Reaktorverfahren*.

Hiervon werden zunehmend die Reaktorverfahren bevorzugt, da sie die Einhaltung optimaler Milieubedingungen, zumal bei der Anwendung anaerober Organismen, garantieren. Neben den Vorteilen schonender Verfahren beinhalten mikrobiologische Verfahren auch folgende Nachteile:

- Die Schadstoffe müssen wasserlöslich sein.
- Mikroorganismen erfahren eine Hemmung durch Schwermetalle.
- Hohe Schadstoffkonzentrationen wirken bakterientoxisch.
- Für den mikrobiellen Abbau eignet sich nur ein bestimmtes Schadstoffspektrum.

Biologisch schwer abbaubare Kohlenwasserstoffe und Cyanide können mit Hilfe von Oxidationsmitteln, z.B. Ozon oder Wasserstoffperoxid, in Verbindungen umgewandelt werden, die von Mikroorganismen abbaubar sind.

Thermische Verfahren zur *Bodenbehandlung* werden *on site* und *off site* eingesetzt. Sie eignen sich zur Behandlung von Böden, die mit organischen Substanzen und leicht flüchtigen anorganischen Stoffen kontaminiert sind. Schwermetalle verbleiben bei der Behandlung jedoch im Boden.

Die thermische Bodenbehandlung ist mittels zweier Verfahren möglich,

- Verbrennung und
- Pyrolyse.

Verbrennungen werden bei 800 bis 1300 °C in Drehrohröfen durchgeführt. Bei vollständiger Verbrennung werden im Abgas CO_2, H_2O, SO_X und NO_X erhalten, bei unvollständiger Verbrennung CO, H_2 und Kohlenwasserstoffe.

Eine Verbrennungsanlage zur Bodensanierung arbeitet nach einem Dreistufenprozeß:

- Verbrennung,
- Nachverbrennung und
- Abgasreinigung.

Die *Pyrolyse* arbeitet bei Temperaturen zwischen 400 und 800 °C, wobei der Boden entgast und das Pyrolysegas in einem Nachbrenner verbrannt wird. Sowohl bei der Verbrennung als auch bei der Pyrolyse müssen die bei der Abgasreinigung anfallenden Abfälle und Abwässer entsorgt werden. Mit Teerabfällen kontaminierte Böden werden in einem Druckvergasungsverfahren [3] behandelt, bei dem Drücke von etwa 25 bar und Temperaturen über 1200 °C angewandt werden. Das dabei erhaltene Spaltgas besteht aus H_2, CH_4 und CO. In der reduzierenden Atmosphäre des Reaktors können auch Dioxine und Furane gespalten werden. Nach jeder Art von thermischen Behandlung muß ein Boden durch die Zugabe von Kompost erst wieder biologisch aktiviert werden.

Umlagerungen von Altlasten werden immer dort vorgenommen, wo von einer Altlast eine nicht abwendbare Gefahr für die Umwelt ausgeht, eine Sicherung aber unmöglich und eine Dekontamination finanziell zu aufwendig ist. Beispielsweise erfordern mit Dioxinen kontaminierte Filterstäube eine thermische Behandlung, oft aber muß der behandelte Boden wegen der gleichzeitigen Anwesenheit von Schwermetallen dennoch anschließend deponiert werden. Man beschränkt sich bei der Umlagerung von Altlasten darauf, diese in ein ein mechanisch gesichertes Containment ähnlich einer Sondermülldeponie umzulagern und abzukapseln.

In vielen Fällen ist der Sanierung einer Altlast, wenn von ihr keine Gefahr für die Umwelt ausgeht, eine beschränkte Nutzung des Altlastengeländes vorzuziehen. Dies gilt besonders für eine gewerbliche Nutzung und erspart die notwendige Erschließung von Grünland für Gewerbeansiedlungen. Es erfordert jedoch umfangreiche Kenntnisse über die in der Altlast enthaltenen Schadstoffe sowie die geologische und hydrogeologische Beschaffenheit des Untergrundes. Bei einer gewerblichen Nutzung des Geländes muß sichergestellt sein, daß dadurch keine Mobilisierung der Altlast bewirkt wird.

Literatur

1 Sachverständigenrat für Umweltfragen; *Altlasten Sondergutachten*. Metzler-Poeschel Verlag, 1. Auflage, Stuttgart 1989.

2 L. Knopp; *Altlastenrecht in der Praxis*. Leipziger Ratgeber Recht, Verlag für Rechts- und Anwaltspraxis, Herne/Berlin 1992.

3 J. Wiesner; *Technischer Fortschritt in der Altlastensanierung*. WLB Wasser, Luft und Boden 6/1994.

6 Grenzwerte

Die christlichen Kulturen des Abendlandes betrachten den Menschen als die „Krone der Schöpfung“ und sahen seine Existenz lange Zeit als einen ständigen Kampf mit der Natur an, mit den drei Urformen der Materie – den Elementen Wasser, Boden und Feuer. Sein Verhalten zur Natur wurde deshalb durch die Gefahrenabwehr bestimmt und nicht durch ein nach ökologischen Gesichtspunkten ausgerichtetes Umweltverhalten. So wurde auch die *Umwelthygiene* als die präventive Abwehr umweltbedingter Erkrankungen definiert. Dies mag zwar für den Bereich der Seuchenhygiene gelten. Bei der Abwehr von Erkrankungen, die durch Schadstoffe hervorgerufen werden, stellt sich jedoch die Frage, inwiefern diese durch den Menschen selbst in die Natur eingetragen bzw. durch seinen Einfluß freigesetzt wurden. Erst die Erkenntnis, daß die nachhaltige Veränderung von *Ökosystemen* durch den Eintrag von Schadstoffen in die Umwelt dem Menschen die Lebensgrundlage entzieht, begründete die Notwendigkeit des Umweltschutzes. Während die Umwelthygiene als medizinische Fachrichtung schon relativ alt ist, taucht der Begriff des Umweltschutzes erst seit etwa drei Jahrzehnten in der Literatur auf.

Die Verringerung von Schadstoffen in den Umweltmedien Wasser, Boden und Luft kann nach zwei Prinzipien erfolgen, dem

- Verbotsprinzip und dem
- Minimierungsprinzip.

Das *Verbotsprinzip* muß überall dort angewandt werden, wo keine natürlichen Abbaumechanismen für eine Reduzierung der vorhandenen Schadstoffmengen sorgen. Das *Minimierungsprinzip* orientiert sich an einer tolerierbaren Schadstoffmenge für das jeweilige Umweltmedium und beinhaltet deshalb auch die Anwendung von Grenzwerten. Die Orientierung tolerierbarer Schadstoffemissionen einzig und allein an dem „Zielorganismus Mensch“ führte in der Vergangenheit zu einer bevorzugten Handhabung des Minimierungsprinzips. Erst die Erkenntnis, daß in *Umweltmedien* nicht abbaubare Schadstoffe angereichert werden und unausweichlich eine Schädigung zur Folge haben, die lediglich im zeitlichen Verhältnis zum Eintrag verzögert erfolgt, führte wesentlich später zur Anwendung des Verbotsprinzips.

In den folgenden Abschnitten sollen neben der Ermittlung von Grenzwerten und ihrer Anwendung auch ihre rechtliche Relevanz besprochen werden. Das Literaturverzeichnis enthält darüber hinaus eine vollständige Sammlung der im Bereich des Umweltschutzes derzeit gültigen Rechtsvorschriften. Auf eine Auflistung der gültigen Grenzwerte wird jedoch verzichtet. Vielmehr soll an ausgewählten Beispielen die Anwendung von Grenzwerten demonstriert werden, wobei besonders auf die notwendigen gesetzlichen Grundlagen eingegangen wird.

6.1 Der Grenzwert im rechtlichen Sinne

Die Anwendung von Grenzwerten im Umweltschutz ist nur dann sinnvoll, wenn Behörden ihre Einhaltung überwachen und jeder einzelne Grenzwert nach den jeweils verfügbaren wissenschaftlichen Erkenntnissen einer ständigen Überprüfung unterzogen und bei Bedarf novelliert wird. Die beiden wichtigsten Prinzipien des Umweltschutzes sind

- das Vorbeugeprinzip und
- die Anwendung des jeweiligen Standes der Technik.

Das *Vorbeugeprinzip* dient der Gefahrenabwehr und dem Schutz des Menschen und der Umwelt vor Belästigungen und Nachteilen. Hierbei dienen Grenzwerte der präventiven Schadensabwehr und nicht der Schadensminimierung.

Der *Stand der Technik* beinhaltet die Verpflichtung, unabhängig vom jeweils geltenden Grenzwert die zur Verfügung stehenden technischen Möglichkeiten optimal auszuschöpfen. Die Anwendung des Standes der Technik hat nach folgenden Kriterien zu erfolgen:

- Die technische Lösung muß ökonomisch sinnvoll sein.
- Die technische Lösung muß sozial verträglich sein.

Die drei wichtigsten Instrumentarien des *Umweltschutzes* sind

- der anlagenbezogene Umweltschutz,
- der produktbezogene Umweltschutz und
- der gebietsbezogene Umweltschutz.

Der *anlagenbezogene Umweltschutz* beinhaltet sowohl die Einhaltung der jeweiligen Grenzwerte und die Anwendung des Standes der Technik bei der Genehmigung einer Anlage als auch bei deren Betrieb.
Die zuständigen Behörden im Bereich des anlagenbezogenen Umweltschutzes sind

- die *Genehmigungsbehörde* und
- die *Aufsichtsbehörde*.

Beide Behörden sind, getreu der „Gewaltentrennung“ im rechtlichen Bereich zwischen Legislative und Exekutive, nicht identisch. Sofern eine Genehmigung für den Betrieb einer Anlage erforderlich ist, wird in vielen Fällen das notwendige Vorgehen in einem *Genehmigungsverfahren* festgeschrieben. Der Aufsichtsbehörde obliegt anschließend die Aufgabe, die Einhaltung der Genehmigungsauflagen im laufenden Anlagenbetrieb zu überwachen. Der Gesetzgeber hat darüber hinaus die Möglichkeit, nach einer bestimmten Betriebszeit für Altanlagen durch nachträgliche Anordnungen „Nachrüstungen“ zu verlangen, um eine Anpassung an den Stand der Technik zu erzielen, oder im ungünstigsten Fall die Betriebszeit der Anlage durch die Auflage einer „Restlaufzeit“ zu begrenzen.

Der *produktbezogene Umweltschutz* beinhaltet die Begrenzung von Schadstoffen in Produkten durch den Erlaß von *„Produktnormen“*, beispielsweise von DIN-Normen. Er beinhaltet aber auch die Möglichkeit, den Eintrag von Schadstoffen in die Umwelt durch Verbote zu verhindern. Die gesetzlich Grundlage hierfür ist das *Chemikaliengesetz* = ChemG [1], das die Herstellung, den Vertrieb und die Anwendung von Chemikalien regelt. Seine wichtigste Anwendung liegt im Bereich des medizinischen Arbeitsschutzes. Dieses *„Stammgesetz“* bietet neben seiner wichtigsten Verordnung, der *Gefahrstoffverordnung* = GefStoffV [4], welche die Konzentration von Schadstoffen am Arbeitsplatz begrenzt, durch die *Chemikalienverbotsverordnung* = ChemVerbotsV [3] auch die Möglichkeit, die Herstellung und den Vertrieb bestimmter Stoffe zu verbieten.

Der *gebietsbezogene Umweltschutz* hat zum Ziel, die Schadstoffmengen in den Umweltmedien durch die Anwendung gebietsbezogener Beurteilungswerte zu begrenzen und aus dem Verhältnis der Schadstoffkonzentration zum Beurteilungswert einen Handlungsbedarf rechtlich abzuleiten. Auslöser eines Handlungsbedarfs sind

- die Überschreitung eines Grenzwertes,
- die Überschreitung eines Leitwertes und
- die Überschreitung eines Richtwertes.

Die deutsche Rechtssprechung leitet aus der Grenzwertüberschreitung beim Anlagenbetrieb das Recht zur Anlagenstillegung ab. Polizeiverordnungen wie die Smog-Verordnungen der Bundesländer bieten darüber hinaus die Möglichkeit, aus gebietsbezogenen *Grenzwerten* Maßnahmen zur Emissionsbegrenzung abzuleiten. Hierzu zählen bei Smogwetterlagen Anlagenstillegungen und Verkehrsbeschränkungen (vergleiche hierzu Abschnitt 6.4.3). Gebietsbezogene Grenzwerte haben, mit Ausnahme der Smog-Grenzwerte, eigentlich nur das Ziel, zum Schutz der Umwelt vorbeugend Maßnahmen zur Sanierung einzuleiten. Hierzu zählen vor allem die Genehmigung von Neuanlagen, die versagt werden kann, sowie die Verpflichtung des Bundeslandes zur Erarbeitung langfristiger Sanierungskonzepte und umweltpolitischer Leitlinien.

Im Rahmen des gebietsbezogenen Umweltschutzes ist der *Leitwert* innerhalb der deutschen Gesetzgebung ursprünglich nicht vertreten. Er ist Bestandteil des EG-Rechts, ist im Zahlenwert kleiner als der entsprechende Grenzwert und bildet die Bewertungsgrundlage für die Ausarbeitung von Sanierungskonzepten, unabhängig von einer Grenzwertüberschreitung. Die Übernahme von EG-Richtlinien in das deutsche Recht beinhaltet gleichzeitig den Einzug des Leitwertes in die deutsche Rechtsprechung.

Oft führt der Vergleich von Grenzwerten verschiedener nationaler Umweltschutzgesetzgebungen beim gleichen Schadstoff zu unterschiedlichen Zahlenwerten. So dürfen beispielsweise die Grenzwerte der Luftqualitätsverordnung der Schweiz [132] nicht mit den Grenzwerten für die Immission der deutschen TA Luft (Technische Anleitung zur Reinhaltung der Luft) [90] verglichen werden (vergleiche hierzu auch Exkurs 6.1). Die Grenzwerte der Schweiz sind zwar zahlenmäßig niedriger, haben aber hingegen nur den Charakter von Leitwerten zur Ableitung eines Sanierungsbedarfs. Die deutschen Grenzwerte beinhalten zwar auch den Sanierungsbedarf, sind aber darüber hinaus im Genehmigungsverfahren das Entscheidungskriterium für die Genehmigung zur Errichtung einer Neuanlage.

Exkurs 6.1 Beispiel für die unterschiedliche Handhabung von Grenzwerten:

Vergleich der Schweizer Grenzwerte für Luftqualität [132] mit den entsprechenden Grenzwerten der deutschen TA Luft [90] am Beispiel des Luftschadstoffs Schwefeldioxid. Das Perzentil beinhaltet die statistische Auswertung der Einzeldaten, wobei der entsprechende Prozentwert der Summenhäufigkeit gebildet wird.

SO_2-Immissionsgrenzwerte der Schweizer Luftqualitätsverordnung:	
Arithmetischer Mittelwert aller Halbstundenmittel eines Jahres:	30 µg/m^3
95-Perzentil aller Halbstundenmittel eines Jahres:	100 µg/m^3
SO_2-Immissionsgrenzwerte der deutschen TA Luft:	
Arithmetischer Mittelwert aller Einzelwerte eines Jahres:	140 µg/m^3
98-Perzentil aller Einzelwerte eines Jahres:	400 µg/m^3

Richtwerte dienen sowohl der Beurteilung der Schadstoffkonzentration in einem Umweltmedium als auch der Ableitung der Notwendigkeit einer Sanierungsmaßnahme. Sie sind im Gegensatz zu Grenzwerten und Leitwerten jedoch rechtlich nicht verbindlich (vergleiche hierzu in Abschnitt 6.4.3 Richtwerte zur Bodensanierung). In Ermangelung einer geeigneten Verordnung oder

Verwaltungsvorschrift hat ein Bundesland jedoch das Recht, eine ländereigene Verwaltungsrichtlinie zu erlassen, die bisher rechtlich nicht verbindliche Richtwerte enthalten kann. Diese Verwaltungsrichtlinie verleiht den Richtwerten rechtliche Verbindlichkeit und hat bis zum Erlaß einer Verordnung oder Verwaltungsvorschrift auf Bundesebene, auf der Basis eines Stammgesetzes, in dem jeweiligen Bundesland Rechtskraft. Andere Bundesländer haben die Möglichkeit, im eigenen Vollzug des Umweltschutzes diese Verwaltungsrichtlinie ebenfalls anzuwenden. Beispiele für *Richtwerte* sind

- Richtwerte des Bundesgesundheitsamtes (BGA) für die Dioxingehalte von Böden [63],
- Richtwerte des BGA für die Konzentrationen von Luftschadstoffen in Innenräumen, z.B. Formaldehyd [137] und
- medizinische Richtwerte für die maximal tolerierbare Schadstoffaufnahme des Menschen = *Acceptable Daily Intake (ADI)*.

Richtwerte werden beispielsweise von hauseigenen Pressediensten (BGA) oder in der Fachliteratur (z.B. ADI-Werte) veröffentlicht und unterliegen neben einer ständigen Diskussion mitunter auch laufenden Novellierungen. Beispiele für ländereigene Verwaltungsrichtlinien sind

- die „*Raffinerierichtlinie*" des Landes Nordrhein-Westfalen, welche bis zur Aufnahme der Ausbreitungsrechnung in den Anhang C der TA Luft [90] Gültigkeit besaß,
- die „*Geruchsimmissionsrichtlinie*" des Landes Nordrhein-Wetfalen [134], welche eine Möglichkeit zur Bewertung der belästigenden Wirkung geruchsaktiver Luftinhaltsstoffe bietet, da diese die TA Luft derzeit noch nicht enthält, und
- die „*Kloke-Liste*" des Landes Baden-Württemberg [60] zur Beurteilung der Schwermetallgehalte von Böden.

Ein Beispiel für die Übernahme eines Richtwertes in den Rechtsvollzug ist die Empfehlung des BGA, den Formaldehydgehalt der Luft in Innenräumen auf 120 $\mu g/m^3$ zu begrenzen. Aus ihr resultierte eine Begrenzung des Formaldehydgehaltes von Spanplatten in dem Typ E1 [137]. Diese „E1-Richtlinie" ist jedoch nur eine Produktnorm für Spanplatten im Baubereich (vergleiche hierzu auch Exkurs 6.2) und hat schon für Möbel keine rechtliche Gültigkeit mehr.

Exkurs 6.2 Emissionsklassen bei Spanplatten.

1 ppm Formaldehyd entspricht 1.2 mg/m^3 Raumluft. Den Ermittlungen der Raumluftkonzentrationen liegt ein Verhältnis von Plattenfläche zu Raumvolumen von 1:1 zugrunde. Hierbei findet der Richtwert des BGA von 120 $\mu g/m^3$ für die Konzentration in der Luft von Wohnräumen Berücksichtigung.

		Erzeugte Raumluftkonzentration
Emissionsklasse	E1	< 0.1 ppm
	E2	< 1.0 ppm
	E3	< 2.3 ppm

Grenzwerte sind ein wichtiger Bestandteil des behördlichen Vollzugs im Rahmen des Umweltschutzes. Die wichtigste Voraussetzung für den behördlichen Vollzug ist jedoch die Zuständigkeit einer Behörde. Der Vollzug von Gesetzen und aus ihnen abgeleiteten Verordnungen und Verwaltungsvorschriften ist in jedem Bundesland, sofern deren Vollzug den Bundesländern obliegt, durch Zuständigkeitsverordnungen geregelt. Bis zu dem Zeitpunkt des Erlasses einer Zuständigkeitsverordnung des Bundeslandes liegt die Zuständigkeit bei der obersten Landesbehörde, d.h. in der Regel beim Ministerpräsidenten bzw. der Staatskanzlei. Bei den Gesetzen im Bereich des Umweltschutzes bildet das *Atomgesetz* [108] eine Ausnahme, dessen Vollzug teilweise in Bundeshoheit liegt.

Der Umgang mit Grenzwerten setzt eine umfassende Kenntnis der notwendigen Gesetze und Verordnungen voraus. Hier einige Beispiele:

Wird ein Stoff, d.h. eine Chemikalie, in einer Anlage hergestellt oder verarbeitet, so stellt er einen Gefahrstoff dar und es gelten die gesetzlichen Vorschriften für den Umgang mit gefährlichen Stoffen [1-12]. Hierzu zählt der gesamte Bereich des *medizinischen Arbeitsschutzes.* Beinhaltet die Anlage jedoch gentechnisch veränderte Organismen (= GVO), so fällt sie unter das *Gentechnikgesetz* [13]. Eine weiter Ausnahme bilden Anlagen, die unter das Atomgesetz [108] fallen. Der Schutz des Menschen vor ionisierenden Strahlen wird hierbei durch die *Strahlenschutzverordnung* [109] geregelt.

Wird ein Stoff, d.h. eine Chemikalie, transportiert, so stellt er ein Gefahrgut dar und es gelten die rechtlichen Vorschriften für den Transport gefährlicher Güter [14-21].

Fällt ein Stoff im Verlauf eines Prozesses (z.B. durch eine chemische Umsetzung oder als Rückstand einer Verbrennung) als ein nicht mehr verwertbares Produkt an, so stellt er Abfall dar und es gelten die rechtlichen Vorschriften für die Behandlung von Abfällen [22-49]. Hierbei sind *EG-Vorschriften* [37-48], beispielsweise für den grenzüberschreitenden Transport von Abfällen, in Deutschland nur gültig, wenn sie in deutsches Recht übernommen wurden, während *EG-Verordnungen* [49] automatisch auch deutsches Recht darstellen.

Wird ein Stoff auf dem Wasserpfad in die Umwelt abgegeben, so gelten die rechtlichen Vorschriften zum *Schutz der Gewässer* [50-53].

Kommt ein Mensch mit Oberflächen- und Tiefenwasser (Quellen) in Kontakt, so gelten die rechtlichen Vorschriften aus dem Bereich der *medizinischen Hygiene* [54-59]. Hierbei ist die gesetzliche Beurteilung abhängig von der Verwendung des Wassers: Wird ein Wasser als *Trinkwasser* genutzt, so gilt die Trinkwasserverordnung = TVO [55], wird es als *Mineral-* oder *Tafelwasser* genutzt, so gilt die Mineral- und Tafelwasserverordnung [55] und wird die gleiche Wasserquelle nur als *Badewasser* genutzt, so wird die Wasserqualität zunächst nur nach dem *Bundesseuchengesetz* = BSeuchG [56] beurteilt.

Die Konzentration eines Stoffes im Boden wird nach geeigneten rechtlichen Vorschriften des Bodenschutzes [60-65] und der *Abfallbehandlung* [22-36] beurteilt, worunter auch *Altlasten* (vgl. Kap. 5) fallen.

Wird ein Stoff während eines Produktionsprozesses oder einer Verbrennung auf dem Luftpfad an die Umwelt abgegeben, so gelten die rechtlichen Vorschriften des *Immissionsschutzes* [66-103]. Dies beinhaltet sowohl die Beurteilung der Abgabe an die Umwelt (= *Emission*) als auch die Wirkung auf Teile der Umwelt (= *Immission*). Hierbei bezeichnet man die Abgabe eines Stoffes durch eine betriebliche Störung als einen Störfall. Zum Immissionsschutz zählt auch der Schutz des Menschen vor dem von Anlagen ausgehenden Lärm.

Wird einem Menschen oder einer Sache durch eine von einer Anlage ausgehenden nicht zugelassenen Emission ein Schaden zugefügt, so muß z.B. der Betroffene nicht die Überschreitung eines Grenzwertes nachweisen. Es gilt vielmehr die *Umkehr der Beweislast*: Ist die Anlage lediglich in der Lage, den Stoff an die Umwelt abzugeben, so obliegt dem Anlagenbetreiber der Nachweis seiner Unschuld.

In Tabelle 6.1 wird am Beispiel einer Produktion eines Stoffes gezeigt, welche Gesetze, Verordnungen und Verwaltungsvorschriften entlang einer Produktlinie (vgl. hierzu auch Kapitel 7) Anwendung finden.

Die Anwendung von Grenzwerten ist immer im Zusammenhang mit der ermittelten Schadstoffkonzentration zu sehen. Nur die Einhaltung aller erforderlichen Randbedingungen bei der Messung verleiht der Anwendung des Grenzwertes rechtliche Gültigkeit. Folgende Bedingungen für die Ermittlung einer rechtlich relevanten Schadstoffkonzentration müssen zunächst erfüllt sein:

- Für die Ermittlung der Schadstoffkonzentration muß eine rechtliche Grundlage existieren.
- Die Behörde bzw. das Meßinstitut muß für die Durchführung der Messungen zuständig bzw. zugelassen sein.
- Die für die Anwendung von Grenzwerten jeweils vorgeschriebenen Meßbedingungen müssen eingehalten werden.

Die Messungen müssen nicht unbedingt von der zuständigen Behörde selbst durchgeführt werden. Werden die Messungen einem Meßinstitut übertragen, so muß dieses eine behördliche Zulassung besitzen. Gleiches gilt für *Meßinstitute*, denen ein Anlagenbetreiber im Rahmen der gesetzlich vorgeschriebenen Selbstüberwachung Meßaufträge erteilt. Ein Bestandteil der behördlichen Zulassung für ein Meßinstitut ist die Gewährleistung einer kontinuierlichen Qualitätskontrolle (Kalibrierungen) für die einzelnen Meßverfahren. Rechtlich relevante Kalibrierstandards, die man beispielsweise bei Schiedsanalysen einsetzt, werden als „Urstandards" von der Bundesanstalt für Materialprüfung (BAM) hergestellt.

Das behördliche Handeln wird durch *Stammgesetze* festgeschrieben. Diese enthalten jedoch keine Grenzwerte, sondern nur die daraus abgeleiteten Verordnungen und Verwaltungsvorschriften.

Bedingt durch die Zugehörigkeit Deutschlands zur Europäischen Gemeinschaft haben in Deutschland EG-Verordnungen automatisch Rechtskraft. *EG-Richtlinien*, deren Zahl im Bereich des Umweltschutzes jährlich größer wird, werden hingegen erst dann rechtskräftig, wenn sie durch Durchführungsverordnungen in deutsches Recht umgesetzt werden. Damit erhalten auch die darin enthaltenen Grenz- und Leitwerte Rechtskraft.

Tabelle 6.1 Rechtsgrundlagen und Vorschriften im Bereich des Umgangs und der Verwendung von Chemikalien entlang einer Produktlinie (vgl. Kapitel 7)

Bereich	Rechtsgrundlage	Vorschriften
Transport	Verkehrsrecht	Gefahrgutverordnung Straße Gefahrgutverordnung Schiene Gefahrgutverordnung Binnenschiffahrt
Arbeitsschutz	Chemikaliengesetz	Chemikalienverbotsverordnung Gefahrstoffverordnung
	Sozialgesetzbuch	
	Reichsversicherungsordnung	Berufskrankheitenverordnung
	Berufsgenossenschaften	Unfallverhütungsvorschriften
	Gewerbeordnung	TA Lärm Arbeitsstättenverordnung Arbeitsstättenrichtlinien
	Gerätesicherheitsgesetz	Verordnungen nach §11 GSG (überwachungsbedürftige Anlagen) Verordnungen nach §4 GSG (EG-Richtlinien)
Emission	Bundes-Immissionsschutzgesetz	Bundes-Immissionsschutzverordnungen Bundes-Immissionsschutzverwaltungsvorschriften
	Wasserhaushaltsgesetz	Katalog wassergefährdender Stoffe Indirekteinleiterverordnungen der Länder
Entsorgung	Abfallgesetz	Abfall- und Reststoffüberwachungsverordnung Abfallbestimmungsverordnung Reststoffbestimmungsverordnung
	Kreislaufwirtschaftsgesetz	

Die rechtliche Gültigkeit von Grenzwerten ist von der Einhaltung folgender Bedingungen bei der Messung abhängig:

- Anwendung eines vorgeschriebenen Meßverfahrens,
- Einsatz zugelassener Meßgeräte,
- Anwendung vorgeschriebener Vergleichsverfahren („Basisverfahren") bei der Qualitätskontrolle,
- Anwendung vorgeschriebener Methoden zur Probenahme und Probenaufbereitung,
- Durchführung der Messungen innerhalb eines genau definierten Beurteilungszeitraums,
- Anwendung genau definierter Ermittlungszeiträume,
- Anwendung genau definierter statistischer Verfahren bei der Auswertung der Meßdaten.

Die Anwendung von Meßverfahren ist in Verwaltungsrichtlinien verbindlich vorgeschrieben, die auch die entsprechenden Grenzwerte enthalten. Hierbei wird für das jeweilige Meßverfahren jedoch nur die Literaturstelle angegeben, z.B. eine VDI-Richtlinie oder eine DIN-Norm, in der es detailliert beschrieben ist. Diese Beschreibung beinhaltet auch die verbindliche Nutzung von Analysengeräten sowie die Herstellung von Kalibrierstandards.

6.2 Der Grenzwert im medizinischen Sinne

Grenzwerte dienen im umwelthygienischen Sinne dazu, die nachteilige oder belästigende Wirkung von Stoffen auf den Menschen vorbeugend zu minimieren. Streng genommen dürfte man die belästigende Wirkung als einen direkten Auslöser von Erkrankungen beim Menschen nicht dazu zählen, da kein direkter physiologisch begründbarer Kausalzusammenhang besteht. Das zunehmende Auftreten psychosomatischer Erkrankungen zwingt jedoch dazu, und die Umweltgesetzgebung versieht mittlerweile Grenzwerte für geruchsaktive Stoffe mit dem gleichen Stellenwert wie Schadstoffe bei Anlagengenehmigung (vgl. Abschnitt 6.1, „Geruchsimmissionsrichtlinie" [134] des Landes Nordrhein-Westfalen).

Während die auf den Menschen einwirkende Menge eines Stoffes innerhalb eines Umweltmediums nur relativ als Konzentration angegeben wird, ist die pysiologisch wirksame Menge absolut und wird als *Dosis* bezeichnet. Die Ermittlung eines Grenzwertes im medizinischen Sinne geschieht nun derart, daß man von wirksamen Dosen eines Stoffes beim Menschen auf tolerierbare Konzentrationen in einem Medium rückschließt.

Man unterscheidet grundsätzlich zwischen drei Wirkungen eines Stoffes auf den Menschen:

- Toxische Wirkung,
- kanzerogene Wirkung und
- belästigende Wirkung.

Unter der *toxischen Wirkung* eines Stoffes versteht man eine definierte *Dosis-Wirkungsbeziehung* (Abbildung 6.1), die folgende Besonderheiten aufweist:

- Es existiert bei einer bestimmten Dosis eine genau definierte Wirkschwelle.
- Es existiert bei einer bestimmten Dosis eine letale Wirkung = letale Dosis. Im Tierversuch bezeichnet man als LD_{50} die Dosis, die bei 50% der Versuchstiere zum Tode führt).
- Zwischen der Wirkschwelle und der letalen Dosis existiert eine reversible Dosis-Wirkungsbeziehung.

Das beste Beispiel für die toxische Wirkung eines Schadstoffs ist Kohlenmonoxid, dessen Wirkung beim Menschen unterhalb der letalen Dosis reversibel ist. Die Ermittlung von Grenzwerten für toxische Schadstoffe orientiert sich an der jeweiligen Wirkschwelle und wird nur für einen genau definierten Anwendungsbereich vorgenommen. Es gelten folgende Ermittlungskriterien für toxische Schadstoffe:

- Wirkschwelle,
- Zielgruppe und
- Expositionszeit.

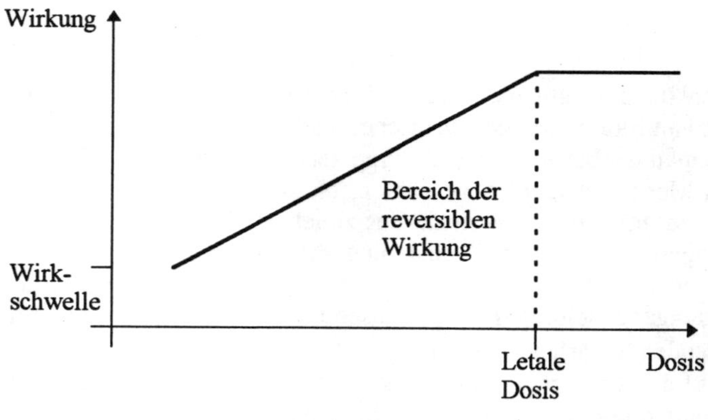

6.1 Dosis-Wirkungsbeziehung für toxische Schadstoffe. Zwischen der Wirkschwelle und der letalen Dosis existiert im Idealfall (z.B. bei CO) ein Bereich der reversiblen Wirkung. Der Verlauf der Funktion ist in diesem Bereich bei logarithmischer Auftragung der Dosiswerte annähernd linear (vgl. hierzu auch Abbildung 1.4).

Hieraus resultiert , daß die Grenzwerte für Schadstoffe im Bereich des *Arbeitsschutzes* (*MAK-Werte*, vergleiche Abschnitt 6.5.1) wesentlich höher liegen als im Bereich des Immissionsschutzes (Exkurs 6.3).

Exkurs 6.3 Vergleich der Immissionsgrenzwerte mit dem Arbeitsplatzgrenzwert (MAK-Wert) für die Einwirkung von Schwefeldioxid auf den Menschen

Während der MAK-Wert, der nur für den Arbeitsplatz gilt, von einer zeitlich limitierten Exposition (= Arbeitszeit) von 8 Stunden für einen gesunden Arbeitnehmer ausgeht, beinhalten alle Grenzwerte im Bereich der Immission eine zeitlich unbegrenzte Exposition unter der Einbeziehung von Risikogruppen. Diese Grenzwerte liegen deshalb weitaus niedriger als der MAK-Wert. Eine weitere Besonderheit stellen die Grenzwerte der Smog-Verordnungen dar. Sie liegen wiederum höher als die entsprechenden Immissionsgrenzwerte (z.B. die 98-Perzentile). Dies ist in der zeitlich begrenzten Einwirkung (Smog-Periode) begründet.

Immissionsgrenzwert der TA Luft* (Jahresmittel)	140 µg/m^3
Immissionsgrenzwert der TA Luft* (98-Perzentil der Einzelwerte)	400 µg/m^3
Immissionsgrenzwert der EG-Richtlinie 80/779 (Median**) bei >40 µg/m^3 Schwebstaub	80 µg/m3
Immissionsgrenzwert der EG-Richtlinie 80/779 (Median**) bei ≤40 µg/m^3 Schwebstaub	120 µg/m^3
Immissionsgrenzwert der EG-Richtlinie 80/779 (Median**) bei >60 µg/m^3 Schwebstaub im Winter	130 µg/m^3
Immissionsgrenzwert der EG-Richtlinie 80/779 (Median**) bei ≤60 µg/m^3 Schwebstaub im Winter	180 µg/m^3
MIK-Wert* der VDI-Richtlinie 2310, Blatt 11 [124] (Tagesmittelwert)	300 µg/m^3
MIK-Wert* der VDI-Richtlinie 2310, Blatt 11 [124] (Halbstundenmittel)	1.00 mg/m^3
Grenzwert der Länder-Smogverordnungen (3-Stunden-Mittelwert)	
• Vorwarnstufe	0.60 mg/m^3
• 1. Alarmstufe	1.20 mg/m^3
• 2. Alarmstufe	1.80 mg/m^3
MAK-Wert*** der Gefahrstoffverordnung [4]	5.00 mg/m^3

* Vergleiche zur rechtlichen Gültigkeit auch Abschnitt 6.5.4.
** Median = 50-Perzentil = 50%-Wert der Summenhäufigkeit
*** Vergleiche zur rechtlichen Gültigkeit auch Abschnitt 6.5.1.
Die Grenzwerte der EG-Richtlinie Nr. 80/779 sind mittlerweile Bestandteile der 22. BImSchV [87].

Der Grenzwert für einen toxischen Schadstoff beinhaltet dessen Wirkung als das Verhältnis der Konzentration zur Zeit und geht unterhalb einer Dosis für eine bleibende Schädigung (z.B. Gewebeveränderung) von einer reversiblen Wirkung aus. Die gleiche Dosis hat, verteilt über einen kurzen Einwirkungszeitraum eine stärkere Wirkung, als wenn sie über einen längeren Zeitraum einwirkt.

Die Wirkung eines kanzerogenen Stoffes beruht ebenfalls auf einer charakteristischen *Dosis-Wirkungsbeziehung* (Abbildung 6.2). Diese zeichnet sich durch folgende Besonderheiten aus:

- Es existiert keine definierte Wirkschwelle. Sie ist lediglich fiktiv.
- Die Wirkung manifestiert sich erst oberhalb eines *LOAEL* = Lowest Observed Adverse Effect Level, obwohl sie schon wesentlich früher eingesetzt hat (vgl. Abschnitt 1.3.3). Erst oberhalb dieser Dosis existiert eine funktionale Dosis-Wirkungsbeziehung.
- Es existiert keine definierte letale Dosis.
- Es existiert keinerlei reversible Wirkung.
- Lediglich unterhalb einer bestimmten Dosis, dem *NOEL* = No Observed Effect Level, ist keinerlei Wirkung zu verzeichnen.

Grenzwerte für kanzerogene Schadstoffe werden deshalb anhand von fiktiven *Wirkschwellen* ermittelt, wobei gegenüber den Grenzwerten für toxische Schadstoffe noch zusätzliche Sicherheitsfaktoren in der Größenordnung von Zehnerpotenzen eingebaut werden. Die fiktive Wirkschwelle ist dabei der Grenzwert einer *Risikoabschätzung*. Sie liegt zwar höher als der NOEL, ist jedoch weit vom LOAEL entfernt (Abbildung 6.2).

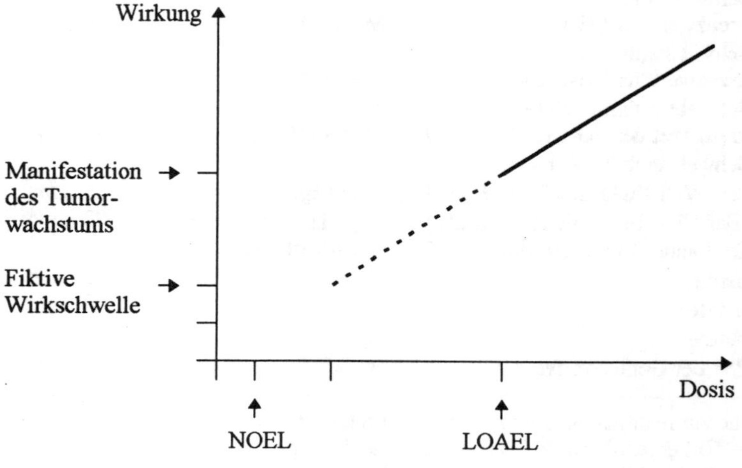

6.2 Dosis-Wirkungsbeziehung für kanzerogene Schadstoffe. Die fiktive Wirkschwelle ist der Grenzwert der Risikoabschätzung.
NOEL = No Observed Effect Level
LOAEL = Lowest Observed Adverse Effect Level

Der wichtigste Unterschied zwischen einem Grenzwert für einen toxischen Schadstoff und einem Schadstoff mit *kanzerogener Wirkung* ist, daß der Grenzwert für einen kanzerogenen Schadstoff dessen Wirkung als das Produkt aus Konzentration und Zeit beinhaltet. Im Gegensatz zum toxischen Schadstoff hat ein kanzerogener

Schadstoff bei einer niedrigen Dosis innerhalb eines großen Einwirkungszeitraums die gleiche Wirkung wie eine hohe Dosis während eines kurzen Einwirkungszeitraums. In diesem Zusammenhang sei auf die unterschiedliche Wirkung von Konzentrationsgiften und *Summationsgiften* (*ct-Gifte*) in Abschnitt 1.1.3 verwiesen. Die Wirkung des UV-Lichts auf die menschliche Haut wird mit der eines kanzerogenen Schadstoffs verglichen.

Die Ermittlung eines Grenzwertes für einen kanzerogenen Schadstoff ist weitaus schwieriger als für einen toxischen Schadstoff. Man unterscheidet zunächst folgende Schritte bei der Ermittlung der kanzerogenen Wirkung:

- In-vitro-Kurzzeittests,
- Tierexperimente und
- epidemiologische Studien.

In-vitro-Kurzzeittests, d.h. Untersuchungen an Zellkulturen, liefern Aussagen über die Mutagenität (= zellverändernde Wirkung) eines Stoffes und damit erste Hinweise auf Kanzerogenität. Im nächsten Schritt, den Tierexperimenten, bietet sich erstmals die Möglichkeit, statistische Modelle anzuwenden. Hierbei ist jedoch das Ergebnis des Tierexperimentes nicht direkt auf den Menschen übertragbar. Während beispielsweise Dioxine bei Ratten und Mäusen die Bildung von Tumoren auslösen, schreibt man ihnen derzeit beim Menschen lediglich die Wirkung von Tumorpromotoren zu [143]. *Epidemiologische Studien* können sowohl *retrospektiven* (= „rückschauenden“) als auch *prospektiven* (= „vorausschauenden“) Charakter haben. Man unterscheidet dabei zwischen

- Kohorten-Studien,
- Fall-Kontroll-Studien und
- Risikoabschätzungen.

Während bei retrospektiven epidemiologischen Studien die Schwierigkeit besteht, das Probandenkollektiv genau zu definieren, um zu einer hohen Aussagegenauigkeit zu gelangen, beinhalten prospektive Studien die wesentlich größere Aussagekraft. Wegen dieser Problematik stammen aussagekräftige Studien jedoch meist nur aus dem Bereich der Arbeitsmedizin, da prospektive epidemiologische Studien an bestimmten Bevölkerungsgruppen, zumindest in Deutschland, an der Wahrung des persönlichen Datenschutzes scheitern. Ländereigene „Krebsregister“ dienen nur der statistischen Erfassung von Krebsfällen. Ihre Daten lassen sich nur schwer in epidemiologische Studien einbinden, da auch hier aus Gründen des Datenschutzes keine Zuordnung der Daten zu Personendaten möglich sein darf. Sie ermöglichen jedoch die Ermittlung des relativen Risikos bei Risikoabschätzungen (vgl. Unit-Risk-Methode) für die „Normalbevölkerung“.

Arbeitsmedizinische Studien weisen zwar den Vorteil einer intensiven medizinischen Betreuung der Probanden auf, beinhalten aber keine Risikogruppen. Prospektive epidemiologische Studien aus dem Bereich der Arbeitsmedizin sind entweder *Kohorten-Studien*, wobei der Begriff der Kohorte für ein bestimmtes Probandenkollektiv benutzt wird, oder *Fall-Kontroll-Studien*, die beide Dosis-Wirkungsanalysen darstellen.

Wegen der Schwierigkeit, die Ergebnisse arbeitsmedizinischer Studien auf die „Normalbevölkerung" anzuwenden, bedient man sich bei der Auswertung epidemiologischer Daten folgender Methode:

- Ausgehend von ausgewählten, meist arbeitsmedizinischen Studien werden deren Ergebnisse unter der Anwendung folgender Parameter zunächst standardisiert:
  - Relatives Risiko,
  - Expositionsgrad und
  - Expositionsdauer.
- Die standardisierten Ergebnisse werden auf eine *„Null-Dosis"* extrapoliert.
- Von der „Null-Dosis" wird auf eine hypothetische Durchschnittsbevölkerung hochgerechnet.

Die Ermittlung von Grenzwerten für kanzerogene Stoffe geht von einer fiktiven Wirkschwelle aus. Diese ist der Grenzwert, der aus einer Risikoabschätzung resultiert. Es existieren eine Reihe statistischer Verfahren zur *Risikoabschätzung* kanzerogener Stoffe [140], von denen als Beispiel, vor allem wegen ihrer einfachen Form, die Unit-Risk-Methode beschrieben werden soll.

Die *Unit-Risk-Methode* schätzt für Luftschadstoffe das Risiko einer Krebserkrankung bei einer angenommenen lebenslangen Exposition eines Menschen gegenüber einer Konzentration des Stoffes von 1 $\mu g/m^3$. Ein Unit-Risk = Unit-Life-time-Risk = UR wird dabei definiert als

$$\mathrm{UR} = \frac{P_0 \cdot (R - 1)}{X} \tag{6.1}$$

wobei P_0 das Grundrisiko für die Lebensdauer, R das relative Risiko und X die Mittlere-Lebensdauer-Exposition bedeuten. Das Grundrisiko für die Lebensdauer ergibt sich, ohne den Schadstoff gesondert zu berücksichtigen, aus der Lebenserwartung aller Einzelpersonen einer Bevölkerung und wird aus altersspezifischen Inzidenzraten ermittelt, die aus nationalen Lebensstatistiken auf der Basis der Lebenstafelmethode gewonnen werden. Die Mittlere Lebensdauer-Exposition ist eine standardisierte Expositionsdauer auf der Basis einer kontinuierlichen Exposition. Das relative Risiko ist das Verhältnis zwischen der beobachteten (O) und der erwarteten (E) Zahl der Krebsfälle innerhalb einer exponierten Population. Es wird in Form der Standardisierten Mortalitätsrate (SMR) angegeben:

$$\mathrm{SMR} = \frac{O}{E} \cdot 100 \tag{6.2}$$

In Exkurs 6.4 wird dies am Beispiel von Benzen demonstriert [144], wobei von einer Mittlere-Lebensdauer-Exposition von 8000 $\mu g/m^3$ ausgegangen wird. Der ermittelte Unit-Risk-Wert beträgt $4 \cdot 10^{-6}$. Dies besagt, daß bei einer lebenslängliche Exposition gegenüber einer Benzen-Konzentration von 1 $\mu g/m^3$ von 1 Million Menschen vier an Krebs erkranken können.

Exkurs 6.4 Berechnung des Unit-Risk-Wertes für Benzen [144]

Bei einer angenommenen Mittlere-Lebensdauer-Exposition von 8000 μg/m3 pro Tag besteht die Wahrscheinlichkeit, daß von 1 Million Menschen 4 Personen an Krebs erkranken. Hierbei wird davon ausgegangen, daß jede Person einer kontinuierlichen Exposition von 1 $\mu g/m^3$ ausgesetzt ist. Für die Berechnung wurden P_0 und R der Literatur [144] entnommen.

$$\frac{0.007 \cdot (5.6 - 1)}{8000} = 4 \cdot 10^{-6}$$

Die *Technische Richtkonzentration* (*TRK-Wert*) gilt hingegen nur für den Arbeitplatz. Bei ihrer Ermittlung geht man, ähnlich wie beim MAK-Wert, auch von einer zeitlich begrenzten Exposition (Arbeitszeit) aus.

Die Ermittlung der Standard-Mortalitätsrate aus retrospektiven epidemiologischen Untersuchungen im Bereich der Luftschadstoffe gestaltet sich meist als sehr schwierig, da eine genaue Unterscheidung zwischen der eigentlichen Exposition, einer Exposition am Arbeitsplatz, der Einwirkung von Wohnraumschadstoffen und den Lebensgewohnheiten, beispielsweise den Rauchgewohnheiten, berücksichtigt werden müssen.

Die belästigende Wirkung eines Stoffes auf den Menschen ist in ihrem funktionalen Zusammenhang, anders als die toxische und die kanzerogene Wirkung, eine Dosis-Häufigkeitsbeziehung. Zu den Stoffen mit belästigender Wirkung zählen vor allem die geruchsaktiven Stoffe. Hierbei sind die einzigen meßbaren Größen

- die Konzentration, bei der eine Geruchswahrnehmung des Stoffes erfolgt (= Wahrnehmungsschwelle),
- die Konzentration, bei welcher der Stoff anhand seines Geruchs erkannt wird
- (= Erkennungsschwelle),
- die Dauer einer Geruchseinwirkung und
- die Häufigkeit einer Geruchseinwirkung.

Gegenüber diesen objektiven Beurteilungsgrößen sind die Definition des Geruchs und die Beurteilung der Intensität lediglich subjektiv. Sogar die Erkennungsschwelle unterliegt bei jedem Menschen einer Absenkung, die von Person zu Person unterschiedlich ist und auch von der Häufigkeit der Geruchseinwirkung abhängt. Deshalb arbeitet man bei der rechnerischen Simulation der Ausbreitung geruchsaktiver Stoffe auch nur mit der Wahrnehmungsschwelle (vgl. Abschnitt 8.1). Um zu einer für alle geruchsaktiven Stoffe gleichermaßen geltenden Bewertungsgröße zu gelangen, wird die Konzentration eines Stoffes, bei der 50% der Versuchspersonen eine Geruchswahrnehmung verzeichnen, als eine *Geruchseinheit (GE)* definiert [135, 136]. Das Verfahren zur Bestimmung einer Geruchseinheit bezeichnet man als *Olfaktometrie*.

Der Grenzwert für eine Geruchsbelästigung beinhaltet keine Massenkonzentration, sondern eine relative Häufigkeit der Geruchsstunden. Eine Geruchsstunde ist dann gegeben, wenn pro Stunde ein Geruchsanteil von 10% vorhanden ist. Eine Geruchswahrnehmung von 6 Minuten innerhalb einer Stunde wird deshalb als eine Geruchsstunde gewertet. Derzeit werden als Grenzwerte für Wohngebiete relative Häufigkeiten von 0.10 und für Mischgebiete von 0.15 angewandt [134].

6.3 Der Grenzwert im ökologischen Sinne

Grenzwerte, die den Eintrag von Schadstoffen in Umweltmedien begrenzen, dienen vorrangig dem Schutze des Menschen. Die Immissionsgrenzwerte der TA Luft [90] für beispielsweise Cadmium orientieren sich nicht an Ökosystemen sondern an der maximal tolerierbaren Aufnahme vom Cadmium durch die Nahrung für den Menschen und der Fluoridgehalt des Weidegrases in der TA Luft [90] ist an der maximal tolerierbaren Aufnahme des Nutztieres Rind orientiert. Die deutsche Umweltschutzgesetzgebung verfügt derzeit noch nicht über ökologisch orientierte Grenzwerte, beispielsweise für das Umweltmedium Boden. Die Wirkungen von Schadstoffen in Ökosystemen sind

- ökotoxische Wirkungen und
- Verschiebungen in Stoffkreisläufen durch einen übermäßigen Stoffeintrag (vgl. Kapitel 2, Stoffkreisläufe).

Zu den *ökotoxischen Wirkungen* zählen

- phytotoxische Wirkungne (Pflanzen und Pilze),
- mikrotoxische Wirkungen (Bakterien) und
- toxische Wirkungen auf Tierarten.

Ökotoxische Wirkungen und Verschiebungen in den Stoffkreisläufen sind zu regeln durch das

- Minimierungsprinzip und das
- Verbotsprinzip.

Das *Minimierungsprinzip* kann angewandt werden, wenn das Ökosystem über einen natürlichen Abbaumechanismus für den jeweiligen Schadstoff verfügt. Hingegen muß das *Verbotsprinzip* im Falle der Schadstoffakkumulation (= Anreicherung) angewandt werden. Über die maximal tolerierbare Schadstoffaufnahme entscheidet die „ökologische Knappheit" [133].

Die *ökologische Knappheit* beschreibt das Verhältnis der maximal tolerierbaren Belastung eines Ökosystems zur schon vorhandenen Belastung. Die ökologische Knappheit ist bei gleichbleibendem Schadstoffeintrag eine annähernd lineare Funktion der Zeit (Abbildung 6.3). Sie ist die rechnerische Basis für die Erstellung von Ökobilanzen (Kapitel 7) nach dem BUWAL-System [133].

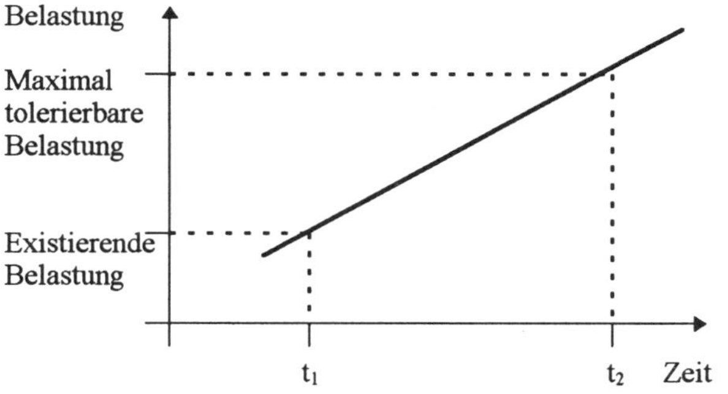

6.3 Das Prinzip der ökologischen Knappheit, dargestellt als Funktion der Belastung eines Ökosystems von der Zeit bei gleichbleibendem Schadstoffeintrag [133]

Die Schaffung ökologisch begründeter Grenzwerte, orientiert an der ökologischen Knappheit, ist nur dann sinnvoll, wenn zusätzlich zum Einzelfall der Schadstoffemission einer Anlage der Gesamtschadstoffeintrag in die Umweltmedien berücksichtigt wird. Dieses Prinzip ist die Grundlage der amerikanischen Umweltschutzgesetzgebung bei der Emissionsbegrenzung. Die amerikanische Anlagengenehmigung orientiert sich deshalb nicht an Grenzwerten sondern an einem tolerierbaren, durch die Genehmigungsbehörde zertifizierten Schadstoffeintrag.

6.4 Grenzwerte und Ökonomie

Die betriebswirtschaftlichen Auswirkungen von Grenzwerten sind

- geographische Umorientierungen von Investitionen bei Unternehmen,
- Wettbewerbsbegünstigungen für Hersteller leistungsgünstigerer, aber auch kostenintensiverer Anlagen zur Emissionsbegrenzung,
- Verkürzung der Standzeit von Altanlagen und
- Förderung für technische Innovationen.

Die technische Effektivität einer Emissionsminderungsmaßnahme steht in einem nichtlinearen Zusammenhang mit den Investitionskosten (Abbildung 6.4). Im Bereich größtmöglicher Effektivität einer umwelttechnischen Maßnahme kann eine Steigerung des technischen Wirkungsgrades von beispielsweise nur 2% zu einer Verdoppelung der Investitionskosten führen. Hier findet die *„End-of-Pipe-Strategie“*, die Anwendung von Innovationen am „Ende des Rohres“, ihre ökonomische Grenze und erfordert die Anwendung neuer Produktionstechnologien.

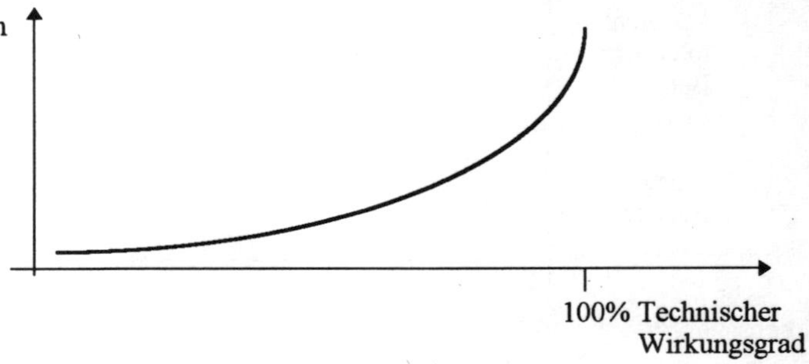

6.4 Abhängigkeit der Investitionskosten einer umwelttechnischen Maßnahme von ihrem technischen Wirkungsgrad

Der Gewinn eines Unternehmens ist die Differenz aus dem Erlös und den Herstellungskosten eines Produktes. Der Erlös ergibt sich aus dem Produkt von Produktmenge und Produktpreis. Die *Herstellungskosten* setzen sich zusammen aus den

- beschäftigungsfixen Kosten und den
- beschäftigungsvariablen Kosten.

Die *beschäftigungsvariablen Kosten* sind von der Produktionsleistung abhängig. Hierunter fallen:

- Rohstoffkosten,
- Energiekosten,
- Löhne für zusätzliche Arbeitskräfte,
- sonstige Betriebskosten (z.B. Wasser),
- Vertriebs- und Transportkosten und
- Umweltkosten, die nicht in den Investitionen enthalten sind.

Die *beschäftigungsfixen Kosten* sind von der Produktionsleistung unabhängig. Hierunter fallen:

- Abschreibung der Anlage,
- Zinsen für investiertes Kapital,
- vermögensabhängige Steuern und
- Gehälter und Löhne des Stammpersonals.

Grenzwerte wirken sich betriebswirtschaftlich auf die beschäftigungsfixen Kosten, also auf die Investitionen aus. Erst die Einführung von Emissionssteuern bzw. Emissionsabgaben bewirken eine Verlagerung auf die beschäftigungsvariablen Kosten.

6.5 Grenzwerte für Schadstoffe

6.5.1 Grenzwerte im Bereich des Arbeitsschutzes

Die rechtliche Basis des medizinischen Arbeitsschutzes ist das *Chemikaliengesetz* [1] und die aus ihr abgeleitete *Gefahrstoffverordnung* [4]. Der *medizinische Arbeitsschutz* dient dem präventiven Schutz des Arbeitnehmers vor der nachteiligen Einwirkung von Gefahrstoffen. Dabei wird eine zeitlich limitierte Exposition eines gesunden Arbeitnehmers vorausgesetzt. Folglich dürfen die im Bereich des Arbeitsschutzes geltenden Grenzwerte nicht für zeitlich unbegrenzte Expositionen und vor allem nicht auf Risikogruppen angewandt werden. Innerhalb der Gefahrstoffverordnung sind in den *Technischen Richtlinien für Gefahrstoffe* (*TRGS*) sowohl die Grenzwerte als auch die zur Ermittlung der entsprechenden Kenngrößen notwendigen Meßverfahren enthalten.

Die behördliche Zuständigkeit des medizinischen Arbeitsschutzes liegt in der Regel bei dem Staatlichen Gewerbearzt, während Betriebsärzte für die Einhaltung des Arbeitsschutzes innerhalb des Betriebes zuständig sind. Die in der Gefahrstoffverordnung enthaltenen Grenzwerte sind

- Maximale Arbeitsplatzkonzentrationen (MAK-Werte),
- Technische Richtkonzentrationen (TRK-Werte) und
- Biologische Arbeitsplatztoleranzwerte (BAT-Werte).

Diese gelten nur für den Bereich des Arbeitsschutzes und sind rechtsverbindlich.

MAK-Werte sind Grenzwerte für nichtkanzerogene Stoffe am Arbeitsplatz. Sie dienen im Bereich des Immissionsschutzes zur Ableitung von *MIK-Werten* (MIK = Maximale Immissionskonzentration) [116-131] zur Beurteilung von Immissionen, sofern kein MIK-Wert existiert (vgl. Abschnitt 6.5.4). Hierzu wird der MIK-Wert aus dem MAK-Wert abgeleitet, indem der MAK-Wert durch 20 dividiert wird.

TRK-Werte sind Grenzwerte für kanzerogene Stoffe am Arbeitsplatz. Ihre Überwachung beinhaltet nicht nur die Messung der Konzentrationen am Arbeitsplatz, sondern verpflichtet auch den Unternehmer zur medizinischen Überwachung des Arbeitnehmers – sogar über das Arbeitsverhältnis hinaus. Im Unterschied dazu existiert im Immissionsschutz keine gesetzliche Verpflichtung des Staates zur medizinischen Überwachung der Bevölkerung.

Die *BAT-Werte* sind Grenzwerte für Schadstoffe und deren Metaboliten (= Stoffwechselprodukte) in den Körperflüssigkeiten Blut und Harn der Arbeitnehmer. Ihre Einhaltung beinhaltet auch die medizinische Betreuung der Arbeitnehmer. Deshalb stellen arbeitsmedizinische Daten neben epidemiologischen Daten die wichtigste Grundlage für die Ermittlung von Grenzwerten im Bereich des Umweltschutzes dar (Abschnitt 6.2).

Die Überwachung der Arbeitsplätze in gentechnischen Anlagen fällt nicht in den Zuständigkeitsbereich des *Chemikaliengesetzes* = ChemG, sondern unter das *Gentechnikgesetz* = GenTG [13]. Nuklearanlagen fallen unter das *Atomgesetz* [108].

6.5.2 Grenzwerte im Umweltmedium Wasser

Die Einteilung des Umweltmediums Wasser kann nach folgenden Kriterien erfolgen:

- Nutzung,
- Vorkommen und
- *Ökosysteme*.

Die Einteilung des Umweltmediums Wasser nach Nutzungskriterien unterscheidet zwischen

- Trinkwasser,
- Brauchwasser und
- Abwasser.

Während an *Trinkwasser* vor allem Qualitätsanforderungen aus hygienischer Sicht und an *Brauchwasser* lediglich technische Qualitätsanforderungen gestellt werden, wird *Abwasser* hinsichtlich der erforderlichen Reinigung in

- *Siedlungsabwasser* und
- *Industrieabwasser*

unterteilt. Eine Einteilung nach Vorkommen unterscheidet zwischen

- *Niederschlagswasser*,
- *Grundwasser* und
- *Oberflächenwasser*,

wobei das Oberflächenwasser in stehende und fließende Gewässer unterteilt wird. Innerhalb der Ökosysteme müssen wir zwischen

- *Salzwasser* und
- *Süßwasser*

unterscheiden, wobei die Süßwassersysteme sich wiederum in stehende Gewässer und fließende Gewässer unterteilen.

Nach Gesichtspunkten des Umweltschutzes werden sowohl Kriterien der Nutzung als auch Kriterien des Schutzes von Ökosytemen angewandt.

Die Festlegung von Grenzwerten und Richtwerten orientiert sich deshalb an

- hygienischen = medizinischen Vorgaben und
- ökologischen Vorgaben.

Hygienische Vorgaben dienen dem präventiven Schutz der menschlichen Gesundheit. Ökologische Vorgaben dienen dem präventiven Schutz von Ökosystemen, wobei dort aber ursprünglich Ökosysteme mit den darin enthaltenen Tier- und Pflanzenarten unter dem Aspekt der menschlichen Nahrungsressourcen betrachtet wurden.

Für mikrobiologische und chemische Untersuchungsparameter des *Trinkwassers* gelten die Grenzwerte nach der *Trinkwasserverordnung* = TVO [55, 57, 58], welche mittlerweile auch die Grenzwerte der EG-Richtlinie Nr. 75/440 [59] berücksichtigt. Hierunter fallen jedoch nicht Tafel- und Mineralwässer, die nach einer eigenen Verordnung [54] überwacht werden. Für *Badewässer* gelten die Grenzwerte für mikrobiologische Parameter nach dem Bundes-Seuchengesetz = BSeuchG [56]. Für Trinkwässer und Badewässer sind, da sie unter die staatliche Gesundheitsüberwachung fallen, auch die Gesundheitsbehörden zuständig, beispielsweise als untere Landesbehörde immer der Amtsarzt. Versorgungsunternehmen unterliegen der Selbstüberwachungspflicht und müssen in regelmäßigen Abständen ein durch die Landesbehörden zugelassenes Meßinstitut mit der Untersuchung ihres Trinkwassers beauftragen. Auch hierbei dürfen nur zugelassene Meßverfahren angewandt werden.

Für das Einleiten von *Abwässern* in Vorfluter (= Flüsse) gelten die Grenzwerte des Wasserhaushaltsgesetzes = WHG [50] und der dazu gehörenden „Allgemeinen Verwaltungsvorschriften". Das Einleiten von Abwässern wird nach der Abwasserherkunftsverordnung [51] geregelt und mit Gebühren belegt. Hierzu beurteilt die zuständige Landesbehörde das jeweilige Abwasser und bewertet den Schadstoffgehalt nach Schadeinheiten, die als *„Einwohnergleichwerte"* angegeben werden, und berechnet daraus die Abwasserabgabe nach dem *Abwasserabgabengesetz* = AbwAG [52]. Vergleiche hierzu auch Abschnitt 3.1, „Die Reinigung kommunaler Abwässer", in dem die Bewertungskriterien erläutert werden. Darüber hinaus gilt das Wasch- und Reinigungsmittelgesetz [53] zur Regelung des Eintrags von Inhaltsstoffen der Waschmittel (z.B. Phosphate) in Vorfluter.

Die Überwachung von Vorflutern mittels regelmäßiger Gewässeranalysen sowie automatischen Meßstationen dient nur statistischen Zwecken sowie dem Schutz von Trinkwassergewinnungsanlagen, bei denen Trinkwasser aus Uferfiltrat gewonnen wird. Diese müssen bei Störfällen im Bereich der chemischen Großindustrie abgeschaltet werden. Außer den Grenzwerten für die Abwassereinleitung existieren für Vorfluter keine rechtlich verbindlichen Grenzwerte. Die Überwachung des Sauerstoffgehaltes in thermisch hochbelasteten Vorflutern (z.B. durch Kühlwässer aus

Kraftwerken und Industrieanlagen) dient dazu, durch Belüftungsmaßnahmen bei Sauerstoffmangel (Sauerstoffgehalt <2 mg/l) Fischsterben zu verhindern.

6.5.3 Grenzwerte im Umweltmedium Boden

Der Eintrag von Schadstoffen in Böden wird in Deutschland durch die Gesetze und Verordnungen über die Behandlung von *Abfällen* [22-36] begrenzt. Darüber hinaus existieren EG-Richtlinien [37-49], die derzeit noch nicht Bestandteil der deutschen Rechtspraxis sind.

In Ermangelung einer „TA Boden“ existieren für Schadstoffe in Böden jedoch keine rechtlich verbindlichen Grenzwerte. Eine Ausnahme bilden die Klärschlammverordnung [36], die eine Ausbringung von Klärschlamm hinsichtlich der Schwermetallgehalte regelt, sowie die *Kloke-Liste* [60] für die Schwermetallgehalte von Nutz- und Kulturböden. Letztere ist ein Erlaß des Landes Baden-Württemberg (vgl. Abschnitt 6.1). Für Dioxine und Furane in Böden existieren Richtwerte des BGA [63] hinsichtlich der Nutzung. Eine Klassierung von Böden anhand ihrer Schadstoffgehalte hinsichtlich eines etwaigen Sanierungsbedarfs kann derzeit in Ermangelung deutscher Regelwerke nur nach der *„Hollandliste“* [64] vorgenommen werden. Diese Richtwerte sind rechtlich nicht relevant und wurden zudem noch speziell unter Berücksichtigung der geologischen und hydrogeologischen Verhältnisse Hollands festgelegt (vgl. hierzu auch Kap. 5, Altlastensanierung).

Die Länder Baden-Württemberg [61] und Sachsen [62] haben als einzige Bundesländer – in Ermangelung eines Bundesgesetzes – ein Bodenschutzgesetz erlassen. Der Erlaß eines Stammgesetzes auf Bundesebene würde dieses derzeit bestehende rechtliche Ungleichgewicht beseitigen und dem Erlaß einer TA Boden mit rechtlich verbindlichen Grenzwerten entscheidenden Vorschub leisten.

6.5.4 Grenzwerte im Umweltmedium Luft

Zwar sind die meisten Schadstoffe am Arbeitsplatz Luftschadstoffe, jedoch sind die meisten Maßnahmen zur Schadstoffreduzierung am Arbeitsplatz Maßnahmen des Arbeitsschutzes und nicht der Luftreinhaltung. Deshalb gilt das *Chemikaliengesetz* [1] für Gefahrstoffe am Arbeitsplatz und das *Bundes-Immissionsschutzgesetz* [66] für Schadstoffe im Bereich der Luftreinhaltung. Letzterer wird deshalb in Abschnitt 6.5.1 gesondert behandelt.

Man unterteilt die Ausbreitung von Luftschadstoffen in folgende Abschnitte:

- Emission,
- Transmission und
- Immission.

Unter der *Emission* die Abgabe von Schadstoffen an das Umweltmedium Luft, den Transport Bezeichnet man als *Transmission* und die Einwirkung auf Zielobjekte als *Immission*. Während die Emission durch Grenzwerte geregelt und dadurch der Eintrag von Schadstoffen in die Umweltmedien kontrolliert werden kann, existieren für die Transmission keine Grenzwerte, da eine rechtliche Handhabung unmöglich wäre. Transmissionen beinhalten jedoch neben dem regionalen Transport auch den kontinentalen Export und Import von Luftschadstoffen. Immissionen beinhalten deshalb oft neben den regional erzeugten Schadstoffen auch Anteile an Schadstoffimporten.

Im Bereich der Luftreinhaltung werden Grenz- und Richtwerte für folgende Situationen angewandt:

- Genehmigung der Schadstoffemissionen bei genehmigungspflichtigen Neuanlagen,
- Überwachung von Schadstoffemissionen bei überwachungspflichtigen Anlagen,
- Überwachung der Schadstoffimmissionen in Beobachtungsgebieten,
- Überwachung der Schadstoffimmissionen bei Smog,
- Analyse der Wirkungen von Luftschadstoffen im Bereich der Immission und
- Analyse der Wirkungen von Luftschadstoffen im Bereich der Innenräume.

Genehmigungspflichtige Anlagen sind in der 4. Verwaltungsvorschrift zum BImSchG = 4.BImSchV [70] zusammengefaßt. Für sie gilt ein nach BImSchG vorschriebenes Genehmigungsverfahren. In diesem entscheiden die Grenzwerte der Emission vorrangig über die Genehmigungsfähigkeit der jeweiligen Anlage. Hierbei können die Grenzwerte nicht voll ausgeschöpft werden, sondern die Genehmigungsbehörde hat das Recht, diese dem jeweiligen Stand der Technik anzupassen. Die Grenzwerte sind entweder in der TA Luft [90] oder bei bestimmten Anlagen in gesonderten Durchführungsverordnungen zum BImSchG zusammengefaßt. Hierzu zählen beispielsweise

- 7. BImSchV für Anlagen,die Holzstaub emittieren [72],
- 13. BImSchV für Großfeuerungsanlagen [78] und
- 17. BImSchV für Abfallverbrennungsanlagen [82].

Darüber hinaus gilt für die Bewertung des Störfallrisikos bei genehmigungspflichtigen Anlagen die 12.BImSchV, die *„Störfallverordnung"* [77], sowie die dazu gehörenden Verwaltungsvorschriften [99, 100].

Genehmigungspflichtige Anlagen sind generell auch überwachungspflichtig. Für die Überwachung gelten die Emissionsgrenzwerte der Genehmigung.

Die 11.BImSchV [76] verpflichtet die Betreiber dieser Anlagen zur Abgabe einer Emissionserklärung. *Überwachungspflichtige Anlagen*, die nicht genehmigungspflichtig sind, enthalten darüber hinaus folgende Verordnungen:

- 1.BImSchV, „Kleinfeuerungsanlagenverordnung" [67] und
- 2.BImSchV, Emissionsbegrenzung bei leichtflüchtigen Halogenkohlenwasserstoffen [68] im Falle der Chemischreinigungen.

Die 2.BImSchV beinhaltet eine Besonderheit, insofern sie als einzige Durchführungsverordnung zum BImSchG im Falle der Chemischreinigungen Grenzwerte für Luftschadstoffe in Innenräumen enthält.

Auch EG-Richtlinien regeln die Genehmigung und den Betrieb von Anlagen. Die Umweltverträglichkeitsprüfung (UVP) wurde mittlerweile durch Gesetz [104] Bestandteil des deutschen Umweltrechts und muß im Rahmen von Genehmigungsverfahren angewandt werden.

Grenzwerte sowie emissionsmindernde Maßnahmen für den Bereich des Straßenverkehrs sind in folgenden Gesetzen und Rechtsverordnungen enthalten:

- 3.BImSchV, Verordnung über den Schwefelgehalt von leichtem Heizöl und Dieselkraftstoff [69],
- Benzinbleigesetz = BzBleiG [88],
- 10.BImSchV, „Benzinqualitätsverordnung" [88], welche die EG-Richtlinie Nr. 93/12 in deutsches Recht umsetzt,
- 20.BImSchV, Verordnung zur Begrenzung von Kohlenwasserstoffemissionen beim Umfüllen und Lagern von Ottokraftstoffen [85],
- 21.BImSchV, Verordnung zur Begrenzung von Kohlenwasserstoffemissionen bei der Betankung von Kraftfahrzeugen, und
- 22.BImSchV, Verordnung über Immissionswerte [87].

Die 22.BImSchV enthält erstmals synergistische Immissionsgrenzwerte für Schadstoffe aus dem Kraftfahrzeugverkehr und setzt folgende EG-Richtlinien in deutsches Recht um:

- 80/779/EWG, Immissionsgrenzwerte für Schwefeldioxid und Schwebstaub,
- 82/884/EWG, Immissionsgrenzwerte für Blei und
- 85/302/EWG, Immissionsgrenzwerte für Stickstoffdioxid.

Neben den Gesetzen und Verordnungen des allgemeinen Umweltverwaltungsrechts [104-107], welche lediglich umweltbezogene Verwaltungsabläufe regeln, gelten für die Nutzung von Energie das Energieeinsparungsgesetz [108] sowie das Stromeinsparungsgesetz [109]. Diese Gesetze und Verordnungen haben alle gemeinsam zum Ziel, durch geeignete Maßnahmen bei Betrieben Emissionsminderungen zu erzielen. Sie enthalten jedoch keine Grenzwerte.

Verstöße gegen Gesetze und Verordnungen des Umweltrechts, also auch die Überschreitung von Grenzwerten werden durch Gesetze des Privatrechts [112, 113] und durch Gesetze des Strafrechts [114, 115] geregelt.

Die Genehmigung von Neuanlagen nach dem BImSchG [66] hängt von der Einhaltung folgender Grenzwerte ab:

- Grenzwerte für die Emission und
- Grenzwerte für die Immission.

Bei der Ermittlung der Immissionsbelastung im Genehmigungsverfahren wird von einer schon existierenden Immissionsgrundbelastung ausgegangen, die nach den

Vorschriften der TA Luft [90] durch Messungen zu ermitteln ist, und die durch die Inbetriebnahme der zu genehmigenden Anlage zu erwartende Immissionszusatzbelastung, welche durch eine Ausbreitungsrechnung (vgl. hierzu Abschnitt 8.1) erhalten wird, hinzuaddiert. Die hieraus erhaltene Zusatzbelastung wird mit den Immissionsgrenzwerten der TA Luft für den jeweiligen Schadstoff verglichen. Eine Grenzwertüberschreitung hat die Versagung der Genehmigung zur Folge. Um in hoch belasteten Gebieten zu einer Verbesserung der Luftqualität zu gelangen, kann die Genehmigung zur Errichtung einer Neuanlage dennoch erteilt werden, wenn der Antragsteller sich bereit erklärt, bei der Inbetriebnahme der Neuanlage gleichzeitig eine Altanlage stillzulegen, womit im Endeffekt eine Verringerung der Immissionsbelastung erzielt wird. Das Beurteilungsgebiet zur Ermittlung der Grundbelastung im Genehmigungsverfahren ist von der *Schornsteinhöhe* der zu genehmigenden Anlage abhängig. Diese wird aus den Emissionsdaten der Anlage,

- dem Emissionsmassenstrom, angegeben in kg/h,
- dem Abgasvolumenstrom, angegeben in m^3/h, und
- der Abgastemperatur in °C

nach TA Luft graphisch aus einem Nomogramm ermittelt. Diese „Mindestschornsteinhöhe“ ergibt nach der Addition von Überhöhungen, die durch unebenes Gelände und benachbarte Gebäude notwendig werden, erst die eigentliche Bauhöhe. Das Beurteilungsgebiet für die Ermittlung der Immissionsbelastung setzt sich aus quadratischen Einheitsflächen mit der Kantenlänge von 1 Kilometer zusammen. Hierbei gehen alle Einheitsflächen in die Ermittlung ein, die vollständig in einem kreisförmigen Gebiet mit der Anlage im Mittelpunkt liegen, dessen Radius die 30-fache Schornsteinhöhe beträgt (Abbildung 6.5). Hinzu kommen noch die Einheitsflächen in einem kreisförmigen Gebiet mit dem Radius der 50-fachen Schornsteinhöhe, in denen die zu erwartende Zusatzbelastung größer als 1% des entsprechenden Grenzwertes ist. Die Eckpunkte der Einheitsflächen sind dabei mit den Schnittpunkten des geographischen Gauß-Krüger-Koordinatensystems identisch.

Grenzwerte für Emissionen und Immissionen im Rahmen der Genehmigung von Neuanlagen sind durchweg rechtsverbindlich. Die Emissionsgrenzwerte können von der Genehmigungsbehörde unter Berücksichtigung des Standes der Technik herabgesetzt werden.

Die Ausweisung von *Untersuchungsgebieten* (früher: Belastungsgebiete) nach §44 BImSchG verpflichtet ein Bundesland zu folgenden Maßnahmen:

- Durchführung kontinuierlicher Messungen zur Ermittlung der Luftqualität nach der 4. Verwaltungsvorschrift zum BImSchG = 4.BImSchVwV [93] und
- Erstellung von Luftreinhalteplänen nach §47 BImSchG.

Die Ausweisung von Untersuchungsgebieten erfolgt nicht nach Grenzwertkriterien einer Verordnung oder Verwaltungsvorschrift, sondern nach Auswahlkriterien, die vom Länderausschuß für Immissionsschutz (LAI) erarbeitet wurden. Die Überwachung von Schadstoffimmissionen in Beurteilungsgebieten nach der 4.BImSchVwV erfordert vor allem die Immissionsmessung in der Nähe stark befahrener Straßen. Dies stellt gegenüber der bisherigen Meßpraxis in

Belastungsgebieten eine Neuerung dar. Die 4.BImSchVwV enthält selbst keine Grenzwerte, diese sind in der 22.BImSchV [87] enthalten.

Die für die Ermittlung der Schadstoffbelastungen vorgeschriebenen Meßverfahren sind mit denen für die Ermittlung der Grundbelastung im Genehmigungsverfahren (TA Luft) identisch.

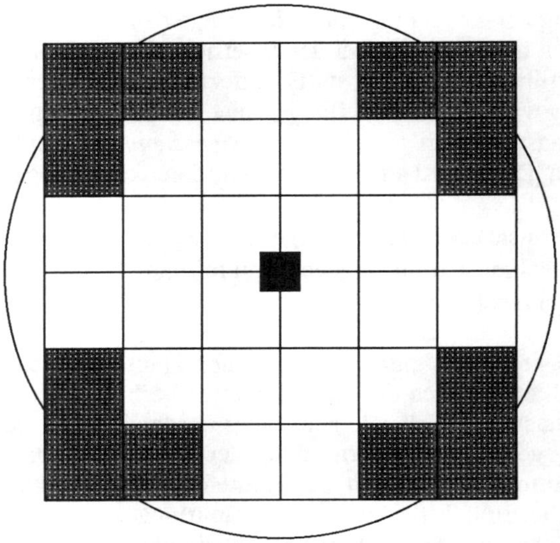

6.5 Das Beurteilungsgebiet zur Ermittlung der Immissionsbelastung im Genehmigungsverfahren nach BImSchG mit der Anlage im Mittelpunkt und den vollständigen Einheitsflächen (helle Flächen), in denen Grund- und Zusatzbelastung ermittelt werden müssen.

Hiermit wurden die Leitwerte Bestandteil der deutschen Umweltschutz-Gesetzgebung. Die Einhaltung der Grenz- und Leitwerte muß in Luftreinhalteplänen belegt werden, zu deren Erstellung ein Bundesland nach §47 BImSchG verpflichtet ist. Ein *Luftreinhalteplan* besteht aus folgenden Teilen:

- Emissionskataster,
- Immissionskataster,
- Wirkungskataster und
- Maßnahmenkatalog zur Verbesserung der Luftqualität.

Die für das *Emissionskataster* notwendigen Daten werden aus den Emissionserklärungen für einzelne Anlagen entnommen oder gemäß der 5.BImSchV [94] nach folgenden Formeln errechnet:

$$\text{Emission} = \text{Brennstoffeinsatz} \cdot \text{Emissionsfaktor} \tag{6.3}$$

$$\text{Emission} = \text{Produktausstoß} \cdot \text{Emissionsfaktor} \tag{6.4}$$

Hierbei wird als anlagenbezogene Größe entweder der Brennstoffeinsatz oder der Produktausstoß eingesetzt und mit dem Emissionsfaktor für den jeweiligen Schadstoff multipliziert. Die Emissionsfaktoren (engl.: controlled emission factors) werden entweder in kg Schadstoff/Wärmeeinheit oder kg Schadstoff/Menge Produkt angegeben. Beim *Wirkungskataster* kommen folgende Methoden zur Anwendung:

- Umwelthygienische (= medizinische) Untersuchungen,
- aktives Biomonitoring und
- passives Biomonitoring.

Während man sich beim *passiven Biomonitoring* auf vorhandene Pflanzen beschränkt, werden beim *aktiven Biomonitoring* Pflanzenkulturen, beispielsweise „standardisierte Graskulturen“, exponiert und nach einer bestimmten Expositionszeit auf ihre Schadstoffgehalte untersucht.

Grenzwerte auf der Rechtsbasis des Bundes-Immissionsschutzgesetzes für die Beurteilung der Luftqualität in Untersuchungsgebieten dienen der Einleitung von Sanierungsmaßnahmen und sind rechtsverbindlich.

Man unterscheidet bei *Smog* zwei Smog-Typen,

- den Winter-Smog = London-Smog und
- den Sommer-Smog = Los Angeles-Smog.

Beiden Smog-Typen ist gemeinsam, daß die Ausbreitung und der Abtransport von Luftschadstoffen nicht möglich ist und es so zu umweltschädlichen Konzentrationen kommt. Der *Winter-Smog* trat erstmals in London auf und führte dort durch einen Anstieg der Luftschadstoffe Schwefeldioxid und Staub nachweislich zu Todesfällen. Der *Sommer-Smog* trat erstmals in Los Angeles auf und führte dort durch einen Anstieg der Photooxidantien in der Luft nachweislich zu großflächigen Ernteschäden. Beim Sommer-Smog sammeln sich die von den Kraftfahrzeugen emittierten Stickoxide und Kohlenwasserstoffe, sowie Ozon als *Leitkomponente* (vgl. Abschnitt 1.3) und die durch photochemische Reaktionen daraus gebildeten Photooxidantien wegen der fehlenden Luftbewegung als „Schadstoffglocke“ über den Stadtbebauungen an. Für die Ausbildung des Winter-Smogs ist eine *Inversionswetterlage* (Abbildung 6.6) erforderlich, die durch eine Änderung der Wettersituation erzeugt wird. Hierbei verhindert eine atlantische Warmluftfront, die sich über am Boden befindliche Kaltluftmassen osteuropäischen Ursprungs (Hochdruckwetterlage) schiebt, den Vertikalaustausch der Luft und führt zu einem Anstieg der Konzentrationen an Schwefeldioxid und Staub in der Luft. Unter einer Inversion versteht man die Umkehrung der bei zunehmender Höhe über Boden natürlichen Abnahme der Lufttemperatur. Die Untergrenze dieser temperaturbedingten Sperrschicht bezeichnet man als die Inversionsuntergrenze. Ihre Höhe wird durch tägliche Temperaturmessungen mittels Ballonaufstiegen durch den Deutschen Wetterdienst (DWD) ermittelt. Zur Festlegung der Inversionshöhe sind Messungen an den Eckpunkten eines großräumigen Dreiecks notwendig. Eine Messung der Inversionshöhe ist auch vom Boden aus durch Infraschallmessungen und die Ausdehnung der Inversion durch Radarmessungen möglich, da es an der Inversionsgrenze zu einer Kondensation von Wasser kommt.

Jahreszeitlich bedingte lokale Inversionen (Nebel) in den Herbstmonaten, die nur in den Morgenstunden auftreten, bezeichnet man als *Frühinversionen*. Die im Winter auftretenden großräumigen ganztägigen Inversionen bezeichnet man dagegen als *Ganztagsinversionen*. Eine Inversion wirkt sich nur auf die vertikale Schadstoffausbreitung aus, wenn ihre Untergrenze sich weniger als 1000 Meter über Boden befindet. Diese Bedingung entscheidet über die Existenz einer Inversion im Sinne der Smog-Definition. Das Aufttreten von Inversionen kann zudem großräumig durch Radar- und Satellitenerkundung erkannt und vor allem hinsichtlich einer Verlagerung und der daraus resultierenden Dauer der Inversionswetterlage prognostiziert werden. Bei einer Abnahme der horizontalen Luftbewegung spricht man von einer austauscharmen Wetterlage, die zusätzlich zur Anwendung emissionsmindernder Maßnahmen eine notwendige Vorbedingung ist.

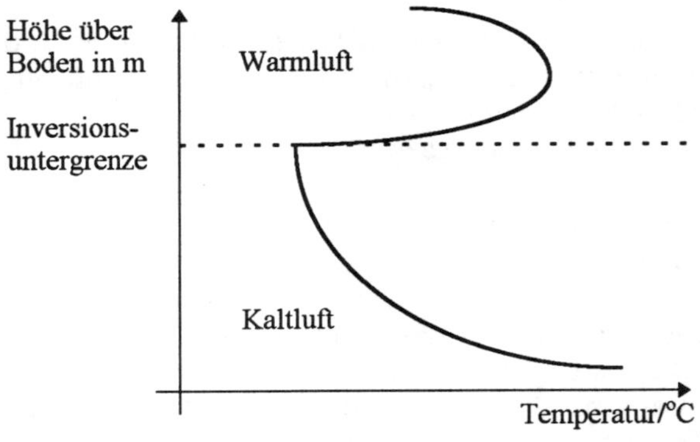

6.6 Abhängigkeit der Lufttemperatur von der Höhe bei einer Inversionswetterlage

Die Anwendung emissionsmindernder Maßnahmen bei Wintersmog ist in den einzelnen Bundesländern durch Smog-Verordnungen geregelt, die inhaltlich in den Grenzwerten und den daraus abgeleiteten Maßnahmen deckungsgleich sind (Abbildung 6.7). Die Grenzwerte der Smog-Verordnungen für Winter-Smog sind nur zur Einleitung emissionsmindernder Maßnahmen in ausgewiesenen *Smog-Gebieten* im Falle des Auftretens einer austauscharmen Wetterlage rechtsverbindlich. Eine Besonderheit bei den Grenzwerten der *Smog-Verordnungen* für Winter-Smog stellt der Grenzwert für Schwebstaub dar. Hierbei ist die Schwebstaubkonzentration an die jeweilige Schwefeldioxidkonzentration gekoppelt. Die zum Vergleich mit dem Grenzwert zu bildende Kenngröße ist eine Summenkenngröße, die aus der Schwefeldioxidkonzentration und der doppelten Schwebstaubkonzentration als Mittelwert über den jeweiligen Meßzeitraum eines Tages gebildet wird. Dies führt dazu, daß länger anhaltende Smog-Episoden, bei denen der Grenzwert für das 3-Stundenmittel der Schwefeldioxidkonzentration nicht überschritten wird, dennoch zur Überschreitung des Schwefeldioxid-Schwebstaub-Summengrenzwertes führen kann, da erfahrungsgemäß [138, 139] in Großstädten unter den Bedingungen des Winter-Smogs sich bei gleichbleibender Schwefeldioxidkonzentration die Schwebstaubkonzentration ständig erhöht (Exkurs 6.4). Die Zusammenfassung beider Schadstoffe in einem Grenzwert, besonders unter dem Aspekt der Langzeitwirkung,

berücksichtigt vor allem die synergistische (= zusammenwirkend) Wirkung beider Schadstoffe.
Die behördlichen Maßnahmen beim Auftreten von Wintersmog sind

- Warnung der Bevölkerung und Empfehlungen zur Emissionsminderung (Vorwarnstufe),
- Emissionsmindernde Maßnahmen bei Industrieanlagen durch den Einsatz schwefelarmer Brennstoffe (1. Alarmstufe),
- Stillegung von Anlagen (2. Alarmstufe) und
- Verkehrsverbote (2. Alarmstufe).

Die Voraussetzungen hierzu sind:

- Existenz einer Smog-Verordnung (= Polizeiverordnung),
- Ausweisung von Smog-Gebieten,
- Existenz eines automatischen Meßnetzes zur Überwachung der erforderlichen Luftschadstoffe (Abbildung 6.7) mit mindestens zwei Meßstationen pro Smog-Gebiet,
- Existenz eines Krisenplans, besonders für den Fall der Verkehrsstillegung und
- Einberufung eines Krisenstabes unter Einbeziehung des DWD zur Auswertung der Daten, der Koordination der Maßnahmen und vor allem zur Erstellung von Prognosen hinsichtlich der Dauer der Inversionswetterlage.

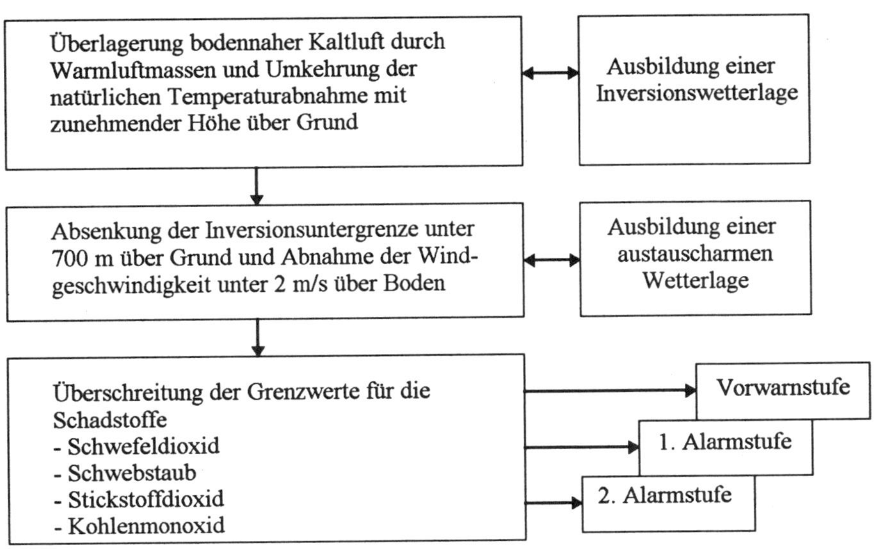

6.7 Anwendung der Immissionsgrenzwerte für Winter-Smog

Exkurs 6.4 Grenzwerte der ländereigenen Wintersmog-Verordnungen für die Schadstoffe Schwefeldioxid und Schwebstaub

Die ländereigenen Wintersmog-Verordnungen beinhalten eine Vorwarnstufe, bei deren Überschreitung nur Empfehlungen ausgesprochen werden, sowie zwei Alarmstufen, deren Überschreitung emissionsmindernde Maßnahmen bis zur Verkehrsstillegung gesetzlich vorschreibt (vgl. Abbildung 6.7). Unabdingbare Voraussetzung für die Anwendung dieser Smog-Verordnungen sind automatische Meßstationen in genügender Zahl (mindestens zwei pro Smog.Gebiet), in denen die entsprechenden Schadstoffe mittels automatischer Analysatoren kontinuierlich gemessen werden.

Vorwarnstufe: 0.60 1. Alarmstufe: 1.20 2. Alarmstufe: 1.80	Mittelwert für SO_2, über jeweils 3 Stunden gebildet
Vorwarnstufe: 1.10 1. Alarmstufe: 1.40 2. Alarmstufe: 1.80	Mittelwert für $SO_2 + 2 \cdot$ Staub, über jeweils 24 Stunden gebildet
Vorwarnstufe: — 1. Alarmstufe: 1.10 2. Alarmstufe: 1.40	Mittelwert für $SO_2 + 2 \cdot$ Staub, über jeweils 24 Stunden während 72 Stunden gebildet

Die direkte Wirkung von Stickstoffdioxid auf Menschen und Pflanzen ist eingehend untersucht [141] und seine Beteiligung am Photosmog als „*Precursor*“ (Vorläufer) und damit als verantwortliche Komponente für die photochemische Bildung von Ozon ist nicht anzuzweifeln. Dennoch wird die Intensität des Sommer-Smogs nicht an der Konzentration der auslösenden Substanz sondern an der Konzentration des entstandenen Schadstoffs gemessen. Darüber hinaus kann der Schadstoff Ozon einzig und allein aus der gesamtem Palette der Oxidantien mittels automatischer Meßverfahren kontinuierlich gemessen werden. Man mißt Ozon als *Leitkomponente* für alle phytotoxisch wirkenden Oxidantien (z.B. Peroxiacetylnitrat) und argumentiert hinsichtlich einer derzeit nicht erwiesenen Humantoxizität oder -kanzerogenität in den entsprechenden Konzentrationsbereichen, obwohl man klar und deutlich herausstellen müßte, daß mit einer Sommersmog-Verordnung, die sich an dem Schadstoff Ozon orientiert, erstmals eine Verordnung erlassen wird, die auch zum Schutz der Vegetation dient. Bei Ozon geht man davon aus, daß unterhalb einer Konzentration von 120 $\mu g/m^3$ keine gesundheitsschädliche Wirkung beim Menschen zu erwarten ist [142]. Tagesmaxima in Innenstädten während der Sommermonate von mehr als 200 $\mu g/m^3$ sind in Deutschland jedoch mittlerweile keine Seltenheit mehr. Eine *Sommersmog-Verordnung* ist nur dann sinnvoll, wenn sie zur Vermeidung der Stickoxid-Bildung großräumige und auch effektive Fahrverbote für Kraftfahrzeuge beinhaltet.

Auf eine 1995 erlassene Sommersmog-Verordnung (Bundes-Verordnung) soll wegen der derzeit noch andauernden Diskussion und einer in Kürze zu erwartenden Novellierung nicht näher eingegangen werden.

Eine Bewertung der Luftqualität im Immissionsbereich ist durch „Maximale Immissionskonzentrationen" (MIK-Werte) möglich, die in VDI-Richtlinien [116-131] zusammengefaßt sind und sowohl zum Schutz des Menschen als auch zum Schutz der Vegetation und von Nutztieren formuliert wurden. Darüber hinaus existieren Empfehlungen der Weltgesundheitsorganisation (World Health Organisation = WHO) in Form von Luftqualitätskriterien [144], die bei der Festlegung von Grenzwerten in den EG-Richtlinien Berücksichtigung fanden.

Sowohl die MIK-Werte der VDI-Richtlinien als auch die Luftqualitätskriterien der Weltgesundheitsorganisation WHO haben keine rechtliche Verbindlichkeit.

Die Luftschadstoffe in Innenräumen stammen aus folgenden Emissionsquellen:

- Stickoxide aus Gasfeuerstellen,
- gasförmige Schadstoffe aus Altlasten,
- Radon aus natürlichem Gestein,
- von Klimaanlagen im Außenluftbereich angesaugte Luftschadstoffe und
- Inhaltsstoffe sowie Zersetzungsprodukte aus Baumaterialien.

Hierbei stellen die Baumaterialien die wichtigste Emissionsquelle dar. Grenzwerte zur Beurteilung der Luftqualität existieren als medizinische Empfehlungen (WHO, BGA) und ADI-Werte (Acceptable Daily Intake), die medizinische Vorsorgewerte darstellen.

Im gesamten Innenraumbereich existieren keine rechtsverbindlichen Grenzwerte für Luftschadstoffe, lediglich die 2.BImSchV [68] enthält für Halogenkohlenwasserstoffe Grenzwerte im Nahbereich (Nebenräume) von Chemischreinigungen.

Literatur

I. Gesetze und Verordnungen über den Umgang mit Gefahrstoffen

1 *Gesetz zum Schutz vor gefährlichen Stoffen (Chemikaliengesetz – ChemG)* vom 25.07.1994, BGBl. I S. 1703, zuletzt geändert durch das Gestz vom 02.08.1994, BGBl. I S. 1963.

2 *Verordnung über Prüfnachweise und sonstige Anmelde- und Mitteilungsunterlagen nach dem Chemikaliengesetz (Prüfnachweisverordnung – ChemPrüfV)* vom 01.08.1994, BGBl. I S. 1877.

3 *Verordnung über Verbote und Beschränkungen des Inverkehrbringens gefährlicher Stoffe, Zubereitungen und Erzeugnisse nach dem Chemikaliengesetz (Chemikalienverbotsverordnung – ChemVerbotsV)* vom 14.10.1993, BGBl. I S. 1720, zuletzt geändert durch Gesetz vom 25.07.1994, BGBl. I S. 1689.

4 *Verordnung zum Schutz vor gefährlichen Stoffen (Gefahrstoffverordnung – GefStoffV)* vom 26.10.1993, BGBl. I S. 1782, berichtigt S. 2049, zuletzt geändert durch Verordnung vom 19.09.1994, BGBl. I S. 2557.

5 *Verordnung über die Mitteilungspflichten nach §16e des Chemikaliengesetzes zur Vorbeugung und Information bei Vergiftungen (Giftinformationsverordnung – ChemGiftInfoV)* vom 17.07.1990, BGBl. I S. 1424, zuletzt geändert durch Gesetz vom 24.06.1994, BGBl. I S. 1416.

6 *Verordnung zum Verbot von bestimmten die Ozonschicht abbauenden Halogenkohlenwasserstoffen (FCKW-Halon-Verbots-Verordnung)* vom 06.05.1991, BGBl. I S. 1090, geändert durch Gesetz vom 24.06.1994, BGBl. I S. 1416.

7 *Verordnung Nr. 793/93/EWG des Rates vom 23.03.1993 zur Bewertung und Kontrolle der Umweltrisiken chemischer Altstoffe*, ABl. EG vom 05.04.1993 Nr. L 84 S. 1, berichtigt ABl. EG vom 03.09.1993 Nr. L 224 S. 34.

8 *Gesetz zum Schutz der Kulturpflanzen (Pflanzenschutzgesetz – PflSchG)* vom 15.09.1986, BGBl. I S. 1505, zuletzt geändert durch Gesetz vom 27.06.1994, BGBl. I S. 1440.

9 *Verordnung über Anwendungsverbote für Pflanzenschutzmittel (Pflanzenschutz-Anwendungsverordnung)* vom 10.11.1992, BGBl. I S. 1887, zuletzt geändert durch Gesetz vom 25.07.1994, BGBl. I S.1689.

10 *Pflanzenschutz-Sachkundeverordnung* vom 28.07.1987, BGBl. I S. 1752, geändert durch Verordnung vom 14.10.1993, BGBl. I S. 1720.

11 *Verordnung über Pflanzenschutzmittel und Pflanzenschutzgeräte (Pflanzenschutzmittelverordnung)* vom 28.07.1987, BGBl. I S. 1754, zuletzt geändert durch Gesetz vom 24.06.1994, BGBl. I S. 1416.

12 *Düngemittelgesetz* vom 15.11.1977, BGBl. I S. 2134, geändert durch Gesetz vom 12.07.1989, BGBl. I S. 1435. Änderung durch Artikel 4 des *Gesetzes zur Vermeidung, Verwertung und Beseitigung von Abfällen (Kreislaufwirtschafts- und Abfallgesetz)* vom 27.09.1994, BGBl. I S. 2705, mit Wirkung vom 06.10.1996.

13 *Gesetz zur Regelung der Gentechnik (Gentechnikgesetz – GenTG)* vom 16.12.1993, BGBl. I S. 2066, geändert durch Gesetz vom 24.06.1994, BGBl. I S. 1416.

II. Gesetze und Verordnungen über den Transport gefährlicher Güter

14 *Verordnung über die Beförderung gefährlicher Güter mit Seeschiffen (Gefahrgutverordnung See – GGVSee)* vom 05.07.1978, BGBl. I S. 1017, zuletzt geändert am 24.07.1991, BGBl. I S. 1714.

15 *Verordnung über die Beförderung gefährlicher Güter mit der Eisenbahn (Gefahrgutverordnung Eisenbahn – GGVE)* vom 23.08.1979, BGBl. I S. 1502, geändert mit Wirkung vom 22.07.1985. Neufassung der *Verordnung über die innerstaatliche und grenzüberschreitende Beförderung gefährlicher Güter mit Eisenbahnen (Gefahrgutverordnung Eisenbahn – GGVE)* vom 10.06.1991, BGBl. I S. 1224, zuletzt geändert mit der *Eisenbahn-Gefahrgutänderung-Verordnung* vom 05.05.1993, BGBl. I S. 678.

16 *Verordnung über die Beförderung gefährlicher Güter auf der Straße (Gefahrgutverordnung Straße – GGVS)* vom 23.08.1979, BGBl. I S. 1509. Neufassung der *Verordnung über die innerstaatliche und grenzüberschreitende Beförderung gefährlicher Güter auf der Straße (Gefahrgutverordnung Straße – GGVS)* vom 13.11.1990, BGBl. I S. 2453, zuletzt geändert durch die *4. Straßen-Gefahrgutänderungsverordnung* vom 13.04.1993, BGBl. I S. 448.

17 *Verordnung zur Einführung der Verordnung über die Beförderung gefährlicher Güter auf dem Rhein (ADNR) und über die Ausdehnung auf die übrigen Bundeswasserstraßen (ADNR-Einführungsverordnung)* vom 23.11.1971, BGBl. I S. 1851, geändert am 30.07.1977, BGBl. I S. 1119, zuletzt geändert mit der *8. Änderungsverordnung* vom 07.04.1992, BGBl. I S. 860, seit März 1983 mit der Kurzbezeichnung *Gefahrgutverordnung Binnenschiffahrt – GGVBinsch*.

18 *Luftverkehrsgesetz* vom 01.08.1922, RGBl. I S. 681, in der Fassung vom 14.01.1981, BGBl. I S. 61.

19 *Bekanntmachung des Bundesministers für Verkehr über die Erlaubnis zum Mitführen gefährlicher Güter in Luftfahrzeugen* vom 15.06.1988, Nachrichten für Luftfahrer I 144/88.

20 *Allgemeine Erlaubnis zur Beförderung gefährlicher Güter einschließlich Waffen durch Luftfahrtunternehmen* vom 14.07.1992, Nachrichten für Luftfahrer I 155/88, S. 187.

21 *Postordnung* vom 16.05.1963, BGBl. I S. 341, geändert durch die *Verordnung zur Änderung der Postordnung* vom 19.05.1964, BGBl. I S. 327.

III. Gesetze und Verordnungen über die Behandlung von Abfällen

22 *Gesetz über die Vermeidung und Entsorgung von Abfällen (Abfallgesetz – AbfG)* vom 27.08.1986, BGBl. I S. 1410, berichtigt S. 1501, zuletzt geändert durch Artikel 2 des Ausführungsgesetzes zum Basler Übereinkommen vom 30.09.1994, BGBl. I S. 2771.

23 *Gesetz zur Förderung der Kreislaufwirtschaft und Sicherung der umweltfreundlichen Beseitigung von Abfällen (Kreislaufwirtschafts- und Abfallgesetz – KrW-/AbfG)* vom 27.09.1994, verkündet als Artikel 1 des *Gesetzes zur Vermeidung, Verwertung und Beseitigung von Abfällen* vom 27.09.1994, BGBl. I S. 2705.

24 *Gesetz über die Überwachung und Kontrolle der grenzüberschreitenden Verbringung von Abfällen (Abfallverbringungsgesetz – AbfVerbrG)* vom 30.09.1994, verkündet als Artikel 1 des Ausführungsgesetzes zum Basler Übereinkommen vom 30.09.1994, BGBl. I S. 2771.

Verordnungen nach §2 Abs. 2 und Abs. 3 AbfG:

25 *Verordnung zur Bestimmung von Abfällen nach §2 Abs. 2 des Abfallgesetzes (Abfallbestimmungs-Verordnung – AbfBestV)* vom 03.04.1990, BGBl. I S. 614, geändert durch Gesetz vom 27.12.1993, BGBl. I S. 2378.

26 *Verordnung zur Bestimmung von Reststoffen nach §2 Abs. 3 des Abfallgesetzes (Reststoffbestimmungs-Verordnung – RestBestV)* vom 03.04.1990, BGBl. I S. 631, berichtigt S. 862, geändert durch Gesetz vom 27.12.1993, BGBl. I S. 2378.

Allgemeine Verwaltungsvorschriften nach §4 Abs. 5 AbfG:

27 *Erste allgemeine Verwaltungsvorschrift über Anforderungen zum Schutz des Grundwassers bei der Lagerung und Ablagerung von Abfällen* vom 31.01.1990, GMBl. S. 74, Titel geändert durch den Artikel 4 der Allgemeinen Verwaltungsvorschrift zur Änderung der TA Abfall Teil 1 vom 17.12.1990, GMBl. S. 886.
28 *Zweite allgemeine Verwaltungsvorschrift zum Abfallgesetz (TA Abfall). Teil 1: Technische Anleitung zur Lagerung, chemisch/physikalischen, biologischen Behandlung, Verbrennung und Ablagerung von besonders überwachungsbedürftigen Abfällen* vom 12.03.1991, GMBl. S. 139, berichtigt S. 469.
29 *Dritte allgemeine Verwaltungsvorschrift zum Abfallgesetz (TA Siedlungsabfall). Technische Anleitung zur Verwertung, Behandlung und sonstigen Entsorgung von Siedlungsabfällen* vom 14.05.1993, BAnz. Nr. 99a.
30 *Altölverordnung (AltölV)* vom 27.10.1987, BGBl. I S. 2335.
31 *Verordnung über Betriebsbeauftragte für Abfall* vom 26.10.1977, BGBl. I S. 1913.
32 *Verordnung über das Einsammeln und Befördern sowie über die Überwachung von Abfällen und Reststoffen (Abfall- und Reststoffüberwachungs-Verordnung – AbfRestÜberwV)* vom 03.04.1990, BGBl. I S. 648, geändert durch Artikel 5 des Ausführungsgesetzes zum Basler Übereinkommen vom 30.09.1994, BGBl. I S. 2771.
33 *Verordnung über die grenzüberschreitende Verbringung von Abfällen (Abfallverbringungs-Verordnung – AbfVerbrV)* vom 18.11.1988, BGBl. I S. 2126, geändert durch Artikel 4 des Ausführungsgesetzes zum Basler Übereinkommen vom 30.09.1994, BGBl. I S. 2771.

Verordnungen nach §14 Abfg:

34 *Verordnung über die Entsorgung gebrauchter halogenierter Lösemittel (HKWAbfV)* vom 23.10.1989, BGBl. I S. 1918.
35 *Verordnung über die Vermeidung von Verpackungsabfällen (Verpackungsverordnung – VerpackV)* vom 12.06.1991, BGBl. I S. 1234, geändert durch Verordnung vom 26.10.1993, BGBl. I S. 1782.
36 *Klärschlammverordnung (AbfKlärV)* vom 15.04.1992, BGBl. I S. 912.

Abfallrechtliche EG-Vorschriften:

37 *Richtlinie Nr. 75/439/EWG des Rates über die Altölbeseitigung* vom 16.06.1975, ABl. EG 1975, L 194/31, geändert ABl. EG 1987, L 42/43, ABl. EG 1991, L 377/48 und ABl. EG 1994, L 1/494.

38 *Richtlinie Nr. 75/442/EWG des Rates über Abfälle* vom 15.07.1975, ABl. EG 1975, L 194 S. 39, zuletzt geändert mit Wirkung vom 01.01.1995 durch die Richtlinie Nr. 91/692/EWG vom 23.12.1991, ABl. EG 1991, L 377 S. 48.
39 *Richtlinie Nr. 76/403/EWG des Rates über die Beseitigung polychlorierter Biphenyle und Terphenyle* vom 06.04.1976, ABl. EG 1976, L 108/41, geändert ABl. EG 1991, L 377/48 und ABl. EG 1994, L 1/494.
40 *Richtlinie Nr. 78/176/EWG des Rates über Abfälle aus der Titandioxid-Produktion* vom 20.02.1978, ABl. EG 1978, L 54/19, geändert ABl. EG 1982, L 378/1 und 1983, L 32/28.
41 *Richtlinie Nr. 82/883/EWG des Rates über die Einzelheiten der Überwachung und Kontrolle der durch die Ableitungen aus der Titandioxidproduktion betroffenen Umweltmedien* vom 03.12.1982, ABl. EG 1982, L 378/1, geändert ABl. EG 1994, L 1/494.
42 *Richtlinie Nr. 85/339/EWG des Rates über Verpackungen für flüssige Lebensmittel* vom 27.06.1985, ABl. EG 1985, L 176/18, geändert ABl. EG 1991, L 377/48 und ABl. EG 1994, L 1/263.
43 *Richtlinie Nr. 86/278/EWG des Rates über den Schutz der Umwelt und insbesondere der Böden bei Verwendung von Klärschlamm in der Landwirtschaft* vom 12.06.1986, ABl. EG 1986, L 181/6, geändert ABl. EG 1991, L 377/48.
44 *Richtlinie Nr. 89/369/EWG des Rates über die Verhütung der Luftverunreinigung durch neue Verbrennungsanlagen für Siedlungsmüll* vom 08.06.1989, ABl. EG 1989, L 163/32, geändert ABl. EG 1994, L 1/494.
45 *Richtlinie Nr. 89/428/EWG des Rates über Modalitäten zur Vereinheitlichung der Programme zur Verringerung und späteren Unterbindung der Verschmutzung durch Abfälle der Titandioxid-Industrie* vom 21.06.1989, ABl. EG 1989, L 201/56.
46 *Richtlinie Nr. 89/429/EWG des Rates über die Verringerung der Luftverschmutzung durch bestehende Verbrennungsanlagen für Siedlungsmüll* vom 21.06.1989, ABl. EG 1989, L 203/50, geändert ABl. EG 1994, L 1/494.
47 *Richtlinie Nr. 91/157/EWG des Rates über gefährliche Stoffe enthaltende Batterien und Akkumulatoren* vom 18.03.1991, ABl. EG 1991, L 78/38, geändert Abl. EG 1993, L 264/51 und ABl. EG 1994, L1/263.
48 *Richtlinie Nr. 91/689/EWG des Rates über gefährliche Abfälle* vom 12.12.1991, ABl. EG 1991, L 377/20, geändert ABl. EG 1994, L 186/28.
49 *Verordnung (EWG) Nr. 259/93 des Rates zur Überwachung und Kontrolle der Verbringung von Abfällen in der, in die und aus der Europäischen Gemeinschaft* vom 01.02.1993, ABl. EG 1993, L 30/1.

IV. Gesetze zum Schutz der Gewässer

50 *Gesetz zur Ordnung des Wasserhaushalts (Wasserhaushaltsgesetz – WHG)* vom 23.09.1986, BGBl. I S. 1529, berichtigt S. 1654, geändert durch Gesetz vom 27.06.1994. BGBl. I S. 1440.

51 *Verordnung über die Herkunftsbereiche von Abwasser (Abwasserherkunftsverordnung – AbwHerkV)* vom 03.07.1987, BGBl. I S. 1578, zuletzt geändert durch Verordnung vom 27.05.1991, BGBl. I S. 1197.
52 *Gesetz über Abgaben für das Einleiten von Abwasser in Gewässer (Abwasserabgabengesetz – AbwAG)* vom 06.11.1990, BGBl. I S. 2432, geändert durch Gesetz vom o5.07.1994, BGBl. I S. 1453.
53 *Gesetz über die Umweltverträglichkeit von Wasch- und Reinigungsmitteln (Wasch- und Reinigungsmittelgesetz – WRMG)* vom 05.03.1987, BGBl. I S. 875, zuletzt geändert durch Gesetz vom 27.06.1994, BGBl. I S. 1440.

V. Gesetze, Verordnungen und Richtlinien zum Schutz des Wassers im Sinne der medizinischen Hygiene

54 *Verordnung über natürliches Mineralwasser, Quellwasser und Tafelwasser (Mineral- und Tafelwasser-Verordnung)* vom 01.08.1984, BGBl. I S. 1036, zuletzt geändert am 30.04.1993, BGBl. I S. 527.
55 *Verordnung über Trinkwasser und über Wasser für Lebensmittelbetriebe (Trinkwasser-Verordnung – TrinkwV)* in der Neufassung vom 05.12.1990, BGBl. I S. 2612, zuletzt geändert am 26.02.1993, BGBl. I S. 278.
56 *Gesetz zur Verhütung und Bekämpfung übertragbarer Krankheiten beim Menschen (Bundes-Seuchengesetz – BSeuchG)* vom 18.12.1979, BGBl. I S. 2262, zuletzt geändert am 20.12.1988, BGBl. I S. 2330.
57 *Empfehlungen des Bundesgesundheitsamtes zum Vollzug der Trinkwasserverordnung* vom 22.05.1986, BGBl. I S. 760.
58 Deutscher Verein von Gas- und Wasserfachmännern e.V.; *Eignung von Oberflächenwasser für die Trinkwasserversorgung – Technische Regeln.* DVGW-Arbeitsblatt W 151, Ausgabe 7/75.
59 *Richtline Nr. 75/440/EWG des Rates für die Trinkwasserversorgung in den Mitgliedstaaten* vom 16.06.1975, ABl. EG 1975, Nr. L 194 S. 34.

VI. Gesetze, Verordnungen und Richtlinien zum Schutz des Bodens

60 *Kloke-Liste.* Erlaß des Ministeriums für Ernährung, Landwirtschaft und Forsten, Baden-Württemberg, GABl. 1980, A.Z.: 24-2130/3.
61 *Bodenschutzgesetz des Landes Baden-Württemberg (BodSchG)* vom 24.06.1991, Gbl. des Landes Baden-Württemberg, S. 434.
62 *Erstes Gesetz zur Abfallwirtschaft und zum Bodenschutz im Freistaat Sachsen (EGAB)* vom 12.08.1991, SächsVBl. S. 306.
63 Bundesgesundheitsamt; *Bodenrichtwerte für Dioxine und Furane*. Bundesgesundheitsblatt 8/90, S. 350 - 354.
64 *Leidraad bodensanierung („Holländische Liste")* des Niederländischen Ministeriums für das Wohnungswesen, Raumordnung und Umwelt vom 04.11.1988.

65 Bayerisches Staatsministerium für Landesentwicklung und Umweltfragen und Bayerisches Staatsministerium des Innern; *Altlasten-Leitfaden für die Behandlung von Altablagerungen und kontaminierten Standorten in Bayern.* München, Juli 1991.

VII. Gesetze und Verordnungen des Immissionsschutzes

66 *Gesetz zum Schutz vor schädlichen Umwelteinwirkungen durch Luftverunreinigungen, Geräusche, Erschütterungen und ähnliche Vorgänge (Bundes-Immissionsschutzgesetz – BImSchG)* vom 14.05.1990, BGBl. I S. 880, zuletzt geändert durch Gesetz vom 27.06.1994, BGBl. I S. 1440.

67 *Erste Verordnung zur Durchführung des Bundes-Immissionsschutzgesetzes (Verordnung über Kleinfeuerungsanlagen – 1.BImSchV)* vom 15.07.1988, BGBl. I S. 1059, zuletzt geändert durch Verordnung vom 20.07.1994, BGBl. I S. 1680.

68 *Zweite Verordnung zur Durchführung des Bundes-Immissionsschutzgesetzes (Verordnung zur Emissionsbegrenzung von leichtflüchtigen Halogenkohlenwasserstoffen – 2. BImSchV)* vom 10.12.1990, BGBl. I S. 2694, zuletzt geändert durch Verordnung vom 05.06.1991, BGBl. I S. 1218.

69 *Dritte Verordnung zur Durchführung des Bundes-Immissionsschutzgesetzes (Verordnung über den Schwefelgehalt von leichtem Heizöl und Dieselkraftstoff – 3.BImSchV)* vom 15.01.1975, BGBl. I S. 264, zuletzt geändert durch Verordnung vom 26.09.1994, BGBl. I S. 2640.

70 *Vierte Verordnung zur Durchführung des Bundes-Immissionsschutzgesetzes (Verordnung über genehmigungsbedürftige Anlagen – 4.BImSchV)* vom 25.07.1985, BGBl. I S. 1586, zuletzt geändert durch Verordnung vom 26.10.1993, BGBl. I S. 1782.

71 *Fünfte Verordnung zur Durchführung des Bundes-Immissionsschutzgesetzes (Verordnung über Immissionsschutz- und Störfallbeauftragte – 5.BImSchV)* vom 30.07.1993, BGBl. I S. 1433. Diese Verordnung ersetzt die ursprüngliche 5.BImSchV, *Verordnung über Immissionsschutzbeauftragte*, vom 14.02.1975, BGBl. I S. 504 und 727, zuletzt geändert am 19.05.1988, BGBl. I S. 608. Die 6.BImSchV, *Verordnung über die Fachkunde und Zuverlässigkeit von Immissionsschutzbeauftragten*, besitzt keine Gültigkeit mehr.

72 *Siebente Verordnung zur Durchführung des Bundes-Immissionsschutzgesetzes (Verordnung zur Auswurfbegrenzung von Holzstaub – 7.BImSchV)* vom 18.12.1975, BGBl. I S. 3133.

73 *Achte Verordnung zur Durchführung des Bundes-Immissionsschutzgesetzes (Rasenmäherlärm-Verordnung – 8.BImSchV)* vom 13.07.1992, BGBl. I S. 1248, geändert durch Gesetz vom 27.04.1993, BGBl. I S. 512.

74 *Neunte Verordnung zur Durchführung des Bundes-Immissionsschutzgesetzes (Verordnung über das Genehmigungsverfahren – 9.BImSchV)* vom 29.05.1992, BGBl. I S. 1001, geändert durch Verordnung vom 20.04.1993, BGBl. I S. 494.

75 *Zehnte Verordnung zur Durchführung des Bundes-Immissionsschutzgesetzes (Verordnung über die Beschaffenheit und die Auszeichnung der Qualitäten von Kraftstoffen – 10.BImSchV)* vom 13.12.1993, BGBl. I S. 2036. Diese Verordnung setzt die *Richtlinie Nr. 93/12/EWG des Rates über den Schwefelgehalt bestimmter flüssiger Brennstoffe* vom 23.03.1993 in deutsches Recht um.

76 *Elfte Verordnung zur Durchführung des Bundes-Immissionsschutzgesetzes (Emissionserklärungs-Verordnung – 11.BImSchV)* vom 12.12.1991, BGBl. I S. 2213, geändert durch Verordnung vom 26.10.1993, BGBl. I S. 1782.

77 *Zwölfte Verordnung zur Durchführung des Bundes-Immissionsschutzgesetzes (Störfall-Verordnung – 12.BImSchV)* vom 20.09.1991, BGBl. I S. 1891, geändert durch Verordnung vom 26.10.1993, BGBl. I S. 1782.

78 *Dreizehnte Verordnung zur Durchführung des Bundes-Immissionsschutzgesetzes (Verordnung über Großfeuerungsanlagen – 13.BImSchV)* vom 22.06.1983, BGBl. I S. 719.

79 *Vierzehnte Verordnung zur Durchführung des Bundes-Immissionsschutzgesetzes (Verordnung über Anlagen zur Landesverteidigung – 14.BImSchV)* vom 09.04.1986, BGBl. I S. 380.

80 *Fünfzehnte Verordnung zur Durchführung des Bundes-Immissionsschutzgesetzes (Baumaschinenlärm-Verordnung – 15.BImSchV)* vom 10.11.1986, BGBl. I S. 1729, zuletzt geändert durch Gesetz vom 27.04.1993, BGBl. I S. 512.

81 *Sechzehnte Verordnung zur Durchführung des Bundes-Immissionsschutzgesetzes (Verkehrslärmschutzverordnung – 16.BImSchV)* vom 12.06.1990, BGBl. I S. 1036.

82 *Siebzehnte Verordnung zur Durchführung des Bundes-Immissionsschutzgesetzes (Verordnung über Verbrennungsanlagen für Abfälle und ähnliche brennbare Stoffe – 17.BImSchV)* vom 23.11.1990, BGBl. I S. 2545, berichtigt S. 2832.

83 *Achtzehnte Verordnung zur Durchführung des Bundes-Immissionsschutzgesetzes (Sportanlagenlärmschutzverordnung – 18.BImSchV)* vom 18.07.1991, BGBl. I S. 1588, berichtigt S. 1790.

84 *Neunzehnte Verordnung zur Durchführung des Bundes-Immissionsschutzgesetzes (Verordnung über Chlor- und Bromverbindungen als Kraftstoffzusatz – 19.BImSchV)* vom 17.01.1992, BGBl. I S. 75.

85 *Zwanzigste Verordnung zur Durchführung des Bundes-Immissionsschutzgesetzes (Verordnung zur Begrenzung der Kohlenwasserstoffemissionen bei Umfüllen und Lagern von Ottokraftstoffen – 20.BImSchV)* vom 07.10.1992, BGBl. I S. 1727.

86 *Einundzwanzigste Verordnung zur Durchführung des Bundes-Immissionsschutzgesetzes (Verordnung zur Begrenzung der Kohlenwasserstoffemissionen bei der Betankung von Kraftfahrzeugen – 21.BImSchV)* vom 07.10.1992, BGBl. I S. 1730.

87 *Zweiundzwanzigste Verordnung zur Durchführung des Bundes-Immissionsschutzgesetzes (Verordnung über Immissionswerte – 22.BImSchV)* vom 26.10.1993, BGBl. I S. 1819, geändert durch Verordnung vom 27.05.1994, BGBl. I S. 1095. Durch diese BImSchV werden folgende EG-Richtlinien in deutsches Recht umgesetzt:
- *Richtlinie Nr. 80/779/EWG des Rates über Grenzwerte und Leitwerte der Luftqualität für Schwefeldioxid und Schwebstaub* vom 15.07.1980, ABl. EG 1980 Nr. L 229 S. 30, geändert durch die Richtlinie Nr. 89/427/EWG vom 21.06.1989, ABl. EG 1989 Nr. L 201 S. 53.
- *Richtlinie Nr. 82/884/EWG des Rates über Grenzwerte für den Bleigehalt in der Luft* vom 03.12.1982, ABl. EG 1982 Nr. L 378 S. 15.
- *Richtlinie Nr. 85/302/EWG des Rates über Luftqualitätsnormen für Stickstoffdioxid* vom 07.03.1985. Abl. EG Nr. L 87 S. 1.

88 *Gesetz zur Vermeidung von Luftverunreinigungen durch Bleiverbindungen in Ottokraftstoffen für Kraftfahrzeugmotoren (Benzinbleigesetz – BzBlG)* vom 05.08.1971, BGBl. I S. 1234, zuletzt geändert durch Gesetz vom 18.12.1987, BGBl. I S. 2810, geändert durch Gesetz vom 24.06.1994, BGBl. I S. 1416.

89 *Gesetz zum Schutz gegen Fluglärm* vom 30.03.1971, BGBl. I S. 282, geändert durch Gesetz vom 25.09.1990, BGBl. I S. 2106.

90 *Erste allgemeine Verwaltungsvorschrift zum Bundes-Immissionsschutzgesetz (Technische Anleitung zur Reinhaltung der Luft – TA Luft)* vom 27.02.1986, GMBl. S. 95, berichtigt S. 202.

91 *Zweite allgemeine Verwaltungsvorschrift zum Bundes-Immissionsschutzgesetz (Emissionswerte für Krane – 2.BImSchVwV)* vom 19.07.1974, Banz. Nr. 135.

92 *Dritte allgemeine Verwaltungsvorschrift zum Bundes-Immissionsschutzgesetz (Emissionswerte für Drucklufthämmer – 3.BImSchVwV)* vom 10.06.1976, BGBl. I S. 112, berichtigt am 24.08.1976, Banz. Nr. 165.

93 *Vierte allgemeine Verwaltungsvorschrift zum Bundes-Immissionsschutzgesetz (Ermittlung von Immissionen in Belastungsgebieten – 4.BImSchVwV)* vom 08.04.1975, GMBl. S. 358, geändert am 26.11.1993, GMBl. S. 825, mit der Titeländerung *Ermittlung von Immissionen in Beobachtungsgebieten.*

94 *Fünfte allgemeine Verwaltungsvorschrift zum Bundes-Immissionsschutzgesetz (Emissionskataster in Belastungsgebieten – 5.BImSchVwV)* vom 30.01.1979, GMBl. S. 42.

96 *Verwaltungsvorschrift zur 1.BImSchV* vom 19.10.1981, GMBl. S. 482, berichtigt am 03.05.1982, GMBl. S. 253.

97 *Verwaltungsvorschrift zur 3.BImSchV* vom 23.06.1978, Banz. Nr. 117.

98 *Verwaltungsvorschrift zur 5. BImSchV* vom 30.01.1979, BMBl. S.42.

99 *1. Allgemeine Verwaltungsvorschrift zur Störfallverordnung (1. StörfallVwV)* vom 26.08.1988, GMBl. S. 398, geändert am 20.09.1993, GMBl. S. 582, 820.

100 *2. Allgemeine Verwaltungsvorschrift zur Störfallverordnung (2. StörfallVwV)* vom 27.04.1982, GMBl. S. 205.

101 *Allgemeine Verwaltungsvorschrift zum Schutz gegen Baulärm – Emissionsmeßverfahren* – vom 22.12.1970, Banz. Nr. 242.

102 *Allgemeine Verwaltungsvorschrift zum Schutz gegen Baulärm – Geräuschimmissionen* – vom 19.08.1970, Banz. Nr. 242.

103 *Technische Anleitung zum Schutz gegen Lärm – TA Lärm* – vom 16.07.1968, Banz. Nr. 137

VIII. Gesetze und Verordnungen des allgemeinen Umweltverwaltungsrechts

104 *Gesetz über die Umweltverträglichkeitsprüfung (UVP)* vom 12.02.1990, BGBl. I S. 205, zuletzt geändert durch Gesetz vom 27.12.1993, BGBl. I S. 2378, nach Artikel 14 des Gesetzes zur Umsetzung der Richtlinie 85/337/EWG des Rates vom 27.06.1985 über die Umweltverträglichkeitsprüfung.

105 *Umweltinformationsgesetz* vom 08.07.1994, BGBl. I S. 1490, nach Artikel 3 des Gesetzes zur Umsetzung der Richtlinie 90/313/EWG des Rates vom 07.06.1990 über den freien Zugang zu Informationen über die Umwelt.

106 *Verordnung (EWG) Nr. 1836/93 des Rates vom 29.06.1993 über die freiwillige Beteiligung gewerblicher Unternehmen an einem Gemeinschaftssystem für das Umweltmanagement und die Umweltbetriebsprüfung*, Abl. EG vom 10.07.1993 Nr. L 168 S. 1.

107 *Gesetz über Umweltstatistiken* vom 14.03.1980, BGBl. I S. 311, zuletzt geändert durch Verordnung vom 26.03.1991, BGBl. I S. 846.

IX. Gesetz zum Schutz vor ionisierenden Strahlungen

108 *Gesetz über die friedliche Verwendung der Kernenergie und den Schutz gegen ihre Gefahren (Atomgesetz)* vom 15.07.1985, BGBl. I S. 1565, zuletzt geändert durch Gesetz vom 19.07.1994, BGBl. I S. 1618.

109 *Gesetz zum vorsorgenden Schutz der Bevölkerung gegen Strahlenbelastung (Strahlenschutzvorsorgegesetz – StrVG)* vom 19.12.1986, BGBl. I S. 2610, zuletzt geändert durch Gesetz vom 24.06.1994, BGBl. I S. 1416.

X. Gesetze über die Nutzung von Energie

110 *Gesetz zur Einsparung von Energie in Gebäuden (Energieeinsparungsgesetz – EnEG)* vom 22.07.1976, BGBl. I S. 1873, geändert durch Gesetz vom 20.06.1980, BGBl. I S. 701.

111 *Gesetz über die Einspeisung von Strom aus erneuerbaren Energien in das öffentliche Netz (Stromeinspeisungsgesetz)* vom 07.12.1990, BGBl. I S. 2633, geändert durch Gesetz vom 19.07.1994, BGBl. I S. 1618.

XI. Gesetze des Umweltprivatrechts

112 *Bürgerliches Gesetzbuch* vom 18.08.1896, RGBl. S. 195, zuletzt geändert durch Gesetz vom 21.09.1994, BGBl. I S. 2457.

113 *Umwelthaftungsgesetz (UmweltHG)* vom 10.12.1990, BGBl. I S. 2634.

XII. Gesetze des Umweltstrafrechts

114 *Strafgesetzbuch (StGB)* vom 10.03.1987, BGBl. I S. 945, berichtigt S. 1160, zuletzt geändert durch Gesetz vom 27.06.1994, BGBl. I S. 1440.

115 *Gesetz über Ordnungswidrigkeiten (OWiG)* vom 19.02.1987, BGBl. I S. 602, zuletzt geändert durch Gesetz vom 27.06.1994, BGBl. I S. 1440.

XIII. Maximale Immissionskonzentrationen (MIK-Werte) für Luftschadstoffe (Auswahl)

116 Verein deutscher Ingenieure; *Maximale Immissions-Konzentrationen (MIK), Organische Verbindungen.* VDI-Richtlinie 2306 (1966), VDI-Handbuch Reinhaltung der Luft, VDI-Verlag, Düsseldorf.

117 Verein deutscher Ingenieure; *Ermittlung von Maximalen Immissions-Werten, Grundlagen.* VDI-Richtlinie 2309/1 (1983), VDI-Handbuch Reinhaltung der Luft, VDI-Verlag, Düsseldorf.

118 Verein deutscher Ingenieure; *Zielsetzung und Bedeutung der Richtlinie Maximale Immissions-Werte.* VDI-Richtline 2310/1 (1988), VDI-Handbuch Reinhaltung der Luft, VDI-Verlag, Düsseldorf.

119 Verein deutscher Ingenieure; *Maximale Immissions-Werte zum Schutz der Vegetation, Maximale Immissions-Werte für Schwefeldioxid.* VDI-Richtlinie 2310/2 (1978), VDI-Handbuch Reinhaltung der Luft, VDI-Verlag, Düsseldorf.

120 Verein deutscher Ingenieure; *Maximale Immissions-Wert zum Schutz der Vegetation, Maximale Immissions-Konzentrationen für Fluorwasserstoff.* VDI-Richtlinie 2310/3 (1989), VDI-Handbuch Reinhaltung der Luft, VDI-Verlag, Düsseldorf.

121 Verein deutscher Ingenieure; *Maximale Immissions-Werte zum Schutz der Vegetation, Maximale Immissions-Werte für Chlorwasserstoff.* VDI-Richtlinie 2310/4 (1978), VDI-Handbuch Reinhaltung der Luft, VDI-Verlag, Düsseldorf.

122 Verein deutscher Ingenieure; *Maximale Immissions-Werte zum Schutz der Vegetation, Maximale Immissions-Werte für Stickstoffdioxid.* VDI-Richtlinie 2310/5 (1978), VDI-Handbuch Reinhaltung der Luft, VDI-Verlag, Düsseldorf.

123 Verein deutscher Ingenieure; *Maximale Immissions-Werte zum Schutz der Vegetation, Maximale Immissions-Konzentrationen für Ozon.* VDI-Richtlinie 2310/6 (1989), VDI-Handbuch Reinhaltung der Luft, VDI-Verlag, Düsseldorf.

124 Verein deutscher Ingenieure; *Maximale Immissions-Werte zum Schutze des Menschen, Maximale Immissions-Konzentrationen für Schwefeldioxid.* VDI-Richtline 2310/11 (1984), VDI-Handbuch Reinhaltung der Luft, VDI-Verlag, Düsseldorf.

125 Verein deutscher Ingenieure; *Maximale Immissions-Werte zum Schutze des Menschen, Maximale Immissions-Konzentrationen für Stickstoffdioxid.* VDI-Richtlinie 2310/12 (1984), VDI-Handbuch Reinhaltung der Luft, VDI-Verlag, Düsseldorf.

126 Verein deutscher Ingenieure; *Maximale Immissions-Werte zum Schutze des Menschen, Maximale Immissions-Konzentrationen für Ozon (und photochemische Oxidantien).* VDI-Richtlinie 2310/15 (1987), VDI-Handbuch Reinhaltung der Luft, VDI-Verlag, Düsseldorf.

127 Verein deutscher Ingenieure; *Maximale Immissions-Werte, Maximale Immissions-Werte für Fluoride zum Schutz der landwirtschaftlichen Nutztiere.* VDI-Richtlinie 2310/26 (1987), VDI-Handbuch Reinhaltung der Luft, VDI-Verlag, Düsseldorf.

128 Verein deutscher Ingenieure; *Maximale Immissions-Werte, Maximale Immissions-Werte für Blei zum Schutz der landwirtschaftlichen Nutztiere.* VDI-Richtline 2310/27 (1983), VDI-Handbuch Reinhaltung der Luft, VDI-Verlag, Düsseldorf.

129 Verein deutscher Ingenieure; *Maximale Immissions-Werte, Maximale Immissions-Werte für Cadmium zum Schutz der landwirtschaftlichen Nutztiere.* VDI-Richtline 2310/28 (1990), VDI-Handbuch Reinhaltung der Luft, VDI-Verlag, Düsseldorf.

130 Verein deutscher Ingenieure; *Maximale Immissions-Werte, Maximale Immissions-Werte für Nickel zum Schutz der landwirtschaftlichen Nutztiere.* VDI-Richtlinie 2310/30 (1989), VDI-Handbuch Reinhaltung der Luft, VDI-Verlag, Düsseldorf.

131 Verein deutscher Ingenieure; *Maximale Immissions-Werte, Maximale Immissions-Werte für Zink zum Schutz der landwirtschaftlichen Nutztiere.* VDI-Richtlinie 2310/31 (1989), VDI-Handbuch Reinhaltung der Luft, VDI-Verlag, Düsseldorf.

XIV. Zusätzliche Literatur

132 E. Lahmann; *Luftverunreinigung – Luftreinhaltung*. Paul Parey, Berlin und Hamburg 1990.

133 S. Ahbe, A. Braunschweig, R. Müller-Wenk (Arbeitsgruppe Oeko-Bilanz); *Methodik für Ökobilanzen auf der Basis ökologischer Optimierung*. Schriftenreihe Umwelt Nr. 133 des Bundesamtes für Umwelt, Wald und Landschaft (BUWAL), Bern, Oktober 1990.

134 Länderausschuß für Immissionsschutz; *Festlegung und Beurteilung von Geruchsimmissionen, Geruchsimmissionsrichtlinie des Landes Nordrhein-Westfalen*. Erich Schmidt Verlag, Berlin 1994.

135 Verein deutscher Ingenieure; Olfaktometrie – *Bestimmung der Geruchsintensität*. VDI-Richtlinie 3882/1 (1992), VDI-Handbuch Reinhaltung der Luft, VDI-Verlag, Düsseldorf.

136 Verein deutscher Ingenieure; *Olfaktometrie – Bestimmung der hedonischen Geruchswirkung*. VDI-Richtlinie 3882/2 (1992), VDI-Handbuch Reinhaltung der Luft, VDI-Verlag, Düsseldorf.

137 *Richtlinie über die Klassifizierung von Spanplatten bezüglich der Formaldehydabgabe*. Schriftenreihe des Bundesministers für Jugend, Familie und Gesundheit, Band 148. In: *Formaldehyd – Gemeinsamer Bericht des Bundesgesundheitsamtes, der Bundesanstalt für Arbeit und des Umweltbundesamtes*, Stuttgart, Köln, Mainz 1984.

138 G.W. Israel, B. Heits, K. Wengenroth, H.-W. Bauer; *Staubbelastung und Staubeigenschaften während Smogsituationen*. Forschungsbericht 82-104 02 802 des Bundesministers des Innern, Fachgebiet Luftreinhaltung im Institut für Technischen Umweltschutz der Technischen Universität Berlin, Mai 1983.

139 G.W. Israel, K. Wengenroth, H.-W. Bauer; *Schadstoffzusammensetzung der Luft während Smogsituationen in Berlin (West)*. Studie des Fachgebietes Luftreinhaltung im Institut für Technischen Umweltschutz der Technischen Universität Berlin, Oktober 1983.

140 Bericht 1/90 des Umweltbundesamtes; *Quantitative Risikoabschätzung für ausgewählte Umweltkanzerogene*. Erich Schmidt Verlag, Berlin 1990.

141 Bericht 1/87 des Umweltbundesamtes; *Notwendigkeit und Ableitung von Grenzwerten für Stickstoffoxide*. Erich Schmidt Verlag, Berlin 1987.

142 Bericht 5/83 des Umweltbundesamtes; *Luftqualitätskriterien für photochemische Oxidantien*. Erich Schmidt Verlag, Berlin 1983.

143 The Toxikology Forum; *Health Effects and Safety Assessment of Dioxins and Furans*. Karlsruhe, Germany, January 15-17, 1990.

144 World Health Organization, Regional Office for Europe, Copenhagen; *Air Quality Guidelines for Europe*. WHO Regional Publications, European Series No. 23, World Health Organization 1987.

7 Ökologiebezogene Planungsinstrumente

Im Umweltprogramm der Bundesregierung wurde 1971 die Umweltpolitik als die Gesamtheit aller Maßnahmen definiert, die notwendig sind,

- dem Menschen eine Umwelt zu sichern, die er für seine Gesundheit und ein menschenwürdiges Dasein benötigt,
- Wasser, Boden, Luft sowie Tier- und Pflanzenwelt vor nachteiligen Wirkungen menschlicher Eingriffe zu schützen und
- Schäden und Nachteile, die aus menschlichen Eingriffen entstanden sind zu beseitigen.

Die Basis eines umweltpolitischen Gesamtkonzepts bilden dabei drei Prinzipien,

- das Vorsorgeprinzip,
- das Verursacherprinzip und
- das Kooperationsprinzip.

Das *Vorsorgeprinzip* dient dazu, durch den frühzeitigen Einsatz entsprechender Maßnahmen dem Entstehen von Gefahren und Beeinträchtigungen vorzubeugen.

Das *Verursacherprinzip* besagt, daß die Kosten zur Vermeidung, Beseitigung und zum Ausgleich von Umweltbeeinflussungen dem Verursacher angelastet werden.

Das *Kooperationsprinzip* fordert die Zusammenarbeit zwischen dem Staat und der Gesellschaft bei der Realisierung umweltpolitischer Zielsetzungen, ohne daß sich die Verantwortungsbereiche verwischen. Dieses Verantwortungsprinzip beinhaltet die Forderung an die Industrie und den Handel nach einem umweltbezogenen Handeln in Form einer umweltorientierten Unternehmensführung. Dies setzt voraus, daß die Unternehmensführung Umweltschutzziele schon bei der Planung, Durchsetzung und Kontrolle der Unternehmensaktivitäten berücksichtigt.

Ökologiebezogene Planungsinstrumente sind

- Produktlinienanalysen,
- Stoffstromanalysen,
- Umwelt-Audits und
- Öko-Controlling.

Die *Produktlinienanalyse* umfaßt die

- ökologischen Aspekte,
- ökonomischen Aspekte und
- sozialen Aspekte

entlang einer Produktlinie. Unter einer *Produktlinie* versteht man den Lebensweg eines Produktes entlang der Linie

- Rohstoffgewinnung,
- Produktion,
- Verpackung,
- Transport,
- Handel,
- Gebrauch und
- Entsorgung.

Die ökologischen Aspekte einer Produktlinienanalyse umfassen den Rohstoffverbrauch und die Emission von Schadstoffen in die Umweltmedien Wasser, Boden und Luft. Die ökonomischen Aspekte beinhalten die betrieblichen Kosten, die Verbraucherpreise sowie die externen Kosten. Die sozialen Aspekte beziehen sich auf den Zeitaufwand und die Arbeitsbedingungen.

Ökobilanzen erfassen gegenüber der Produktlinienanalyse nur ökologische Auswirkungen und klammern ökonomische und soziale Aspekte aus. Die Ökobilanz ist nur eine eingeschränkte Form der Produktlinienanalyse.

Bei einem *Umwelt-Audit* werden alle relevanten betrieblichen Umweltdaten erhoben und den gesetzlichen Anforderungen gegenübergestellt, dokumentiert und im Hinblick auf das Umwelt-Risikopotential ausgewertet. Das Umwelt-Audit ist ein Bestandteil des betrieblichen Umweltmanagements.

Die *Stoffstromanalyse* bilanziert die Wege eines Stoffes von der Rohstoffgewinnung bis hin zur Entsorgung eines Produktes und ist die Grundlage für die Konzeption neuer technischer Verfahren, insbesondere von Recycling-Strategien. Die hierbei dominierenden Gründe sind

- Ressourcenschonung,
- Verminderung von Stoffeinträgen in die Umweltmedien und
- Verminderung des Abfallaufkommens.

Das *Öko-Controlling* ist ein Instrument zur Planung, Steuerung und Kontrolle aller umweltrelevanten Entscheidungen eines Betriebes. Hierbei kommen sowohl Ökobilanzen und Produktlinienanalysen als auch Umwelt-Audits zur Anwendung.

7.1 Stoffströme

Unter einem Stoffstrom versteht man den Weg eines Stoffes von seiner Gewinnung als Rohstoff über die verschiedenen Stufen der Veredlung bis zur Stufe der Endprodukte, den Gebrauch bzw. den Verbrauch des Produktes und gegebenenfalls die Wiederverwertung bzw. seine Verwertung bis hin zur Entsorgung. Das Management von Stoffströmen beinhaltet v.a. die Änderung der Rahmenbedingungen, die eine Umlenkung von Stoffströmen in umweltverträgliche Richtungen bewirken. Hierbei müssen die Rahmenbedingungen so gewählt werden, daß die Marktkräfte im Einvernehmen mit einer marktwirtschaftlichen Wirtschaftsordnung eine nachhaltig zukunftsverträgliche Entwicklung auslösen. Die Stoffstromanalyse dient hauptsächlich zur Schaffung der Voraussetzungen für ein Stoffstrommanagement.

Im Anschluß an die UN-Konferenz für Umwelt und Entwicklung von 1992 in Rio wurde der Begriff des *„sustainable development"* zum übergreifenden Ziel der Umwelt- und Entwicklungspolitik geprägt. Dieser Begriff enthält neben der Entwicklung auch die Dauerhaftigkeit bzw. Nachhaltigkeit. Dies erfordert, daß die Wirtschaftswissenschaften den Faktor Natur in die Ökonomie mit einbeziehen. Dies erfordert aber auch, daß mit der Einhaltung der Regeln des „sustainable development" im ökonomischen Sinne auch ökologische Schutzziele realisiert werden müssen. Eine Formulierung dieser Regeln bedarf deshalb einer Präzisierung der Kriterien für die Ressourcennutzung und einer Einbeziehung der Aufnahmekapazität von Umweltmedien. Die Grundregeln des „sustainable development" aus ökologischer Sicht sind [1]:

1. Regel: Die Nutzung erneuerbarer Ressourcen

Die Abbaurate erneuerbarer Ressourcen soll ihre Regenerationsrate nicht überschreiten. Dies entspricht der Forderung nach Aufrechterhaltung der ökologischen Leistungsfähigkeit, d.h. mindestens nach Erhaltung des von den Funktionen her definierten ökologischen Realkapitals.

2. Regel: Die Nutzung nicht-erneuerbarer Ressourcen

Nicht erneuerbare Ressourcen sollen nur in dem Umfang genutzt werden, in dem ein physisch und funktionell gleichwertiger Ersatz erneuerbarer Ressourcen oder höherer Produktivität der erneuerbaren sowie der nicht-erneuerbaren Ressourcen geschaffen wird.

Bisher waren beispielsweise die Kosten eines Rohstoffs bzw. die Kosten für seine Verarbeitung entscheidend für die Substitution eines Werkstoffs. Diese Regel bezieht den Energie- und den Ressourcenverbrauch sowie die Recyclingfähigkeit und die Schadstoffemissionen mit ein.

3. Regel: Die Inanspruchnahme der Aufnahmekapazität der Umwelt

Stoffeinträge in die Umwelt sollen sich an der Belastbarkeit der Umweltmedien orientieren, wobei alle Funktionen zu berücksichtigen sind, nicht zuletzt auch die „stille" und empfindlichere Regelfunktion.

Bei dieser Regel werden stoffbezogene Kriterien ergänzt durch raum- und flächenbezogene Kriterien. Dies besagt beispielsweise, daß Deponien keine künftigen Altlasten darstellen dürfen.

4. Regel: Die Beachtung der Zeitmaße

Das Zeitmaß anthropogener Einträge bzw. Eingriffe in die Umwelt muß im ausgewogenen Verhältnis zum Zeitmaß der für das Reaktionsvermögen der Umwelt relevanten natürlichen Prozesse stehen.

Die ökologischen Ziele einer Stoffpolitik müssen sich an den aktuellen Umweltproblemen (z.B. *Ozonloch*, *Treibhauseffekt*) orientieren. In das Stoffmanagement müssen auch ökonomische Ziele mit einbezogen werden, um so die Anpassungsfähigkeit der Wirtschaft zu stärken und ihre Bereitschaft zur Anpassung an ökologische Rahmenbedingungen zu vergrößern. Dieser notwendige ökologische Strukturwandel erfordert jedoch auch notwendige soziale Voraussetzungen (Sozialverträglichkeit), um so eine nachhaltige zukunftsverträgliche Entwicklung zu ermöglichen.

Die Analyse von Stoffströmen erfordert zunächst eine umfassende Dokumentation der Haupt- und Nebenketten. Dies ist in Abbildung 7.1 am Beispiel der Stoffströme im Textilbereich [1] demonstriert. Erst dann kann mit der Aufstellung eines Gesamtstoffflusses begonnen werden. In Abbildung 7.2 ist der Gesamtstofffluß der Chemikalie Chlor [1] dargestellt.

Der Gesamtstoffflußplan Chlor zeigt deutlich, daß schon ein hoher Anteil an Produktkreisläufen, z.B. die Rückführung von HCl, vorhanden ist. Das Stoffstrommanagement bei Chlor hat zum vorrangigen Ziel, vermehrt Chlor zur Synthese chlorfreier Endprodukte (z.B. Chlor → Phosgen → Isocyanat) einzusetzen, um so die Kreislaufwirkung zu erhöhen und das Chlorrecycling nicht auf das Recycling von Abfällen zu verlagern.

Die Forderung nach einem Verbot der Chlorchemie ist, naturwissenschaftlich gesehen, ein Irrsinn, solange der Bedarf an Natronlauge eine Verarbeitung des bei der Chloralkalielektrolyse von Steinsalz (NaCl) anfallenden Chlors erforderlich macht. Ein sinnvolles Stoffmanagement gebietet jedoch auch neben einer Intensivierung der Rückführung von Salzsäure und einem verstärkten PVC-Recycling die Intensivierung eines Natriumkreislaufs. Dies hätte insgesamt eine Ressourcenschonung zur Folge und würde zu einer Verminderung der Salzfrachten in den Flüssen führen, die durch die Abraumsalze bei der Steinsalzgewinnung hervorgerufen werden.

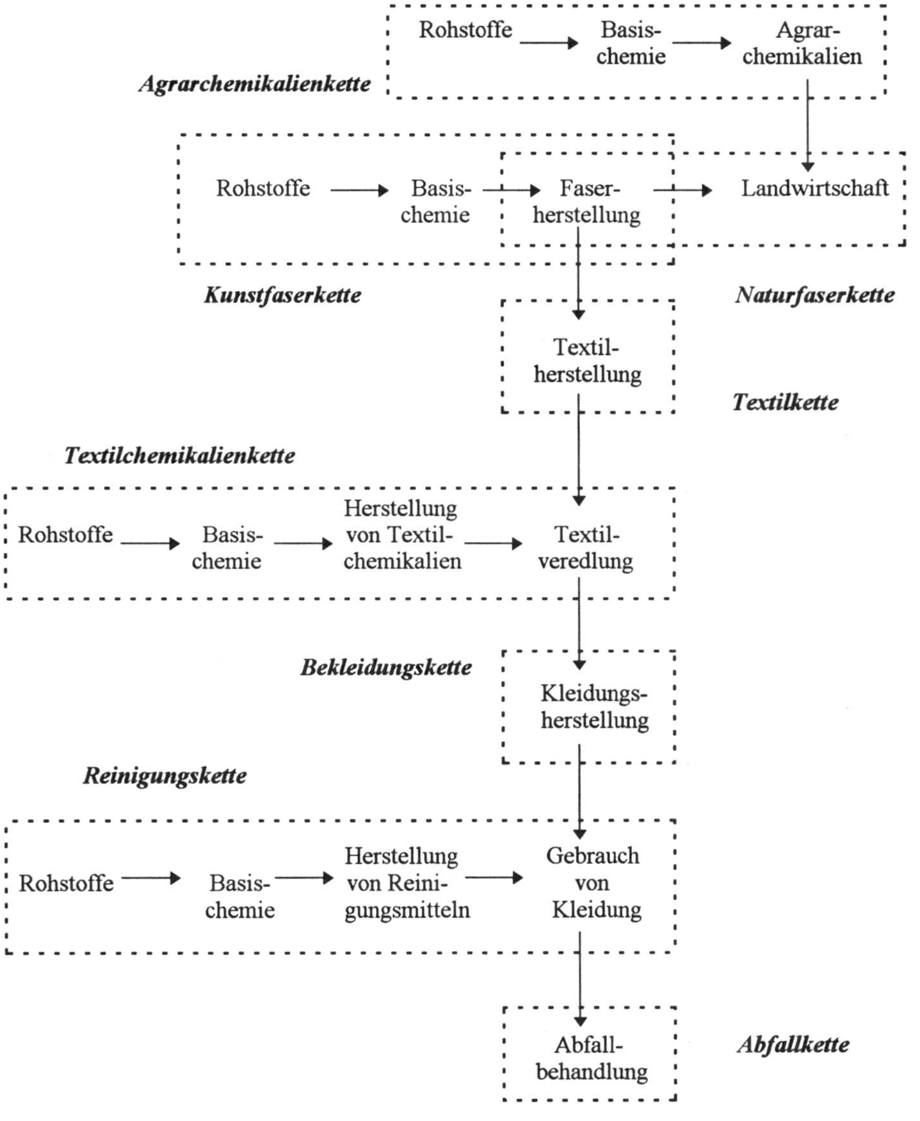

7.1 Die Analyse der Stoffströme im Textilbereich nach [1]

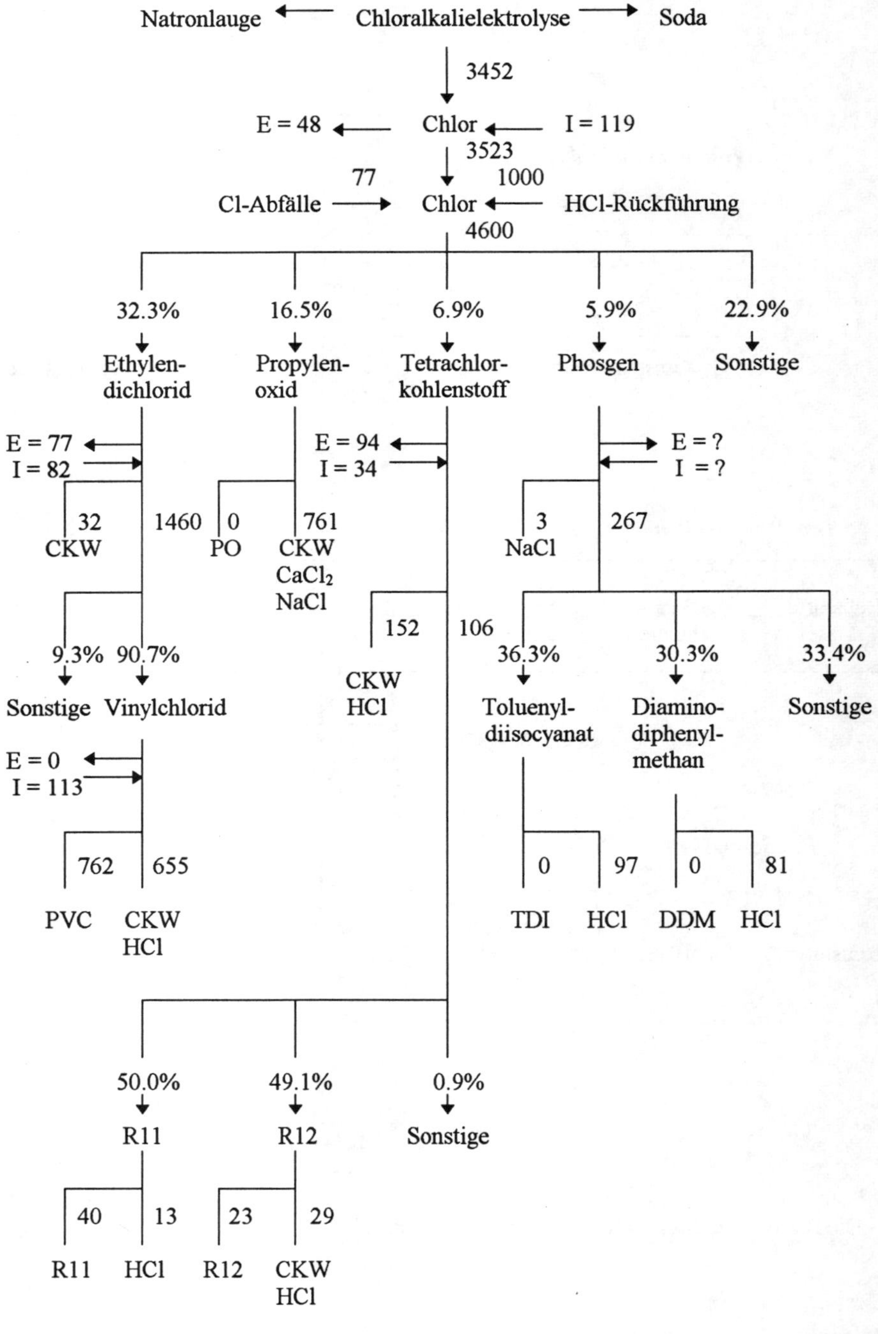

7.2 Der „Chlorbaum“: Gesamtstofffluß von Chlor in der Industrie der Bundesrepublik Deutschland (Angaben in Kilotonnen pro Jahr, E = Export, I = Import) nach [1]. Die Prozesse, bei denen ein Umsatz von „null“ Kilotonnen angegeben ist, liefern ein chlorfreies Produkt.

7.2 Ökobilanzen

Die *Ökobilanz* ist der Oberbegriff für Bilanzen, welche stoffliche und energetische Einflüsse eines Unternehmens oder eines Produktes auf die Umwelt beschreibt. Hierbei werden sowohl die Entnahmen aus der Umwelt als auch die Abgaben an die Umwelt bilanziert.

Die Ökobilanzierung umfaßt vier Bilanzierungsgruppen (Abbildung 7.3):

- Betriebsbilanz,
- Prozeßbilanz,
- Produktbilanz und
- Standortbilanz.

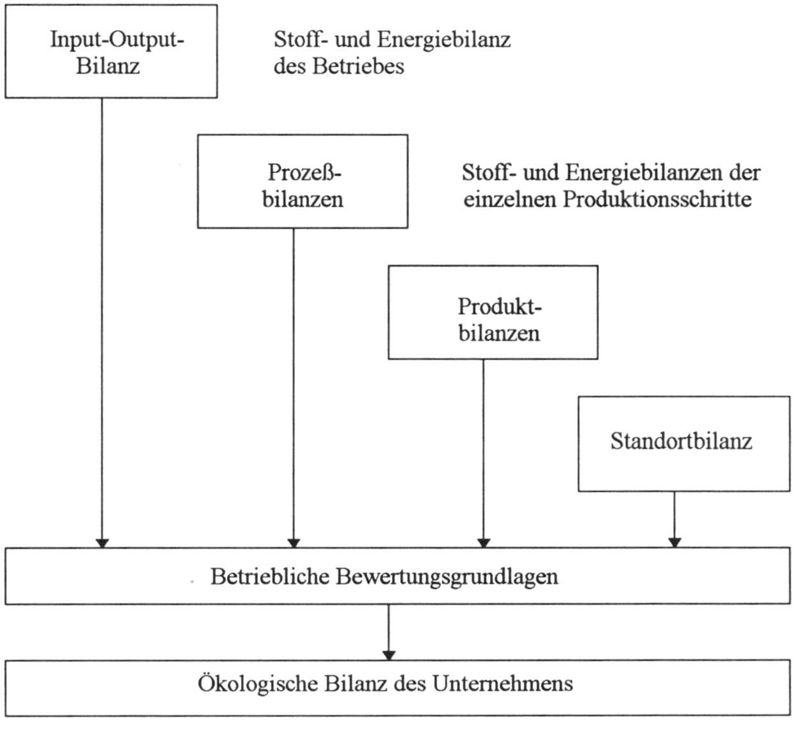

7.3 Systematik einer Ökobilanz

Die *Betriebsbilanz* ist eine stoffliche Input-Output-Analyse des Untersuchungsobjektes und stellt den Betrieb als eine „Black-Box" dar (Abbildung 7.4). Auf der Input-Seite werden die eingesetzten Stoffe und Energien dargestellt. Auf der Output-Seite werden sowohl die Produkte als auch die stofflichen und energetischen Emissionen erfaßt.

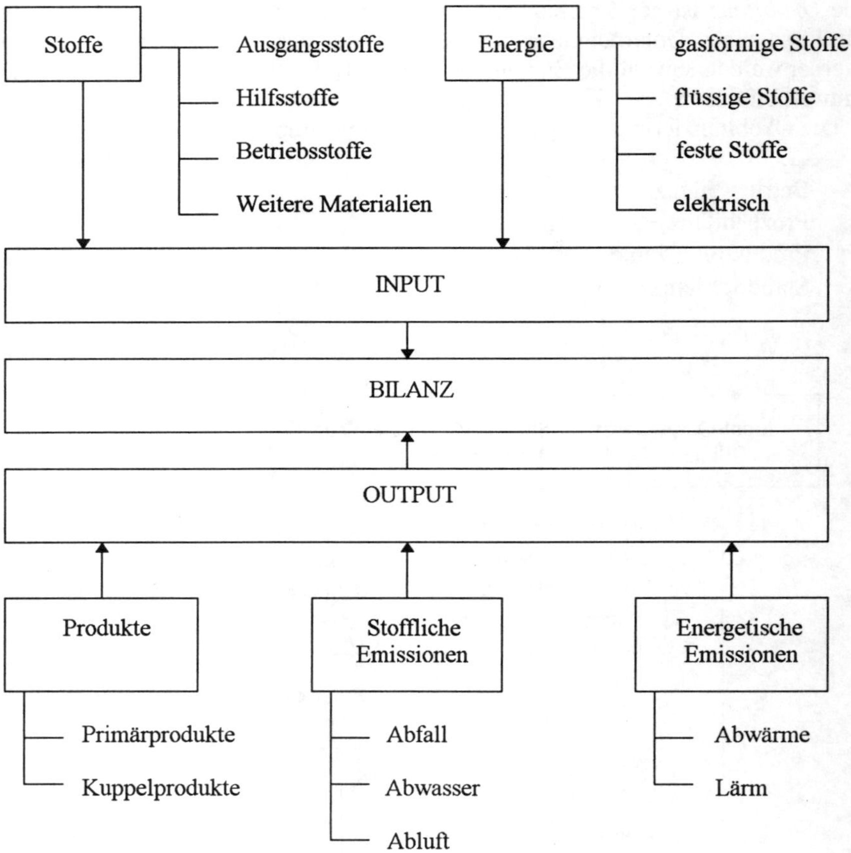

7.4 Input-Output-Bilanzsystematik

Die *Prozeßbilanz* strukturiert die innerbetrieblichen, betriebsspezifischen Abläufe durch die Analyse der Produktionsverfahren und Produktionsprozesse. Hierfür ist es notwendig, eine räumliche, zeitliche und produktbedingte Abgrenzung für jeden einzelnen Prozeß- bzw. Verfahrensschritt vorzunehmen. Jeder dieser Schritte wird in einer eigenen Input-Output-Matrix für die Stoff- und Energieflüsse beschrieben.

Die *Produktbilanz* erfaßt den gesamten Lebenszyklus von der Rohstoffgewinnung bis hin zur Entsorgung. Hierbei wird, wenn möglich, für jede einzelne Produktstufe eine Bilanzierung der Stoff- und Energieumsätze vorgenommen. Dadurch ist eine Optimierung von Substitutionen möglich. Darüber hinaus ermöglicht dies eine

Bewertung der Umweltrelevanz der erzeugten Produkte sowie eine ökologische Schwachstellenanalyse.

Bei der *Standortbilanz* werden die strukturellen Eingriffe in die Natur, wie Anlagenflächen und Veränderungen der Landschaftsstruktur, ebenso wie Anlagenvermögen und die Lagerbestände und sogar Altlasten in die Umweltrelevanz des Unternehmens mit einbezogen.

Eine *Ökobilanz* ist ein Teil eines betrieblichen Informationssystems und hat sowohl eine interne Funktion als auch eine externe Funktion. Die interne Funktion einer Ökobilanz ist die Einbeziehung ökologischer Faktoren in die Bewertung von Betriebsabläufen und -strukturen mit dem Ziel, Schwachstellen zu lokalisieren, Produktionsprozesse zu optimieren und möglicherweise die Einführung innovativer Technologien zu beschleunigen. Die externe Funktion einer Ökobilanz dient v.a. der Selbstdarstellung des Betriebes (Werbung) und zuweilen auch einer schnelleren Bewertung durch Versicherungsunternehmen (Umwelthaftpflicht).

Ökobilanzen dienen neben der Bewertung von Betrieben auch der Bewertung von Produkten. Hierbei ist es selten möglich, zwei unabhängig voneinander bilanzierte Produkte miteinander zu vergleichen, da meistens von unterschiedlichen Bewertungskriterien ausgegangen wird. Die Ökobilanz-Systematik des Bundesamtes für Umwelt, Wald und Landschaft (BUWAL) der Schweiz [2] bietet die Möglichkeit, die ökologische Relevanz verschiedener Produkte miteinander zu vergleichen. Hierzu werden die Schadstoffmengen mit Öko-Faktoren versehen und diese wiederum nach den Anteilen der Materialien im Produkt gewichtet. Hieraus ergeben sich *Ökopunkte* für jeden Schadstoff und eine Gesamtbelastung des Produktes in Ökopunkten (Abbildung 7.5). Der *Öko-Faktor* eines Schadstoffs ergibt sich aus dem Verhältnis der tatsächlichen Belastungsfracht F (= „gegenwärtiger Fluß") zur maximal zulässigen Belastungasfracht F_k (= „kritischer Fluß"). Die Dimensionierung von F und F_k erfolgt in Tonnen, kWh oder m³/a:

$$\text{Öko-Faktor} = \frac{1}{F_k} \cdot \frac{F}{F_k} \tag{7.1}$$

F = tatsächliche Belastungsfracht
= „gegenwärtiger Fluß"

F_k = maximal zulässige Belastungsfracht
= „kritischer Fluß"

Das Verhältnis zwischen der existierenden Belastung und der Belastbarkeit einer Umweltressource wird als die „ökologische Knappheit" bezeichnet (Abbildung 7.6). Ressourcen können beispielsweise ein verfügbares Deponievolumen oder die maximale Schadstofffracht eines Fließgewässers sein.

Die in Abbildung 7.6 dargestellte ökologische Knappheit verhält sich für den Zeitraum von t_1 bis t_2:

$$\frac{F_1}{F_k} \langle \frac{F_2}{F_k} \tag{7.2}$$

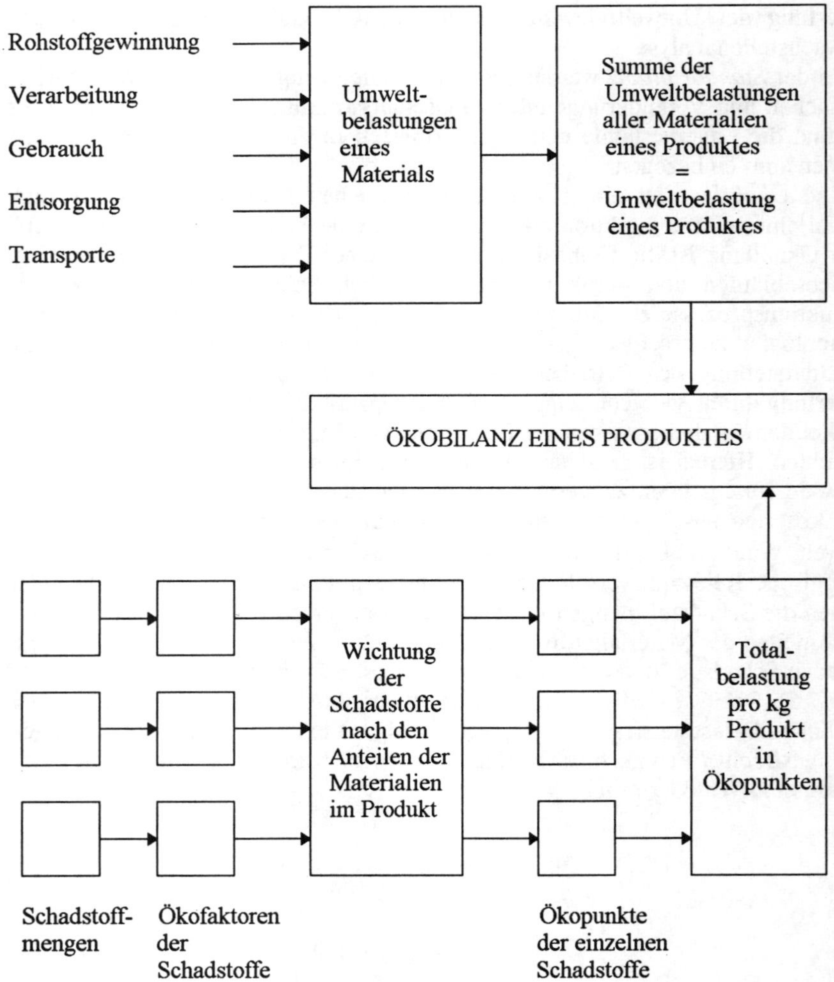

7.5 Der Datenfluß einer Ökobilanz nach BUWAL [2]

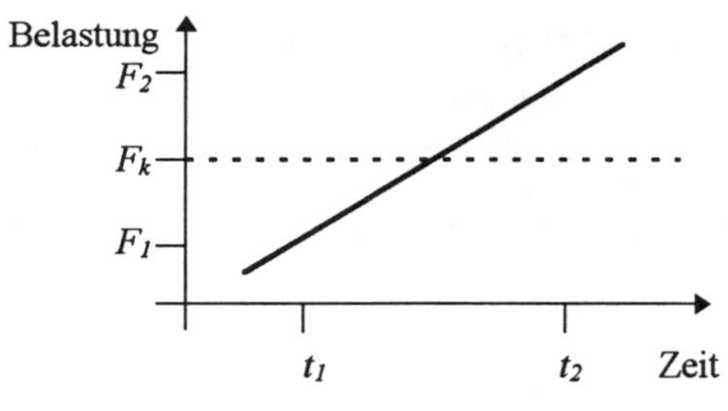

7.6 Der Verlauf der ökologischen Knappheit mit zunehmender Belastung nach BUWAL [2]

Ein *Öko-Punkt* ist die Einheit für eine ökologische Belastung. Er wird aus dem Öko-Faktor durch Multiplikation mit der Umweltbelastung errechnet und stellt das Rechenmaß der Ökobilanz dar (Abbildung 7.7), wobei von einer Bewertungsfunktion ausgegangen wird.

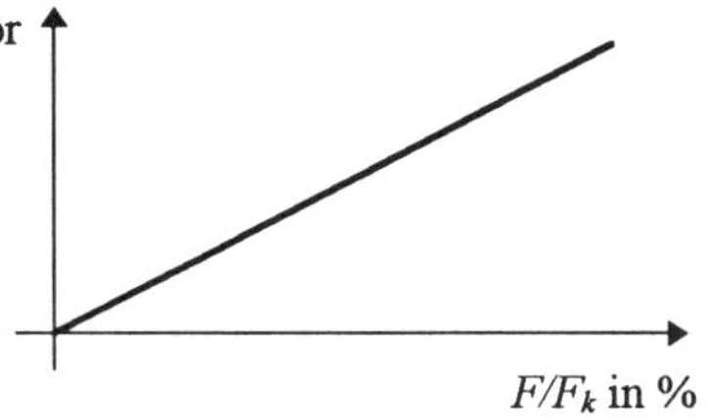

7.7 Die lineare Bewertungsfunktion zur Berechnung des Öko-Faktors als Funktion der Nutzung der Umweltressource (F/F_k) nach BUWAL [2]

Die Bewertungsfunktion zur Berechnung des *Öko-Faktors* nach BUWAL kann

- linear,
- parabolisch,
- logarithmisch oder
- eine Ersatzfunktion

sein. Hieraus wird klar, daß auch das BUWAL-Verfahren bei verschiedenen Stoffen nur vergleichbare Ergebnisse liefert, wenn jeweils von der gleichen ökologischen Bewertungsfunktion ausgegangen wird.

Alle Ökobilanzen haben gemeinsam, daß ihre Aussagekraft von der Genauigkeit abhängt, mit der die Randbedingungen definiert werden. Hierzu gehört beispielsweise die Abgrenzung einer Produktion zu anderen Produktionen. Eine günstige Ökobilanzierung kann immer erreicht werden, wenn schadstoffintensive Produktionsschritte ausgelagert (Ausland) werden. Eine günstige Öko-Bilanzierung kann weiterhin erreicht werden, wenn man die Zulieferung von Zwischenprodukten ausklammert und den emissions- und energieintensiven Transport nicht berücksichtigt. Diese „Lagerhaltung auf der Straße“ (just-in-time-production) wird jedoch von vielen Firmen zunehmend bevorzugt.

Alle diese Randbedingungen haben zur Folge, daß sich der Wert einer Ökobilanz immer nach der Zielsetzung richtet, unter der sie erstellt wird.

7.3 Umwelt-Audits

7.3.1 Umwelt-Audits als Bestandteile eines Umweltmanagement-Systems

Umweltmanagement umfaßt die Planung, Steuerung, Überwachung und Verbesserung aller betrieblichen Umweltschutzaktionen sowie eine umweltorientierte Betriebs- und Mitarbeiterführung. Hierbei ist das Umweltmanagement ein Teil eines Managementsystems einer Organisation, das dazu beitragen soll, die Umweltpolitik zu entwickeln, zu dokumentieren, erfolgreich umzusetzen, zu überprüfen und aufrechtzuerhalten.

Zur Umsetzung eines Umweltmanagements müssen die Verantwortlichkeiten, Aufgaben, Verfahren und Nahtstellen dargestellt, festgelegt und dokumentiert werden. Der Aufbau eines Umweltmanagementsystems kann hierbei nach verschiedenen Systematisierungsvorschlägen durchgeführt werden, die große Übereinstimmungen aufzeigen:

- British Standard BS 7750,
- DIN-Fachbericht 45 (DIN-Normenausschuß „Grundlagen des Umweltschutzes“, NAGUS-Positionspapier zur Normung),
- DIN 33921 (deutscher Normenentwurf),
- ISO 14001 (voraussichtlich ab 1996 internationale Norm) und
- DGQ-Schrift 100-21 (DGQ = Deutsche Gesellschaft für Qualitätssicherung).

Die Norm ISO 14001 wird voraussichtlich ab 1996 zur internationalen Norm erklärt werden. Die auf der *ISO-Norm 14000* aufbauenden weiteren Normen sind:

- ISO 14000 Leitfaden zu Umweltmanagementgrundsätzen, -systemen und Hilfsinstrumenten,
- ISO 14001 Spezifikationen für UMS (= Umweltmanagementsystem),
- ISO 14010 Richtlinien für die Durchführung von Umweltaudits – allgemeine Grundsätze,
- ISO 14011 Richtlinien für die Durchführung von Umweltaudits – Auditverfahren,
- ISO 14012 Richtlinien für die Durchführung von Umweltaudits – Qualifikationskriterien für Umweltauditoren,
- ISO 14031 Bewertung der Umweltschutzleistung (= Environment Performance Evaluation),
- ISO 14050 Umweltmanagement; Begriffe.

Die DGQ-Schrift 100-21, „Umweltmanagementsystem-Modell zur Darlegung der umweltbezogenen Fähigkeiten einer Organisation“, wurde in enger Anlehnung an die Norm ISO 9001 entwickelt. Die Anwendung eine *Umweltmanagement-Systems* setzt in der Regel die Existenz eines Qualitätsmanagements in einem Unternehmen voraus. Die auf der Norm ISO 9000 aufbauenden weiteren Normen beschäftigen sich generell mit *Qualitätsmanagement* und sind im einzelnen

- ISO 9000/1 Normen zu Qualitätsmanagement und zur Darlegung von von Qualitätsmanagementsystemen,
- ISO 9000/2 Qualitätsmanagement- und Qualitätssicherungsnormen (Allgemeiner Leitfaden zur Anwendung von ISO 9001, ISO 9002 und ISO 9003),
- ISO 9000/3 Qualitätsmanagement- und Qualitätssicherungsnormen, Leitfaden für die Anwendung von ISO 9001 auf die Entwicklung, Lieferung und Wartung von Software,
- ISO 9001 Qualitätssicherungssysteme, Modell zur Darlegung der Qualitätssicherung in Design/Entwicklung, Produktion, Montage und Kundendienst,
- ISO 9002 Qualitätssicherungssysteme, Modell zur Darlegung der Qualitätssicherung in Produktion und Montage,
- ISO 9003 Qualitätssicherungssysteme, Modell zur Darlegung der Qualitätssicherung bei der Endprüfung,
- ISO 9004/1 Qualitätsmanagement und Elemente eines Qualitätssicherungssystems – Leitfaden,
- ISO 9004/2 Qualitätsmanagement und Elemente eines Qualitätssicherungssystems – Leitfaden für Dienstleistungen.

Der wichtigste Bestandteil eines Umweltmanagement-Systems ist das *Umwelt-Audit*. Der englische Begriff „audit" entstammt der amerikanischen Wirtschaft und wird im Deutschen mit „Wirtschaftsprüfung" übersetzt. Man versteht unter einem Audit ein Managementinstrument, das eine systematische, dokumentierte, regelmäßige und objektive Bewertung der Leistung einer Organisation, des Managements und der Abläufe zum Schutz der Umwelt umfaßt. Die Ziele eines Umwelt-Audits sind

- die Erleichterung der Managementkontrolle bei Verhaltensweisen, die eine Auswirkung auf die Umwelt haben können, und
- die Beurteilung der Übereinstimmung von Verhaltensweisen mit der Unternehmenspolitik im Umweltbereich.

Die EG-Verordnung Nr. 1863/93 vom 29.06.1993 [3] ermöglicht deutschen Unternehmen die Beteiligung an einem Gemeinschaftssystem für das Umweltmanagement und die Umweltbetriebsprüfung. Nach Artikel 21 kann diese Verordnung seit dem 13.04.1995 angewandt werden. Der Artikel 20 sieht weiterhin vor, daß spätestens nach 5 Jahren eine Überprüfung des Systems durch die EG-Kommission stattfindet. Die Teilnahme an diesem System ist zwar freiwillig, jedoch wird jedes Unternehmen, das eine derartige Betriebsprüfung erfolgreich absolviert, von der Europäischen Gemeinschaft mit einem Zertifikat ausgezeichnet, das diesem Unternehmen indirekt Wettbewerbsvorteile verschaffen soll (vgl. hierzu auch die Nutzen eines Umweltschutzmanagements).

In der Literatur existieren für das Umwelt-Audit weitere Bezeichnungen wie „Öko-Audit“ und „Umweltschutz-Audit“. Die EG-Verordnung verwendet in der deutschen Übersetzung den Begriff „Umweltbetriebsprüfung“.

Umwelt-Audits sollen die Managementkontrolle betrieblicher Umweltschutzmaßnahmen erleichtern. Bei der Einführung eines Umweltmanagementsystems werden wesentliche Abläufe im Unternehmen durchleuchtet und in Frage gestellt. Die hieraus resultierenden Konsequenzen können nur mit Beteiligung der Unternehmensleitung getroffen werden. Das glaubwürdige Handeln der Unternehmensspitze im Bereich des Umweltschutzes ist deshalb eine entscheidende Voraussetzung für die Verankerung des Umweltgedankens im gesamten Unternehmen. Die wichtigste Aufgabe der Unternehmensführung ist es, die neue Denkweise überzeugend zu verbreiten und alle Beteiligten entsprechend zu motivieren.

Ein funktionierendes Umweltmanagementsystem bringt einem Unternehmen – entgegen vielfach geäußerter Kritik – wirtschaftliche Vorteile:

- Senkung der Kosten,
- Verbesserung des Verkaufs,
- Verbesserung des Images,
- Motivation der Mitarbeiter,
- Verbesserung des Verhältnisses zu Behörden,
- Minderung der Haftungsrisiken und
- Verbesserung der Bonität.

Umweltschutzmanagement senkt Kosten: Durch eine Optimierung umweltrelevanter Betriebsabläufe, wobei der Umweltschutz schon in die Planung des Produktes mit einbezogen wird, werden Kosten gesenkt oder sogar vermieden.

Umweltschutzmanagement hilft verkaufen: Offensiver Umweltschutz kann auch dazu dienen, sich von einem Mitbewerber deutlich abzuheben. Dies wird auch vom Verbraucher honoriert und dient der Festigung von Marktpositionen sowie der Absatzförderung.

Umweltschutzmanagement verbessert das Image: Umweltschutzmanagement dient dazu, negative Presseberichte zu vermeiden. Auf der Grundlage der EG-Informationsrichtlinie [4] erhalten interessierte Bürger Zugang zu allen umweltrelevanten Daten.

Umweltschutzmanagement motiviert Mitarbeiter: Mitarbeiter leisten nicht nur mehr, wenn sie an Arbeitsplätzen tätig sind, die weniger durch Lärm oder Schadstoffe belastet sind. Auch das Gefühl, einen Beitrag zur Erhaltung einer funktionsfähigen Umwelt beizutragen, fördert die Arbeitsmotivation und das Engagement für das Unternehmen.

Umweltschutzmanagement entspannt das Verhältnis des Unternehmens zu Behörden: Eine verbesserte Vertrauensbasis zwischen dem Unternehmen und den Behörden senkt die Gefahr von Rechtsstreitigkeiten.

Umweltschutzmanagement mindert Haftungsrisiken: Umwelthaftungsrisiken können sich als existenzbedrohend entwickeln, wenn die Schadenshöhe übermäßig steigt und die Schadenswahrscheinlichkeit schwer kalkulierbar ist, was zu einer hohen Deckungsvorsorge durch Versicherungen führt. Hinzu kommt, daß durch die gesetzliche Beweislastumkehr hohe Schadensersatzforderungen entstehen können.

Umweltschutzmanagement verbessert die Bonität: Banken beurteilen die Kreditwürdigkeit eines Unternehmens heute nicht mehr nur nach Vermögens-, Finanz- und Ertragsdaten, sondern sie bewerten vermehrt die Zukunftssicherung eines Unternehmens.

7.3.2 Elemente des Umweltmanagements und des EG-Umwelt-Auditverfahrens

Jedes Unternehmen der „gewerblichen Wirtschaft“ kann sich freiwillig am Umwelt-Audit-System beteiligen und Größe, Zeitrahmen und Abfolge selbst bestimmen, sofern bestimmte Mindestanforderungen eingehalten werden. Die Teilnahme am Umweltmanagement und Audit-System wird, nach Beglaubigung der Einhaltung aller Verordnungsvorschriften der EG-Umwelt-Audit-Verordnung [3] durch eine zugelassenen Umweltgutachter mit einer Teilnahmeerklärung dokumentiert. Diese kann zu gewerblichen Zwecken genutzt werden, darf jedoch nicht auf Produkten und Verpackungen abgebildet werden. Das Umweltmanagement- und Audit-System ersetzt keine bestehende Umweltgesetzgebung, weder auf nationaler noch auf EG-Ebene. Das gleiche gilt für technische Normen und Standards. Es soll vielmehr dazu beitragen, daß die Unternehmen eventuelle Mängel oder Versäumnisse bei der Umsetzung relevanter Gesetze und Normen selbst aufdecken und beseitigen können.

Die einzelnen Elemente des EG-Umweltmanagement- und -Audit-Verfahrens sind:

- Umweltprüfung,
- Umweltpolitik,
- Umweltprogramm,
- Organisation und Personal,
- Aufbau- und Ablaufkontrolle,
- Dokumentation,
- Umweltbetriebsprüfung und
- Umwelterklärung.

Die Durchführung einer *Umweltprüfung* am Standort ist der erste Schritt zur Einführung eines ökologieorientirten Managements. Hierbei handelt es sich um eine grundlegende Analyse aller umweltbezogenen Fragestellungen, die mit den Tätigkeiten eines Betriebes verbunden sind. Dabei wird die bestehende Umweltschutzorganisation, deren Dokumentation sowie die Einhaltung der gesetzlichen Vorschriften überprüft. Die Prüfung wird von einem Team erarbeitet und mit der Unternehmensleitung abgestimmt.

Die Festlegung der *Umweltpolitik* dokumentiert nicht nur die Selbstverpflichtung des Unternehmens zum Umweltschutz, sondern sie veranschaulicht auch gegenüber der Öffentlichkeit die umweltbezogenen Ziele und Handlungsgrundsätze und gibt dem Unternehmen und seiner Belegschaft richtungsgebende Impulse.

Auf der Basis der Ergebnisse der Umweltprüfung wird das Unternehmen ein *Umweltprogramm* aufstellen. Dieses beschreibt die quantitativ bestimmten Umweltziele und die zu ihrer Umsetzung in einer bestimmten Zeit vorgesehenen Maßnahmen und Tätigkeiten. Im Umweltprogramm erfolgt ebenfalls die Festlegung der Verantwortlichkeiten für die Umsetzung der geplanten Maßnahmen und die dafür zur Verfügung stehenden Mittel.

Im nächsten Schritt werden die dokumentierten Maßnahmen und Ziele des Umweltprogramms umgesetzt. Dies kann sowohl in einem Schritt als auch in mehreren Audit-Zyklen erfolgen. Das Umweltprogramm muß jedoch den zeitlichen Rahmen dieser „kontinuierlichen Verbesserung" festlegen.

Zu *Organisation und Personal* gehört die Entwicklung bzw. Bereitstellung der notwendigen Umweltschutzorganisation und des Peronals, welches über die erforderliche persönliche und fachliche Qualifikation verfügt. Hierzu gehört auch die klare Abgrenzung von Zuständigkeiten und Kompetenzen sowie die Definition von Aufsichts- und Kontrollpflichten. Besonders wichtig sind die Schulung des Personals und die Förderung des Umweltbewußtseins bei allen Beschäftigten.

Im nächsten Schritt werden *Aufbau- und Ablaufverfahren* festgelegt, kontrolliert und bei Nichteinhaltung korrigiert. Die Unternehmensleitung muß an dieser Stelle die Zuständigkeiten und Verantwortungen auf allen Hierarchieebenen klären. Die Ablauforganisation legt die einzelnen Arbeitsschritte zur Umsetzung der Umweltziele fest und verknüpft sie so, daß die Ziele möglichst effektiv realisiert werden können.

Ein wichtiges Element des Umweltmanagements ist die *Dokumentation*. Sie beinhaltet neben dem Umweltmanagement-System die Erhebung und Bewertung aller umweltrelevanten Daten, wie auch die betrieblichen Inputs, Outputs sowie die betrieblichen Bestände. Zusätzlich müssen die zugehörigen Datenquellen, Rechenverfahren und Bewertungsmethoden dokumentiert werden.

Die *Umweltbetriebsprüfung* dient als übergeordnetes Kontrollinstrument des Umweltmanagements. Mit Hilfe von Betriebsprüfern, die sowohl unternehmensfremd als auch betriebszugehörig sein können, überprüft das Unternehmen regelmäßig die Umsetzung des Umweltprogramms und die Erreichung der selbstgesteckten Umweltziele. Zugleich wird das Funktionieren des Umweltmanagement-Systems überprüft. Die Ergebnisse fließen in die Umweltpolitik des Unternehmens ein und bewirken entsprechende Korrekturen.

Die *Umwelterklärung* ist ein wesentlicher Bestandteil des Umweltmanagements. Sie wird für die Öffentlichkeit in knapper, allgemeinverständlicher Form verfaßt und gibt dem Unternehmen die Chance, die Öffentlichkeit imagefördernd zu informieren. Die Umwelterklärung muß von einem zugelassenen Umweltgutachter für gültig erklärt werden. Sie ist die Voraussetzung für die Eintragung in das Register der umweltgeprüften Unternehmen bzw. Standorte und die Voraussetzung für den Erhalt der Teilnahmeerklärung.

Die EG-Verordnung unterscheidet zwischen betriebsinternen und externen Umwelt-Audits. Regelmäßige betriebsinterne Umwelt-Audits, deren Planung die Aufgabe des Managements ist, dienen der Überprüfung des Managementsystems auf dessen Wirksamkeit.

Das *interne Audit* wird entweder durch einen kompetenten Prüfer des Unternehmens oder mit Unterstützung externer Umwelt- bzw. Unternehmensberater durchgeführt. Interne Audits dienen als Informationsquelle und Kontrollwerkzeug zur Schwachstellenanalyse und Planungshilfe.

Externe Audits erfolgen durch unabhängige, amtlich zugelassene Umweltgutachter. Sie dienen dem Vergleich zwischen dem Umweltzustand des Unternehmens und den umweltgesetzlichen Bestimmungen sowie den selbstgesetzten Zielen. Das Unternehmen präsentiert sich als umweltbewußt und technisch zuverlässig und stärkt sein Umweltimage, seine Reputation und seine Glaubwürdigkeit.

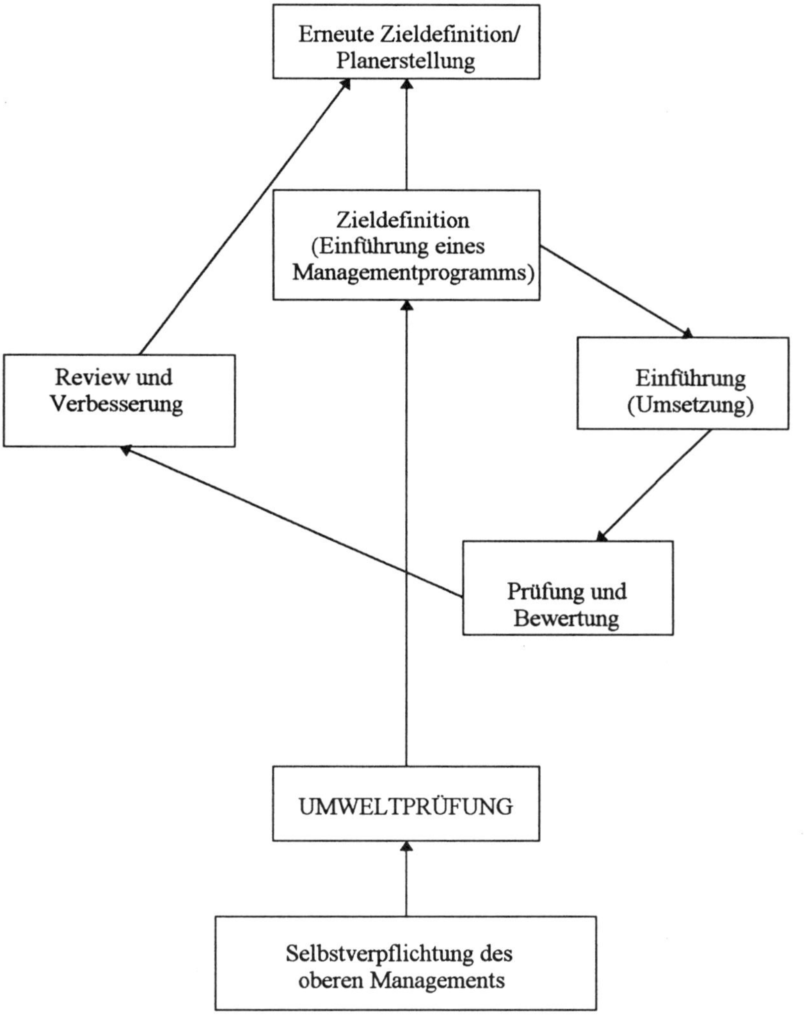

7.8 Umweltmanagement-System-Modell für eine stetige Verbesserung

Eine Umweltbetriebsprüfung muß spätestens alle drei Jahre wiederholt werden. Das Betriebsprüfungsprogramm kann auch Auditierungszyklen festlegen, in deren Ablauf der gesamte Prüfumfang zeitlich versetzt abgearbeitet wird. Dies beinhaltet, daß mit der Registrierung des Unternehmens in die Liste der umweltgeprüften Standorte die Auditierung nicht abgeschlossen ist. Die EG-Verordnung definiert sie hingegen als einen permanenten Prozeß. Man bezeichnet dies als das *Prinzip der kontinuierlichen Verbesserung*. Die Teilnahme am EG-Umwelt-Audit-System ist zwar freiwillig, jedoch unterwirft sich das teilnehmende Unternehmen sämtlichen Vorschriften und Anforderungen der Verordnung und damit auch der kontinuierlichen Verbesserung des betrieblichen Umweltschutzes (vgl. hierzu Abbildung 7.8).

Literatur

1 Enquete-Kommission „Schutz des Menschen und der Umwelt" des deutschen Bundestages; *Die Industriegesellschaft gestalten – Perspektiven für einen nachhaltigen Umgang mit Stoff- und Materialströmen.* Economia-Verlag, Bonn 1994.
2 *Methodik für Ökobilanzen auf der Basis ökologischer Optimierung.* Schriftenreihe Umwelt Nr. 133 des Bundesamtes für Umwelt, Wald und Landschaft (BUWAL), Bern, Oktober 1990.
3 *Verordnung (EWG) Nr. 1836/93 des Rates vom 29.06.1993 über die freiwillige Beteiligung gewerblicher Unternehmen an einem Gemeinschaftssystem für das Umweltmanagement und die Umweltbetriebsprüfung*, Abl. EG vom 10.07.1993 Nr. L 168 S. 1.
4 *Umweltinformationsgesetz* vom 08.07.1994, BGBl. I S. 1490, nach Artikel 3 des Gesetzes zur Umsetzung der Richtlinie 90/313/EWG des Rates vom 07.06.1990 über den freien Zugang zu Informationen über die Umwelt.

8 Simulationen und Szenarien

Um Veränderungen in den Umweltmedien und die Auswirkungen dort ablaufender Prozesse genau zu beschreiben, bedient man sich *mathematischer Modelle*. Diese gestatten es folglich auch, Voraussagen zu formulieren. Man unterscheidet zwischen

- Simulationen und
- Szenarien.

Simulationen und Szenarien bauen beide auf mathematischen Modellen auf. Diese mathematischen Modelle resultieren in beiden Fällen aus der Analyse eines in der Natur ablaufenden Vorganges und beschreiben diesen.

Während Simulationen anhand mathematischer Modelle durchgeführt werden, bei denen die Randbedingungen genau definiert und konstant sind, können diese bei den *Szenarien* variiert werden. *Simulationen* können demnach nur für genau abgegrenzte Prozesse durchgeführt werden, während Szenarien relativ komplexe Zusammenhänge beschreiben können. Beispielsweise benötigt eine Simulation für einen multiplikativen Zusammenhang die genauen Faktoren, während für ein Szenario lediglich die multiplikative Aussage genügt. Das Ergebnis der Simulation ist folglich auch eine konkreter Zahlenwert, während das Szenario nur beschreibt, welche Änderung das Ergebnis erfährt, wenn einer der Faktoren verändert wird. Deshalb sind Szenarien auch für die Gewinnung konkreter Zahlenaussagen völlig ungeeignet. Sie beschreiben und analysieren vielmehr nur Trends. Dennoch werden, abweichend von dieser Definition, viele Simulationen als Szenarien bezeichnet und umgekehrt.

Während mathematische Simulationen und Szenarien von mathematischen Modellen ausgehen, ist das *Laborexperiment* nur dazu geeignet, in der Natur ablaufende Vorgänge im kleinen Maßstab und unter kontrollierten Bedingungen im Labor nachzuvollziehen. Die gewonnen Ergebnisse werden anschließend auf den Vorgang in der Natur übertragen und hieraus neue Erfahrungen gewonnen, um so das Laborexperiment ständig zu verbessern und letztendlich zu mathematisch formulierbaren Gesetzmäßigkeiten zu gelangen.

Mathematische Simulationen werden bei einer Vielzahl dynamischer Zusammenhänge angewandt, für welche entweder die physikalischen Gesetzmäßigkeiten bekannt sind oder ihre Abläufe mittels statistischer Daten reproduziert werden können:

- Ausbreitung von Gasen in der Luft,
- Ausbreitung von Schadstoffen in Fließgewässern und Grundwasserleitern und
- meteorologischen Einflüssen von Meeresströmungen.

Aus einer Vielzahl verfügbarer mathematischer Modelle, welche für die Simulation in der Natur ablaufender Prozesse benutzt werden können, soll als ein Beispiel das Gaußsche Diffusionsmodell besprochen werden, mit dem es möglich ist, die Ausbreitung gasförmiger Schadstoffe zu berechnen.

Eine völlig andere Fragestellung ergibt sich bei Prozessen, deren Gesetzmäßigkeiten ganz oder noch teilweise unbekannt sind. Hier versucht man, im Laborversuch die Natur zu simulieren, wobei jeweils möglichst naturnahe Bedingungen geschaffen werden müssen. Um dies zu demonstrieren, sollen drei grundsätzlich verschiedene Laborexperimente besprochen werden.

Als Beispiele für Szenarien soll einmal das Verkehrsszenario besprochen werden und als weiteres Beispiel der mathematische Ansatz für die Erarbeitung komplexer Szenarien mit mehreren interaktiven Prozessen.

8.1 Das Gaußsche Diffusionsmodell

Das *Bundes-Immissionsschutzgesetz* [1] schreibt für *genehmigungspflichtige Anlagen* [2] ein *Genehmigungsverfahren* vor, in dem der *Genehmigungsbehörde* neben der Beschreibung des Istzustandes eine Prognose über die Entwicklung der Luftgüte in der Umgebung der zu genehmigenden Anlage vorgelegt werden muß. In diesem geforderten Gutachten muß der Antragsteller für ein genau definiertes Beurteilungsgebiet um den Anlagenstandort die Konzentration an bestimmten Luftschadstoffen dokumentieren. Hierzu muß er ein zugelassenes *Meßinstitut* beauftragen, das die Konzentrationen der in der *TA Luft* [3] aufgelisteten *Schadstoffe* nach genau festgelegten Meß- und Auswerteverfahren bestimmt. Die hieraus ermittelte Luftbelastung bezeichnet man als die Grundbelastung. Aus den Daten der zu genehmigenden Anlage wird nun mittels eines in Anhang C zur TA Luft beschriebenen mathematischen Ausbreitungsmodells die zu erwartende Belastung berechnet, die von der neuen Anlage ausgehen wird. Diese *Zusatzbelastung* wird zur *Grundbelastung* hinzuaddiert. Die Summe wird als die *Gesamtbelastung* bezeichnet. Die Kenngrößen der Gesamtbelastung werden letztendlich mit den entsprechenden Grenzwerten der TA Luft verglichen und entscheiden über die Genehmigungsfähigkeit der neuen Anlage (vgl. hierzu auch Kapitel 6, Grenzwerte).

Das in Anhang C zur TA Luft enthaltene mathematische Ausbreitungsmodell für Gase muß innerhalb des Genehmigungsverfahrens für die Ermittlung der Zusatzbelastung angewandt werden. Es hat die Programmbezeichnung *AUSTAL 86* [4] und ist unter der Bezeichnung *AUSTAL PC* als auf Personal-Computern lauffähiges Programmpaket im Fachhandel erhältlich.

Während sich AUSTAL PC noch streng an die TA Luft anlehnt, bietet beispielsweise das Programmpaket *IMMPROG* [5] die Möglichkeit, neben dem *Punktquellenmodell*, das mit AUSTAL identisch ist, ein *Linienquellenmodell* anzuwenden, das sich an das amerikanische Modell *HIGHWAY* anlehnt, mit dem *Geruchsmodell* die Ausbreitung von Gerüchen als Dosis-Häufigkeitsbeziehung zu berechnen und mit einem Modell, das sich an das amerikanische Modell *CANYON* anlehnt, die Ausbreitung von Gasen in Straßenschluchten zu berechnen. Das in dem Programmpaket IMMPROG enthaltene Punktquellenmodell bietet gegenüber dem Originalmodell AUSTAL den Vorteil, auch variable Inversionsuntergrenzen in die Rechnung mit einzubeziehen, was im folgenden noch näher erläutert werden soll.

Bevor das Gaußsche Diffusionsmodell, das sowohl AUSTAL als auch IMMPROG zugrunde liegt, näher beschrieben wird, soll erst noch die Frage geklärt werden, warum diese Ausbreitungsmodelle sich über die Pflichtanwendung im Genehmigungsverfahren hinaus einer steigenden Beliebtheit erfreuen. Ein Grund ist wohl in der mittlerweile auf Personal Computern zur Verfügung stehenden Rechenleistung zu suchen, die vor einigen Jahren noch alleine Großrechnern vorbehalten war. Weitaus wichtiger ist jedoch die relativ leichte Handhabung der Programme und der damit leichte Zugang zu Planungsinstrumentarien. Bevor in einem kostspieligen *Genehmigungsverfahren* eine Genehmigung zum Bau einer Anlage nach dem *Bundes-Immissionsschutzgesetz* beantragt wird, entscheidet man im *Raumordnungsverfahren* schon über den Standort. Hier werden meistens schon im Rahmen einer *Immissionsprognose* etwaige Grenzwertüberschreitungen bei der *Standortwahl* berücksichtigt.

Es gibt drei verschiedene *Modelltypen für die Ausbreitung von Gasen*,

- deterministische Modelle,
- statistische Modelle und
- physikalische Modelle.

Deterministische Modelle berechnen die Ausbreitung von Gasen anhand von physikalischen Gleichungen, in welche die meteorologischen Variablen jedoch als Statistik eingehen.

Statistische Modelle gehen von empirischen, d.h. gemessenen, Konzentrationen aus und ermitteln die Ausbreitung der Gase mittels statistischer Verfahren.

Physikalische Modelle gelten nur für ein örtlich eng eingegrenztes Problem, beispielsweise für die Windströmungen zwischen zwei Hochhäusern. Für die Erarbeitung des Modells bildet man die Natur in verkleinertem Maßstab ab, z.B in einem Windkanal.

Deterministische Modelle erlauben langfristige Voraussagen, statistische Modelle nur kurzfristige und physikalische nur lokal eng begrenzte unter ebenfalls eng gefaßten Randbedingungen.

Das *Gaußsche Diffusionsmodell* ist ein deterministisches Modell und geht von einer abgewandelten Form der Massenerhaltungsgleichung aus, die als *Diffusionsgleichung* bezeichnet wird. Um die Aussagen dieser Diffusionsgleichung zu verstehen, stellt man sich am besten ein „Luftpaket" vor, das einen gasförmigen Schadstoff enthält und vom Wind bewegt wird. Innerhalb des „Paketes" nimmt während des Transportes in Windrichtung die Konzentration des Schadstoffes langsam ab, wobei dies durch Diffusion geschieht. Wäre die Luftströmung *laminar* (= turbulenzfrei), so würde dies sehr lange dauern. Ist die Luftströmung jedoch *turbulent*, dann kann man den turbulenten Konzentrationseinfluß proportional dem Gradienten der gemittelten Konzentration annehmen. Diese Proportionalität zwischen der Diffusion und dem turbulenten Anteil des Windes wird als konstant angenommen. Die Proportionalitätskonstante wird als Diffusionskoeffizient bezeichnet und in m^2/s angegeben.

Die *Diffusionsgleichung* (8.1) besagt:

- Die Änderung der Konzentration ist abhängig von der Zeit.
- Die Änderung der Konzentration ist abhängig von dem turbulenten Anteil des Windes, ausgedrückt in den Komponenten des Windvektors.
- Die durch Turbulenz bedingte Konzentrationsänderung läßt sich durch eine Proportionalität ausdrücken.

Hieraus ergibt sich der Ansatz der Diffusionsgleichung:

$$\frac{\partial \overline{c}}{\partial t} + \overline{u}\,\frac{\partial \overline{c}}{\partial x} + \overline{v}\,\frac{\partial \overline{c}}{\partial y} + \overline{w}\,\frac{\partial \overline{c}}{\partial z}$$

$$= \frac{\partial}{\partial x}\left(K_x \frac{\partial \overline{c}}{\partial x}\right) + \frac{\partial}{\partial y}\left(K_y \frac{\partial \overline{c}}{\partial y}\right) + \frac{\partial}{\partial z}\left(K_z \frac{\partial \overline{c}}{\partial z}\right)$$

$$+ \text{Quellterme} + \text{Transformationsterme} \qquad (8.1)$$

$\overline{c}(y,z,t)$	= zeitlich gemittelte Schadstoffkonzentrationen
x, y, z	= kartesische Koordinaten
t	= Zeit
$\overline{u}, \overline{v}, \overline{w}$	= Komponeneten des zeitlich gemittelten Winvektors
K_x, K_y, K_z	= Diffusionskoeffizienten in den Koordinatenrichtungen

Das Gaußsche Diffusionsmodell gilt für die *Eckmann-Schicht*, die eine Untergrenze bei 10 bis 50 m über Boden besitzt und bis etwa 1000 m über Boden reicht (Abbildung 8.3). Diese Luftschicht weist vor allem laminare, d.h. turbulenzfreie Luftströmungen auf, während die darunter liegende *Prandtl-Schicht*, bedingt durch die Rauhigkeit des Geländes, von turbulenten Luftströmungen geprägt ist. Die Vertikalkomponente des zeitlich gemittelten Windvektors wird demnach

$$\overline{w} = 0 \qquad (8.2)$$

womit ausgedrückt wird, daß das Modell von einer Luftbewegung ausgeht, die immer parallel zur Erdoberfläche verläuft. Orientiert man die x-Achse des Koordinatensystems in Richtung des zeitlich gemittelten Horizontalwindes und setzt voraus, daß sich die Windrichtung mit der Höhe nicht ändert, wird

$$\overline{v} = 0 \qquad (8.3)$$

womit für den Windvektor nur noch eine Komponente übrigbleibt, nämlich die in der Transportrichtung des Gases.

Es ist weiterhin einzusehen, daß bei einem durch den Wind bewegten Gas der Transport die Diffusion bei weitem überwiegt. Für Windgeschwindigkeiten >1 m/s ist deshalb die Diffusion in der Transportrichtung zu vernachlässigen und es gilt

$$\overline{u}\,\frac{\partial \overline{c}}{\partial x} >> \frac{\partial}{\partial x}\left(K_x\,\frac{\partial \overline{c}}{\partial x}\right) \tag{8.4}$$

Hieraus ergibt sich eine vereinfachte Diffusionsgleichung, nach der die Konzentration nur noch durch die Zeit und durch den Transport des Schadstoffes durch den Wind in einer einzigen Richtung beeinflußt wird und die Konzentrationsänderung dem Gradienten der Konzentration in den außer der Transportrichtung verbleibenden beiden Raumrichtungen proportional ist:

$$\frac{\partial \overline{c}}{\partial t} + \overline{u}\,\frac{\partial \overline{c}}{\partial x} = \frac{\partial}{\partial y}\left(K_y\,\frac{\partial \overline{c}}{\partial y}\right) + \frac{\partial}{\partial z}\left(K_z\,\frac{\partial \overline{c}}{\partial z}\right)$$

$$+ \text{Quellterme} + \text{Transformationsterme} \tag{8.5}$$

Das Gaußsche Diffusionsmodell geht weiterhin von folgenden Voraussetzungen aus, die zu Vereinfachungen der Diffusionsgleichung führen:

- Das Modell gilt für den stationären Fall, d.h. für den betrachteten Moment wird die zeitliche Änderung der Konzentration vernachlässigt und es gilt

$$\frac{\partial \overline{c}}{\partial t} = 0 \tag{8.6}$$

- Die Parameter $\overline{u}$, K_y und K_z sind konstant. Im betrachteten Moment ändern sich Windgeschwindigkeit und Diffusion nicht.
  Die Emissionsquelle hat die Höhe h und ist eine Punktquelle, die zeitlich konstant mit der Quellstärke Q emittiert.
- Legt man durch eine Rauchfahne einen Schnitt senkrecht zur Transportrichtung des Gases, so kann man sich leicht vorstellen, daß die Konzentration des Gases innerhalb der Rauchfahne vom Mittelpunkt zum Rand hin abnimmt. Diese Konzentrationsverteilung innerhalb der Rauchfahne läßt sich durch eine Gauß-Verteilung ausdrücken. Die Streuungen der Normalverteilungen verhalten sich dann zu den Diffusionskoeffizienten wie

$$\sigma_y^{\,2} = 2\,K_y\,\frac{x}{\overline{u}} \quad \text{und} \quad \sigma_z^{\,2} = 2\,K_z\,\frac{x}{\overline{u}} \tag{8.7}$$

σ_y und σ_z bezeichnet man als horizontale und vertikale Ausbreitungsparameter in den beiden Richtungen, die senkrecht zur Ausbreitungsrichtung stehen (vgl. Abbildung 8.1).

Nunmehr ist uns klar geworden, warum dieses Diffusionsmodell gerade Gaußsches Diffusionsmodell genannt wird – bedingt durch die Anwendung der Gaußschen Normalverteilung.

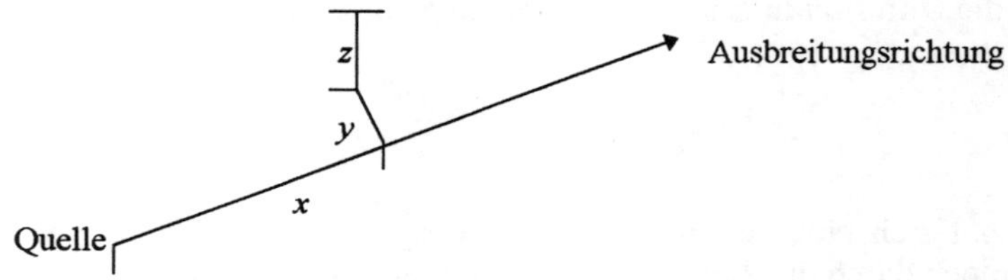

8.1 Anordnung der kartesischen Koordinaten der Aufpunkte zu der Emissionsquelle

Aus den zuvor beschriebenen Randbedingungen ergibt sich die analytische Lösung der Diffusionsgleichung, welche auch als *Ausbreitungsgleichung* bezeichnet wird, für Gase und Stäube ohne nennenswerte Sinkgeschwindigkeit:

$$c(x, y, z) = \left[\frac{10^6}{3600 \cdot 2\pi}\right]\left[\frac{Q}{u_h \sigma_y \sigma_z}\right] \exp\left[\frac{-y^2}{2\sigma_y^2}\right]$$

$$\cdot\left[\exp\left[-\frac{(z-h)^2}{2\sigma_z^2}\right] + \exp\left[-\frac{(z+h)^2}{2\sigma_z^2}\right]\right] \quad (8.8)$$

x, y, z in m	=	kartesische Koordinaten der Aufpunkte in Ausbreitungsrichtung (*x*)
z in m	=	Höhe der Aufpunkte über Boden (Flur)
c(*x, y, z*) in mg/m^3	=	Massenkonzentration der Luftverunreinigung am Aufpunkt mit den Koordinaten *x*, *y* und *z*
Q in kg/h	=	Emissionsmassenstrom der Quelle
h in m	=	effektive Quellhöhe
σ_y und σ_z in m	=	horizontale und vertikale Ausbreitungsparameter (*y* und *z* sind hierbei nicht idebtisch mit den kartesischen Koordinaten der Aufpunkte!)
u_h in m/s	=	Windgeschwindigkeit in effektiver Quellhöhe

Bei Stäuben geht zusätzlich die *Ablagerungsgeschwindigkeit*, abhängig von der *Korngröße*, in die Ausbreitungsgleichung ein, womit die Ausbreitung von Stäuben bei Abgasfahnen auch durch eine mathematische Simulation ermittelt werden kann.

Mit Hilfe dieser Ausbreitungsgleichung läßt sich nun noch immer keine Schadstoffkonzentration an einem beliebigen, durch die Koordinaten *x*, *y* und *z* ausgedrückten, Punkt berechnen. Sowohl die *effektive Quellhöhe h* als auch die dort herrschende Windgeschwindigkeit und die Ausbreitungsparameter müssen über zusätzliche mathematische Beziehungen ermittelt werden. Hierbei ergibt sich die effektive Quellhöhe (vgl. Abbildung 8.2) aus der *Schornsteinhöhe H* und der *thermischen Abgasfahnenüberhöhung ü*.

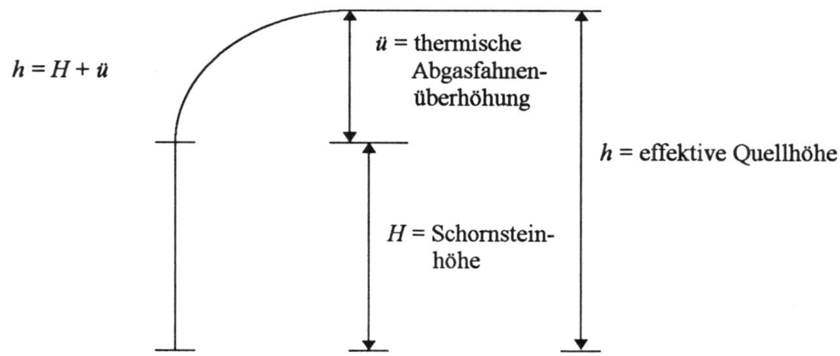

8.2 Definition der effektiven Quellhöhe h als Summe der Schornsteinhöhe H und der thermischen Überhöhung der Rauchfahne $ü$

Warum wurde gerade das Gaußsche Diffusionsmodell und damit AUSTAL als ein Beispiel für eine mathematische Simulation ausgewählt? Eigentlich scheint auf den ersten Blick die Anwendung Mathematikern und Informatikern vorbehalten. So kompliziert die Anwendung von *AUSTAL* auch zunächst erscheint – um eine Ausbreitungsrechnung durchzuführen müssen vom Anwender lediglich folgende Anlagendaten eingegeben werden:

- *Abgasvolumenstrom R*,
- *Abgasmassenstrom Q*,
- *Schornsteinhöhe H* und
- *Abgastemperatur T*.

Die Schornsteinhöhe H wird mittels der Anlagendaten aus einem in der *TA Luft* abgebildeten *Nomogramm* abgelesen. Das *Aufpunktfeld* ist durch die TA Luft vorgegeben. Es sind die Eckpunkte aller quadratischen Einheitsflächen von 1 km Kantenlänge, die vollständig in einem Kreis mit dem Radius der 30-fachen Schornsteinhöhe liegen. Hinzu kommen alle weiteren Flächen in einem Kreis mit dem Radius der 50-fachen Schornsteinhöhe, bei denen die Grundbelastung höher als 1% des Grenzwertes IW ist. Hier nimmt uns der Rechner die Arbeit ab und legt das Aufpunktfeld selbst mit dem Radius der 50-fachen Schornsteinhöhe fest.

Um mit einer Simulationsrechnung zu beginnen, muß nun nur noch ein meteorologischer Datensatz eingelesen werden. Er ist für den jeweiligen Anlagenstandort beim Deutschen Wetterdienst erhältlich. Mit diesem Datensatz wollen wir uns noch ein wenig beschäftigen: Er basiert auf meteorologischen Ermittlungen über einen Zeitraum von 10 Jahren und enthält die Häufigkeiten der Windrichtungen und Windgeschwindigkeiten, verteilt auf 6 Stabilitätsklassen. Für die Ermittlung der Windrichtungen wurde der Kreis in 36 Sektoren aufgeteilt. Die Stabilitätsklassen sind I, II, III_1, III_2, IV und V, wobei die Klasse I die stabilste und die Klasse V die instabilste Wetterlage beschreibt. Unter einer stabilen Wetterlage versteht man eine absolut turbulenzfreie, d.h. laminare, Schichtung der Luft. Der vertikale Anteil des Windvektors ist also Null (Abbildung 8.3).

Um nun zu verstehen, wie eine *stabile Wetterlage* beschrieben werden kann, muß man nur noch die *instabile* definieren. Bei ihr ist der horizontale Anteil des Windvektors Null. Der Windvektor zeigt folglich senkrecht nach oben oder nach unten. Bei einer völlig instabilen Wetterlage müßte also der Wind senkrecht nach oben steigen oder nach unten fallen. Die eine Möglichkeit wird uns nun verständlich: Es ist die „*Thermik*", bei der am Boden erwärmte Luftmassen senkrecht nach oben steigen. Sie tritt bei sommerlichen Schönwetterlagen über stark erwärmtem Boden auf. Folglich treten stabile Wetterlagen nicht bei Sonnenschein auf. Die Ermittlung der Stabilität geschieht folglich durch die Messung der jeweiligen *Globalstrahlung* sowie des *Bedeckungsgrades* (Bewölkung).

1000 m

Eckmann-Schicht

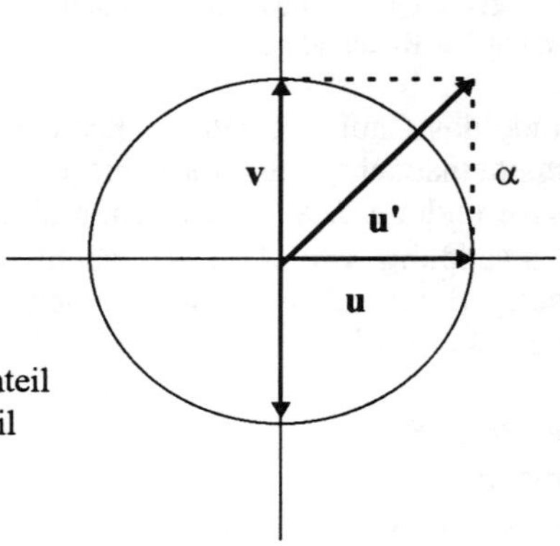

u' = Windvektor
u = horizontaler Vektoranteil
v = vertikaler Vektoranteil

$$\mathbf{u} = \mathbf{u}'\cos\alpha$$

$\alpha = 0° \rightarrow$ laminare Strömung
$\alpha > 0° \rightarrow$ turbulente Strömung
u' = **u** → stabile Wetterlage → Ausbreitungsklasse I
u' = **v** → instabile Wetterlage → Ausbreitungsklasse V

50 m

10 m

Prandtl-Schicht = bodennahe turbulente Luftschicht, bedingt durch die Rauhigkeit des Geländes

Boden

8.3 Die laminare Luftströmung in der Eckmann-Schicht bei stabilen und instabilen Wetterlagen. Bei laminarer, d.h. bei absolut turbulenzfreier Luftströmung, spricht man von einer „stabilen Wetterlage", bei turbulenter Luftströmung hingegen von einer „instabilen Wetterlage".

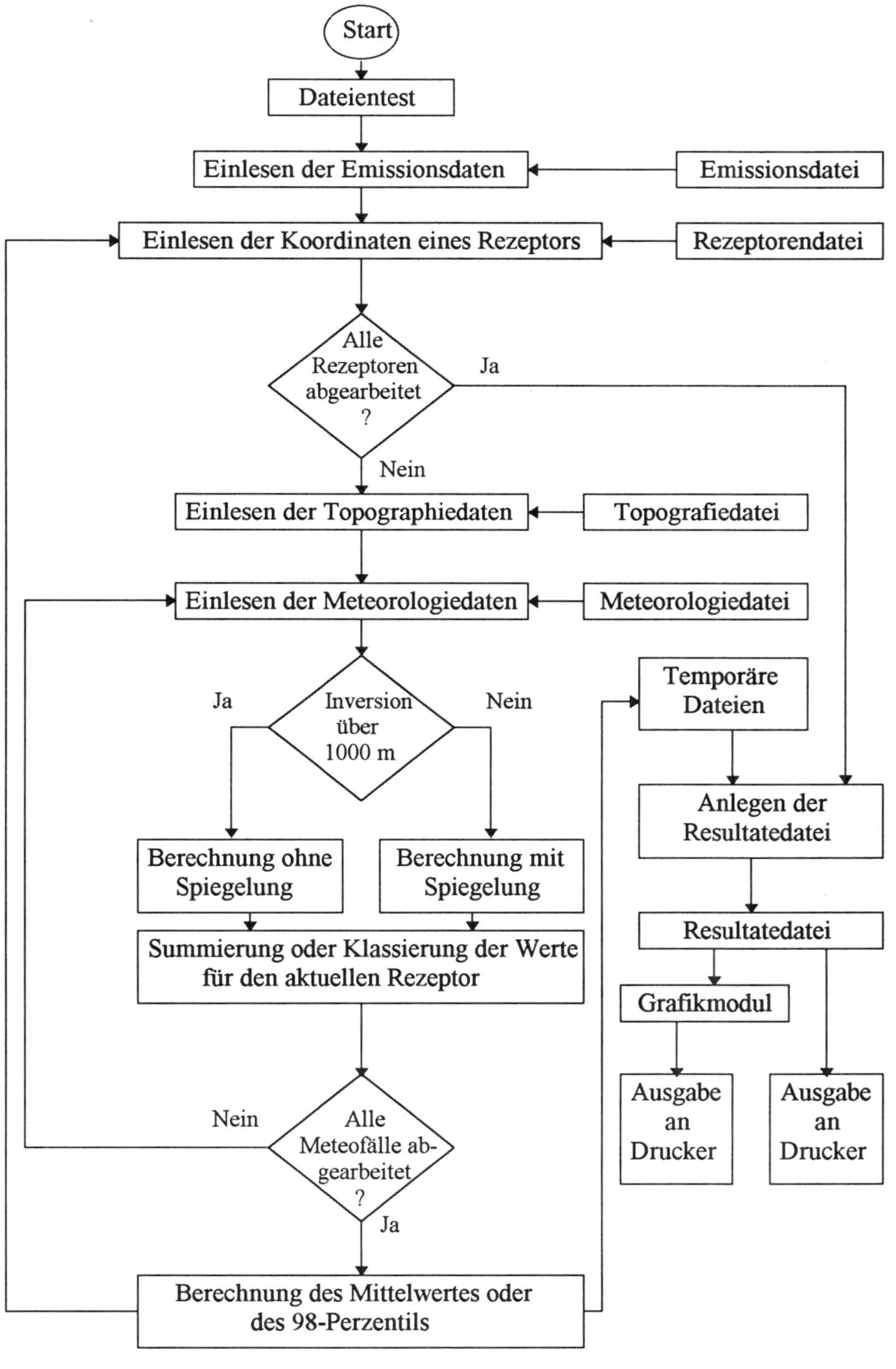

8.4 Programmablaufplan des Programmoduls IMMPROG P [5]

Stabile Wetterlagen herrschen demnach bei Nacht oder bei dichter Bewölkung bis hin zu leichtem Nieselregen. Das Auftreten eines senkrecht nach unten gerichteten Windvektors scheint zunächst unmöglich zu sein. Es ist jedoch in Wintermonaten beim Durchbrechen großer Massen stratosphärischer Kaltluft zu beobachten und wird als *Vertical Jet* bezeichnet. Der Vertical Jet bewirkt einen Temperatursturz von mitunter mehr als 15 °C, der zu plötzlich auftretendem Glatteis führt und immer von einem sprunghaften Anstieg der Ozonkonzentrationen begleitet wird.

Die für AUSTAL verwandten meteorologischen Datensätze beinhalten nicht die Häufigkeit des Auftretens von *Frühinversionen* in den Herbstmonaten oder von *Ganztagsinversionen* (Smog) in den Wintermonaten. Die Obergrenze der *Eckmann-Schicht* kann bei AUSTAL nicht variiert werden und liegt bei 1000 m fest. Weiterhin ist die Berücksichtigung von Geländeunebenheiten nicht möglich, da die TA Luft für diesen Fall ja eine Überhöhung des Schornsteins vorsieht. IMMPROG hingegen arbeitet mit einer variablen Inversionsuntergrenze und bietet deshalb die Möglichkeit der Berücksichtigung von Inversionen. Weiterhin kann bei IMMPROG für jeden Aufpunkt die Höhe über N.N. eingegeben werden, womit extremen Ausbreitungssituationen, beispielsweise bei Hanglagen, Rechnung getragen werden kann.

In Abbildung 8.4 ist am Beispiel des Programmoduls IMMPROG P [5] dargestellt, welche Rechenschritte eine Ausbreitungssimulation beinhaltet und man kann erahnen, daß je nach Rechnerkonfiguration eine Simulation mehrere Stunden dauert.

Die rechnerische Simulation der Ausbreitung gasförmiger Schadstoffe bei *Linienquellen* (z.B. Straßen) und bei *Flächenquellen* (z.B. Altlasten) wird derart vorgenommen, daß man die Linien- oder Flächenquelle in einzelne Punktquellen zerlegt und die Rechenergebnisse für die Emission jeder einzelnen Punktquelle wiederum für jeden einzelnen Aufpunkt addiert. Diese rechnerischen Simulationen sind verständlicherweise relativ zeitaufwendig.

Die rechnerische Simulation für die Ausbreitung geruchsaktiver Stoffe mit dem Programmodul G des Programmes *IMMPROG* liefert keine Konzentrationen, sondern die Häufigkeiten in Jahresstunden für das Auftreten vorgegebener *Geruchseinheiten* (GE) an den verschiedenen Punkten des vorher definierten Aufpunktfeldes.

Neben der rein numerischen Wiedergabe der Ergebnisse einer Ausbreitungssimulation gibt es folgende grafische Darstellungsmöglichkeiten: Entweder werden Flächen von jeweils 1 km^2 Größe je nach der Flächenbelastung verschiedenfarbig gekennzeichnet oder es werden alle Punkte mit gleicher Konzentration miteinander verbunden, wodurch sich Anordnungen ähnlich der Höhenlinien einer geografischen Karte ergeben (*Isoliniendarstellung*). Neben diesen beiden Möglichkeiten der zweidimensionalen Darstellung gibt es noch die Möglichkeit der dreidimensionalen Darstellung: Über das Beurteilungsgebiet wird eine Fläche gelegt, wobei die Abstände von den Aufpunkten (*z*-Achse) die Belastungskonzentrationen darstellen (Abbildung 8.5).

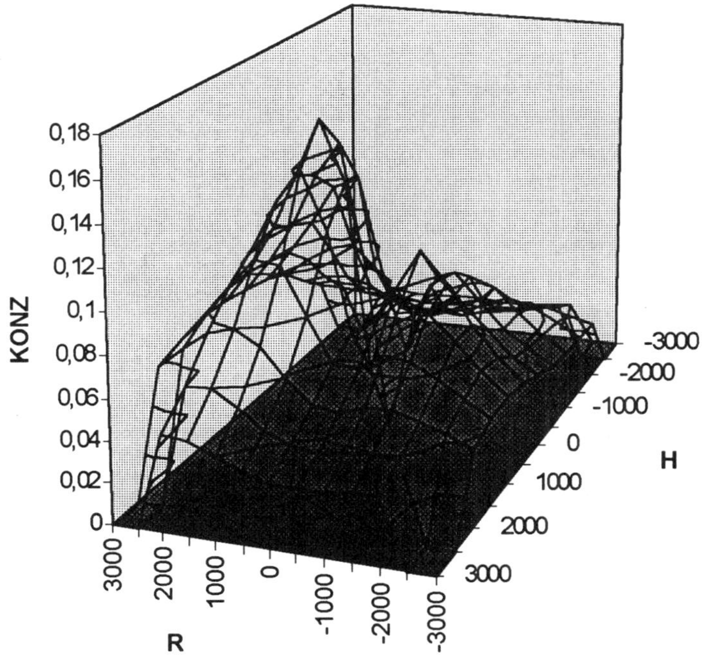

8.5 Dreidimensionale grafische Darstellung der Ergebnisse einer rechnerischen Ausbreitungssimulation für Gase mit dem Programm AUSTAL 86, das auf dem Gaußschen Diffusionsmodell aufbaut. Der Emittent besitzt die Koordinaten 0/0 (Rechts-/Hochwert).

R = Rechtswert

H = Hochwert (Gauß-Krüger-Koordinaten)

KONZ = Konzentrationen in $\mu g/m^3$

Demnach stellt der Aufpunkt mit den Koordinaten –3000/3000 (in m) die Nordwestecke des Beurteilungsgebietes dar. Die Zusatzbelastung wurde für eine Anlage mit einem Schornstein von 80 m Höhe, einer Abgastemperatur von 200 °C, einem Emissionsmassenstrom von 10 kg/h und einem Volumenstrom von 100 000 m^3/h ermittelt. Die Grafik zeigt, daß die höchste Belastung in nordöstlicher Richtung von der Anlage zu erwarten ist.

8.2 Die technische Simulation von Vorgängen in der Natur

Die Simulation von Vorgängen in der Natur ermöglicht Aussagen über deren Abläufe. Hierzu ist es erforderlich, Versuche zu konzipieren, die es gestatten, Parameter zu variieren oder konstant zu halten und Stoffumsätze zu bestimmen. Als Beispiele für technische Simulationen sollen vorgestellt werden:

- Smogkammer,
- Begasungskammer und
- Sapromat.

Technische Simulationen von Prozessen, die in Umweltmedien ablaufen, gehen von vereinfachten Bedingungen aus. Dennoch gestatten sie es, die Ergebnisse auf komplexe Vorgänge zu übertragen. Es ist deshalb notwendig, im Versuch

- naturnahe Systemgrenzen zu definieren,
- repräsentative Stoffe auszuwählen,
- naturidentische Versuchsbedingungen zu wählen und
- Systemvariable und Systemkonstanten zu definieren.

8.2.1 Die Smogkammer

Smogkammern wurden konstruiert, um Prozesse zu untersuchen, die in belasteter Stadtluft ablaufen. Da es sich hierbei um Gasphasenreaktionen handelt, bei denen photochemische Reaktionen eine Schlüsselstellung einnehmen (vgl. hierzu Abschnitt 1.3), muß eine Smogkammer folgende technische Merkmale aufweisen:

- Zylindrischer Reaktor aus Glas,
- Vorrichtung zur Evakuierung (Vakuumpumpe) des Reaktors für die Verdampfung von Flüssigkeiten unter vermindertem Druck,
- Vorrichtung zur Injektion von Flüssigkeiten und Gasen,
- Vorrichtung zur Entnahme von Gasproben,
- außerhalb des Reaktors angeordnete Strahlungsquellen zur Simulation des Sonnenlichtes,
- am Reaktor installierte spektroskopische Meßeinheit (z.B. UV-Photometer) zur Überwachung der Reaktionsabläufe und
- Mischvorrichtung zur Homogenisierung des Gasgemisches.

Eine Smogkammer gestattet demnach die Simulation in der Natur ablaufender photochemischer Gasphasenreaktionen unter statischen Versuchsbedingungen. In einem Smogkammer-Versuch werden Gasmischungen einer dem Sonnenlicht vergleichbaren Bestrahlung ausgesetzt, um aus den gemessenen Reaktionskinetiken Aufschlüsse über die Reaktionsmechanismen zu gewinnen. So wurde erstmals in Smogkammer-Versuchen nachgewiesen [6], daß unter der Einwirkung von Sonnenlicht NO_2 mit Hilfe von OH-Radikalen zu Salpetersäure (vgl. Abschnitt 1.3) abgebaut wird. Hierbei baut sich zunächst ein *photostationäres Gleichgewicht* auf:

$$NO_2 \longrightarrow NO + O^{\bullet} \tag{8.9}$$

$$O^{\bullet} + O_2 \longrightarrow O_3 \tag{8.10}$$

$$NO + O_3 \longrightarrow NO_2 + O_2 \tag{8.11}$$

In feuchter Stadtluft wird dieses durch die Bildung von OH-Radikalen verschoben,

$$O^{\bullet} + H_2O \longrightarrow 2\,OH^{\bullet} \tag{8.12}$$

die wiederum mit NO_2 unter der Bildung von Salpetersäure reagieren:

$$NO_2 + OH^{\bullet} \longrightarrow HNO_3 \tag{8.13}$$

Würde es sich nur um ein photostationäres Gleichgewicht handeln, müßte die Summe der Stickoxide NO_x konstant bleiben. In feuchter Luft nimmt jedoch die Konzentration an NO_x ab (Abbildung 8.5) – ein Beweis für eine Abbaureaktion.

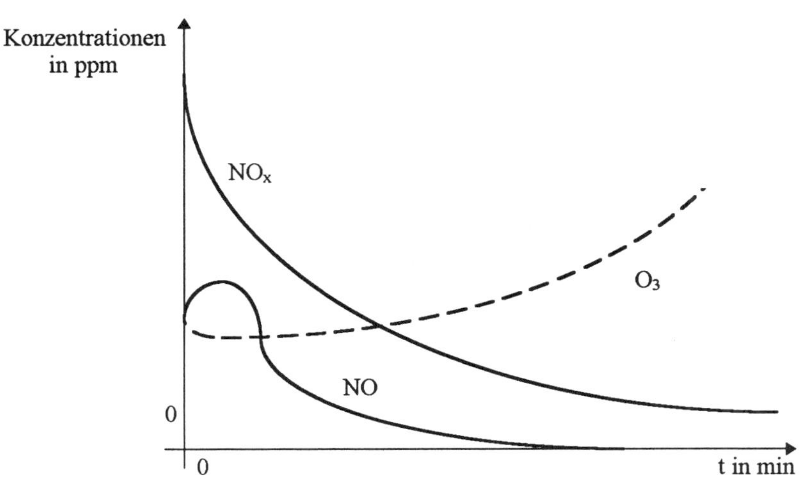

8.6 Konzentrationsverläufe einiger Komponenten eines NO_2-Luft-Gemisches bei der Bestrahlung in Gegenwart von Wasser in einer Smogkammer [6]

Den Beweis des Reaktionsmechanismus über OH-Radikale ergab eine graphische Darstellung der Funktion

$$\ln c = f(t) \tag{8.14}$$

Der Verlauf dieser Funktion ist bei Reaktionen 1. Ordnung linear (Abbildung 8.6). Wenn eine Reaktion des allgemeinen Typs

$$\mathrm{A} + \mathrm{B} \longrightarrow \mathrm{C} \tag{8.15}$$

nach einer *Kinetik 1. Ordnung* abläuft, so gehorcht die Reaktionsgeschwindigkeit, d.h. die Geschwindigkeit der Abnahme der Konzentration an A, der Bedingung 8.16 und andererseits der Bedingung 8.17, wenn die Reaktion nach einer *Kinetik 2. Ordnung* abläuft. Wird der Reaktionspartner B dabei ständig neu gebildet, verläuft sie nach einer Pseudokinetik 1. Ordnung.

$$v = -\frac{dc_\mathrm{A}}{dt} = k_1 \cdot c_\mathrm{A} \tag{8.16}$$

$$v = -\frac{dc_\mathrm{A}}{dt} = k_2 \cdot c_\mathrm{A} \cdot c_\mathrm{B} \tag{8.17}$$

c_A = Konzentration an A
c_B = Konzentration an B
k_1 = Geschwindigkeitskonstante 1. Ordnung
k_2 = Geschwindigkeitskonstante 2. Ordnung

Da im Falle des NO_2-Abbaus die OH-Radikale ständig nachgeliefert werden, ist auch diese Reaktion eine Pseudo-Reaktion 1. Ordnung.

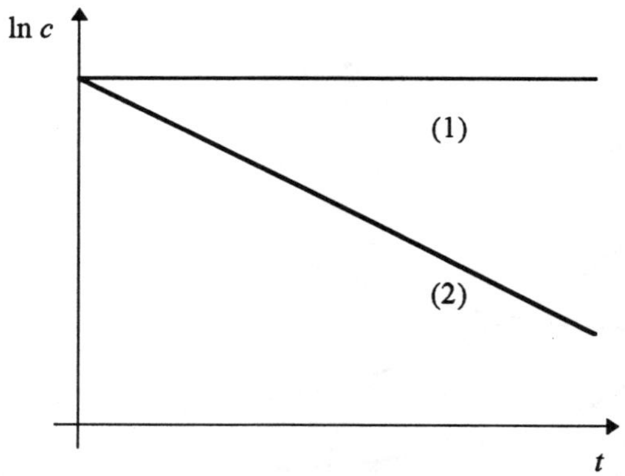

8.7 Graphische Darstellung der Funktion ln $c_A = f(t)$ für
1) Die NO_2-Konzentration im photostationären Gleichgewicht
2) Die NO_2-Konzentration bei der Umsetzung mit OH-Radikalen zu HNO_3

Ebenfalls in Smogkammer-Versuchen konnte erstmals die Entstehung von *Peroxiacetylnitrat* (PAN) (vgl. Abschnitt 1.3) nachgewiesen werden, indem Gemische aus NO_2, Luft und Ethen betrahlt wurden [6].

8.2.2 Der Begasungsversuch

Begasungsversuche werden in Kammern oder Treibhäusern durchgeführt, um das Verhalten von Pflanzen unter der Einwirkung gasförmiger Schadstoffe zu untersuchen. Hierbei sind sowohl der Verlauf der Pflanzenschädigung in Abhängigkeit von der Schadstoffkonzentration als auch die Änderungen im Stoffwechsel der Pflanze von Interesse.

Wichtigste Voraussetzung für Begasungsversuche bei Pflanzen ist die Exposition unter genau definierten Wachstumsbedingungen wie Temperatur und Nährstoffzufuhr sowie eine gleichbleibende Bodenbeschaffenheit. Die Konzentration des Schadstoffs in der Luft muß gleichbleibend sein, weshalb von einer statischen (Smogkammer) zu einer dynamischen Versuchsanordnung übergegangen werden muß:

Das zur Begasung verwandte Luft-Schadstoff-Gemisch muß der Begasungskammer mit einem konstanten Volumenstrom zugeführt werden. Dies wird dadurch erreicht, daß man bei der Begasung von einer „*Nulluft*" ausgeht, welcher der Schadstoff zudosiert wird. Diese Nulluft ist entweder synthetische Luft aus einem Druckbehälter (Stahlflasche) oder gereinigte Außenluft (Filter), die von einem Gasgenerator dem Begasungssystem zur Verfügung gestellt wird. Die Zudosierung des Schadstoffs geschieht derart, daß man der Nulluft, die in diesem Fall als Verdünnungsluft dient, ein Gasgemisch dynamisch zudosiert, das den Schadstoff enthält. Man bezeichnet in diesem Fall das Gasgemisch, das den Schadstoff enthält, als das *Grundgas* und die Nulluft als das *Verdünnungsgas*. Beide Gase müssen jeweils einen konstanten Volumenstrom aufweisen. Die Schadstoffkonzentration in der Gasmischung ergibt sich aus

$$c_{\text{Gemisch}} = c_1 \cdot \frac{q_1}{q_1 + q_2} \tag{8.18}$$

c_1 = Konzentration des Schadstoffs in einem bevorrateten Grundgas
q_1 = Volumenstrom des Grundgases
q_2 = Volumenstrom des Verdünnungsgases

Diese Gasmischungen werden in einem Gasgenerator erzeugt. Als Vorratsbehälter für gasförmige Schadstoffe dienen

- Druckgasflaschen und
- Permeationszellen.

In *Druckgasflaschen* werden die gasförmigen Schadstoffe schon in verdünnter Form (Stickstoff oder Luft) und bekannter Konzentration bevorratet. Dieses Grundgas wird im Gasgenerator mit der Verdünnungsluft gemischt und daraus das Gas mit der endgültigen Schadstoffkonzentration hergestellt. *Permeationszellen* (vgl. hierzu Kapitel 5) bestehen aus einem Behälter mit einer permeablen Membran, wobei in der Regel PTFE (= Polytetrafluorethen = Teflon) verwandt wird. Die Permeationszelle besteht bei Gasen mit einem niedrigen Siedepunkt (z.B. SO_2) aus VA-Stahl mit einer Teflonmembran und bei Substanzen die unter Normalbedingungen flüssig sind, vollständig aus PTFE. Die Zelle beinhaltet die zur Herstellung des Gasgemisches vorgesehene Substanz in reiner Form. Prinzipiell können in Permeationszellen alle Stoffe bevorratet und zur Herstellung von Gasmischungen benutzt werden, die entweder unter Normalbedingungen schon gasförmig sind oder in flüssigem Zustand einen geeigneten hohen Dampfdruck besitzen. So kann beispielsweise Xylen noch in Permeationszellen eingesetzt werden. Bedingt durch die Größen der Poren im PTFE gibt die Permeationszelle bei konstanter Temperatur immer eine konstante Schadstoffmenge pro Zeiteinheit an die sie umströmende Luft ab, die man als die *Permeationsrate* bezeichnet.

Die Permeationszelle befindet sich in einem thermostatisierten Behälter, den man als einen *Permeationsofen* (Abbildung 8.7) bezeichnet, und liefert bei einem konstanten Volumenstrom eine konstante Schadstoffkonzentration. Die *Permeationsrate* einer Permeationszelle wird durch die Bestimmung des Gewichtsverlustes (Wägung) über einen definierten Zeitraum bei konstanter Temperatur ermittelt. Sie gilt nur für diese Temperatur. Bei Erhöhung der Temperatur erhöht sich auch die Permeationsrate, erreicht aber bei der anschließenden Abkühlung auf die ursprüngliche Temperatur niemals mehr den Ausgangswert, da Teflon nicht elastisch ist.

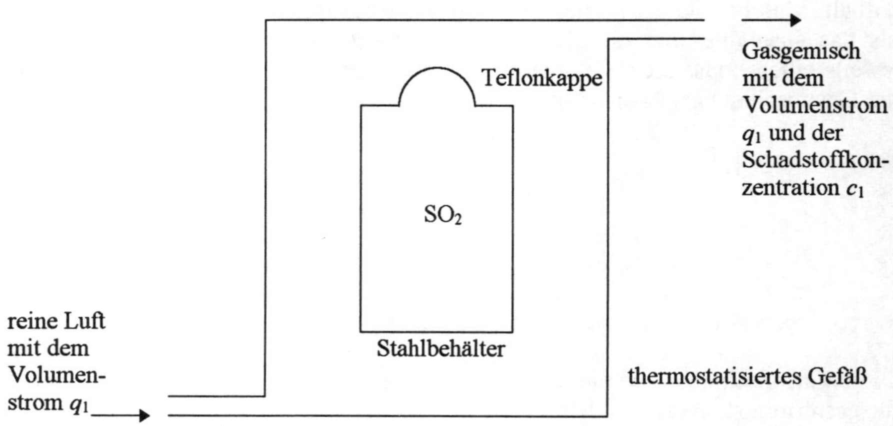

8.8 Permeationsofen mit einer SO_2-Permeationszelle aus VA-Stahl. Die Permeationszelle besitzt eine Teflonkappe als permeable Membran und ist mit reinem SO_2 gefüllt, das unter Vakuum durch Kühlung mit flüssigem Stickstoff einkondensiert wurde.

Bei der *Herstellung konstanter Volumenströme* geht man stets von einem Gas aus, das unter Überdruck angeboten wird. Hieraus wird der gewünschte Volumenstrom des Gases bei Normaldruck (p = 1 atm) hergestellt. Zur Anwendung kommen

- kritische Düsen oder Blenden,
- mechanische Druckminderer (Membranventile) und
- Massflow-Controler.

Die Wirkung einer *kritischen Düse oder Blende* beruht darauf, daß bei Gasen, die durch Kapillaren strömen, mit einer Steigerung des Druckes vor der Kapillare bei Normaldruck hinter der Kapillare der Volumenstrom nicht linear ansteigt. Er erreicht vielmehr einen konstanten Wert, wenn der Druck vor der Kapillare den drei- bis vierfachen Wert des Druckes hinter der Kapillare erreicht, und bleibt auch bei weiterer Drucksteigerung konstant. Als kritische Düsen kommen Stahlkapillaren und Blenden aus Rubinen zur Anwendung, die mittels Laserstrahlen „gebohrt" werden. Der Volumenstrom einer Kapillare wird bei konstanter Temperatur im kritischen Betrieb experimentell ermittelt.

Mechanische *Druckminderer* (Membranventile) liefern ebenfalls konstante Volumenströme, müssen jedoch jeweils manuell einreguliert werden, wobei der dabei erzielte Volumenstrom zunächst experimentell (Blasenzähler) bestimmt und der Druckminderer dann wiederum manuell nachreguliert wird.

Beim *Massflow-Controler* wird ein strömendes Gas in einem Rohr durch eine elektrische Heizwicklung erwärmt und die Temperatur des Gases vor und nach der Erwärmung mittels Temperaturfühler gemessen, wozu die temperaturbedingte Änderung des elektrischen Widerstandes des Leiters bestimmt wird. Die thermische Durchflußmessung beruht auf der Messung des Wärmetransportes und ist durch die Wärmeleitfähigkeit eines Gases gegeben. Diese ist abhängig von der Temperatur, dem Druck und der Viskosität eines Gases, nicht aber von der spezifischen Wärme. Die Wärmeleitfähigkeit eines Gases ist stoffabhängig, weshalb Massendurchflußmesser immer auf das zu messende Gas eingestellt werden müssen (vom Hersteller vorgegebene Daten). Die Besonderheit eines Massflow-Controlers besteht darin, daß er den ermittelten Massenfluß mittels einem Mikroprozessor mit dem vorgegebenen Sollwert vergleicht und Abweichungen über ein elektrisch gesteuertes Regelventil korrigiert (Abbildung 8.8). Hierbei ist jedoch darauf zu achten, daß auch Massflow-Controler in gewissen Zeitabständen einer Überprüfung durch ein unabhängiges Meßverfahren bedürfen. Die *Messung von Volumenströmen* erfolgt durch

- mechanische Gasmengenzähler und
- Blasenzähler.

Mechanische Gasmengenzähler sind „Gasuhren", die als *Naßgaszähler* (Schaufelradinstrumente mit Sperrflüssigkeit) und *Trockengaszähler* (Balgengeräte) bei großen Volumenströmen Anwendung finden. *Blasenzähler* (Seifenblasen) dienen zur Bestimmung kleiner Volumenströme (ml/min).

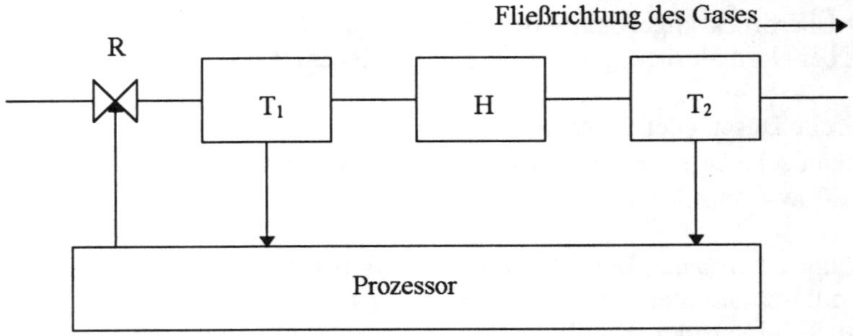

8.9 Funktionsdiagramm eines Massflow-Controlers
R = elektrisch steuerbares Regelventil
T = Temperarurmeßeinrichtung (elektrische Leitfähigkeit)
H = Heizung

Begasungsversuche werden auch durchgeführt, um die Wirkung gasförmiger Schadstoffe auf Materialien zu untersuchen. Bei der Untersuchung von Wirkungen gasförmiger Schadstoffe auf den Menschen ist ebenfalls die Herstellung dynamischer Gasmischungen bekannter Zusammensetzung erforderlich. Dies ist vor allem bei der Ermittlung von *Geruchsschwellen* von nicht toxischen Stoffen notwendig, die beim Menschen jedoch eine belästigende Wirkung (vgl. hierzu Kapitel 6) ausüben können. Hierzu bietet man einer bestimmten Zahl von Versuchspersonen an einem *Olfaktometer* den betreffenden gasförmigen Stoff bei einem konstanten Volumenstrom in einer äußerst geringen Konzentration an und steigert diese so lange, bis 50% der Versuchspersonen den Geruch des Stoffes wahrnehmen.

8.2.3 Der Sapromat

Mikroorganismen benötigen zum Abbau organischer Substanzen Sauerstoff. Man benutzt deshalb zur Beschreibung der Abbauleistung einer Wasserprobe durch Mikroorganismen als Meßgröße den *Biochemischen Sauerstoffbedarf* BSB, angegeben in mg O_2/l. Er wird nach einer Konvention als BSB_5 nach 5 Tagen bestimmt (vgl. hierzu Kapitel 3). Gegenüber dem Verbrauch an Kaliumpermanganat ($KMnO_4$) läßt sich mit einem Sapromat [7] der Sauerstoffverbrauch einer Wasserprobe im Laborversuch ermitteln und in Abhängigkeit von der Zeit registrieren. Der Name *Sapromat* orientiert sich an den *Saprobien*, den *Leitorganismen*, die zur Bestimmung der biologischen Gewässergüte dienen.

Das Prinzip des Sapromats basiert auf dem Verfahren der *Coulometrie*. Der für die Mikroorganismen notwendige Sauerstoff wird hierbei elektrolytisch aus Wasser erzeugt (Abbildung 8.9) und der Wasserprobe kontinuierlich angeboten. Verbrauchen die Mikroorganismen Sauerstoff, so wird dieser durch die Elektrolyseeinheit nachgeliefert und die dabei verbrauchte Strommenge registriert.

Für die Gundgleichungen der Elektrolyse zur Sauerstofferzeugung existieren folgende elektrochemische Potentiale:

$$6\,H_2O \longrightarrow O_2 + 4\,H_3O^+ + 4\,e^- \quad (pH = 7) \qquad E^0 = +\,0.82\ V \qquad (8.19)$$

$$4\,OH^- \longrightarrow O_2 + 2\,H_2O + 4\,e^- \qquad E^0 = +\,0.40\ V \qquad (8.20)$$

Die Messung der zur Elektrolyse verbrauchten Strommenge ergibt nach den *Faradayschen Gesetzen* die erzeugte Menge an Sauerstoff:

- *Die bei der Elektrolyse abgeschiedenen Substanzmenge ist der geflossenen Strommenge proportional* (1. Faradaysches Gesetz):

$$G = k \cdot I \cdot t \qquad (8.21)$$

G = Menge der abgeschiedenen Substanz in Gramm
I = Stromstärke
t = Dauer der Elektrolyse

- *Von gleichen Strommengen abgeschiedenen Substanzmengen stehen im Verhältnis ihrer Äquivalentgewichte* (2. Faradaysches Gesetz):

$$k = a \cdot \frac{M}{n} \qquad (8.22)$$

M = Molekulargewicht
n = Anzahl der Elektronen (Wertigkeit)

- *Zur Abscheidung eines Grammäquivalents benötigt man die Strommenge 1 Farad = 96 500 Coulomb* (3. Faradaysches Gesetz):

$$a = \frac{1}{F} \qquad (8.23)$$

F = Faraday-Konstante = 96 500 Coulomb

Hieraus ergibt sich die Grundgleichung der *Coulometrie*:

$$G = k \cdot I \cdot t = \frac{1}{F} \cdot \frac{M}{n} \cdot I \cdot t \qquad (8.24)$$

Aus der verbrauchten Strommenge läßt sich also die Menge an erzeugtem und damit von den Mikroorganismen verbrauchtem Sauerstoff berechnen. Unterliegen die Mikroorganismen aber dem Einfluß von Schadstoffen, so wird sich ihr Entwicklungsverhalten und damit ihr Sauerstoffverbrauch ändern.

In einer Wasserprobe enthaltene Stoffe werden in zwei Gruppen unterteilt:

- Stoffe, die je nach Verdünnung auf die Mikroorganismen abbauhemmend oder abbaufördernd wirken,
- Stoffe (z.B. Metallionen), die in den Stoffwechsel der Bakterien nicht eingehen, aber abbauhemmend bzw. toxisch wirken.

Um beispielsweise ein Abwasser auf die Anwesenheit abbauhemmender Stoffe zu untersuchen [8, 9], werden die Ergebnisse folgender Versuche miteinander verglichen:

- BSB-Kurve eines „Nullwassers", das mit Bakterien geimpft wird und eine Nährlösung (Pepton) enthält. Die erhaltene BSB-Kurve wird als die Pepton-Kurve bezeichnet.
- BSB-Kurve des zu untersuchenden Wassers, das ebenfalls mit Bakterien geimpft wird, dem aber keine Nährlösung (Pepton) zugesetzt wird.
- BSB-Kurve des zu untersuchenden Wassers, das sowohl mit Bakterien geimpft als auch mit Nährlösung (Pepton) versetzt wird.

Enthält die zu untersuchende Wasserprobe keine abbauhemmenden Stoffe, so ergibt die Addition der Peptonkurve mit der BSB-Kurve des nährstofffreien Wassers eine theoretische Kurve, die mit der BSB-Kurve des Wassers identisch ist, das sowohl das zu untersuchende Wasser als auch Pepton enthält. Enthält die Wasserprobe abbauhemmende Stoffe, so ist die BSB-Kurve der Probe, die sowohl das Probenwasser als auch Pepton enthält, nicht mit der theoretischen Kurve identisch, sondern verläuft unterhalb (Abbildung 8.10). Man bezeichnet diese Kurve deshalb auch als eine *Hemmkurve*.

Die erhaltenen Hemmkurve ist nur ein Hinweis auf einen *toxischen Wasserinhaltsstoff*. Zum Beweis der Toxizität bedarf es noch zusätzlicher Untersuchungen, beispielsweise eines Fischtests.
Bei der Untersuchung häuslicher Abwässer kann das Animpfen unterbleiben, da diese schon die entsprechenden Mikroorganismen enthalten. Bei industriellen Abwässern, beispielsweise bei Abwässern der Papierindustrie, ist es jedoch notwendig. Man erzielt ein Animpfen des Probenwassers durch Mischen mit Wasser des Vorfluters oder die Zugabe häuslichen Abwassers.

Mit Sapromat-Versuchen lassen sich ebenfalls die Leistungen von Klärteichen bestimmen, die zur biologischen Reinigung häuslicher Abwässer kleiner Siedlungseinheiten geeignet sind.

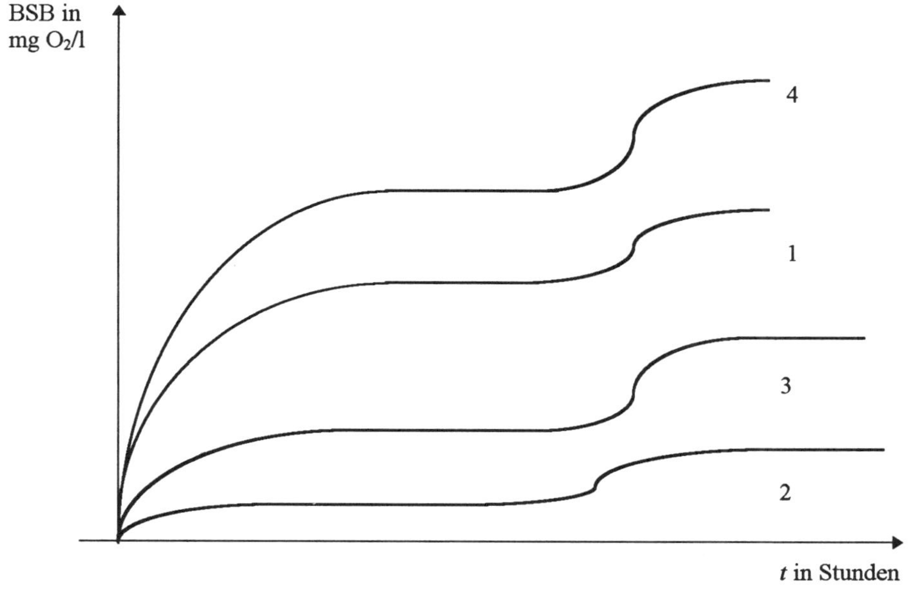

8.10 BSB-Kurven eines Sapromat-Versuchs
1) Verdünnungswasser + Impfbakterien + Pepton = Peptonkurve
2) Verdünnungswasser + Impfbakterien + Wasserprobe
3) Verdünnungswasser + Impfbakterien + Wasserprobe + Pepton = Hemmkurve
4) Verdünnungswasser + Impfbakterien + Wasserprobe + Pepton = BSB-Kurve ohne Hemmung = theoretische Kurve, die sich aus der Addition der Kurven 1 und 2 ergibt

8.3 Verkehrsszenarien

Der *Verkehrsentwicklungsplan* (VEP) ist ein geeignetes Instrument, bereits im Planungsprozeß aktiv auf die Gestaltung der zukünftigen Verkehrsentwicklung einzuwirken. Die Verkehrsentwicklungsplanung verfolgt einen ganzheitlichen, städtebaulich integrierten Planungsansatz und ist auf eine sozial und ökologisch verträgliche kommunale Verkehrspolitik und -planung ausgerichtet. Zielsetzung der Verkehrsentwicklungsplanung ist, die Chancengleichheit aller Verkehrsmittel zu gewähr-

leisten, wobei dem öffentlichen Personennahverkehr (ÖPNV) jedoch Priorität eingeräumt wird. Hierbei sollen die Belange des Verkehrs, der Stadtentwicklung und des Umweltschutzes in ein Gesamtkonzept integriert werden [10].
Die Aufstellung von Verkehrsentwicklungsplänen ist gesetzlich nicht vorgeschrieben, wird jedoch von Landesregierungen zunehmend gefordert [11]. Die Bestandteile eines VEP sind

- Bestandsanalyse des bestehenden Verkehrs,
- Zielsetzung verkehrsplanerischer Maßnahmen und
- Beschreibung der Verkehrsentwicklung anhand von Szenarien.

Die Szenarien beinhalten die Möglichkeit, die Entwicklung der Verkehrssituation jeweils alternativ unter der Annahme zu beschreiben, daß

- die Verkehrssituation sich bei einer ungeänderten Verkehrspolitik weiterentwickelt,
- eine ökologisch orientierte Verkehrspolitik betrieben wird,
- eine Begrenzung des Kfz-Verkehrs angestrebt wird.

Das Gesetz zur *Umweltverträglichkeitsprüfung* [12] schreibt beim Bau von Bundesfernstraßen die Durchführung einer Umweltverträglichkeitsprüfung (UVP) [13] vor. Dagegen ist ein VEP kein UVP-pflichtiges Vorhaben und geschieht nur auf freiwilliger Basis. Die Beurteilung der Umweltverträglichkeit von Auswirkungen des Verkehrsgeschehens auf die Umwelt beinhaltet

- vom Verkehr ausgehende Lärmbelastungen und
- vom Verkehr ausgehende Belastungen durch Luftschadstoffe.

Zur Beurteilung der vom KFZ-Verkehr ausgehenden Belastungen durch Luftschadstoffe wird auf Kapitel 1 sowie auf die Grenzwerte in Kapitel 6 verwiesen. Weiterhin ist die Berücksichtigung emissionsmindernder Maßnahmen, die in Abschnitt 3.5 beschrieben werden, erforderlich. Die hier besprochenen Szenarien berücksichtigen nicht einen anzustrebenden Anteil des KFZ-Verkehrs, der mit schadstofffreien Antriebsystemen, wie sie in Kapitel 9 beschrieben werden, ausgerüstet sind.

8.3.1 Die Beurteilung der vom Verkehr ausgehenden Lärmbelastung

Zur Beurteilung der vom KFZ-Verkehr verursachten *Lärmimmissionen* stehen die 16. Verordnung zur Durchführung des *Bundes-Immissionsschutzgesetzes* (Verkehrslärmschutzverordnung, 16. BImSchV) [14] sowie die Technische Anleitung zum Schutz gegen Lärm (*TA Lärm*) [15] zur Verfügung.

Schall beruht auf Schwingungen einer Schallquelle, die sich in der Luft als wellenförmige Druckschwankungen (*Schallwellen*) ausbreiten. Hierzu muß einer Schallquelle Energie zugeführt werden, die für die Lautstärke verantwortlich ist. Man bezeichnet diese Energie, die pro Zeiteinheit durch eine zur Ausbreitungsrichtung senkrecht angeordnete Flächeneinheit tritt, als die *Schallintensität*:

$$\mathbf{J} = \frac{\mathbf{p}^2}{\rho \cdot c} \tag{8.25}$$

J = Schallintensität
p = Schalldruck
ρ = Dichte der Luft
c = Schallgeschwindigkeit

Hierbei wird bei der vektoriellen Größe **J** nur die Komponente in Richtung der Meßflächennormalen berücksichtigt. Die Schalleistung P einer Schallquelle ist die pro Zeiteinheit abgestrahlte Schallenergie. Schließt man eine Schallquelle vollständig durch eine kugelförmige Hüllfläche S ein und bestimmt auf ihr die räumlich gemittelte Schallintensität $\overline{J}$, so gilt für die *Schalleistung* der Quelle

$$P = \overline{J} \cdot S \tag{8.26}$$

Die Schallintensität bezeichnet die auf eine Fläche einwirkende Schalleistung und wird in W/m^2 angegeben. Durch die Angabe als Pegel können die Schallpegel des Hörbereichs von 0 bis 120 dB (dB = Dezibel) erfaßt werden. Ein Dezibel (dB) ist keine Einheit sondern das Ergebnis einer Rechenvorschrift. Ein Dezibel gibt den dekadischen Logarithmus des Verhältnisses zweier Intensitäten wieder.

Der *Schalldruckpegel* ist definiert als

$$L_p = 10 \cdot \lg\left(\frac{p^2}{p_0^2}\right) \text{ dB} \tag{8.27}$$

$p_0 = 2 \cdot 10^{-5}\ Pa$ = Bezugsschalldruck

Der *Schallintensitätspegel* ist definiert als

$$L_J = 10 \cdot \lg\left(\frac{J}{J_0}\right) \text{ dB} \tag{8.28}$$

$J_0 = 1 \cdot 10^{-12}\ W/m^2$ = Bezugsschallintensität

Für die Hörschwelle bei $10^{-12}\ W/m^2$ ergibt sich ein Schallintensitätspegel von 0 dB und für die Schmerzgrenze bei $1\ W/m^2$ ein Schallintensitätspegel von 120 dB.

Der *Schalleistungspegel* ist definiert als

$$L_W = 10 \cdot \lg\left(\frac{P}{P_0}\right) \quad \text{dB} \tag{8.29}$$

$P_0 = 1 \cdot 10^{-12}$ W = Bezugsschalleistung

Mit zunehmendem Schalldruck steigt das Lautstärkeempfinden des Menschen. Er empfindet bei gleichem Schalldruck Töne des mittleren Frequenzbereichs lauter als Töne tiefer und sehr hoher Frequenzen. Um die frequenzabhängige Empfindlichkeit des menschlichen Gehörs zu berücksichtigen, wird der A-bewertete Schalldruckpegel bestimmt, der mit dB(A) abgekürzt wird. Bei der A-Bewertung wird die Empfindlichkeitskurve des menschlichen Gehörs im Bereich niedriger Lautstärken annähernd nachgebildet, um eine gehörgerechte Lautstärkebeurteilung zu ermöglichen.

Wird die Schalleistung einer Quelle mit 70 dB(A) angenommen und einem Kfz gleichgesetzt (= Verkehrsmenge), so verhält sich die Zunahme der Verkehrsmenge nicht linear zum Schallpegel [16]. Eine Zunahme des Schallpegels um 10 dB(A) entspräche einer Verzehnfachung der Verkehrsmenge und würde vom Menschen als eine Verdoppelung der subjektiv wahrgenommenen Lautstärke wahrgenommen (Tabelle 8.2).

Die zeitlich schwankenden Geräuschpegel des Verkehrs werden in dem Mittelungspegel L_m zusammengefaßt. In ihn gehen Stärke und Dauer jedes Einzelgeräuschs ein, wobei besonders Pegelspitzen berücksichtigt werden. Der *energieäquivalente Mittelungspegel* ist nach DIN 45 641 definiert als

$$L_m = \frac{q}{0.3} \lg\left[\frac{1}{T}\int_0^T 10^{0.1 \cdot L(t)/dB}\, dt\right] \tag{8.30}$$

$L(t)$ = Schalldruckpegel zur Zeit t
T = betrachtetes Zeitintervall
q = Halbierungsparameter

Tabelle 8.2 Abhängigkeit des Schallpegels sowie des subjektiven Lautstärkeempfindens des Menschen von der Verkehrsmenge

Verkehrsmenge in Anzahl Kfz	Schallpegel in dB(A)	Lautstärkeempfinden des Menschen
1	70	
2	73	gerade wahrnehmbar
4	76	
10	80	doppelt so laut
100	90	
1000	100	

Der Halbierungsparameter q besagt, daß eine Halbierung der schädigenden Einwirkung angenommen wird, wenn der Pegel um 3 dB(A) abgesenkt wird. Für q wird deshalb der Zahlenwert 3 eingesetzt. Für andere Lärmarten als Verkehrslärm (z.B. Fluglärm) können für q auch Werte von 4 oder 5 eingesetzt werden.

Für den von Kraftfahrzeugen ausgehenden Lärm sind EG-einheitliche Immissionsgrenzwerte festgelegt [16]. Diese sind in Tabelle 8.3 zusammengefaßt und den Zielwerten für 1995/96 gegenübergestellt. Die aufgeführten Mittelungspegel wurden bei beschleunigter Vorbeifahrt in 7.5 m Abstand gemessen [17].

Tabelle 8.3 Mittelungspegel und Grenzwerte für verschiedene Fahrzeugarten

Fahrzeugart	Mittelungspegel in dB(A)	Grenzwert (1990) in dB(A)	Zielwert (1995/96) in dB(A)
PKW	75	77	74
Busse > 150 kW	79	83	80
Kleinbusse > 2 t	78	79	77
LKW > 3.5 t < 75 kW	81	81	77
LKW 75 kW bis 150 kW	84	83	78
LKW > 150 kW	86	84	80

Nach Tabelle 8.3 entspricht der Lärmpegel eines LKW dem Lärmpegel von zehn PKW. In Tabelle 8.4 sind die spezifischen Geräuscharten [18] zusammengefaßt.

Die Lärmwirkungen sind neben der Schallintensität von der Frequenz, der Dauer und dem Zeitpunkt der Einwirkung, vom zeitlichen Verlauf und von subjektiven Faktoren abhängig. Die Immissionsgrenzwerte der 16. BImSchV [14] sind in Tabelle 8.5 zusammengefaßt.

Tabelle 8.4 Geräuscharten und spezifische Auswirkungen

Geräuschart	dB(A)	Auswirkungen
Düsenflugzeug	130	
Propellerflugzeug	120	Schmerzgrenze
Preßlufthammer	110	
Industriearbeitsplatz	100	
Autohupe	90	Hörschäden
Schwerlastverkehr	80	
Pkw in 10 m Abstand	70	
Bürolärm	60	Physiologische Reaktionen
Normale Unterhaltung	50	
Wohngeräusche	40	Psychische Reaktionen
Flüstern	30	
Blätterrauschen	20	
Wassertropfen	10	
Hörschwelle	0	

Zur Beurteilung der negativen Auswirkungen von Geräuschen werden die Beurteilungspegel erfaßt, die Dauer, Zeitpunkt, Häufigkeit des Auftretens sowie die Art der Geräuschquelle und die Frequenzzusammensetzung berücksichtigen.

Tabelle 8.5 Immissionsgrenzwerte der 16. BImSchV [14] für Verkehrslärm

Nutzungs- und Gebietstyp	Grenzwerte in dB(A) Tag	Nacht
Krankenhäuser, Schulen, Kurheime, Altenheime	57	47
reine und allgemeine Wohngebiete und Kleinsiedlungsgebiete	59	49
Kern-, Dorf- und Mischgebiete	64	54
Gewerbegebiete	69	59

Der *Beurteilungspegel* L_r (englisch : rating level) basiert auf dem *Wirkpegel* L_{eq}. Dieser wird durch das *Takt-Maximalpegel-Verfahren* (TMPV) ermittelt. Das TMPV ist in der TA Lärm und der VDI-Richtlinie 2058 enthalten. Es dient zur Bewertung schneller Pegeländerungen mit kurzzeitigen hohen Spitzen. Hierbei werden die Pegel in Klassen mit einer Breite von 2.5 oder 5 dB eingeteilt und die Zeitachse in Takte von 5 Sekunden. In jedem Takt wird der in ihm erreichte Maximalpegel für den gesamten Takt gewertet. Der Beurteilungspegel wird für eine bestimmte Beurteilungszeit T_r ermittelt und enthält zusätzliche subjektive Zu- oder Abschläge.

Der Beurteilungspegel dient zum Vergleich mit den relevanten Richtwerten und ist definiert als

$$L_r = 10 \cdot \lg\left[\frac{1}{T_r}\sum_{i=1}^{n} t_i \cdot 10^{0.1 \cdot L_{eqi} + K_T}\right] \tag{8.31}$$

T_r = Beurteilungszeit, bei Taglärm 16 Stunden, bei Nachtlärm die ungünstigste Stunde zwischen 22 und 6 Uhr

t_i = äquivalente Einwirkzeit, wobei $g \cdot t = \text{const.}$ (g = Bewertungsfaktor)

L_{eq} = nach dem TMPV ermittelter Wirkpegel

K_T = subjektiver Zuschlag bei besonders hervortretenden Einzelfrequenzen

Beim Zusammenwirken mehrerer unabhängiger Schallquellen addieren sich die Schallintensitäten. Für den resultierenden *Summenpegel* gilt

$$L_\Sigma = 10 \cdot \lg\left(\frac{1}{J_0}\right) \cdot \left(J_1 + J_2 + J_3 + \ldots\ldots\ldots\right) \tag{8.32}$$

Demnach ergibt eine Verzehnfachung der Schallintensität eine Erhöhung des Schallintensitätspegels bzw. Schalldruckpegels um 10 dB, eine hundertfache Vergrößerung eine Erhöhung um 20 dB. Eine Vergrößerung des Summenpegels durch Addition der Schallpegel hingegen um 3 dB entspricht einer Verdoppelung der Schallintensität. Emissionsmindernde Maßnahmen sind deshalb bei den lautesten Quellen am effektivsten.

8.3.2 Die Bestandsanalyse einer Verkehrssituation

Die Beurteilung einer Umweltbeeinflussung, die von einer Verkehrssituation ausgeht, erfordert:

- Berechnung der vom Verkehr verursachten Lärmimmissionen,
- Berechnung der vom Verkehr ausgehenden Schadstoffemissionen und
- Anfertigung einer Potentialanalyse.

Die *Lärmbelastungen* werden nach den RLS 90, den Richtlinien für den Lärmschutz an Straßen [19] ermittelt. Dieses Verfahren ist Bestandteil der 16. BImSchV. Danach werden die Beurteilungspegel in dB(A) für ausgewählte repräsentative Immissionsstandorte ermittelt und zur Bewertung mit den Grenzwerten der 16. BImSchV verglichen, wobei Überschreitungen in Klassen eingeteilt werden.

Die vom KFZ-Verkehr erzeugten Schallemissionen werden durch den Emissionspegel $L_{m,E}$ beschrieben. Hierbei handelt es sich um einen Mittelungspegel in 25 m Abstand von seiner Achse bei freier Schallausbreitung. Der hierfür maßgebende Emissionsort (Schallquelle) wird in 0.5 m Höhe über der Fahrbahnmitte angenommen. Der *Emissionspegel* wird hierbei aus der Verkehrsstärke, dem LKW-Anteil, der zulässigen Höchstgeschwindigkeit und der Straßenoberfläche berechnet:

$$L_{m,E} = L_m^{(25)} + D_V + D_{Stro} + D_{Stg} + D_E \tag{8.33}$$

$L_m^{(25)}$ = Mittelungspegel in 25 m Abstand
D_V = Korrektur für unterschiedliche zulässige Höchstgeschwindigkeiten
D_{Stro} = Korrektur für unterschiedliche Straßenoberflächen
D_{Stg} = Zuschlag für Steigungen und Gefälle
D_E = Korrektur für Spiegelschallquellen

Der *Mittelungspegel* $L_m^{(25)}$ ist hierbei

$$L_m^{(25)} = 37.3 + 10 \cdot \lg[M \cdot (1 + 0.082p)] \qquad (8.34)$$

M = stündliche Verkehrsstärke
p = LKW-Anteil in %

Auf die Korrekturglieder D_V, D_{Stro}, D_{Stg} und D_E (vgl. RLS 90) soll hier nicht näher eingegangen werden. Sie sind nach ähnlichen Formeln wie der Mittelungspegel zu berechnen.

Die Höhe des Schallpegels am Immissionsort hängt weiterhin vom Abstand zwischen dem Immissionsort und dem Emissionsort, von der Höhe des Strahls über dem Boden, Reflexionen durch Häuserwände und Abschirmungen durch Gebäude, Lärmschutzwände usw. ab.

Zum Vergleich mit den Immissionsgrenzwerten dient der *Beurteilungspegel* L_r. Dieser ergibt sich aus dem Mittelungspegel L_m und wird beispielsweise für eine Straßenkreuzung berechnet nach

$$L_r = L_m + K \qquad (8.35)$$

wobei K ein Zuschlag für die Einwirkung der Straßenkreuzung in dB(A) ist, der selbst wiederum vom Abstand des Immissionsortes von der Kreuzung abhängt.

Zur Bewertung der vom KFZ-Verkehr erzeugten Lärmimmissionen ist es also notwendig, einerseits die Verkehrszusammensetzung und die Fahrmodi zu kennen und andererseits sowohl die Emissionsquelle (Straßenführung) als auch alle möglichen Einwirkungen auf die Schallausbreitung vom Emissionsort hin zum ausgewählten und repräsentativen Immissionsort zu kennen und zu berücksichtigen.

Die vom Verkehr ausgehenden Emissionen an gasförmigen Schadstoffen werden für die Fahrzeugarten

- PKW,
- LKW,
- Krafträder und
- Mopeds

ermittelt. Hierfür sind Angaben über das Verkehrsaufkommen, die prozentuale Verteilung der Fahrmodi und die Fahrleistungen notwendig, wobei die Berechnung der Emissionsmengen an Luftschadstoffen nach der Formel

$$\text{Emissionsmenge} = \text{Fahrleistungen} \cdot \text{Emissionsfaktor} \quad \text{in kg/d} \qquad (8.36)$$

und die hierzu notwendigen Fahrleistungen nach der Formel

$$\text{Fahrleistungen} = \text{Verkehrsstärke} \cdot \text{Streckenabschnitt} \quad \text{in Fzg} \cdot \text{km} \qquad (8.37)$$

erfolgt. Die *Emissionsfaktoren* [20] sind in Tabelle 8.6 zusammengefaßt.

Tabelle 8.6 Abgas-Emissionsfaktoren

Schadstoff-emissionen	PKW/Kombi				motorisierte Zweiräder		LKW
	inner-orts	außer-orts	Auto-bahnen	alle Straßen	Mopeds Mofas	Kraft-räder	
NO_2 (g/km)	1.41	1.61	2.90	2.15	1.20	0.20	13.3
CO_2 (g/km)	285	202	245	238	47	131	695
HC (g/km)	1.68	0.81	0.81	0.98	3	4.50	2.80

Die *Potentialanalyse* untersucht Veränderungspotentiale zur Minderung des Verkehrs. Hierbei werden der

- beeinflußbare Verkehr und der
- nicht beeinflußbare Verkehr

voneinander unterschieden. Hierzu ist die Analyse von Verkehrsströmen notwendig. Der beeinflußbare Verkehr wird von den Bewohnern einer Region verursacht. Innerhalb eines Beurteilungsgebietes unterscheidet man wiederum zwischen

- Quellverkehr,
- Zielverkehr und
- Binnenverkehr.

Der nicht beeinflußbare Verkehr ist der sogenannte Durchgangsverkehr. Der Lkw-Verkehr gilt generell als nicht beeinflußbar, es sei denn, es werden Veränderungspotentiale wie die Verlagerung des Gütertransportes auf den Schienenverkehr mit einbezogen. In die Potentialanalyse fließen Mobilitäts- und Gebietsstrukturdaten der Region ein.

8.3.3 Die Erstellung von Verkehrsszenarien

Verkehrsszenarien bauen auf einer Bestandsanalyse sowie auf einer Potentialanalyse auf und beschreiben mögliche Entwicklungen, wobei die Randbedingungen variiert werden. Verkehrsszenarien weisen die Besonderheit auf, daß sie anhand variabler Randbedingungen, die größtenteils Hypothesen beinhalten, zu scheinbar konkreten Aussagen gelangen, die durch Zahlenwerte vorgetäuscht werden. Die Aussagen eines Verkehrsszenarios besteht nicht im Zahlenwert, sondern in dessen relativer Änderung zum Bezugswert der Bestandsanalyse.

Man unterscheidet folgende Typen von *Verkehrsszenarien*:

- Trendszenarien,
- Gestaltungsszenarien und
- Erweiterungsszenarien.

Beim *Trendszenario* geht man von einer nicht beeinflußbaren Entwicklung des Verkehrsgeschehens aus. Die Rahmenbedingungen sind dabei absehbar und die Verkehrspolitik bleibt unverändert. Hierzu gehören folgende Annahmen:

- Die Kosten für Kraftfahrzeuge und Treibstoffe entwickeln sich normal weiter.
- Die technische Entwicklung der Kraftfahrzeuge erfährt hinsichtlich Größe und kW-Zahl keine entscheidende Änderung.
- Die Entwicklung der Pendlerzahlen erfährt keine Änderung.

Das *Gestaltungsszenario* entwickelt alternative Verkehrssituationen unter der Annahme, daß Maßnahmen zur Förderung des ÖPNV ergriffen werden. Hierzu gehören folgende Annahmen:

- Die Motorisierung nimmt langsamer zu.
- Die Förderung des ÖPNV umfaßt auch eine Vergrößerung der Transportkapazitäten und eine Erweiterung des Streckennetzes.
- Die Entwicklung des ÖPNV wird mit der Siedlungsentwicklung koordiniert.

Das *Erweiterungsszenario* geht davon aus, daß zusätzlich zu den Annahmen des Gestaltungsszenarios politische Entscheidungen hinsichtlich einer Begrenzung des Kraftfahrzeugverkehrs getroffen werden. Hierzu gehören folgende Annahmen:

- Die Mineralölsteuer wird erhöht.
- Steuerliche Vergünstigungen entfallen.
- Parkgebühren werden drastisch erhöht.
- Der Ausbau des Straßennetzes wird nicht fortgeführt.
- Die zulässigen Höchstgeschwindigkeiten werden herabgesetzt.
- Verschärfte Abgasnormen werden schneller umgesetzt.
- Der Motorisierungsgrad steigt nicht weiter an.

Alle drei Szenarientypen beinhalten die Änderungen der Emissionsfaktoren, wobei von einer nach dem Jahr 2000 fast vollständig vollzogenen Ausstattung der PKW mit Abgaskatalysatoren ausgegangen wird.

Bedauerlich ist die Tatsache, daß im Vergleich zu den verkehrspolitischen Leitlinien des Staates Kalifornien in Deutschland derzeit noch nicht über einen anzustrebenden prozentualen Anteil von Fahrzeugen mit schadstofffreien Antrieben an der Zahl zugelassener PKW nachgedacht wird.

Die Auswertung der Ergebnisse eines Verkehrsszenarios geschieht

- punktuell für die Lärmimmissionen und
- flächenhaft für die Schadstoffemissionen.

Hinsichtlich der Lärmimmissionen ist die Aussagekraft abhängig von der Zahl der repräsentativen Berechnungspunkte. Weiterhin ist die Repräsentativität entscheidend. Sie ist die grundlegende Voraussetzung für die Genauigkeit der Aussage. Die Repräsentativität der Berechnungspunkte muß deshalb vor der Immissionsberechnung erst anhand der Potentialanalyse überprüft werden.

Zur Bewertung der Schadstoffemissionen eignet sich die graphische Darstellung, wobei das Meßtischblatt 1:100000 in der Regel zur Anwendung kommt. Hierbei werden für jeden Schadstoff Emissionsflächen definiert, für die eine mittlere Emissionsmenge in t/a angegeben wird. Als Emissionsflächen eignen sich Verwaltungsgrenzen, z.B. Kreisgrenzen, und quadratische Einheitsflächen mit 1 km Kantenlänge, wie sie als Beurteilungsgebiete nach TA Luft im Genehmigungsverfahren des Bundes-Immissionsschutzgesetzes verpflichtend vorgeschrieben sind und für die auch die Immissionsgrenzwerte der TA Luft gelten. Die Eckpunkte der Einheitsflächen sind die Schnittpunkte der Gauß-Krüger-Koordinaten. Für großräumige Verkehrsszenarien sind an Verwaltungsgrenzen orientierte Emissionsflächen ausreichend. Für Verkehrsszenarien in Ballungsgebieten sind jedoch quadratische Einheitsflächen anzuwenden. In diesem Fall weist die graphische Aussage eine ausreichende Feinstruktur auf, die eine Anwendung von Klassierungen und ihre farbliche Darstellung rechtfertigt. Diese Darstellungsmethode ermöglicht die Präsentation der Ergebnisse in überschaubarer Form. Darüber hinaus sind diese Daten leichter in Datenbanken zu speichern und können mit den Daten aus Luftreinhalteplänen, die nach §47 BImSchG von den Ländern erstellt werden müssen, korreliert werden.

8.4 Umweltszenarien

Die in den vorangehenden Abschnitten beschriebenen Umweltsimulationen, die Laborexperimente eingeschlossen, versuchen, anhand physikalischer Gesetzmäßigkeiten in der Natur ablaufende Vorgänge nachzuvollziehen, wobei die Parameter statisch sind. Die Ergebnisse sind demnach auch auf die jeweilige Fragestellung beschränkt. Szenarien hingegen versuchen, dynamische Systeme zu beschreiben, d.h. die Auswirkungen zu untersuchen, die durch die Variation einzelner Größen hervorgerufen werden. Hierbei bedient man sich mathematischer Modelle, wie das in Kapitel 2 beschriebene *Lotka-Volterra-Modell.*

Der Übergang zwischen Simulationen und Szenarien ist jedoch fließend. Innerhalb der Verkehrsszenarien hat das Trendszenario noch den Charakter einer Simulation. Ein Szenario, wie es in Kapitel 2 anhand des Räuber-Beute-Modells beschrieben wird, nennt der Autor des darauf aufbauenden Computer-Szenarios, H. Bossel [21, 22], eine Umweltsimulation, obwohl es lediglich von mathematischen Formulierungen dynamischer Prozesse ausgeht und nicht die Variation physikalischer Größen, wie z.B. der Temperatur, oder chemischer Parameter, wie z.B. des Nährstoffgehaltes, in die Nahrungsgrundlage (Weidekapazität) einer Population mit einbezieht.

Mathematische Umweltszenarien gehen von Rechenmodellen aus, z.B. dem *Lotka-Volterra-Modell* oder dem *Holling-Tanner-Modell* (Kapitel 2). Die darauf aufbauenden Szenarien werden in zwei Schritten vollzogen:

- Formulierung eines Wirkungsdiagramms und
- Formulierung eines Simulationsdiagramms.

Das *Wirkungsdiagramm* beschreibt in graphischer Form den funktionalen Zusammenhang der einzelnen Systembausteine:

- Parameter,
- exogene Größen,
- Zustandsgrößen,
- Veränderungsparameter der Zustandsgrößen und
- Zwischengrößen.

Parameter bleiben über den Beobachtungszeitraum konstant. Hierunter fallen z.B. Naturkonstanten wie die Sonneneinstrahlung. Exogene Größen sind Veränderliche, die auf das System einen Einfluß nehmen (z.B. Niederschläge), vom System aber nicht beeinflußt werden. *Zustandsgrößen* sind Bestands- oder Speichergrößen und beschreiben den Zustand des Gesamtsystems. Sie werden durch Messung ermittelt (z.B. Biomasse) und sind manchmal nicht direkt erkennbar, wie beispielsweise die kinetische Energie. Die *Veränderungsparameter der Zustandsgrößen* bestimmen, ob und wie diese Größen zunehmen oder abnehmen. *Zwischengrößen*, wie z.B. der Nahrungsmittelverbrauch, verändern sich mit der Zeit, lassen sich aber aus den Zustandsgrößen berechnen.

F. Vester beschrieb schon in „Neuland des Denkens" [23] die Möglichkeit, dynamische Systeme mit Computern zu erfassen und zu beschreiben. Voraussetzung für eine Computersimulation ist die Aufstellung eines Wirkungsdiagramms, in dem alle Größen erfaßt werden. In Abbildung 8.18 wird dies am Beispiel des Energieflusses in einem aquatischen Ökosystem [25] demonstriert.

Ausgehend von dem Wirkungsdiagramm werden die funktionalen Zusammenhänge in einem *Simulationsdiagramm* anhand einer Symbolik [26] formuliert, die es gestattet, das Diagramm in eine Computersimulation umzusetzen (Abbildung 8.19). Die Umsetzung des Funktionsdiagramms aus Abbildung 8.18 in ein Simulationsdiagramm ist in Abbildung 8.20 dargestellt.

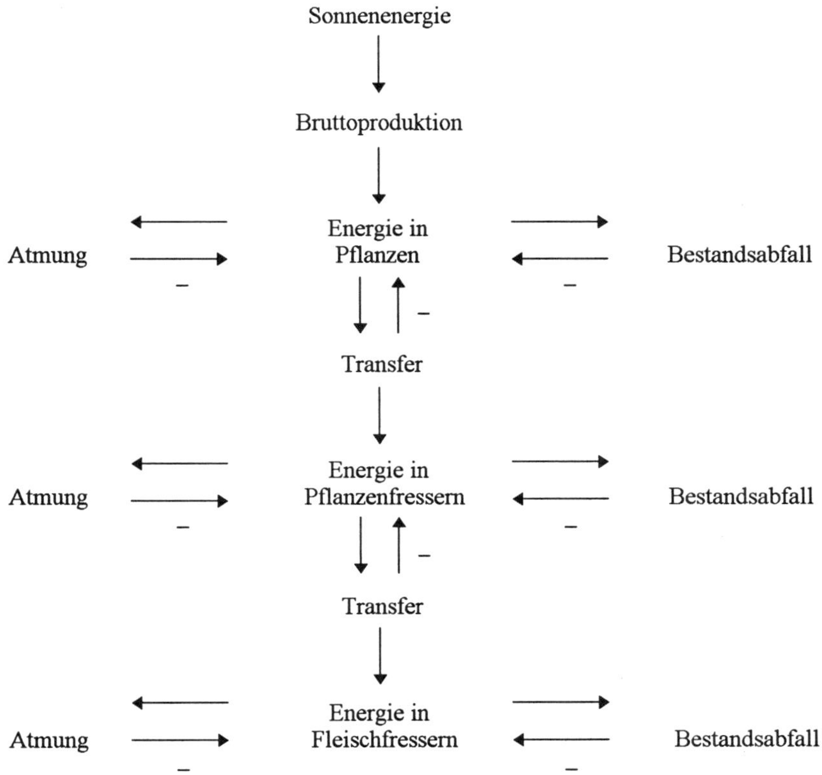

8.18 Wirkungsdiagramm für die Energieflüsse in einem aquatischen Ökosystem nach Bossel [21]. Atmung und Bestandsabfall stellen dabei jeweils Energieverluste dar, bei denen Energie in der Umwelt „verschwindet“. Der Energietransfer z.B. zwischen Pflanzen und Pflanzenfressern hingegen bedeutet für die Pflanzenfresser einen Energiegewinn.

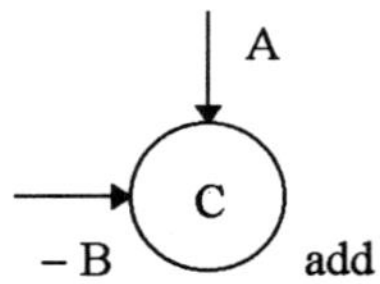

Addition: $C = A - B$

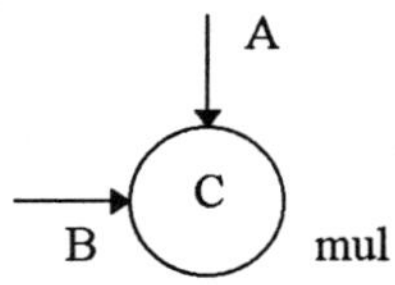

Multiplikation: $C = A \cdot B$

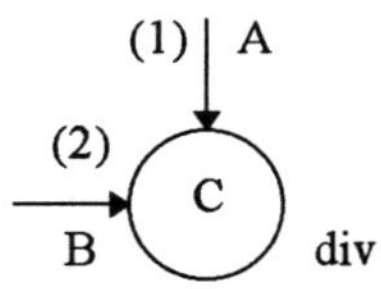

Division: $C = \frac{A}{B}$

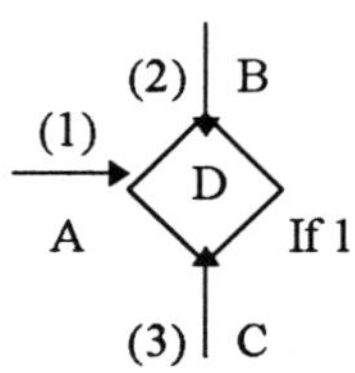

Logikfunktion:

If $A \geq 0$ then $D = B$
If $A < 0$ then $D = C$

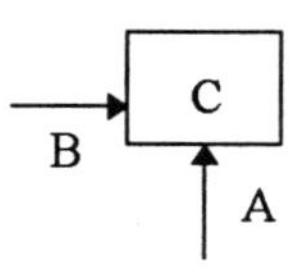

Integration:

$$C_2 = C_1 + DT \cdot (A + B)$$

C_2 = neuer Wert
C_1 = alter Wert
DT = Zeitschritt
A und B = Raten

8.19 Formulierungen der Funktionsblöcke in einem Simulationsdiagramm nach Bossel [21]

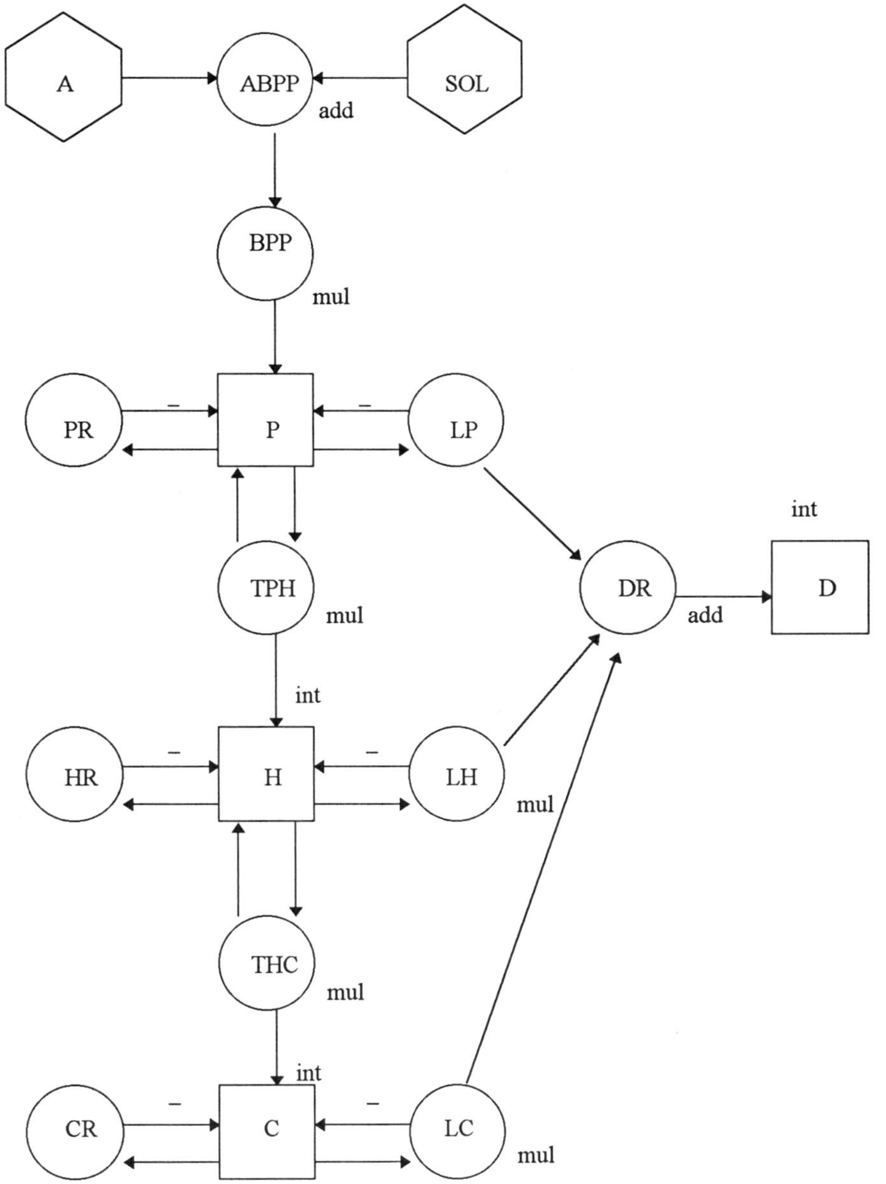

8.20 Funktionsblöcke des Simulationsdiagramms für den Energiefluß eines aquatischen Ökosystems nach Bossel [21] anhand des Wirkungsdiagramms in Abbildung 8.17. Die Zahlenwerte für die einzelnen Programmverknüpfungen sind nicht abgebildet, ebenso die Anfangswerte für die Bestandsgrößen.

Die in Abbildung 8.20 enthaltenen Größen sind wie folgt abgekürzt:

SOL	=	Sonnenenergie
A	=	relativer Anfangswert für den Bestand
ABPP	=	Energie der anfänglichen Bruttoprimärproduktion in $cal/cm^2 \cdot a$
BPP	=	Energie der Bruttoprimärproduktion in $cal/cm^2 \cdot a$
C	=	Energie des Fleischfresserbestandes in cal/cm^2
CR	=	Atmungsrate der Fleischfresser in $cal/cm^2 \cdot a$
D	=	Bestandsabfall in cal/cm^2
DR	=	Bestandsabfallrate in $cal/cm^2 \cdot a$
H	=	Energie des Pflanzenfresserbestandes in $cal/cm^2 \cdot a$
HR	=	Atmungsrate der Pflanzenfresser in $cal/cm^2 \cdot a$
LC	=	Bestandsabfallrate der Fleischfresser in $cal/cm^2 \cdot a$
LH	=	Bestandsabfallrate der Pflanzenfresser in $cal/cm^2 \cdot a$
LP	=	Bestandsabfallrate der Pflanzen in $cal/cm^2 \cdot a$
P	=	Energie des Pflanzenbestandes in cal/cm^2
PR	=	Atmungsrate der Pflanzen in $cal/cm^2 \cdot a$
THC	=	Energietransferrate von Pflanzenfressern zu Fleischfressern in $cal/cm^2 \cdot a$
TPH	=	Energietranferrate von Pflanzen zu Pflanzenfressern in $cal/cm^2 \cdot a$

Die graphische Darstellung der Simulationsergebnisse ist in Abbildung 8.21 für den zeitlichen Verlauf der Energie des Pflanzenfresserbestandes und in Abbildung 8.22 für deren Abhängigkeit von der Energie des Pflanzenbestandes vorgenommen worden.

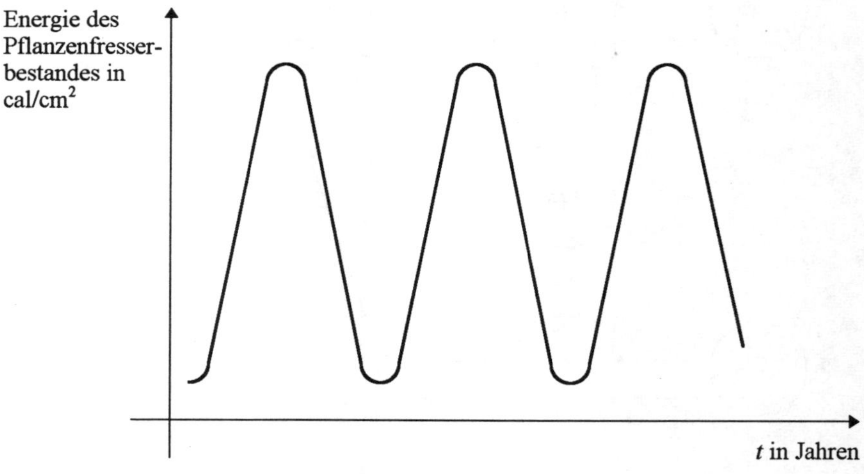

8.21 Graphische Darstellung der Ergebnisse des Simulationsexperimentes aus Abbildung 8.20 für den zeitlichen Verlauf der Energie des Pflanzenfresserbestandes nach Bossel[21]

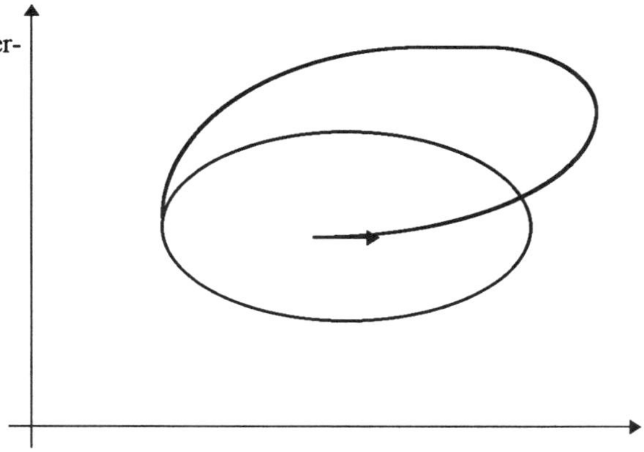

8.22 Graphische Darstellung der Ergebnisse des Simulationsexperimentes aus Abbildung 8.20 für die Abhängigkeit der Energie des Pflanzenfresserbestandes von der Energie des Pflanzenbestandes nach Bossel [25]

Die in den Abbildungen 8.21 und 8.22 graphisch dargestellten Simulationsergebnisse, wobei die Simulation den Charakter eines Szenarios hat, sind identisch mit den Ergebnissen der in Kapitel 2 beschriebenen interaktiven Prozesse nach den *Modellen von Lotka-Volterra* und *Holling-Tanner*.

Komplexe Szenarien beschreiben beispielsweise die Entwicklung der Weltbevölkerung unter Berücksichtigung der Nahrungsmittelproduktion und der Umweltverschmutzung. Am bekanntesten ist das Szenario *WORLD3* von Forrester [24], das besonders Wachstumsbeschränkungen bei der Entwicklung der Weltbevölkerung durch die Anwendung verbesserter Technologien untersucht.

Literatur

1 *Gesetz zum Schutz vor schädlichen Umwelteinwirkungen durch Luftverunreinigungen, Geräusche, Erschütterungen und ähnliche Vorgänge (Bundes-Immissionsschutzgesetz – BImSchG)* vom 14.05.1990, BGBl. I S. 880, zuletzt geändert durch Gesetz vom 27.06.1994, BGBl. I S. 1440.

2 *Vierte Verordnung zur Durchführung des Bundes-Immissionsschutzgesetzes (Verordnung über genehmigungsbedürftige Anlagen – 4.BImSchV)* vom 25.07.1985, BGBl. I S. 1586, zuletzt geändert durch Verordnung vom 26.10.1993, BGBl. I S. 1782.

3 *Erste allgemeine Verwaltungsvorschrift zum Bundes-Immissionsschutzgesetz (Technische Anleitung zur Reinhaltung der Luft – TA Luft)* vom 27.02.1986, GMBl. S. 95, berichtigt S. 202.

4 J. Fath, P.-G. Lühring; *Ausbreitungsrechnung nach TA Luft – Anwenderhandbuch zur Durchführung mit dem Programmsystem AUSTAL 86.* Materialien des Umweltbundesamtes 2/87. Erich Schmidt Verlag, Berlin 1987.
5 Benutzerhandbuch IMMPROG; *Immissionsprognosen für Punkt- und Linienquellen.* AirInfo AG, Großaffoltern/Schweiz 1992.
6 J. Löbel; *Simulationen von photochemischem Smog in einem 4251-Reaktor.* Dissertation an der Universität Bonn 1976.
7 Sapromat der Firma J. M. Voith, Heidenheim a. d. Brenz.
8 K. Offhaus; *Die Bewertung von Abwasser unter besonderer Berücksichtigung des biologisch abbaubaren Anteils und der Toxizität.* Die Wasserwirtschaft 55 (1965), S. 220-229.
9 R. Wagner; *Untersuchungen über das Abbauverhalten organischer Stoff mit Hilfe der respirometrischen Verdünnungsmethode.* Vom Wasser 1974, Bd. II. Verlag Chemie, Weinheim 1974.
10 B. Schulze; *Umweltverträglichkeitsstudie im Rahmen des Verkehrsentwicklungsplanes Rheinisch Bergischer Kreis.* Fachhochschule Rheinland-Pfalz, Abteilung Bingen, Diplomarbeit 1994.
11 Institut für Landes- und Stadtentwicklungsforschung des Landes Nordrhein-Westfalen (ILS); *Bausteine für die Planungspraxis in NRW.* Kommunale Verkehrsentwicklungsplanung, Dortmund 1991.
12 *Gesetz über die Umweltverträglichkeitsprüfung (UVP)* vom 12.02.1990, BGBl. I S. 205, zuletzt geändert durch Gesetz vom 27.12.1993, BGBl. I S. 2378, nach Artikel 14 des Gesetzes zur Umsetzung der Richtlinie 85/337/EWG des Rates vom 27.06.1985 über die Umweltverträglichkeitsprüfung.
13 Verein zur Förderung der Umweltverträglichkeitsprüfung; *UVP-Gütesicherung, Qualitätskriterien zur Durchführung von Umweltverträglichkeitsprüfungen.* Dortmund 1992.
14 *Sechzehnte Verordnung zur Durchführung des Bundes-Immissionsschutzgesetzes (Verkehrslärmschutzverordnung – 16.BImSchV)* vom 12.06.1990, BGBl. I S. 1036.
15 *Technische Anleitung zum Schutz gegen Lärm – TA Lärm* – vom 16.07.1968, Banz. Nr. 137
16 Der Bundesminister des Innern; *Was Sie schon immer über Lärmschutz wissen wollten.* Stuttgart 1982.
17 M. Bank; *Basiswissen Umwelttechnik.* Vogel Buchverlag, Würzburg 1993.
18 Ministerium für Umwelt, Arbeit, Soziales, Familie und Gesundheit des Landes Rheinland-Pfalz; *Lärmschutz im Betrieb.* Mainz 1991.
19 Der Bundesminister für Verkehr; *Richtlinien für den Lärmschutz an Straßen, RLS-90.* Allgemeines Rundschreiben Straßenbau Nr. 8/1990.
20 Forschungsgesellschaft für Straßen- und Verkehrswesen; *Merkblatt über Luftverunreinigungen an Straßen.* Köln, 1982.
21 H. Bossel; *Umweltdynamik.* te-wi Verlag GmbH, München 1985.
22 L. Albertin u. N. Müller; *Umfassende Modellierung regionaler Systeme – Probleme, Modelle, Praxisbezug.* Verlag TÜV Rheinland GmbH, Köln 1981.

23 F. Vester; *Neuland des Denkens.* Deutsche Verlagsanstalt GmbH, Stuttgart 1980.

24 D.H. Meadows, D.L. Meadows u. J. Randers; *Die neuen Grenzen des Wachstums.* Deutsche Verlags-Anstalt 1992.

9 Zukunftsweisende Technologien

Zur Lösung der in den vorangehenden Kapiteln beschriebenen Umweltprobleme sind meist neue Technologien notwendig, da mit den vorhandenen oft nicht mehr die gewünschte Effektivitätssteigerung erzielt werden kann oder ihre Anwendung ökonomisch nicht sinnvoll ist. Hierzu sollen einige Beispiele aus den Bereichen Rohstoffe, Energie und Verkehr besprochen werden.

Die Lösungen der Probleme erfordern oft bereichsübergreifende Technologieanwendungen, welche eine Kommunikationsfähigkeit der Naturwissenschaftler und Ingenieure als unabdingbar voraussetzt. Während dies noch am ehesten realisierbar ist, eröffnen sich schon größere Probleme, wenn es darum geht, ökologische Notwendigkeiten gleichermaßen als zwingend zu erkennen und einzustufen. Als größtes Hindernis stellt sich jedoch die vermeintlich hohe Lernfähigkeit einer Industriegesellschaft heraus, wenn es darum geht, umzudenken und neue Wege einzuschlagen.

Die am wenigsten problematische Möglichkeit zur Einführung neuer Technologien stellt die Ausnutzung eines Generationenzyklus dar: Unsere Kinder werden später über die Nutzung von Antriebsystemen im Straßenverkehr anders denken als wir, wenn sie schon in ihrer eigenen Kindheit mit dieser Denkweise konfrontiert wurden. Bleiben wir doch gerade bei diesem Beispiel. Nicht nur mentale Widerstände in der Bevölkerung würden den generellen Umstieg auf langsam fahrende wasserstoffgetriebene Kraftfahrzeuge schon zum Jahre 2000 unmöglich machen. Eine Schlüsselwirtschaft unserer Industriegesellschaft wie die Automobilindustrie kann nicht innerhalb weniger Jahre grundlegend umstrukturiert werden, ohne daß es zu größeren Zusammenbrüchen innerhalb der Branche kommt.

Es gilt also bei solchen technologischen Revolutionen, wie sie zur Rettung unserer Umwelt notwendig sein werden, unter Ausnutzung eines Gerationenzyklus Übergangslösungen zu schaffen. Einerseits wird damit ein Umstieg auf die gänzlich neue Technologie zu einem späteren Zeitpunkt erleichtert, andererseits führt dies zu einem wesentlich früheren Zeitpunkt schon zu einer merklichen Entspannung der Umweltsituation führen und läßt zudem wegen der Akzeptanz in der Bevölkerung den jeweiligen Industriezweigen genügend Zeit zur Umstrukturierung. Als Beispiele hierfür sollen der Wasserstoffantrieb als Fernziel und der Methanolantrieb als Übergangslösung besprochen werden – beides Beispiele aus den Bereichen Energie und Verkehr und beides Paradebeispiele für eine Problemlösung.

9.1 Nachwachsende Rohstoffe

Man bezeichnet in der Biosphäre innerhalb intakter Ökosysteme nutzbare Pflanzen bzw. deren Inhaltsstoffe als *nachwachsende Rohstoffe*. Pflanzen können dabei fossile Energieträger ersetzen und dienen deshalb der Ressourcenschonung. Besonders innerhalb des *Kohlenstoffkreislaufs* entnehmen sie für ihr Wachstum Kohlenstoff als Kohlendioxid aus der Luft, womit bei der späteren Nutzung der Pflanze bzw. der Inhaltsstoffe eben nur diese Menge an Kohlenstoff wieder in den Kreislauf abgegeben wird.

Die Nutzung nachwachsender Rohstoffe kann in zweierlei technischer Sicht geschehen, zur

- Substitution von Produkten und
- Substitution von Rohstoffen.

Bei der Substitution von Produkten wird aus nachwachsenden Rohstoffen ein neues Produkt hergestellt, das eine Alternative zu einem bereits existierenden darstellt. Das bereits existierende Produkt erzeugt Umweltbelastungen innerhalb des Stoffkreislaufs durch

- Ausbeutung fossiler Ressourcen,
- Emissionen von Schadstoffen bei der Produktion,
- Erzeugung biologisch nicht abbaubarer Abfälle und
- Energieverbrauch beim Recycling.

Ein wichtiges Anwendungsgebiet der *Produktsubstitution* ist der Ersatz von Kunststoffen, die aufwendig recyclet werden müssen, durch natürliche, biologisch abbaubare Polymere auf Stärke- und Cellulosebasis. Hierbei ist die Cellulosegewinnung aus Pflanzen, z.B. aus Hanf, der Gewinnung aus Holz vorzuziehen, da letztere sowohl energieintensiver als auch umweltbelastender (Abbau von Lignin) ist. Holz hingegen ist wesentlich besser als alternativer Energieträger zu nutzen, wobei das Holz selbst nicht verbrannt, sondern zur Erzeugung von Methanol (Holzvergaser) genutzt wird, das in *Blockheizkraftwerken* (Kraft-Wärme-Kopplung) verbrannt wird. Hierbei bietet sich sowohl die Nutzung von Holzabfällen als auch schnellwachsender Nutzhölzer, z.B. Pappeln, an. Schnell wachsende Nutzhölzer besitzen einen hohen Umsetzungsgrad für atmosphärisches Kohlendioxid.

Ein wichtiges Problem der Produktsubstitution ist die Tatsache, daß von der Rohstoffgewinnung über den Handel bis hin zur Produktherstellung und -vermarktung selten auf eine vorhandene Infrastruktur und Logistik zurückgegriffen werden kann, sondern diese meist erst geschaffen werden müssen. Es nützt wenig, den Agrarproduzenten zum Rohstoffproduzenten umzufunktionieren, wenn der von ihm zu vermarktende Rohstoff beispielsweise wegen zu hoher Transportkosten nicht mehr wettbewerbsfähig ist. Die Substitution von Rohstoffen ist immer dann erfolgversprechend, wenn der nachwachsende Rohstoff durch sinnvolle Produktion und Vermarktung eine Chance hat, eine interessante Alternative zu einem fossilem Rohstoff darzustellen.

Derzeit sind die wichtigsten Industriezweige zur Verwertung *pflanzlicher Öle und Fette* [1]

- Herstellung von Wasch- und Reinigungsmitteln sowie von Kosmetik,
- Herstellung von Kunststoffen, Weichmachern, Gummi und Textilhilfsmittel,
- Herstellung von Farben
- Herstellung von Lebensmitteln,
- Verwendung in der Metallbearbeitung, Herstellung von Schmiermitteln.

Hierbei werden pflanzliche Öle und Fette zu folgenden industriellen Produkten verarbeitet:

Tabelle 9.1 Verwendung von pflanzlichen Ölen und Fetten zu industriellen Produkten [1]

Pflanzliches Fett	Industrielle Produkte
Sojaöl	Lacke, Farben, Firnis, Seifen, Schmiermittel, Alkydharze, PVC-Stabilisatoren
Sonnenblumenöl	Farben, Lacke
Rapsöl	Schmiermittel, Tenside, Farben, Lacke, Polyethylen-Additiv, Hilfsstoffe zur Erdölförderung
Kokosnußöl, Palmkernöl	Wasch- und Reinigungsmittel, Seifen, Tenside, Emulgatoren, Kunststoffhilfsmittel, Kosmetika, Shampoos, Alkydharze
Palmöl	Seifen, Kerzen, Schmiermittel, Kosmetika Pharmazeutika

Der Ersatz von Dieselöl durch Rapsöl bzw. Rapsölmethylester wird derzeit noch kontrovers diskutiert [2]. Hierbei wird vor allem als Gegenargument vorgebracht, die Ökobilanz für *Rapsöl* sei ungünstiger, da erst eine kräftige steuerliche Subvention dieses gegenüber dem leichten Heizöl wettbewerbsfähig mache. Es wird aber, wie bei allen Ökobilanzen, die geeignete Aussage dadurch erreicht, daß man die Rahmenbedingungen der *Ökobilanz* geeignet definiert und die Kosten für die Sanierung der ökologischen Schäden bei der Erdölgewinnung nicht berücksichtigt. Dies läßt sich sehr einfach argumentieren, da die Gewinnung des Rapsöls in Deutschland, die Gewinnung des Erdöls aber beispielsweise in Nigeria erfolgt. Bei der Gewinnung von Nordsee-Erdöl ist derzeit die Kalkulation der Kosten für die Entsorgung der Bohrplattformen auch noch nicht möglich.

9.2 Regenerative Energien

Man bezeichnet alle auf der Erde zur Verfügung stehenden Formen von Energie, die durch natürliche Prozesse ständig „nachgeliefert" werden und damit dauernd nutzbar sind, als *regenerative Energien*.

9.2.1 Windkraft

Die Nutzung der Windenergie durch *Windkraftanlagen*, in denen elektrische Energie erzeugt wird, ist nur bei ausreichenden Windgeschwindigkeiten >5 m/s möglich. Als Standorte für Winkraftanlagen kommen deshalb in Deutschland nur die Küstenregionen und die Höhenlagen der Mittelgebirge in Frage.

Bei einem maximalen theoretischen Wirkungsgrad von 59% wird bei Windkraftanlagen derzeit ein praktischer Wirkungsgrad von etwa 45% erreicht. Die elektrische Leistung liegt momentan bei den meisten Anlagen um etwa 750 kW. Es sind jedoch auch schon Großanlagen (z.B. AEOLUS II der Preußen Elektra Windkraft Niedersachsen) mit Leistungen bis zu 3 MW möglich [3, 4, 5, 6].

9.2.2 Solarenergie

Die Nutzung der *Sonnenenergie* ist derzeit möglich durch

- passive Nutzung der Solarenergie mittels *transparenter Wärmedämmung* von Gebäuden (Verhinderung der Abstrahlung der langwelligen Wärmestrahlung),
- aktive Nutzung der Solarenenergie durch *solarthermische Kollektoren* und
- *Photovoltaikanlagen*.

Die solarthermischen Kollektoren dienen vor allem der Brauchwassererwärmung in den Sommermonaten und sind in Kombination mit konventionellen Heizungssystemen nutzbar. Man unterscheidet hierbei zwischen

- *Flachkollektoren*,
- evakuierten Flachkollektoren und
- *Vakuumröhrenkollektoren*.

Vakuumröhrenkollektoren erzeugen geringe Wärmeverluste und sind gerade in den Übergangsmonaten von Vorteil.

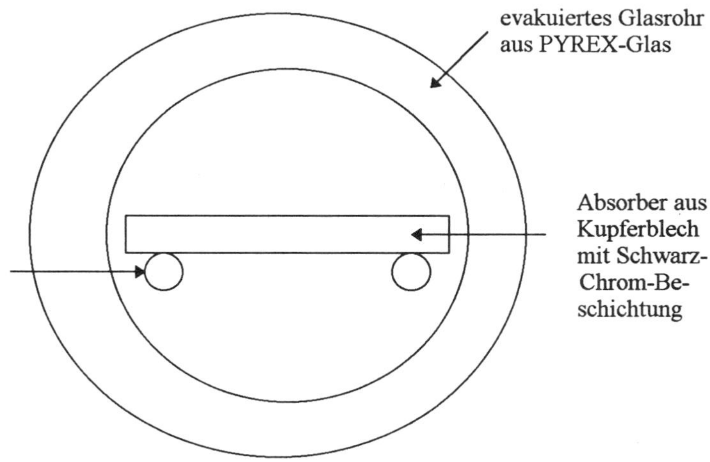

9.1 Schnitt durch einen Vakuumröhrenkollektor der Firma CORNING [7]

Man bezeichnet die Gewinnung von elektrischem Strom aus Sonnenenergie als Photovoltaik. Die Strahlungsanteile des Sonnenlichtes werden dabei unterteilt in

- Direktstrahlung = Strahlungsanteil des Sonnenlichtes, der in der Erdatmosphäre weder gestreut noch absorbiert wird,
- Diffusstrahlung = Anteil, der aus dem Sonnenlicht herausgestreut wird,
- Globalstrahlung = Summe aus Direkt- und Diffusstrahlung auf eine horizontale Fläche
- Hemisphärstrahlung = Summe aus Direkt- und Diffusstrahlung auf eine geneigte Fläche

Die Bestimmung der Flächenverteilungen *solarer Energie* geschieht in folgenden Schritten:

- Bestimmung der *solaren Strahlungsgröße* = Globalstrahlung auf der Basis von mittleren monatlichen Tagessummen,
- Bestimmung des *Regressionskoeffizienten* (Angström-Koeffizient) zwischen Globalstrahlung und Sonnenscheindauer,
- Berechnung der flächendeckenden Verteilung mittels räumlicher Interpolationsmethoden.

Das Spektrum der *solaren Einstrahlung* ist abhängig von

- *Bedeckungsgrad*,
- *Sonnenstand* und
- *Trübung der Atmosphäre*.

Die *Solarzelle* besteht aus zwei Silicium-Schichten, die mit Fremdatomen „dotiert" sind, wodurch in der einen Schicht ein Elektronenüberschuß (n-Schicht) und in der anderen Schicht ein Elektronenunterschuß (p-Schicht) erzeugt wird. Bei der Einwirkung von Sonnenlicht entsteht an der Grenzfläche der beiden Schichten ein Elektronenfluß (p-n-Übergang). Hierbei handelt es sich um das Grundprinzip aller Halbleitertechniken.

Man unterscheidet zwischen folgenden Typen von Solarzellen:

- Monokristalline Silicium-Solarzellen,
- polykristalline Silicium-Solarzellen und
- amorphe Solarzellen (Dünnschichtzellen).

Monokristalline Silicium-Solarzellen sind teuer in der Produktion und haben einen Wirkungsgrad von 15 - 17%. *Polykristalline Solarzellen* sind in der Produktion billiger, haben jedoch einen Wirkungsgrad von nur 13%. Am billigsten ist die Produktion von *Dünnschichtzellen*. Ihr Wirkungsgrad liegt jedoch bei nur 7%. Darüber hinaus besitzen sie eine geringe Langzeitstabilität [8, 9, 10]. Der theoretisch mögliche Wirkungsgrad einer Solarzelle liegt bei 34%.

Durch die MIS-Inversionsschicht-Zelle (MIS = Metall-Isolator-Silicium) konnte der Wirkungsgrad auf >20% gesteigert werden [11].

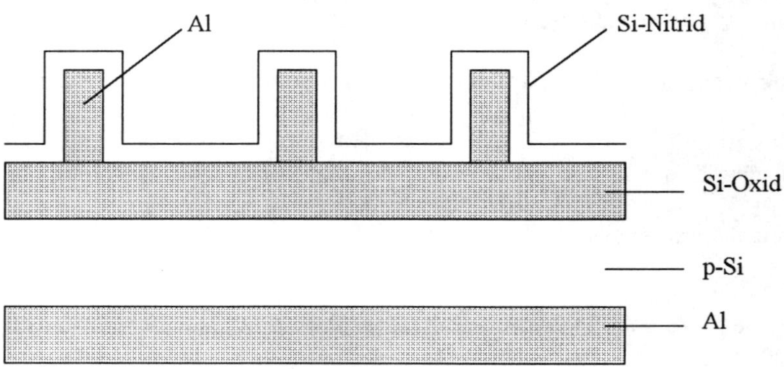

9.2 Schnitt durch eine Siliciumnitrid-Inversionsschicht-Solarzelle

Bei der Inversionsschicht-Solarzelle ist auf dem p-dotierten Si-Basismaterial und einer sehr dünnen SiO_2-Schicht eine amorphe Schicht Siliciumnitrid aufgebracht. Diese Schicht enthält auf der dem Si zugewandten Seite eine hohe Dichte positiver Ladungsträger. Dadurch wird im Si-Basismaterial eine Schicht hoher Elektronenkonzentration (Inversionsschicht) induziert.

Fällt Licht auf eine Solarzelle, so werden positive Ladungsträger = „Löcher" und negative Ladungsträger = Elektronen erzeugt. Die als MIS-Kontakt bezeichnete Schichtung hat zwar selbst keine Löcher, kann aber Elektronen ableiten.

Fällt Licht auf eine Inversionsschicht-Zelle, so bilden sich Elektronen-Loch-Paare, die vom inneren elektronischen Feld der Raumladungszone getrennt werden. Die Löcher bewegen sich zum Rückkontakt, die Elektronen zur Inversionsschicht.

Dort können die Elektronen über die MIS-Kontakte in einen äußeren Stromkreis gelangen.

Es ist mittlerweile gelungen, doppelseitig nutzbare Inversionsschicht-Solarzellen herzustellen. Diese können die Reflexion der Strahlung an Hauswänden nutzen und verzeichnen gegenüber den einseitigen eine Leistungssteigerung von bis zu 50% [11].

9.3 Die Kraft-Wärme-Kopplung

Während Kohlekraftwerke derzeit einen Wirkungsgrad von nur knapp über 40% aufweisen, können *Blockheizkraftwerke* einen Wirkungsgrad von 70 - 90% [12] verzeichnen. Diese Steigerung ist darin begründet, daß neben der elektrischen Leistung auch die Wärme zu Heizzwecken genutzt werden kann, während dies beim Kohlekraftwerk nur sehr begrenzt möglich ist. Dort wird die thermische Energie zur Wiederaufheizung der Abgase (thermischer Auftrieb der Rauchfahne) und der Desorption der Abgaskatalysatoren benötigt. Blockheizkraftwerke werden wegen dieser Bifunktionalität bevorzugt in Siedlungsgebieten genutzt. Man bezeichnet diese Form der Energienutzung auch als *Kraft-Wärme-Kopplung*.

Blockheizkraftwerke können sowohl mit hochverdichteten Motoren mit beispielsweise Heizöl oder Erdgas als Energieträger betrieben werden, sie können aber auch zur Nutzung von Biogas im Bereich der Landwirtschaft (Beispiel: Dänemark) oder in Klärwerken dienen. Hierbei müssen jedoch Motoren mit niedriger Verdichtung und großen Schwungmassen eingesetzt werden. Die Abgasreinigung wird mit *Katalysatoren*, ähnlich denen aus der Automobilindustrie, vorgenommen.

Blockheizkraftwerke können auch zur Nutzung von Energie aus *nachwachsenden Rohstoffen* dienen. Hierzu zählen vor allem schnell wachsende Nutzhölzer (z.B. Pappeln), die einen hohen Umsetzungsgrad für atmosphärisches Kohlendioxid aufweisen. Hierbei wird das Holz nicht verbrannt, sondern in einem *Holzvergaser* zunächst Methanol erzeugt, das dann in Motoren verbrannt werden kann.

Bisher wurden Blockheizkraftwerke primär unter dem Aspekt der Wärmenutzung betrieben, d.h. bei Wärmedarf wird auch elektrischer Strom erzeugt. Dieser wird entweder selbst genutzt oder in das öffentliche Netz abgegeben. Bei vorrangiger Nutzung der elektrischen Energie müßte die Wärme bei geringer Abnahme, beispielsweise in den Sommermonaten, ungenutzt an die Umwelt abgegeben werden. Die vorrangige Nutzung elektrischer Energie beim Betrieb von Blockheizkraftwerken ist jedoch durch die Nachschaltung von *Stirling-Maschinen* (vgl. Abschnitt 9.5) ohne Einschränkung möglich.

9.4 Die Brennstoffzelle

Die Gewinnung von Wasser aus den Elementen Wasserstoff und Sauerstoff ist exergonisch und exotherm und stellt eine Möglichkeit dar, Energie auf thermischem Wege zu erzeugen, ohne daß dabei Schadstoffe entstehen:

$$2\,H_2 + O_2 \longrightarrow 2\,H_2O \qquad (9.1)$$

Hierzu wird Wasserstoff in einer Sauerstoffatmosphäre verbrannt. Verwendet man jedoch anstelle des reinen Sauerstoffs Luft, so entsteht bei der Verbrennung zusätzlich NO. Weiterhin stellt die Verbrennung von Wasserstoff besondere Anforderungen an die Ausführung der Brennkammern (Korrosion). Beabsichtigt man, aus der thermischen Energie letztendlich elektrische Energie zu gewinnen, so ist es günstiger – auch im Hinblick auf die Vermeidung von Energieverlusten durch thermische Wirkungsgrade (Gleichung 9.6) – die elektrische Energie direkt bei der Rekombination der Elemente auf elektrochemischem Wege zu gewinnen. Hierbei gelten folgende Normalpotentiale:

$$O_2 + 4\,H^+ + 4\,e^- \overset{\leftarrow}{\longrightarrow} 2\,H_2O \qquad E^0 = 1.229\text{ V} \qquad (9.2)$$

$$O_2 + 2\,H_2O + 4\,e^- \overset{\leftarrow}{\longrightarrow} 4\,OH^- \qquad E^0 = 0.401\text{ V} \qquad (9.3)$$

$$2\,H_2O + 2\,e^- \overset{\rightarrow}{\longleftarrow} H_2 + 2\,OH^- \qquad E^0 = -\,0.8277\text{ V} \qquad (9.4)$$

$$2\,H^+ + 2\,e^- \overset{\rightarrow}{\longleftarrow} H_2 \qquad E^0 = 0.00\text{ V} \qquad (9.5)$$

Die Reaktion der Elemente Wasserstoff und Sauerstoff auf elektrochemischem Wege, wobei die aufgrund der Potentialdifferenzen fließenden Elektronen eine elektrische Spannung erzeugen, geschieht in einer Brennstoffzelle. Wie aus den Gleichungen 9.2 bis 9.5 ersichtlich ist, kann die Brennstoffzelle sowohl im sauren als auch im alkalischen Milieu betrieben werden.

Gemäß dem 2. Hauptsatz der Thermodynamik (Gleichung 9.7) wird bei der Verbrennung nicht die gesamte Verbrennungswärme ΔH in mechanische Arbeit W bzw. in elektrische Energie W_{el} umgewandelt. Der elektrische Wirkungsgrad η_{el} ist deshalb immer kleiner als der Wirkungsgrad η_{Carnot} des idealen Carnotschen Kreisprozesses (vgl. Abschnitt 9.5)

$$\eta_{el} < \eta_{Carnot} = 1 - \frac{T_2}{T_1} = \frac{W}{\Delta H} \qquad (9.6)$$

Er liegt bei einem Verbrennungsprozeß zwischen 30 und 43%. Während bei der thermischen Reaktion nach dem 2. Hauptsatz der Thermodynamik

$$\Delta G = \Delta H - T\Delta S \tag{9.7}$$

die Reaktionsenthalpie ΔH als Wärme auftritt, ist es bei der Brennstoffzelle lediglich der Anteil $T\Delta S$. Dieser wird durch die Reaktionstemperatur und die Entropiezunahme bestimmt. Der größte Energieanteil wird unmittelbar in elektrische Energie umgewandelt. Der ideale Wirkungsgrad einer Brennstoffzelle ist

$$\eta_{\text{el.(idealeBZ)}} = \frac{\Delta G}{\Delta H} = 1 - \frac{T\Delta S}{\Delta H} \tag{9.8}$$

Die ideale stromunabhängige Zellengleichspannung ist

$$U_{\text{ideal}} = \frac{\Delta G}{n\mathrm{F}} \tag{9.9}$$

Hierbei sind n die Zahl der pro Elementarreaktion beteiligten Elektronen und F die Faraday-Konstante. Für die Gleichung 9.1 betragen

$\eta_{\text{el.(ideale BZ)}}$ = 94.5% und
U_{ideal} = 1.18 V.

In Tabelle 9.2 sind die verschiedenen Typen von Brennstoffzellen mit ihren charakterischen Merkmalen zusammengefaßt.

Tabelle 9.2 Typen von Brennstoffzellen [13]

Typ	Temperatur	Brenngase	Elektrolyt	Wirkungsgrade (System)	Anwendung
Alkalische Zelle	60 - 90 °C	Wasserstoff, Sauerstoff (reinst)	30% KOH	60 - 70%	Niedertemp.-Zelle
Membran-Zelle	60 - 80 °C	Wasserstoff, Sauerstoff, Luft	Protonenleitende Polymerelektrolytmembran	43 - 58%	Niedertemp.-Zelle
Phosphorsaure Zelle	160 - 220 °C	Wasserstoff, Sauerstoff, Erdgas, Biogas, Luft	103 % H_3PO_4	40%	Mitteltemp.-Zelle
Carbonatschmelzen-Zelle	620 - 660 °C	Erdgas, Kohlegas, Biogas, Sauerstoff, Luft	Li_2CO_3- und K_2CO_3-Schmelze	60% Erdgas	Hochtemp.-Zelle
Oxidkeramische Zelle	800 - 1000 °C	Erdgas, Kohlegas, Biogas, Luft, Wasserstoff, Sauerstoff	ZrO_2/YO_3	68%	Hochtemp.-Zelle

Von den verschiedenen Zelltypen aus Tabelle 9.2 ist derzeit die *alkalische Brennstoffzelle* wegen ihrer Verwendung in der Raumfahrt als technisch ausgereift anzusehen. Das Herstellungsverfahren ist kostengünstig, wobei Edelmetalle sparsam verwandt werden [13].

Die für den Betrieb der alkalischen Brennstoffzelle notwendigen reinen Betriebsgase müssen auf elektrolytischem Wege gewonnen werden. Es ist dabei hinsichtlich der Umweltbelastung wenig sinnvoll, den elektrischen Strom durch konventionelle Kraftwerke zu erzeugen. Gerade in Regionen mit hoher Sonnenstrahlungsintensität bietet sich deshalb dazu die *Photovoltaik* an.

Bei der Herstellung von Wasserstoff stellt die *Hochtemperatur-Elektrolyse* von Wasserdampf eine interessante Variante zur Elektrolyse in wäßriger Phase dar. Sie zeichnet sich durch einen geringeren Energieverbrauch aus, da der elektrische Energiebedarf mit zunehemender Temperatur abnimmt und bei höheren Temperaturen ein Teil der zur Elektrolyse benötigten Gesamtenergie in Form von Wärme aufgebracht werden kann.

Die Hochtemperatur-Elektrolyse von Wasserdampf wird als HOT ELLY-Prozeß (**HO**ch**T**emperatur-Dampf**EL**ektro**LY**se) bezeichnet. Die HOT ELLY-Technologie wurde von den Firmen LURGI GmbH, DORNIER-SYSTEM GmbH und Robert Bosch GmbH, unterstützt vom Bundesministerium für Forschung und Technologie (BMFT) entwickelt [14].

Der Hochtemperatur-Elektrolyse-Prozeß ist umkehrbar in Form von Hochtemperatur-Brennstoffzellen. Diese können prinzipiell brennbare Gase (z.B. CO und CH_4) mit hohem Wirkungsgrad elektrochemisch in elektrische Energie umwandeln. So sind beispielsweise bei der Verwendung von Erdgas Wirkungsgrade von etwa 60% erreicht worden [14].

9.5 Die Stirling-Maschine

Stirling-Maschinen sind *Wärme-Kraft-Maschinen* mit höchstmöglichen energetischen *Wirkungsgraden*, die Wärme aus jeder Wärmequelle direkt in mechanische Energie umwandeln können. Um ihre Wirkungsweise zu verstehen, müssen wir zunächst den *Carnot-Prozeß* betrachten. Das Prinzip von Carnot besagt, daß bei jedem Temperaturunterschied mit einer Maschine mechanische Arbeit geleistet werden kann.

Der Carnot-Prozeß, auch als Carnotscher Kreisprozeß bekannt, ist ein reversibler Kreisprozeß einer idealisierten Wärmekraftmaschine, der aus vier Schritten besteht:

Der Carnot-Prozeß beschreibt die Komprimierung und Dekomprimierung eines idealen Gases unter bestimmten Bedingungen. Er besteht aus zwei Schritten mit konstanter Temperatur (isotherm) und zwei Schritten mit konstanter *Entropie* (isentrop). Bei den isentropen Schritten tritt kein Wärmeaustausch mit der Umgebung auf, was man auch als einen *adiabatischen* Schritt bezeichnet. Der Carnot-Prozeß ist in Abbildung 9.3 als *p*-*V*-Diagramm und in Abbildung 9.4 als *T*-*S*-Diagramm dargestellt.

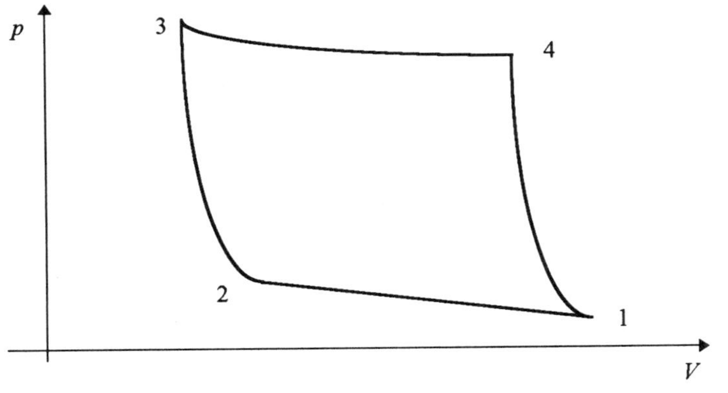

9.3 *p*-*V*-Diagramm des Carnot-Prozesses

9.4 *T*-*S*-Diagramm des Carnot-Prozesses

Beim Betrieb einer Wärmekraftmaschine handelt es sich um einen rechtslaufenden Carnot-Prozeß. Hierbei ist die Nutzarbeit

$$W_{\text{Carnot}} = -\left(1 - \frac{T_3}{T_1}\right) \cdot Q_{12} \tag{9.10}$$

Dabei verwendet man folgende Einheiten:

Temperaturen T_3 und T_1 in Kelvin,
Arbeit W und Wärme Q_{12}, in Joule.

Q_{12} überschreitet die Systemgrenzen. Der Wirkungsgrad, der auch als *Carnotfaktor* bezeichnet wird, ergibt sich aus

$$\eta_{\text{Carnot}} = \frac{|W_{\text{Carnot}}|}{Q_{12}} = 1 - \frac{T_3}{T_1} \tag{9.11}$$

Aus den Hauptsätzen der Thermodynamik folgt:

a) $\eta_{\text{Carnot}} = 1$ kann nicht erreicht werden, da T_3 nicht auf Null gesenkt werden kann.

b) $\eta_{\text{Carnot}} = 0$ wenn kein Temperaturgefälle besteht.

Beim Betrieb einer Maschine als Wärmepumpe handelt sich um einen linkslaufenden Carnot-Prozeß. Die *Leistungszahl*, auch *Heizzahl* genannt, ergibt sich aus

$$\varepsilon_{W\text{Carnot}} = \frac{1}{\eta_{\text{Carnot}}} = \frac{T_1}{T_1 - T_3} \tag{9.12}$$

Der *Stirling-Prozeß* besteht im Vergleich zum Carnot-Prozeß aus zwei Isothermen (konstante Temperatur) und zwei Isochoren (konstantes Volumen) (Abbildungen 9.5 und 9.6). Das Verdichtungsverhältnis des Stirling-Prozesses ergibt sich aus

$$\varepsilon = \frac{V_1}{V_2} \tag{9.13}$$

wobei V_1 das größte und V_2 das kleinste Volumen darstellen. Die Nutzarbeit gehorcht folgender Beziehung

$$|W_{\text{st}}| = -W_{\text{st}} = m \cdot \mathrm{R}_{\mathrm{i}} \cdot (T_3 - T_1) \cdot \ln \varepsilon \tag{9.14}$$

wobei T_3 die obere Temperatur und T_1 die untere Temperatur in Kelvin, m die Gasmasse und $\mathrm{R_i}$ die spezifische Gaskonstante sind.

Der thermische Wirkungsgrad ergibt sich aus

$$\eta_{\text{th}} = 1 - \frac{T_1}{T_3} \tag{9.15}$$

und der exergetische (*Exergie* = umwandlungsfähiger und damit nutzbarer Teil der Energie) Wirkungsgrad aus

$$\varphi_{\text{th}} = \frac{T_3 - T_1}{T_3 - T_b} \tag{9.16}$$

wobei T_b die Umgebungstemperatur ist. Beim Stirling-Prozeß werden nahezu die gleichen Wirkungsgrade wie beim idealen Carnot-Prozeß erreicht.

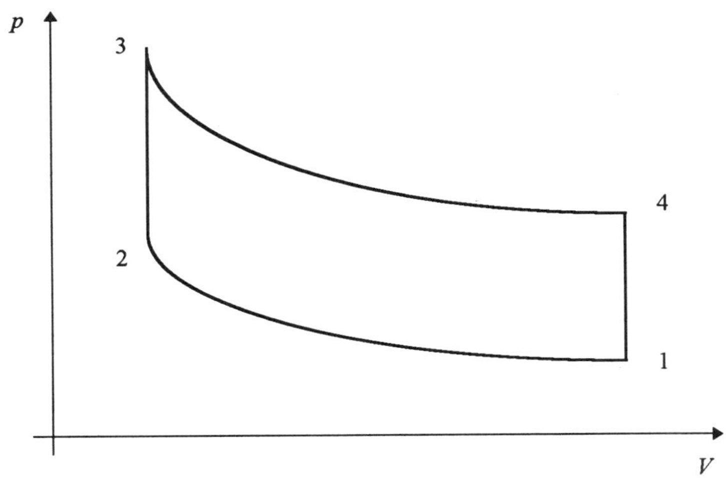

9.5 *p-V*-Diagramm des Stirling-Prozesses

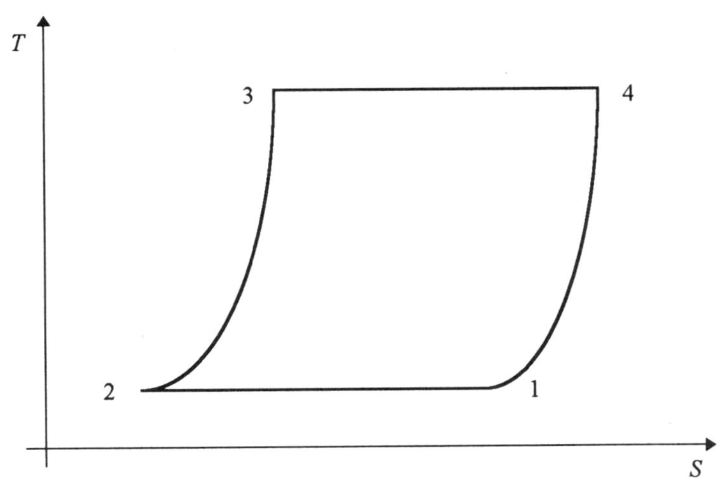

9.6 *T-S*-Diagramm des Stirling-Prozesses

Stirling-Maschinen bestehen im Prinzip aus einem geschlossenen, mit Gas gefüllten Arbeitsvolumen, das an der einen Seite gekühlt und an der anderen Seite beheizt wird. Hierbei bewegt die isotherme Expansion im geschlossenen Volumen angeordnete Kolben (Abbildung 9.7).

Stirling-Maschinen sind bei einer Wärmezufuhr auf hohem Temperaturniveau (bis zu 750 °C) und bei hohem mittleren Druck des Arbeitsgases (150 bis 190 bar), bei dem es sich meist um Helium handelt, effizienter als andere Energiewandler. Die aus diesen Daten resultierenden Anforderungen an das Material begründen einen hohen Material- und Fertigungsaufwand [15]. Es können Wirkungsgrade bis zu 45% erreicht werden. Solarbetriebene Stirling-Maschinen sind derzeit mit einer Leistung bis zu 25 kW_{el} realisiert worden [15]. In größeren Stückzahlen werden Stirling-Maschinen in Industriekältemaschinen, bei der Elektrizitätsversorgung von U-Booten sowie in der Raumfahrt eingesetzt.

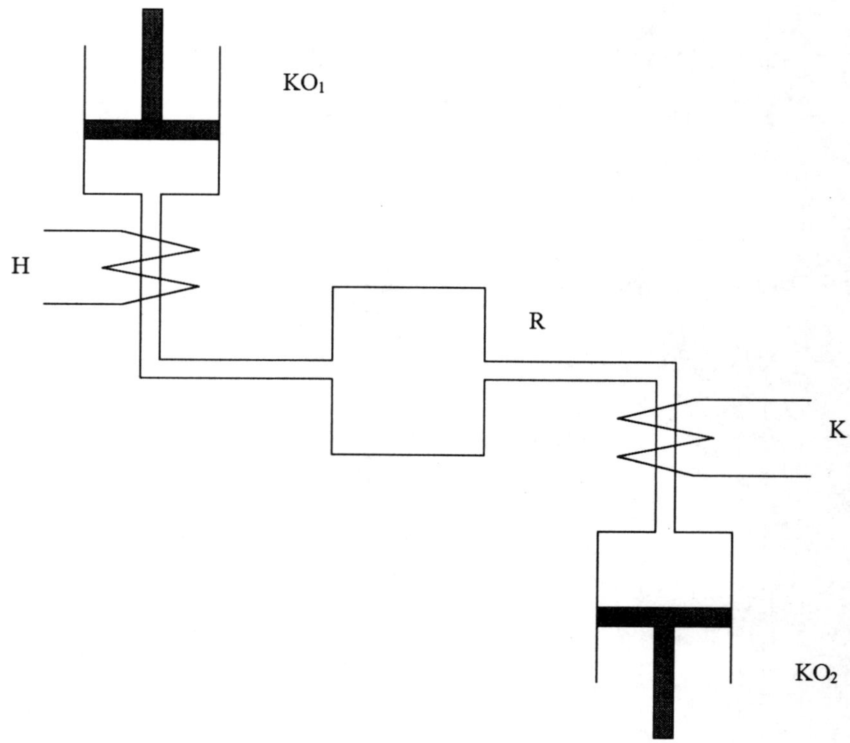

9.7 Konstruktionsprinzip einer einfachwirkenden Stirling-Maschine

H = Heizung KO_1 = Expansionskolben
K = Kühlung KO_2 = Kompressionskolben
R = Regenerator

Die Nutzung von Stirling-Maschinen ist künftig im Bereich der Solarstromerzeugung als Alternative zur Photovoltaik sinnvoll, da die Photovoltaik zwar eine umweltfreundliche Energieerzeugung darstellt, eine umweltfreundliche Produktion von Solarzellen bei großen Stückzahlen jedoch einen beachtlichen technischen Aufwand erfordert. Stirling-Maschinen bieten weiterhin in Verbindung mit Blockheizkraftwerken die Möglichkeit, auch die Abwärme in elektrische Energie umzuwandeln.

9.6 Der Methanol-Motor

Eine Reduzierung des atmosphärischen Kohlendioxids, dem man die Hauptverantwortung für den Treibhauseffekt anlastet, geschieht derzeit nur durch

- Photosynthese von Pflanzen und
- Aufnahme durch Meeresalgen.

Während Pflanzen den Kohlenstoff bei der Verrottung wieder in den Kohlenstoffkreislauf einbringen, bewirken Meeresalgen durch die Sedimentierung eine Entfernung aus dem Kreislauf.

Eine Nutzung des atmosphärischen Kohlendioxids als Energieträger ist direkt nicht möglich. Eine indirekte Nutzung kann über nachwachsende Rohstoffe erfolgen, wobei die Pflanze über die Nutzung des Sonnenlichts die Energie aufbringt, die notwendig ist, um aus dem Kohlendioxid einen energetisch höherwertigen Stoff herzustellen.

In der Technik wird aus CO_2 Methan hergestellt (Gleichung 9.17), wobei der hierzu notwendige Wasserstoff als „*Wassergas*" eingesetzt wird, das in einem Verkokungsprozeß durch die Einwirkung von Wasser auf glühenden Koks (Gleichung 9.18) gewonnen wird. Die Gewinnung von Methan ist ebenfalls aus CO möglich (Gleichung 9.19).

$$CO_2 + 4\,H_2 \xrightarrow{\text{Ni/300 °C}} CH_4 + 2\,H_2O \qquad (9.17)$$

$$C + H_2O \longrightarrow CO + H_2 \qquad (9.18)$$

$$CO + 3\,H_2 \xrightarrow{\text{Ni/250 °C}} CH_4 + H_2O \qquad (9.19)$$

Die Umkehrung der *Methansynthese* in Gleichung 9.19 kann dazu benutzt werden, aus Methan wiederum CO und H_2 zu gewinnen (Gleichung 9.20), das anschließend katalytisch zu Methanol umgesetzt wird (Gleichung 9.21).

$$CH_4 + H_2O \xrightarrow{\text{Ni/800 °C}} CO + 3\,H_2 \qquad (9.20)$$

$$CO + 2\,H_2 \xrightarrow[\text{400 °C/ 200 atü}]{ZnO/Cr_2O_3} CH_3OH \qquad (9.21)$$

Für die Gewinnung von Wasserstoff steht alternativ die Elektrolyse von Wasser zur Verfügung, wobei man bei der Anwendung von Photovoltaik zur Stromerzeugung von „*Solarwasserstoff*" spricht.

Das CO_2 kann für die Methanolgewinnung aus der Luft in Laugen als Carbonat angereichert werden

$$CO_2 + 2\,NaOH \longrightarrow Na_2CO_3 + H_2O \qquad (9.22)$$

und aus diesem das CO_2 erst bei der Synthese durch Säureeinwirkung freigesetzt werden

$$Na_2CO_3 + 2\,HCl \longrightarrow 2\,NaCl + CO_2 + H_2O \qquad (9.23)$$

Methanol als Energieträger besitzt gegenüber dem Wasserstoff folgende Vorteile:

- Leichte Bevorratung und Transport,
- zusätzliche Methanolproduktion durch nachwachsende Rohstoffe und
- Nutzung vorhandener Antriebssysteme.

Die Nutzung vorhandener Antriebssysteme beinhaltet sowohl die Nutzung des Verbrennungsmotors unter Vermeidung der Ausbeutung fossiler Energieressourcen als auch die Möglichkeit der Reduzierung des Kohlendioxideintrags in die Atmosphäre, ohne die gesamte Automobilproduktion sofort auf Elektroantriebe mit Brennstoffzellen umstellen zu müssen. Als Übergangslösung bietet sich hierfür der *Hybridantrieb* an.

Hybridantriebe sind schon lange aus dem Lokomotivbau in der Form dieselelektrischer Antriebe bekannt. Hierbei wird durch einen Verbrennungsmotor mechanische Energie erzeugt, diese in elektrische Energie umgewandelt und als Antrieb ein Elektromotor benutzt. Hybridantriebe bieten folgende Vorteile:

- bifunktionale Nutzung sowohl von elektrischer Energie (z.B. aus Batterien) und der Energie aus Verbrennungsmotoren,
- direkte Kraftübertragung des Elektromotors auf das Rad,
- Wegfall des Getriebes (Gewichtsersparnis),
- Nutzung der Bremsenergie und
- ständiger Betrieb des Verbrennungsmotors im optimalen Drehzahlbereich.

Die Nutzung von Methanolmotoren bei Hybridantrieben würde einerseits die oben genannten Vorzüge aufweisen, darüber hinaus aber die Entwicklung elektrischer Antriebssysteme entscheidend vorantreiben, die dann bei Wasserstoffantrieben ebenfalls genutzt werden können.

Literatur

1 Fachinformationszentrum Karlsruhe, Gesellschaft für wissenschaftlich-technische Information mbH; *Neue Einsatzmöglichkeiten von pflanzlichen Ölen und Fetten in der chemischen Industrie.* BINE Projekt Info-Service, Dezember 1990.

2 Umweltbundesamt; *Ökologische Bilanz von Rapsöl bzw. Rapsölmethylester als Ersatz von Dieselkraftstoff (Ökobilanz Rapsöl).* Texte 4/93 des Umweltbundesamtes, Berlin, Januar 1993.

3 Fachinformationszentrum Karlsruhe, Gesellschaft für wissenschaftlich-technische Information mbH; *Nutzung der Windenergie in der Bundesrepublik Deutschland.* BINE Projekt Info-Service, Juni 1989.

4 Fachinformationszentrum Karlsruhe, Gesellschaft für wissenschaftlich-technische Information mbH; *Nutzung der Windenergie in Deutschland.* BINE Projekt Info-Service, Juli 1992.

5 Fachinformationszentrum Karlsruhe, Gesellschaft für wissenschaftlich-technische Information mbH; *Breitentest von Windkraftanlagen.* BINE Projekt Info- Service, Dezember 1993.

6 Fachinformationszentrum Karlsruhe, Gesellschaft für wissenschaftlich-technische Information mbH; *Insel Pellworm – Energieversorgung mit Sonne und Wind.* BINE Projekt Info-Service, Juli 1994.

7 Fachinformationszentrum Karlsruhe, Gesellschaft für wissenschaftlich-technische Information mbH; *Solarhaus Freiburg.* BINE Projekt Info-Service, Dezember 1992.

8 Fachinformationszentrum Karlsruhe, Gesellschaft für wissenschaftlich-technische Information mbH; *Hocheffiziente Silizium-Solarzellen.* BINE Projekt Info- Service, Dezember 1992.

9 Fachinformationszentrum Karlsruhe, Gesellschaft für wissenschaftlich-technische Information mbH; *Erfahrungen mit netzgekoppelten Photovoltaik-Anlagen.* BINE Projekt Info-Service, August 1993.

10 Fachinformationszentrum Karlsruhe, Gesellschaft für wissenschaftlich-technische Information mbH; *Sonnenstrahlung.* BINE Projekt Info-Service, Oktober 1993.

11 Fachinformationszentrum Karlsruhe, Gesellschaft für wissenschaftlich-technische Information mbH; *Die MIS-Inversionsschicht Solarzelle: Kostengünstige Herstellung bei hohem Wirkungsgrad.* BINE Projekt Info-Service, Oktober 1989.

12 Fachinformationszentrum Karlsruhe, Gesellschaft für wissenschaftlich-technische Information mbH; *Blockheizkraftwerke.* BINE Projekt Info-Service, Dezember 1993.

13 Fachinformationszentrum Karlsruhe, Gesellschaft für wissenschaftlich-technische Information mbH; *Brennstoffzellen – Kraftwerke der Zukunft?* BINE Projekt Info-Service, April 1992.

14 Fachinformationszentrum Karlsruhe, Gesellschaft für wissenschaftlich-technische Information mbH; *HOT ELLY Hochtemperaturelektrolyse von Wasserdampf.* BINE Projekt Info-Service, Dezember 1988.

15 Fachinformationszentrum Karlsruhe, Gesellschaft für wissenschaftlich-technische Information mbH; *Stirling-Motoren.* BINE Projekt Info-Service, Dezember 1993.

Sachverzeichnis

B

C

D

J

K

L

M

Q

R

S

T

U

V

W

X

Z